歴史教育「シン」入門

歴史総合から世界史探究・日本史探究へ

前川修一
梨子田喬　編著
皆川雅樹

清水書院

まえがき

本書は、2022年度より始まった新科目〈歴史総合〉と2023年度より始まった新科目〈世界史探究〉〈日本史探究〉へのつながりについて、高等学校の教員、歴史学研究者、教育学研究者など、様々な立場の方々の現段階での考えを整理するものである。

2019年12月に前川修一・梨子田喬・皆川雅樹編著で刊行した『歴史教育「再」入門―歴史総合・日本史探究・世界史探究への“挑戦”―』(清水書院)では、「歴史を「教える」とは何か、歴史を「総合」するとは何か、歴史を「探究」するとは何か。これからの歴史教育のあり方の再構築を試みる」「そもそも歴史教育とは、歴史学者が自らの研究分野の内容はもとより、歴史的事象や人物を、そのまま教えれば済むというものではない。その方法が、今まさに問われている」(まえがき)とし、歴史教育の具体像を考察することに挑んだ。ここでは、三つの新科目が始動する前、これまでの歴史教育の到達点とそれをどのような形で未来につなげていくかを再確認するものとなっていた。

そして、いま三つの新科目がまさに始動した。先行する〈歴史総合〉の初動については、2023年11月に、金子勇太・梨子田喬・皆川雅樹編著『歴史総合の授業と評価―高校歴史教育コトハジメ―』(清水書院)として、1年目の授業実践記録を中心にまとめた。今回の本書では、〈歴史総合〉を学んだうえでの〈世界史探究〉〈日本史探究〉について考える。その際、〈世界史探究〉〈日本史探究〉を単独科目としてそれぞれみるのではなく、必修である〈歴史総合〉で学んだ歴史の見方や考え方とのつながり(つなげ方)にも注目してみたい。

新科目が始動して以降、歴史教育とどのような「対話」を試みているのか。これを読者のみなさまと共有することで、これからの「シン」(新・真・深・伸・震・進など)の歴史教育のあり方を考えていく。

前川修一・梨子田喬・皆川雅樹

序

I 学校現場での対話

総論

各論

Column

Ⅱ　授業実践との対話
―歴史総合から世界史探究・日本史探究へ

授業実践〈世界史探究〉

授業実践〈日本史探究〉

Column

Focus

Ⅲ　研究者による対話

総論

各論：世界史探究との対話

各論：日本史探究との対話

凡例

·本書内に記載している学習指導要領および解説は、特に記載のない場合は2018(平成30)年告示の内容です。
·資料や引用文の前略、後略は省略し、中略は……で示しています。
·掲載している生徒の解答などは原文のまま掲載していますが、執筆者の判断で一部変更しているものがあります。

序

歴史教育との「対話」

歴史総合・日本史探究・世界史探究への「シン」入門

皆川(みながわ) 雅樹(まさき)
産業能率大学経営学部　教授

1. ここまでの編著を振り返る① —その意図

著者（皆川）は、ここ数年、歴史教育に関する編著書を「意図的」に続けて編集している。ここまで、次の４冊を刊行した（いずれも清水書院より刊行）。

A：『歴史教育「再」入門—歴史総合・日本史探究・世界史探究への“挑戦”—』
　前川修一・梨子田喬・皆川雅樹編著（2019年12月）
B：『持続可能な学びのデザイン—公共・歴史総合への架け橋—』
　皆川雅樹編著（2021年7月）
C：『失敗と越境の歴史教育—これまでの授業実践を歴史総合にどうつなげるか—』
　宮﨑亮太・皆川雅樹編著（2022年8月）
D：『歴史総合の授業と評価—高校歴史教育コトハジメ—』
　金子勇太・梨子田喬・皆川雅樹編著（2023年11月）

A・B・C書は、〈歴史総合〉〈日本史探究〉〈世界史探究〉が授業として開始される前の段階で、これらの科目の開始に合わせてどのように「挑戦」していこうか、これまでの歴史教育や授業実践についての振り返りを中心に意図したものであった。一方、D書は、2022年度から始まった〈歴史総合〉1年目の授業実践記録を残すことを意図したものであった。

そして、本書は、2023年度から始まった〈日本史探究〉〈世界史探究〉1年目の授業実践の記録とともに、その前提となる〈歴史総合〉とのつながりを探るものである。さらに、本書は、A書刊行から5年ほど経過してのシン入門書（歴史教育という未来につながる学びの場に「新」たにさらに「深」く挑むことを意識する書）としたいという意図がある。

著者は、2005～2015年度まで高等学校の教員として、日本史・世界史・地理などを担当した経験がある。2016年度以降、大学教員になってからも、中等教育を中心とした教員向けに授業運営方法や内容に関わる研修講師などを担当させていただいたり、授業を取材して冊子として公開したり(1)してきた。高校教員のときや研修講師をしている中で、様々な先生方と出会い、授業実践をはじめ、授業内容や教員としてのあり方（Being）(2)などについて「対話」を続けてきている。このような「対話」の経験は、私だけのものにせず、目に見える形で残していきたいという思いがある。それが、歴史教育に関する編著書を刊行し続けている意図として大きい。

2. ここまでの編著を振り返る② ―書いてきたこと

A：①「歴史を「教える」「学ぶ」―歴史教育のナワバリへの挑戦―」
B：②「序「授業探訪」という「対話」の場づくりの試み」
　③「Ⅰ 授業探訪」
　④「結「学校」という場と「社会」」
C：⑤「「アクティブ（・）ラーニング」の黎明期を走り抜けた先に
　　―日本史の授業実践を〈歴史総合〉につなげるには―」
　⑥「「越境」と歴史教育―〈歴史総合〉をきっかけとした「越境学習」
　　のすすめ―」
D：⑦「これからの〈歴史総合〉の話をしよう ―学びの「主体」としての

教員、「自分事化」の先にあるもの―」

文章①では、これまでの歴史のとらえ方や歴史教育について振り返りつつ、これからの歴史教育について簡単な見通しを提示した。世界史・日本史を「探究」することができるのは歴史学者だけなのか、歴史の「見方・考え方」を教えることができるのは高等学校の教員だけなのか、そんなナワバリ的な意識で、〈歴史総合〉〈世界史探究〉〈日本史探究〉を「教える」「学ぶ」意義に向き合えるのかを問いかけた。そのために、A書では、歴史学・歴史教育に関わる方だけではなく、様々な専門や視点からの論考・コラムを用意したナワバリなき「挑戦」の書として位置づけた。

文章②③④を収めるB書は、清水書院が高等学校の教員向けに発行している冊子『Research』で「皆川雅樹の授業探訪」として紹介した高等学校地理歴史科・公民科における各授業の取材記事（4名の先生方による授業実践）をまとめた（文章③は授業探訪の記事を再録）。加えて、各先生に取材へのリプライやコロナ禍での取り組みを執筆していただき、掲載した。その中で、文章②では、「授業探訪」の目的である「（読者の立場を前提として）学び続ける教員たちがつくる学びの場との対話を試みる」ということについて再確認した。また、文章④では、コロナ禍を受けての学校と社会との関係性について、「安心」をキーワードに考えてみた。「安心」して集まる場としての「学校」は、みんなで学んだり、家族以外の他者との関係性であったり、みんなで食事（給食）をしたりするなど、個人ではなく、集団で活動する場であり、子どもたちと「社会」をつなげていく場であることを再認識してみた。

文章⑤では、2012年頃以降の日本の教育における「アクティブ（・）ラーニング」と「主体的・対話的で深い学び」の変遷について再確認し、その中での著者の高校教員時代の授業実践を振り返り、失敗したり、つまずいたりしたことを中心に紹介した。著者の授業実践の変遷史をたどっていくと、歴史教育以外の方々との「越境」的な交流によって授業改善につながっていくことがわかる。これを受けて、文章⑥では、企業の人材育成で注目されている「越境学習」(3)を紹介したうえで、学校内外における教員や生徒による「越境」的な学びについて考えてみた。そして、〈歴史総合〉の授業を「越境学習」の視点で学ぶ場をつくることを提案した。

文章⑦では、2022 年度から始まった〈歴史総合〉1 年目の状況を受けて、教員による〈歴史総合〉への向き合い方について考えてみた。具体的な授業実践例がほぼない状態から始まった〈歴史総合〉の授業をつくっていくうえで、授業者である教員側の余裕のなさ、同僚とのコミュニケーション不足や教材研究が思うようにできないなど、「不十分さ」が見えてくる。このような「不十分さ」を認識したからこそ、新たな気づきや授業改善につながっていくことを確認した(4)。

以上、ここ数年の自分自身との「対話」を試みた。歴史を「教える」「学ぶ」意義とは何か、「学校」とは何か、「越境」的な学びとは何か、教員の「不十分さ」とは何か、〈歴史総合〉とは何かなど、様々な問いについて考えてきたわけである。

このような「対話」は、本書の趣旨の一つでもある。それは、各執筆者による〈歴史総合〉〈世界史探究〉〈日本史探究〉との「対話」の様相を伝えたいというものである。

3.「対話」とは何か

「対話」ときくと、中等教育に関わる方々は、「主体的・対話的で深い学び」というフレーズを思い出すかと思われる。2015 年 8 月、中央教育審議会初等中等教育分科会教育課程部会教育課程企画特別部会「教育課程企画特別部会における論点整理について（報告）」（論点整理）の中で、「アクティブ・ラーニング」との関わりの中で示されたフレーズである。ここにおいて、「アクティブ・ラーニング」とは、生徒が「深い学び」「対話的な学び」「主体的な学び」（の過程）という三つの学びが実現できている状態を指すことが明示された(5)。論点整理によると、「深い学び」とは、習得・活用・探究の学習プロセスの中で「資質・能力の三つの柱」（＝学校教育法第 30 条第 2 項「学力の 3 要素」）である「基礎的・基本的な知識・技能」「知識・技能を活用して課題を解決するために必要な思考力・判断力・表現力等」「主体的に学習に取り組む態度」が活用・発揮できている場である。「対話的な学び」とは、「言語活動の充実」を他者との協働（教員と生徒、生徒同士の対話）によって実現し思考を深められる場である。「主体的な学び」とは、生徒自身が積極的に取り組むような「体験活動の充実」を実社会や実生活に関わる主題を中心に設定し成果を生むとともに、その成果を振り返って次の学習につなげられる場である。ここでいう「対話（的な学び）」とは、「他者との対話」を指すものとして説明されている。

そもそも「対話」とは何か、改めて確認しておきたい。

デヴィッド・ボーム氏は、「対話」（dialogue）について「対話は二人の間だけではなく、何人の間でも可能なものなのだ。対話の精神が存在すれば、一人でも自分自身とも対話できる。……グループ全体に一種の意味の流れが生じ、そこから何か新たな理解が現れてくる可能性を伝えている」「対話の目的は、物事の分析ではなく、議論に勝つことでも意見を交換することでもない。いわばあなたの意見を目の前に掲げて、それを見ることなのである—さまざまな意見に耳を傾け、それを掲げて、どんな意味なのかよく見ることだ」と述べる［ボーム 2007：p.44-45・p.79］。「対話」を通じて、自他の関係構築と相互理解を図ることや自己理解につながるのであろう。

平田オリザ氏は、「対話」（dialogue）とは「他人と交わす新たな情報交換や交流のこと」で、他者にとって有益な情報が含まれるとする。一方、「会話」（conversation）とは「すでに知り合った者同士の楽しいおしゃべり」であり、他者にとって有益な情報はほとんど含まれないとする［平田 2015：p.16-17］。他者にとって有益な情報があるかないかで、「対話」と「会話」を明確に区別している。

平田氏が「会話」とした「おしゃべり」について、細川英雄氏は、「相手に話しているように見えながら、実際は、相手のことを考えない活動」で「他者不在の言語活動」であるという［細川 2019:p.20］。そして、「対話」とは「相手としての他者の存在を意識し、その領域に大きく踏み込む行為」だという［細川 2019:p.22］。これに関連して、熊平美香氏は「他者との対話」を実現するために、「メタ認知（自己の内面を俯瞰する）」「評価判断の保留（他者の意見に耳を傾け、中立な立場で対話に臨む）」「傾聴（他者の考えやその背景にまで意識を向けて聴く）」「学習と変容（傾聴・対話を通して新たに得た学びやそれによる自分の変化を明らかにする）」「リアルタイム・リフレクション（対話における自分の言動と内面をメタ認知する）」という五つのステップを提示し、その基点は「メタ認知」であるという［熊平 2023：p.18-78］。「他者との対話」のためには、自分自身を「メタ認知」する必要があるわけである。したがって、「メタ認知」という「自己との対話」を意識的・自覚的にすることが求められる。

このように、「対話」とは、他者や自己を意識的に受け止め合ったり、認め合ったりする行為であることがわかる。

4.「対話」を通じたシン入門

「他者との対話」「自己との対話」だけではなく、佐藤学氏はこれらに加えて「対象（世界）との対話」も加えている。佐藤氏によると、学びの実践とは、対象と自己と他者との関係において、三つの対話的実践の領域を形成するという。「対象（世界）との対話」とは、「対象に問いかけ働きかけて、推論し、探究し、名づけ統制するという一連の対話で構成された言語的実践」（＝「世界づくり」）。「自己との対話」とは、「対象世界に対峙する自己自身を構成し、自己自身を対象化するメタ思考を展開して、自己自身を再構成している」（＝「自分探し」）。「他者との対話」とは、「他者との関係を内に含んだ社会的実践」であり、「教室における学びは、教師や仲間との関係において遂行されているし、一人で学ぶ状況におかれた場合でさえ、その学びには他者との見えない関係が編み込まれている」（＝「仲間づくり」）。三つの対話的実践は、それぞれ相互に媒介し合う関係で、三位一体であるという［佐藤 1999：p.60-62］。

本書では、「Ⅰ　学校現場での対話」「Ⅱ　授業実践との対話」「Ⅲ　研究者による対話」という三つの章を設定して、それぞれの立場からの「対話」を試みていただいた。

Ⅰ章では、〈歴史総合〉と〈世界史探究〉〈日本史探究〉とのつながりの現状と課題についてまずは整理している。加えて、これらの科目と中学社会、入試・模試、学校改革、教員研修、大学教職課程との関係にも話が及ぶ。

Ⅱ章では、〈歴史総合〉を前提として、〈世界史探究〉〈日本史探究〉1年目の授業実践を中心に紹介する。また、これらの科目との関連で、高大連携歴史教育研究会の教材サイトの有用性、韓国の歴史教育、公民科や〈地理探究〉〈古典探究〉〈理数探究〉〈総合的な探究の時間〉といった探究とつく科目についても触れている。

Ⅲ章では、歴史研究者による〈歴史総合〉と〈世界史探究〉〈日本史探究〉とのつながりや〈世界史探究〉〈日本史探究〉の各内容について、ご自身の専門分野から分析している。また、これらの科目と近年注目されているパブリック・ヒストリーとの関係についても言及する。

本書にご執筆をお願いした方々は、これまでの歴史学習や教科書などの叙述といった「対象（世界）との対話」を試みている。また、執筆者の方々にとっては、これまでの授業実践や思考過程を振り返ることによって「自己との対話」にもつながる。さらに、本書を読む方々にとって本書の内容は、「対象（世界）との対話」でもあり「他者との対話」でもあり、それらの対話を通じて「自己との対話」にもつながる可能性があろう。〈歴史総合〉〈世界史探究〉〈日本史探究〉について、このような三つの「対話」の場を新たにつくり、学びを深めるきっかけをつくることも、本書刊行の意図である。

A書の「結　本書の結びをはじまりとして」では、編著者３名（前川修一・梨子田喬・皆川雅樹）による鼎談を掲載した。最後のところで、次のようなやりとりが行われた。

> **前川：**いろんな意味でですが、学校が学びのきっかけになっていることは間違いないですね。その際に重要なキーワードは、やはり「対話」でしょう。
>
> **皆川：**学校での学びがきっかけというよりは、自分自身が何と対話をしてきたのか。「自己との対話」をするにあたって、書籍や体験などを通じた「対象世界（コンテンツ）との対話」は大切です。「他者との対話」は、ただグループワークを多くすればいい

わけではないんですよ。「他者との対話」には目的が必要で、授業においても研究においても向かうところを考えないと、学びにはつながらない。その向かうところが「問い」をつくることにつながるんでしょうね。

前川：おっしゃる通りだと思います。1950年代の日本映画の名匠、溝口健二監督が常に出演俳優に問いかけた言葉は「反射してますか？」だったそうです。そもそもリフレクションのリフレクトの意味は反射ですよね。私もときどき長嶋茂雄の声色で「対話してますか？」と生徒に言ってます（笑）。相手（学び手どうし）との対話、教師との対話、教材との対話、故人との対話、未来の人との対話、そしてつまるところ自分との対話です。

梨子田：「探究」も「総合」も今は手探りですが、始まればそれなりには消化されていくでしょう。しかし、本当の意味で授業の中に「対話」があるか、生徒は本当に歴史の授業を「じぶんごと」として学んでいるか、内発的な動機から歴史の学びに向かっているのか、このあたりを問い続けなくてはいけないでしょう。終わりはありません。

皆川：そういう意味で、「本書の結びを始まりとして」と副題をつけさせていただきました。新学習指導要領「探究」、「総合」の始まり、先生方の新しい授業実践の始まり、研究現場と教育現場との協働の始まり、高校生にとっては対話的な歴史学習の始まり、さまざまな始まりのために本書がお役に立つことを祈って。

相手（学び手どうし）との対話、教師との対話、教材との対話、故人との対話、未来の人との対話、歴史学との対話、自分自身との対話、さらに学びの「じぶんごと」化(6)など、本書（やA・B・C・D書）を通じて、考えをめぐらせていただけると幸いである。

注

(1) 清水書院が教員向けに発行している冊子『Research』で、「皆川雅樹の授業探訪」と題して高等学校の地理歴史科・公民科の各授業の様子などを伝えている。清水書院Webサイトの「デジタルサポート」の項目(https://www.shimizushoin.co.jp/support.html)参照。
(2) 教員としてのあり方(Being)については、[河口竜行・木村剛・法貴孝哲・皆川雅樹・米元洋次編著2022~24]など参照。
(3) 越境学習とは、「ホームとアウェイを往還することによる学び」であり、「物理的な場所の移動だけではなく、個人の心理(認知)に基づくものであり、個人にとってのホームとアウェイの間になる境界を越えること」である[石山・伊達2022:p.28]。
(4) 著者自身がきちんと向き合えていないこととして、「観点別評価」の問題がある。これは、新科目が始まるとほぼ同時に運用が開始されている。「自ら学ぶ」「自己調整する」能力を育むことが前提であり、生徒が個人として「何ができるか」「どれほどできるか」「どれほど成長したか」という視点から、三つの観点(知識・技能、思考・判断・表現、主体的に学習に取り組む態度)による評価をするものである。観点別評価について、[八田・渡邉2023:p.23~25]には、次のように書かれている。

> 学校教育の目的は生徒たちの序列・選別ではなく、すべての生徒たちに対して必要な資質・能力を育成することにあります。……目の前の生徒に対して、日常の教育活動の中で(たとえば年度の授業開始日、各単元開始時、そしてテストの返却時に)、どのような大人になってほしいと願っているのか、そのためになぜこの内容をこのように教えるのか、この内容を習得することでどのような資質・能力が育つのか、その資質・能力にはなぜ価値があるのか、どのような生徒の姿が見られたらその資質・能力をどの程度身に付けていると判断できるのかについて、自身の専門性に基づいて説明と対話を積み重ねることが必要です。このような目の前の生徒たちに対する説明と対話の積み重ねは、教師自身の教育活動と生徒の学習活動の改善に直結するでしょう。

このような「対話」のあり方については、引き続き考えていきたい。
(5) 「アクティブ(・)ラーニング」の浸透過程については、皆川雅樹「「アクティブ(・)ラーニング」の黎明期を走り抜けた先に―日本史の授業実践を〈歴史総合〉につなげるには―」(文章⑤)など参照。
(6) 歴史を学ぶことと「じぶんごと(自分事)」化については、皆川雅樹「シリーズ「探究」を考える[第1回]Being Historyへのいざない」「シリーズ「探究」を考える[第2回]歴史は誰のものか―Being Historyを実践するための確認―」「シリーズ「探究」を考える [第3回]「自分事(自分ごと)」とは何か―Being Historyを実践するための刺激―」「シリーズ「探究」を考える[第4回]Being Historyを実践するために」[河口竜行・木村剛・法貴孝哲・皆川雅樹・米元洋次編著2022~24]など参照。なお、「Being History」とは、著者が提唱している歴史の学び方の一つであり、「私たちが歴史を学ぶことを通じて、生徒も教師も自分自身の存在・あり方(Being)を探究することにつなげられる」というものである。

参考文献

- 石山恒貴・伊達洋駆『越境学習入門』日本能率協会マネジメントセンター、2022年
- 河口竜行・木村剛・法貴孝哲・皆川雅樹・米元洋次編著『シリーズ学びとビーイング1. いま授業とは、学校とは何かを考える』りょうゆう出版、2022年
- 河口竜行・木村剛・法貴孝哲・皆川雅樹・米元洋次編著『シリーズ学びとビーイング2. 授業づくり、授業デザインとの対話』りょうゆう出版、2023年
- 河口竜行・木村剛・法貴孝哲・皆川雅樹・米元洋次編著『シリーズ学びとビーイング 3. 学校内の場づくり、外とつながる場づくり』りょうゆう出版、2023年
- 河口竜行・木村剛・法貴孝哲・皆川雅樹・米元洋次編著『シリーズ 学びとビーイング 4. 学び続ける教師のあり方(Being)とは』りょうゆう出版、2024年
- 熊平美香『ダイアローグ:価値を生み出す組織に変わる対話の技術』ディスカヴァー・トゥエンティワン、2023年
- 佐藤学『学びの快楽:ダイアローグへ』世織書房、1999年

・デヴィッド・ボーム『ダイアローグ:対立から共生へ、議論から対話へ』金井真弓訳、英治出版、2007年、原著1996年
・八田幸恵・渡邉久暢『高等学校　観点別評価入門』学事出版、2023年
・平田オリザ『対話のレッスン:日本人のためのコミュニケーション術』講談社学術文庫、2015年、初出2001年
・細川英雄『対話をデザインする:伝わるとはどういうことか』ちくま新書、2019年

I

学校現場での対話

総論

「資質・能力時代」のシン科目―世界史探究

梨子田 喬（なしだ たかし）
西大和学園中学校・高等学校　教諭

1. 新科目で何が変わるか――変わるのは“教師”と“授業”

今般の学習指導要領の改訂は、戦後最大の教育改革とも言われ、資質・能力ベースに大きく舵を切った。資質・能力時代ともいうべきこの大改訂の荒波の中で、「世界史B」は「世界史探究」に衣替えをした。どうなったかといえば、「諸地域が形成され、それが交流・再編され、結合・変容していく中で今日の地球世界が形成された」というこれまでの枠組みは維持されており、大きな変化はない[(1)]。では内容が違うのだろうと、内容面に踏み込んで比較してみると「あれ…」これまたあまり変わっていないように見える（**資料 1**）。

「なんだ、変わっていないのか。なら今まで通り授業をすればよいのだ」と**思いがちであるが、そうではない**。「学習内容の削減は行わない」という方針のために、内容面は大差なく見えるにすぎない。「何を学ぶかではなく、何ができるようになったか」、すなわちコンテンツベースからコンピテンシーベースへの学習・指導観の大きなシフトチェンジがなされて

	世界史B（平成21年告示）	世界史探究（平成30年告示）
モンゴル帝国の征服活動	内陸アジア諸都市のネットワークを掌握し、朝鮮半島からロシア平原に及ぶ広大な地域を支配するに至った過程	モンゴルが13世紀には朝鮮半島からロシア平原に及ぶ広大な地域を支配するに至った過程
交通網の整備	元が中国の南宋を滅ぼしてからは、海域のネットワークをも支配下に入れ、ユーラシアを海域と内陸で循環する交通・交易体系	元が南宋を滅ぼしてからは、海域のネットワークをも支配下に入れ、ユーラシアを海域と内陸で循環する交通・交易体系
日本との交易	宋から元にかけての仏教僧の交流や日宋貿易が活発になったことに気付かせる。この時期の日本にも触れ、元寇の危機を乗り越えて中国との交易を回復し、宋代以来続いた銅銭の大量輸入により貨幣経済が一層進展した	この時期の日本と東アジアの関係にも注目し、宋から元にかけての仏教僧の交流や大陸と日本との貿易が活発になった

資料1　新課程と旧課程の内容面についての比較（モンゴル帝国と元）

おり、そのため、従来のような内容の教え込みが求められているのではなく従来の内容はそのままに、資質・能力を養う授業スタイルへの変革が求められるようになった。

2. 詳細に学習過程が示された新科目

そのために、学習指導要領解説では詳細な授業指示書のように、授業における学習の過程が示されている。「身につけるべき知識・技能」として (a) (b) が、「身につけるべき思考・判断・表現等」では (c) (d) (e) が示され、これが各小項目の学習の過程において「(a) を基に、(c) に着目して、(d) を設定し、それに応じた『小項目全体に関わる問い』を学習上の課題として生徒に提示する。この問いを踏まえて (e) を考察し、表現して、アの (b) の理解に至る」といった具合に構造化されている（**資料2**）。

地歴公民科の先生方同士で授業論を交わしていると「知識がないと探究はできない。まず知識を注入して理解させなくては」という意見を耳にすることが多いが、ここで示されているものはそうではなく、「知識・技能等」と「思考・判断・表現等」を身につける学習が一体となって探究的な学びが展開されて理解へと至る学習過程である。この学習過程の真ん中に、「主題に基づいた小項目全体に関わる問い」の設定が位置づけ

ア　次のような知識を身に付けること。	小項目の学習過程
(a) 宋の社会とモンゴル帝国の拡大などを基に、(b) 海域と内陸にわたる諸地域の交流の広がりを構造的に理解すること。 イ　次のような思考力、判断力、表現力等を身に付けること。 (c) 諸地域の交流の広がりに関わる諸事象の背景や原因、結果や影響、事象相互の関連、諸地域相互のつながりなどに着目し、(d) 主題を設定し、諸資料を比較したり関連付けたりして読み解き、(e) 中国社会の特徴やモンゴル帝国が果たした役割などを多面的・多角的に考察し、表現すること。	(a) 宋の社会とモンゴル帝国の拡大をもとに、(c) 諸地域の交流や広がりに関わる諸事象の背景や原因、結果や影響、事象相互の関連、諸地域相互のつながりなどに着目して、(d) 主題を設定し、それに応じた「小項目全体に関わる問い」を学習上の課題として生徒に提示する。この問いを踏まえて (e) 中国社会の特徴やモンゴル帝国が果たした役割を多面的・多角的に考察し、表現して、(b) 海域と内陸アジアにわたる諸地域の交流の広がりの理解に至る。

資料2　小項目の学習過程

られている。従来までの学習指導要領が「主題の設定」にとどまっていたのに対して、新課程では主題から一歩踏み込んで小項目全体に関わる問い（単元を貫く問い）の設定が求められるようになった。「探究」を科目名で名乗るのだから、「〜について学びます」ではなく問いをベースに授業を作りましょう、というわけである。

3. 新しい歴史教育における問いの重要性

かくして「問い」がぐっと前面に出て、新しく登場した教科書や資料集のページは「問い」で溢れかえった。こうした背景には、生成AIなど情報技術の発展により歴史の学び方があらためて問い直され、いつまでもアクエンアテン、ヒッタイト、サトラップなど無機質にカタカナ語を羅列し、知識ばかりを暗記するような歴史教育で良いのかという問題意識がある。高校生が世界史を学ぶ意義を実感し、理解へと導くために、「問い」をどう用いるかという議論も増えた。

『学習指導要領解説』では「2　内容とその扱い」④「事象に関わる学習と問いの構造」に「小項目全体に関わる問い」（いわゆる単元を貫く問い）を踏まえて段階的に問いを設定していく学習の例が詳細に示されている。まず、「小項目全体に関わる問い」は、小項目内の学習内容について学びを動かすテコとして本質的な思考や考察を促し、学習全体の見通しや振り返りの軸として働いていく。この「小項目全体に関わる問い」を踏ま

小項目全体に関わる問い
「東アジアや中央ユーラシアは、社会、宗教、文化・思想の面でどのような特徴をもっていたのだろうか。」

教師	**推移や展開を考察し理解を促すための問い** 「唐は近隣諸国に対してどのように接していただろうか」	▶	**事象を関連付けて考察し追究を促すための問い** 「あなたは、日本が、国家形成に当たって、唐に学んだことで最も重要だったことは何だと考えるか」
生徒	諸資料を活用して考察等東アジアの国際秩序の特徴を理解する。		遣唐使の活動、正倉院の遺物を示し、東アジアの中の日本の位置付けを多面的多角的に考察。

資料3　指導要領に示された問いの構造の事例

えて「理解」のための問いから「追究」のための問いへと段階的に設定していくことが示されている（**資料３**）。

発展科目である世界史探究というと、実際の研究論争に近い問いを設定し、資料を細かく読解させ、歴史学研究のような取り組みを思わせる。しかし、私の力量不足に過ぎないのかもしれないが、歴史学上で議論されているような学術的な問いをそのまま生徒に落としても、手応えはあまり良くない。問いには、生徒の自由な思考を制約したり、学術的な問いや抽象度の高い問いであれば生徒を学びから遠ざけてしまう側面もある。

では、世界史探究において望ましい問いとはどのようなものか。これについては、二井正浩氏の指摘が参考になる。二井氏は、新科目「歴史総合」を「レリバンスの論理に基づいたもの」とし、「歴史学の成果自体を教育するという発想から、教育として歴史学習を通じて社会に目を開かせるという発想へと論理の転換を目指している」と指摘している(2)。この視点は歴史総合との接続が重視される(3)世界史探究においても重要である。「〜とわたしたち」といった個人的レリバンスの構築から出発する歴史総合に対して、世界史探究では「よりよい社会の実現を視野に」という科目の目標にあるように社会的レリバンスの構築を目指している。あくまで歴史という過去の出来事そのものを学ぶ学習として完結させるのではなく、現代社会に続く流れとして捉え、その理解・追究を促進させるための問いを提示していくよう心がけることが大切だろう。

4. コンテンツベースからコンピテンシーベースへ
――どのように授業を変えればよいのか

世界史の授業といえば、教師がわかりやすく歴史の流れを説明し、生徒を理解へ導く授業が良い授業とされた。各校で実施されている授業アンケートにはたいてい「教師の説明はわかりやすかったか」という項目があるように、教師の説明が授業の生命線だといってよかった。

しかし、教師の嚙み砕いたわかりやすい説明が、疑問や考察の芽を摘み、学びを流動食化している側面も否めない。講義型の授業で、流動食を流し込まれている生徒に「自分で嚙む力が育たない」のは当然のことである。かつて良い授業とされた説明中心のわかりやすい授業は、力を育てる資質・能力時代においては必ずしも良い授業とはなり得ない。

目指すべきは、生徒に教科書や資料集を自分で活用し、自ら世界史を探究していく姿勢を育てることである。そのために、世界史を流動食にして流し込むのではなく、教材をもとに自分で嚙み砕く訓練をすることが大切である。例えば、ハンムラビ法典であれば「特徴は同害復讐法と身分法」と説明して最後に古代は身分社会だったと説明してしまえばあっという間であるが、それではなんの力もつかない。そうではなく、実際の法典を読ませ自分で吟味・咀嚼させて自力でハンムラビ法典の特徴についての知識を獲得させる。「嚙む力」は嚙ませて育てる。これが、最もシンプルな資質・能力ベースの世界史探究で求められている授業改善の方向性である。

そうなると教師の立ち位置・役割は変わり、授業の主体を教師から生徒に移さなくてはいけない。これまでのように教師がけん引するのではなく、素材をもとに生徒がビルドアップしていく授業に変えていくというのが理想的なあり方になる。いわば「教える」という発想から脱却していくわけである。

5. 自分自身の授業改善の経験から

私自身の話になり恐縮だが、私はこれまで穴埋めプリントを使って解説をするいわゆるチョーク＆トークの授業を行っていた。しかし、ただ聞いているだけの授業で「生徒になんの力がついているのだろうか」と疑問に持ち授業スタイルを工夫しながら、少しずつ試行錯誤を重ねた末、2017年よりジグソー法(4)を用いた授業形式に改めた(5)。**資料４**のように、従来の授業プリントは、いかにも社会の授業といったサブノート形式の空欄穴埋めであったが、現在は穴埋めではなく用語が並べられているだけになっている。力をつける歴史の授業とは一体どうやればいいのだろう、と悩んだ末に、「用語を空欄で隠すのではなく、用語と用語の隙間の説明を隠して生徒に作らせればいいのか」と思い至った。シンプルだが、大きな発想の転換であった。これであれば、論理操作、関連付け、文脈構築などさまざまな力を育成することを期待できる（**資料４**）。

こうした授業スタイルに変えて７年目になる。毎日のようにやっていると、だいたい毎年同じような風景が見えてくる。はじめのうちは、生徒は語句と語句を関連付けることができなかったり、資料をどう活用す

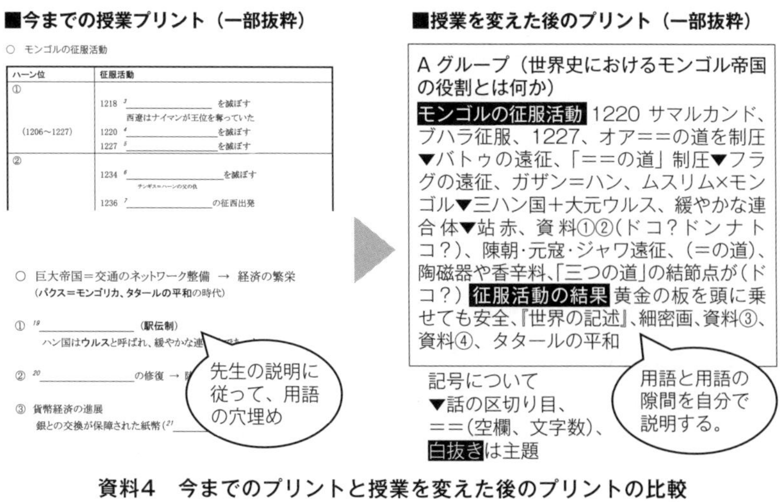

■今までの授業プリント（一部抜粋）
○ モンゴルの征服活動
ハーン位
征服活動
①
(1206〜1227)
1218 3 を滅ぼす
西遼はナイマンが王位を奪っていた
1220 4 を滅ぼす
1227 5 を滅ぼす
②
1234 6 を滅ぼす
チンギス＝ハーンの父の仇
1236 7 の征西出発
○ 巨大帝国＝交通のネットワーク整備 → 経済の繁栄
（パクス＝モンゴリカ、タタールの平和の時代）
① 19 （駅伝制）
ハン国はウルスと呼ばれ、緩やかな連
② 20 の修復 →
③ 貨幣経済の進展
銀との交換が保障された紙幣（21
先生の説明に従って、用語の穴埋め
■授業を変えた後のプリント（一部抜粋）
Ａグループ（世界史におけるモンゴル帝国の役割とは何か）
モンゴルの征服活動 1220 サマルカンド、ブハラ征服、1227、オア＝＝の道を制圧▼バトゥの遠征、「＝＝の道」制圧▼フラグの遠征、ガザン＝ハン、ムスリム×モンゴル▼三ハン国＋大元ウルス、緩やかな連合体▼站赤、資料①②（ドコ？ドンナトコ？）、陳朝・元寇・ジャワ遠征、（＝の道）、陶磁器や香辛料、「三つの道」の結節点が（ドコ？）征服活動の結果 黄金の板を頭に乗せても安全、『世界の記述』、細密画、資料③、資料④、タタールの平和
記号について
▼話の区切り目、
＝＝（空欄、文字数）、
白抜きは主題
用語と用語の隙間を自分で説明する。

資料4　今までのプリントと授業を変えた後のプリントの比較

・自分は社会は暗記だけで生きてきたけれど、グループワークの授業で周りを見ると、ちょっとの単語から流れを読み取って理解する人たちがいた。それを見習うようになって社会の見方が変わった。
・歴史の授業形式がとても楽しいです。先生に教えられるより、自分で教科書を調べてそれを友達と一緒に繋がりを見出した瞬間が一番楽しかったです。「え～こんなつながりがあるんだ～」って思った場面がたくさんありました。
・今まで経験したことがない授業スタイルだったが、課題を達成しようと調べる中で出てくる疑問をすぐに調べて様々な出来事と結びつけていけたことで先生からの一方的な授業よりもはるかに理解を深められた。高校になって初めて歴史の勉強が面白いと思えた。
・因果関係がわかりにくかった場所も、授業によって内容が繋がり、スカスカのジェンガにどんどんブロックが敷き詰められていくような感覚でした。
・1年間授業を受けて感じたのは、歴史ってすごい考える教科であるということ。今まではつまらない暗記をただしていただけだったけれども、自分で考え自分で模索し見つけることが一番身につけやすくわかりやすいと思いました。歴史って深い！
・社会は暗記でしか高得点をとれないと思っていてただ覚えるためだけに何時間も浪費するくらいならゲームなどをして遊んでいた方がましだとおもっていたけど、高校に入って色々なところでおきたことを文章でつなげて友人に教え合うという形式に変わって、個人的にはソ連レベルの革命だとおもって自主的に取り組むようになった。

資料5　現任校での授業スタイルについての生徒の感想

ればいいのかわからなかったり戸惑いながら取り組むが、次第に要領を掴みだすと教科書や資料集を用いて自分たちでこなせるようになっていく。しばらく続けると、指示なく動くようになり、半年も続けると生徒の取り組むスピードも早くなっていくため、1時間あたりの消化量も多くなり進度も早くなっていく。講義型の授業をしていた頃は、1年を通して私が話し続けていたためあまり生徒の成長を実感する機会がなかったが、授業スタイルを変えてから授業の中で「できない」が「できる」に変わっていく場面や「こういうところで躓くのか」という場面を目の当たりにすることも増えた。

現任校で1年間授業を終えた生徒に感想を書いてもらった(**資料5**)。「社会は暗記でしか高得点がとれないのでゲームなどをして遊んでいたほうがましだと思っていた」「歴史科目はどうせ暗記とバカにしていた」など、これまでは「歴史学習＝無機質な事象の暗記」という固定観念が根強く、学習意欲も高くはなかったようだが、言葉と言葉を関連付けて文章やロジックを構築していく学習の中で、「ソ連レベルの革命だと思って自主的に取り組むようになった」「初めて歴史の勉強が面白いと思えた」「歴史ってすごい考える教科である」などといった変容が認められた。生徒たちの思考過程で「点と点が結びつき線になると」「さまざまな出来事を結びつけて」「友達と一緒に繋がりを見出した」など一生懸命関連付けながら学習し、その結果「爽快感」「スカッとする」「一番楽しかった」という感情が生まれている。また、「ちょっとの単語から流れを読み取って理解する人たちがいた。それを見習うようになって社会の見方が変わった」といった感想のように、他者との協働が相互作用として働き、学びの創発を促していることも特筆すべきだろう。

こうした授業スタイルの変革とともに、これまで特に単元を意識せずにただ教科書の順番を進んでいくだけの授業を行っていたのを反省し、単元設計を行い、そこに単元を貫く問い（小項目全体に関わる問い）を設定するようにした。単元を貫く問いを設定することで、学習者に目的意識を育み、単元を横断して知識を統合していくことで深い思考・発展的思考へと導くことができ、そして振り返りの軸をつくることで主体性評価が行いやすくなった(6)。単元を貫く問いについては、先に述べたように社会的レリバンスの観点から現代社会との関連付けるようなもの、生徒の興味関心を引き付け、多様な答えが得られるものを置くように意識している。

6.「追究を促す問い」の授業
――モンゴル社会の実相とはどのようなものだったか

単元の終盤には「追究を促す問い」を用いて、より深い探究型の授業をすることにしている。この学習場面では、正解のようなものを追究せず、一人ひとり違った意見が肯定されるような終わり方になるように留意している。先の授業に続き、モンゴルの単元を例に紹介したい（**資料6**）。

モンゴルはしばしば征服者として描かれ、暴力的な侵略や破壊の象徴として認識されがちであった。しかし、近年、その評価は複雑で多面的になってきた。単元の導入に、まず旧来ありがちだったモンゴル時代に対する負の評価、すなわち文明の破壊者としてのモンゴル像を紹介する（**資料7**）。

宋と元両方の単元を貫く
問いとして設定した。

小項目全体に関わる問い
「北方民族は中国の王朝と対峙し、その発展を妨げたというイメージが強い。しかし、むしろ周辺民族がいたからこそ、中国は発展したともいえる。それはどういうことか。」

教師	**推移や展開を考察し 理解を促すための問い** 「世界史におけるモンゴル帝国の役割とはなにか」「中国史における元の役割とはなにか」	▶	**事象を関連付けて考察し 追究を促すための問い** 「モンゴルの世紀の社会の実相はどのようなものだったのか」「あなたはモンゴルの世紀がどのように評価されるべきだと思うか」
生徒	諸資料を活用して考察等 モンゴルが世界史・中国史に果たした役割を理解する。		さまざまな見方が存在するモンゴル時代の社会について多面的多角的に考察する。モンゴル時代の評価について意見をまとめる。

資料6　単元設計

- 『ノブゴロド年代記』に「我らが罪の故に、得体の知れぬ部族がやってきた。彼らがいったい誰であるのか…誰一人知らない。ただ、彼らは自分たちをタルタルと呼んでいる。」とある。
- パリス『大年代記』では、モンゴル人は「犬・人の肉を」むさぼり食うとして挿絵ともに野蛮さを強調されている。
- フラグの遠征ではバグダード攻城戦で多くの人が虐殺された上に、知恵の館が破壊され多くの書物が消失したといわれている。
- 謝枋得の『畳山集』に「我が大元には人に十等あり。…七は職人、八は娼婦、九は儒者、十は乞食。賤しきものなり。賤なるもの、国に益なきものなり。」とある。いわゆる「九儒十丐」だが、儒者は娼婦と乞食の間にいる。
- 現代のフランスの中国学者ジェルネ氏は「全ての文化に叛逆し」、「中国精神に幻滅を与えた」、「中国の歴史に重大な挫折を与えた」と述べている。

資料7　文明の破壊者としてのモンゴル像

その後「世界史におけるモンゴル帝国の役割とはなにか」「中国史における元の役割とはなにか」を考察する中で、征服や破壊ではないモンゴルがユーラシア世界に果たした役割を理解する(7)。その後、「教科書などで言われているモンゴル像は真実であろうか」という問いを提示し、現行の教科書や現在一般的に言われているモンゴル帝国や元についての言説について、Aパート、Bパートの2パートのジグソー形式で資料に基づき検証する（詳細については**資料９**授業プリント参照）。

例えば、モンゴル人たちの支配について、教科書をチェックしてみる（**資**

「実質的な政策決定は、中央政府の首脳部を独占するモンゴル人によっておこなわれた」(旧課程『詳説世界史B』山川出版社、世B304)
「中枢はモンゴル人が握った。」(新課程『詳説世界史』山川出版社、世探704)
「実質的に政治を動かしたのは中央政府を独占するモンゴル人であった。」(新課程『新世界史』山川出版社、世探706)
「モンゴル帝国の中核を担ったのは、チンギス家への忠誠心と軍事・実務能力をもった騎馬集団としてのモンゴル人であり」(新課程『世界史探究』実教出版、世探702)

資料8　モンゴル支配についての教科書の記述

料8)。

「中央政府の首脳部を独占」「中央政府を独占」といった表現が見られるが、プリントにある中統2年の宰相表を分析すると、中書省の高官の12人中7人が漢人である。右丞相、左丞相はモンゴル人と漢人の組み合わせとなっており、本当にモンゴル人が中央政府を独占していたかといえば疑問が残る。

このほか、元の滅亡を引き起こした紅巾の乱についても、単にモンゴル人と漢民族の対立構図で捉えるべきではない。むしろ、自然災害やモンゴルが促進した東西交流が疫病の広がりを招き、社会の不安定化や経済混乱を引き起こした可能性が考えられる(8)。また、元の皇慶2年に始まった科挙においては、モンゴル人、色目人、漢人、南人の合格者がおおむね同数であり、漢民族の程鉅夫は「今科挙を設けるならば、モンゴル人および色目人を優遇し、彼らが学問に志すことを促すべきである」と述べているし(9)、ペルシア語文献である『集史』には、元朝における文化や学問への関心が伺える記述もある(10)。

こうした内容を、Aパート、Bパートの資料群から検証していき、モンゴル時代の政治や社会について所与の資料から疑問を出して自説をつくり、それを共有し合う。その後にモンゴル時代の政治や社会は実際はどのようであったのかについて考察させる、といった建付けである。

「モンゴル時代の社会の実相はどのようだったか」というと歴史学的な論題を追究しているように見えるが、何が信ずべきファクトでそこからどのようなモンゴル像を導くことができるのか、といった思考のトレーニングの時間になるように心がけている。

「教科書に書かれている元やモンゴル像は本当か」について、
以下の語句を必ず用いて説明しなさい。

■ **Aグループ**

以下の問いに答えながら、「教科書に書かれている元やモンゴル像は本当か」を考察せよ

▼教科書:「中央政府の首脳部を独占」「**色目人**(ドンナヒト?)を重用」→**右の表**アレ?清を思い出すね、資料①

資料①
【モンゴルとは】
モンゴルとは本来部族名であるが、国家名としても使われ、現在のような民族名ではなかった。帝国の支配層に加われば、出身にかかわらずモンゴルとして扱われた。
帝国書院『新詳世界史B』

資料①
漢族地主で官職をもち広大な土地を所有したものもいたし、モンゴル人でも奴隷になったものさえいた。
中国の教科書『中国歴史』人民教育出版社

資料①中統2年(1261)
フビライの時代の中書省の高官たち

右丞相	★不花	史天沢		
左丞相	忽魯不花★	耶律鋳		
平章政事	塔察児★	王文統	賽典赤	廉希憲
右丞	張啓元			
左丞	張文謙			
参知政事	商挺	楊果		

耶律楚材の子ども。なにじん?でも彼は漢文化を受容していて漢人官僚とみなされる

「サイイド=アジャル」なに人だろうね?

漢人とそれ以外の比はどれくらいだろうね?あれ?清朝と比べると・・・

▼ところで元といえば庶民文化(なぜ元で庶民文化なんだろうね)、教科書:「元は文化は放任?」→資料②(こういう資料が『**集史**』にあるんだねぇ〜、『集史』という史料の性格は?)、異民族だから儒教は軽視→資料③、

資料②
【元の国家出版システムの記述】
完成稿に、当代の学者·識者たちが校勘·対読をなして、全員がそれに対し「古籍に代替し、中間にいかなる誤りも無い」との保証書を書いた。そのあと再度、学者一名がその校勘をなした。それから“かれらの法式”によって、中間にいかなる改ざん、削除書き足し、重複、脱落もありえないようにしながら、原稿から印本が複数つくられた。
『集史』(誰の著作?どういう史料?)
宮紀子「「知」の混一と出版事業」所収

資料③
【元の学校、儒教】
国子学(学校)の創設と同じ 1233 年 7 月、オゴタイは、儒学の崇奉を示すために開封にいた孔子の51代孫孔元措を保護して儒学の総本山たる山東曲阜に帰還させるように命じ、四年後、衍聖公の襲封を追認した。
宮紀子「「知」の混一と出版事業」より

▼元の科挙の状況、士大夫は不利だったの?科挙で採用されたのは==学、教科書:元の士大夫の活躍…→資料①や上の表、資料④、なぜ漢人がモンゴル人·色目人を科挙で優遇するように、といっているの?

資料④
皇慶2年(1313)に始まった科挙
合格者は**モンゴル人·色目人·漢人·南人の合格者は同数と規定**されていた。科挙を実施するように提案した程鉅夫は「今科挙を設けるならば、モンゴル·色目人を優遇してそれによって彼らが学問に志すように勧めるべきだ」と述べている。
舩田善之「元代四階級説のその後」

【まとめ】つまり、以上Aのパートからモンゴル·元の歴史はこう語られるべきだ。&私のモンゴルについての問い。

資料9　追究を促す問いの授業プリント(11)(一部抜粋)

・宋代は「蘇湖熟すれば天下たる」明は「湖広熟すれば天下たる」と言われたが、実は語られていないだけで元の時代だって開発ははるかに進んだのではないだろうか。元だけないのは不自然。
・実は漢民族の文化を巧みに取り入れ、学問や貿易にかなり力を入れていた。むしろ漢民族しか認めない時代よりも各民族の独自性は尊重されたのではないか。色目人を重く用いた、イスラーム文化の交流というのはそういうことなのでは。
・異民族のモンゴルが抑圧的な支配をしていたならば、元はこんなにも長期間繁栄することはなかった。アッシリアのように異なる民族による強圧的な支配は長く続かないのだから、その支配は意外にも寛容なものだったのではないか。
・元で庶民文化が発展したのは士大夫の文化が冷遇されたからでも、後の王朝が無視をしたからでもなく、純粋に宋代からの経済発展が、元代に庶民の経済的安定として現れたのではないか。
・元がやった功績があまり評価されていないと感じた。特に日元貿易は、正直日本史で渡来僧や貿易船の話が単発で出てくることに疑問があったので、日元貿易のような言葉としてしっかりのせるべきではないか。
・明がやると鄭和の南海大遠征となるのにモンゴルの楊庭璧が同様の行動が「蒙古襲来」と呼ばれることの不条理も指摘されるべきである。清で満漢偶数官制が行われたとあるが、モンゴルも同じようなことをやっていたのではないか。
・元やモンゴルの歴史に対しては様々な資料があり、今回の授業で私が見たわずかな資料からなんらかなバイアスがあるとは言い難い。しかし、教科書の記述とは異なり、元が実力主義を採用しており、文化や学問への関心が高く、外国との交流が盛んだった可能性は否定できない。
・多文化共生社会が実現していたとして逆に評価すべきではないか。

資料10　生徒が考えたモンゴル社会の実相

7. 大項目Eの探究活動

世界史探究の最後、大項目Eの（4）では、地球世界の課題について探究活動を行うことが求められている。これまでの世界史B[(12)]においても、最後に探究活動が据えられていたが、取り組みは低調だったと言わざるを得ない。世界史探究においては、この反省に立って、大項目E（4）に至るまでの学習の中で、大項目E（4）の学習が充実するような年間指導計画を作成し、探究活動に求められる資質・能力（問いを立てる力、資史料を収集し分析する力、関連付けたり、因果や背景を探る力、論理を構築する力、表現する力等）や姿勢を、E（4）に至るまでの授業の中で涵養していくよう明確に示された。

「Dの（4）の学習が充実するように年間指導計画を作成すること」（歴史総合）、「Eの（4）の学習が充実するように年間指導計画を作成すること」（世界史探究）と一歩踏み込んだ要求がなされ、最後の探究活動までに、問いの表現や問題解決型の学習を通して探究に必要な資質・能力を身につけさせておくことが求められている。探究活動が最後にどっしりと鎮座することで科目全体に睨みを効かす建付けとなっているわけである。

とかく歴史科目の探究というと、歴史の研究者が行うような、資料をもとにした実証的な分析などをイメージしてしまいがちである。しかし、すべての高校生を歴史の研究者として養成するわけではないのであるから、過度に実証性の追究まで追い立てることが第一の目的ではない（もちろんある程度の実証性を構築していく力は必要であり、その資質・能力も育てていかなくてはいけない）。それよりも、生徒自らが自分の軸を持ち、現代社会に対する眼差しを持って未来のソーシャルデザインをし、その説得力を増すために歴史的な事象を活用する、その力をつけるための探究活動であること、これが第一の目的とされる。

そのため大項目E（4）では、なんでもいいから歴史の研究をすればよい、というわけではなく、大項目E（1）～（3）までの学習に基づき「紛争解決や共生」「経済格差の是正や経済発展」「科学技術の発展や文化の変容」について、主題を設定し、持続可能な社会の実現を視野に探究する活動を行うこととされている。

とはいうものの、学校によってはここに至る頃には受験の秋風が吹き始め、落ち着いて探究活動をするには難しい時期でもある。夏休みを利用できるような進度の調整、教科・科目の横断による効率化、総合的な探究の時間との連携などなにかひと工夫をこしらえないといけないだろう。なにより、「さあ探究を始めましょう」といっても、答えのない問いを自ら設定し、自分の意見を持って、史資料を収集、読解しながら論理的に思考するなどなかなかできるものではない。正直に言えば、大項目E (4) をどうやるか以上に、ここに至るまでの学習過程のほうが重要である。この問題意識のもと大項目Dの授業実践を行ったので、詳細はそちらに譲りたい（本書 p.134）。

8. 最後に——教室をディストピア小説の舞台にしないために

近年の一連の大学入試改革の中央教育審議会の答申[(13)]では、高等学校の授業は「知識伝達型の授業に留まる」傾向があるとされ、さらに正答とされた「知識の再生を一点刻みに問い」、これに依拠して選抜を行うことが公平だとする考え方については「この桎梏（てかせあしかせ）を断ち切らなければならない」とまで厳しく指弾された。

それでも、受験指導の現場での高校生への声がけは依然として「教科書と過去問」である。私たち教員は、授業では「資質・能力の育成が大事だ」と言いながら、受験では「教科書と過去問」によるコンテンツ習得が合格への捷径（ちかみち）だという。どこか二重基準（ダブルスタンダード）を感じる。生徒は、思考力が重要だと受け入れつつも、教科書のコンテンツ習得に勤しみ、教員も思考力を養うことの重要性を働きかけつつも、教科書に裏付けられた知識が解答の根拠となることを期待している。出題も、思考問題を掲げながらも教科書に裏付けある知識で解けるよう保険をかけてしまうため、結局「知識でなんとかなる」という生徒側・出題側・教師側の三者の均衡点に着地している状況である。「桎梏」を断ち切るのはなかなか容易なことではない。

> 「一つの問題に二つの側面があるなんてことは口が避けても言うな」
> 「国民には記憶力コンテストでもあてがっておけ。ポップスの歌詞だの、州都の名前だの、アイオワの去年のとうもろこしの収穫量だのをどれだけ覚えているかを競わせてやれ、もう満腹だと感じるまで“事実”をぎっしり詰め込んでやれ」
>
> （レイ・ブラッドベリ、伊藤典夫訳『華氏 451 度』早川書房、2014 年）

このセリフは、本が禁じられテレビとラジオといった感覚的なものでしか情報を与えられない未来世界を描いたレイ・ブラッドベリの『華氏 451 度』からである。この小説は、情報過多の中で思考が失われていくディストピアを描き、効率化の果てに失われがちな「思考すること」を社会全体で取り戻していくことの大切さを私達に気が付かせてくれる。1953 年に書かれたこの小説中に唯一出てくる未来の年号が 2022 年なのだが、これがまったくの偶然にも高校の新課程初年度であることに驚いてしまう。

私たち歴史教師は、教科書の内容を再現して語るブック・ピープル(14)ではないし、ショート動画など感覚的な情報に埋もれている高校生たちに“事実”のみを詰め込むために教育をしているわけではない。しかし、どこかディストピア小説の風刺も当たらずとも遠からずではないか、と思う節もある。

高校には98%もの人が進学するようになり、選挙権年齢も18歳に引き下げられた。世が変われば社会から求められる世界史教育の役割が変わっていくのは当然のことである。そういう中で登場した新科目「世界史探究」だが、詳細な手順を示した学習指導要領のためか、どうしても「どうやればいい」「こうやればいいのか」といった手法のようなものばかりが先行してしまっているように見える。そうして改訂のねらいの本質的な部分、いわばこの改革の「芯」が見失われてしまう。

この答申が出された2014年から10年が経過し、大学入試や高校現場は大きく様変わりした。三位一体の高大接続改革が行われ、センター試験は廃止され、知識に加え思考力や表現力を重視する大学入学共通テストが導入された。2021年1月初めて実施された共通テストの世界史Bの問題では、資料が大幅に増加し、教員でもじっくり考えないと答えにたどり着けない問題が増加した。高校現場においても観点別評価が導入され、「知識・技能」だけではなく「思考・判断・表現等」や「学びに向かう態度、人間性等」などの資質・能力を評価するようになった。

なぜ「世界史探究」が導入されたのか。従来の「知識の詰め込み」型の歴史教育は、生徒の主体的な学びを阻み、思考力や問題解決能力の育成を妨げてきた側面があった。新しい「世界史探究」は、この状況を打破し、生徒が自ら問いを立て、歴史的事実を分析・考察することで、歴史に対する理解を深めるとともに、未来社会の創造に貢献できる人材を育成することを目指している。こうした改革の「芯」ようなものが手法に先立って語られるべきである。

映画『シン・ゴジラ』が、公開された時、「シン」がなぜカタカナなのかが議論になった。「新」であり「神」であり「真」であり、さまざまな解釈ができるところから名付けられたのだという。

始まったばかりの新科目「世界史探究」もシン科目でありたい。それは、刷新の「新」であり、深い学びに導く「深」であり、子どもたちの魂を震わす「震」であり、資質・能力を伸ばす「伸」であり、改革の「芯」をとらえた「真」正な学びでありたい。冒頭、学習指導要領が改訂され、「変わるのは教師」であり、「変えるのは授業」だと述べた。この新科目をシン科目にできるかどうか。それは、私たち現場で教壇に立つ高校教員次第である。

注

(1) 大項目の構成に大きな変化はないが、例えば旧課程の大項目(4)「諸地域世界の結合と変容」は16世紀から19世紀を扱うのに対して、新課程の大項目D「諸地域の結合と変容」は産業革命以後の19世紀から20世紀の世界を扱うなど、時期の違いはある。
(2) 二井正浩編著『レリバンスの視点からの歴史教育改革論：日・米・英・独の事例研究』p.10
(3)『学習指導要領解説』の「3　指導計画の作成と指導上の配慮事項」(6)には「「歴史総合」との関連について」が設けられており、「世界とその中の日本を広く相互的な視野から捉え」とあるよう「日本の歴史との関連付け」や、歴史総合で身に付けた資料活用の技能や生徒が問いを表現する学習、現代的な諸課題の形成や展望を構想する学習」などが示されている。『学習指導要領解説』地理歴史編（平成30年告示）東洋館出版、p.349。
(4) ジグソー法についてはエリオット・アロンソン、シェリー・パトノー共著『ジグソー法ってなに？』(昭和女子大学教育研究会訳、丸善プラネット、2016)や知識構成型ジグソー法については武井寛太編『歴史総合・日本史探究・世界史探究の授業を実践するためのヒント：ジグソー法による指導と評価の一体化』(山川出版社、2024)などがある。
(5) こうした授業改善の詳細については、拙稿「未来へ越境する歴史教育」(宮﨑亮太・皆川雅樹編著『失敗と越境の歴史教育』清水書院、2022所収)
(6) 拙稿「授業デザインの時代へ」(皆川雅樹他編著『持続可能な学びのデザイン』清水書院、2021)参照。「中国はなぜ一つか」という単元を貫く問いの設定が、学習の見通しを形成し、その後の振り返りの軸、その後の評価の軸になっていく。
(7) この授業の詳細については、 拙稿「世界史探究の授業デザイン―モンゴル帝国と元」『山川歴史PRESS』No.5（2021-12号）教室レポートを参照。
(8) 村岡倫「書き換えられた世界史教科書――モンゴル＝元朝史研究進展の所産」櫻井智美・飯山知保・森田憲司・渡辺健哉編『元朝の歴史：モンゴル帝国期の東ユーラシア』(勉誠出版、2021)
(9) 舩田善之「元代「四階級制」説のその後――「モンゴル人第一主義」と色目人をめぐって」(前掲書所収)
(10) 宮紀子「「知」の混一と出版事業」(前掲書)
(11) 櫻井智美・飯山知保・森田憲司・渡辺健哉編『元朝の歴史：モンゴル帝国期の東ユーラシア』(勉誠出版、2021)を参考にして作成。
(12)『学習指導要領解説』地理歴史編平成21年告示「(5) 地球世界の到来」「オ　資料を活用して探究する地球世界の課題」で示されている。
(13) 中央教育審議会『新しい時代にふさわしい高大接続の実現に向けた高等学校教育、大学教育、大学入学者選抜の一体的改革について（答申)』(2014年12月)
(14) ブック・ピープルとはレイ・ブラッドベリの小説『華氏451度』中に出てくる人々。本が禁じられた世界で本の内容を1冊暗記し語る人々。

総論

歴史総合をつむぐ日本史探究

新しい歴史教育への「越境」を目指して

金子 勇太（かねこ ゆうた）
青森県立青森高等学校　教諭

1．はじめに

2022年度から始まった新科目〈歴史総合〉は今年度（2024年度）で3年目、2023年度からは〈日本史探究〉〈世界史探究〉が始まり、2年目を迎えた。よって、今年度で全学年が新学習指導要領の教育課程を履修していることになった。

〈歴史総合〉に関しては、実施開始から3年が経ったということもあり、様々な授業実践から、その成果や課題が明らかになってきた。〈日本史探究〉〈世界史探究〉（以下、二つの科目をまとめて「探究科目」）については2年目に入ったばかりということもあり、授業実践に基づいた成果及び課題に関する報告等については、まだ少数である。

本稿に与えられたテーマは新科目〈日本史探究〉に関する現状と課題の検討である。また、〈歴史総合〉との接続についても検討していく。周知のとおり、学習指導要領では〈歴史総合〉を履修した後に「探究科目」を選択履修するという順序性が示されている。〈歴史総合〉で学んだ内容が「探究科目」でどのようにいかされているのかについても注目したい。

本稿では、〈日本史探究〉の授業について、①学習指導要領における〈日本史探究〉の性格や内容などの確認、②筆者の授業実践を基にした〈日本史探究〉の現状、③生徒へのアンケートを基にした〈歴史総合〉との接続に関する分析、④〈日本史探究〉の成果と今後の課題について報告する。本来ならば、全国の授業実践報告を収集し、それらを統合して論を進めるべきなのだろうが、先述のとおり、まだ「探究科目」に関する報告が少数であることと、それらをまとめる力量が筆者に不足しているため、筆者の授業に基づく検討になることを御容赦いただきたい。筆者は〈歴史総合〉を実施初年度から担当しているが、〈日本史探究〉は今年度から担当している。よって、この原稿を執筆している時期（2024年7月時点）では、まだ古代の内容までしか指導していないという状況で検討していることもお許しいただきたい。

2.〈日本史探究〉とは？

学習指導要領における〈日本史探究〉の概要について、『高等学校学習指導要領（平成30年告示）解説　地理歴史編』（以下、『解説』）を基に、①科目の性格と内容（構造）、②〈歴史総合〉との関連性の2点について確認する。

①科目の性格と内容（構造）

『解説』では〈日本史探究〉を「我が国の歴史について、資料を活用し多面的・多角的に考察する力を身に付け、現代の日本の諸課題を見いだして、その解決に向けて生涯にわたって考察、構想することができる資質・能力を育成する科目」と位置付けている。内容は四つの大項目A～Dから構成されており、A～Cが前近代、Dが近現代史となっている。さらに前近代と近現代史とでは、ねらいが区別されて設定されている。前近代の大項目A～Cでは多様な資料を効果的に活用して、〈歴史総合〉で育んだ歴史の学び方を活用しつつ、歴史を考察し表現することで、我が国の歴史の展開や伝統と文化への理解を深めるというねらいが設定されている。近現代史の大項目Dでは〈歴史総合〉で獲得した概念などを活用し、歴史に関わる諸事象相互の関係性や、地域と日本、世界との関係性などを整理して構造的に理解し、現代の日本の諸課題について多面的・多角的に考察、構想することが示されている。

各大項目の下に中項目が配置されており、A～Cは中項目が三つ、Dは中項目が四つとなっている（**資料1**）。各大項目における中項目（1）～（3）はそれぞれが結び付いており、一連の学習展開をもった構造となっている（**資料2**）。

中項目（1）では、前の時代との比較を通して時代の転換について考察して、時代の特色を探究するための筋道や学習の方向性を導く「時代を通観する問い」を生徒に表現させる。中項目（2）では、時代の特色を示す資料を活用して、(1) で表現した「時代を通観する問い」を成長させ、(3) の学習への見通しを立てて探究的な学びに向かうための仮説を表現する。そして、中項目（3）では、（1）及び（2）で表現された「時代を通観する問い」や仮説を踏まえ、主題を設定し、事象の意味や意義、関係性などを考察し、歴史に関わる諸事象の解釈や歴史の画期など根拠を示して表現する学習を通じて、深い理解に至る学習の過程が示されている。大

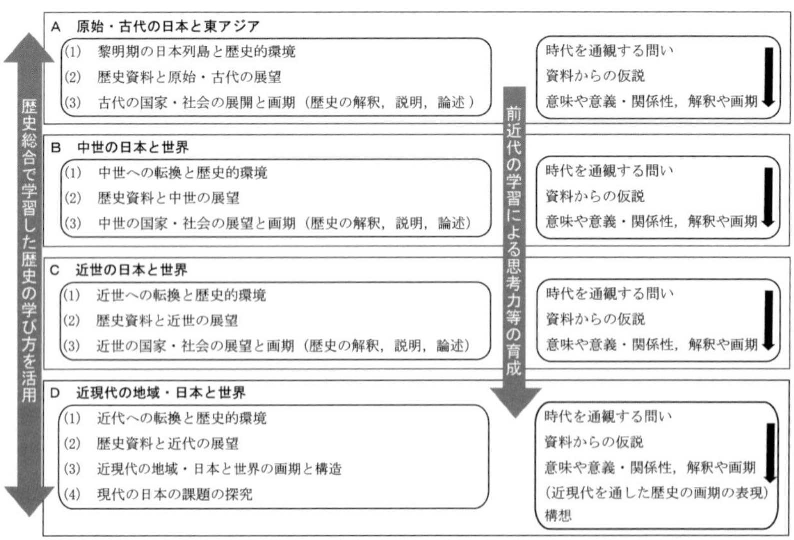

資料1　〈日本史探究〉の構造

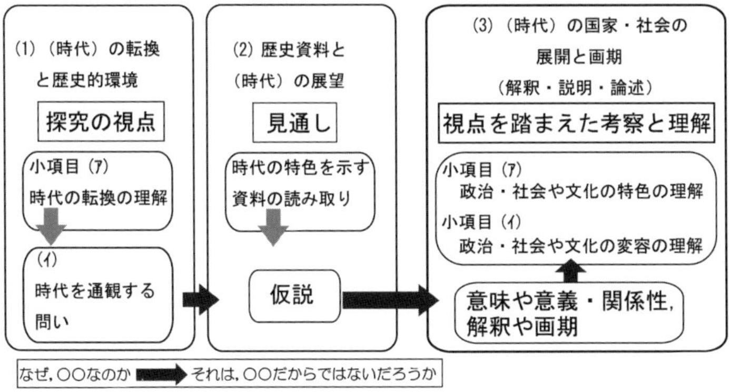

資料2 〈日本史探究〉における各中項目の関連図

項目Ｄのみに中項目（4）「現代の日本の課題の探究」が科目のまとめとして配置されている。

中項目（3）が学習内容の軸となる項目であり、『解説』では、中項目を構成する小項目に関わる問いの必要性が示され、ⅰ事象の推移や展開を考察し理解を促すための課題（問い）、ⅱ事象の意味や意義、関係性などを考察し理解を促すための課題（問い）、ⅲ諸事象の解釈や画期を考察し表現することを促すための課題（問い）の段階的な三つの課題（問い）による学習が推奨され、ⅱ、ⅲについては具体的な課題（問い）が例示されている。

② 〈歴史総合〉との関連性

〈日本史探究〉では〈歴史総合〉で学習した「歴史の学び方」を活用することが『解説』で示されている。「歴史の学び方」とは、①資料から情報を読み取ったりまとめたりする技能、②興味・関心や疑問を基に学習事項に見通しをもって問いを表現する学習、③主題を設定し、現代的な諸課題の形成に関わる歴史についての考察や理解、歴史的な状況を考察するための観点を活用した、現代的な諸課題の形成に関わる歴史の考察、④生徒が主題を設定し、歴史的な経緯を踏まえた現代的な諸課題の理解や展望について考察し、構想し、それを表現する学習などが示されている。

つまり、上述の学び方が習得されていることを前提とし、多様な資料を基に「時代を通観する問い」の設定や仮説立て、段階的な三つの課題（問い）を考察することが求められている。

以上、『解説』を基に〈日本史探究〉の概要を確認した。紙幅の関係上、育成を目指す資質・能力については触れなかったが、他科目同様に「知識・技能」「思考力・判断力・表現力等」「学びに向かう力、人間性等」に沿った目標が定められている。

3. 〈日本史探究〉の授業をどのようにおこなっているか

それでは、筆者がおこなっている授業を基に〈日本史探究〉の現状と課題について考察したい(1)。先に〈日本史探究〉の内容を確認したが、〈歴史総合〉〈世界史探究〉にはない〈日本史探究〉の特徴として、①各大項目の最初に「時代を通観する問い」を構築すること、②資料を活用して「仮説」を立てること、③小項目における課題（問い）が他の科目は２段階であるのに対し、３段階で設定されていることなどをあげることができる。これら、他科目との相違は日本史が小・中学校以来、学習が積み重ねられていることから、より精微に課題把握をおこなうことが目指されていることを背景とする(2)。

上述の三つの特徴を踏まえ、筆者は従来の〈日本史Ｂ〉と〈日本史探究〉との実践を差別化するために必要な視点として、「問い」「仮説」「画期」そして「概念」が必要であると考えている。これらの視点に留意しておこなった三つの授業を紹介していく。なお、いずれも大項目Ａ「原始・古代の日本と東アジア」の授業である。

①「時代を通観する問い」を構築する授業

旧石器文化から弥生文化の成立まで学習を終えた後、「時代を通観する問い」と古代の特色についての仮説立ての授業を、**資料３**のワークシートを使用して１時間（筆者の勤務校では50分）でおこなった（**資料４**）。

授業の最初で古代を構成する各時代の名称（古墳・飛鳥・奈良・平安）を復習した後に、古代に対する各自の自由なイメージをグループ内で共有した。これは、個々人によって、時代に対するイメージが異なることに気付かせることをねらっている。次に古代の各時代に関する出来事や

日本史探究　第Ⅰ部　原始・古代　【時代を通観する問いと仮説】

第Ⅰ部　歴史資料と原始・古代の展望

① 古代の各時代について、思い出すワード（人物名・出来事など）を書き出し、古代へのイメージをまとめよう。

時代	ワード
古墳	
飛鳥	
奈良	
平安	

【古代のイメージ】

② 古代に対する「時代を通観する問い」を立てよう

【時代を通観する問い】

③ 古代の特色について、資料①～④とSQ①～④を参考にして仮説（予想）を立てよう。

【仮説（予想）】

★授業を振り返り、古代の特色をまとめよう。

古代の特色に関する参考資料

「改新の詔」の内容

（第1条）公地公民制の原則
- 天皇らのたてた子代の民と屯倉、豪族が所有する部曲の民（私有民）と田荘（私有地）の廃止
- 豪族には食封、布帛を支給

（第2条）中央集権的行政制度と軍事・交通制度の樹立
- 地方行政区画…京師（京）の制定、畿内の範囲確定、国・郡（評）の設置
- 地方官制…国司・郡司の任命
- 軍事施設…関塞・斥候（北辺の守護兵、のろしをつかさどる人などの説あり）・防人の設置
- 交通制度…駅馬・伝馬の設置

（第3条）班田制の制定
- 戸籍・計帳の作成、班田収授法の制定
- 里の設置…50戸1里、里長を任命
- 町段歩制…360歩＝1段、10段＝1町
- 租稲…段別の租稲（2束2把）

（第4条）新税制の施行
- 田の調、戸別の調、調副物の徴収
- その他…兵士、仕丁、庸、采女

資料①：改新の詔の内容
SQ①：「なぜ、改新の詔を出したのだろうか？」

資料②：木簡
SQ②：「木簡は何に使用されたのか？」

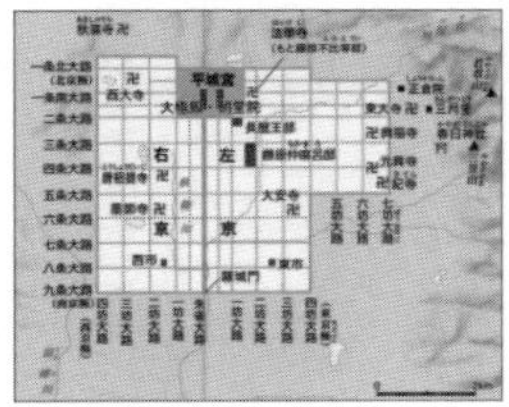

資料③：平城京図
SQ③：「なぜ、平城京は碁盤目状なのか？」

藤原氏の栄華

（寛仁二年❶十月）十六日乙巳、今日、女御藤原威子を以て皇后に立つるの日なり。……太閤❷下官❸を招き呼びて云く、「和歌を読まむと欲す。必ず和すべし」者。答へて云く、「何ぞ和し奉らざらむや。」又云ふ、「誇りたる歌になむ有る。但し宿構❹に非ず。」者。「此の世をば我が世とぞ思ふ望月の　かけたることも無しと思へば」。余❺申して云く、「御歌優美なり。酬答に方無し。満座只この御歌を誦すべし。……」と。（『小右記』、原漢文）

❶一〇一八年。❷藤原道長。❸この日記の筆者、小野宮右大臣藤原実資の自称。❹前々から準備したもの。❺筆者。

資料④：藤原氏の繁栄
SQ④：「なぜ、藤原氏が摂関政治を展開できたのか？」

1年　　組　　番　氏名

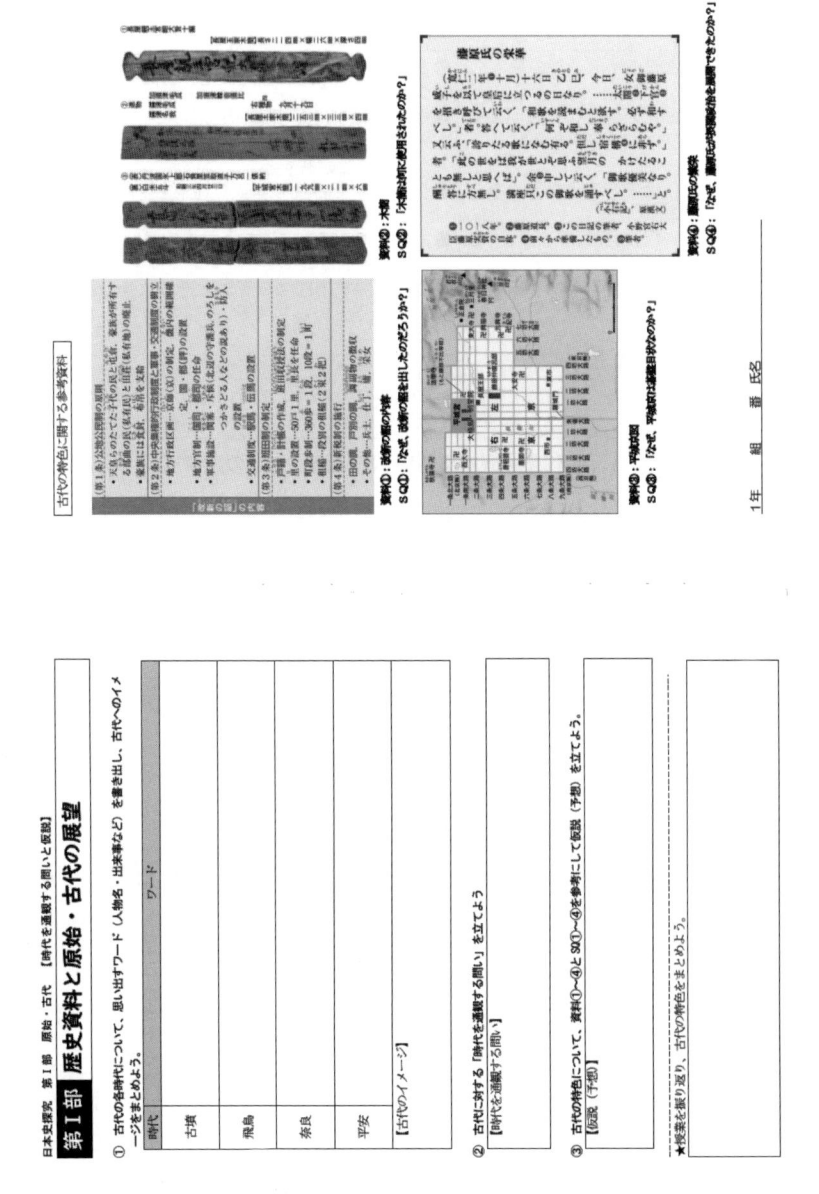

資料3　「時代を通観する問い」と「仮説立て」の授業のワークシート

	学習内容	学習活動
導入 （5分）	①古代を構成する時代の確認	●古代を構成する時代（古墳･飛鳥･奈良･平安）を確認する。
展開 （35分）	②古代のイメージの記入 ③古代の各時代で思い出すワードの確認と共有 ④古代でおこった出来事の確認 ⑤「時代を通観する問い」の考察 ⑥古代の特色に関する資料の考察	●古代という時代に対する自分のイメージをワークシートに書く。 ●古墳･飛鳥･奈良･平安時代について、思い出すワード（人物名･出来事など）をワークシートに書き、グループで共有する。 ●グループで古代の年表を確認し、古代でどのような出来事がおこったのか共有する。 ●古代に対する「時代を通観する問い」を考え、ワークシートに書く。 ●古代に関する四つの資料とそれに伴う課題をグループで分担して考察し、各自考察した課題への解答を共有する。
まとめ （10分）	⑦古代の特色についての仮説の構築	●各自が立てた「時代を通観する問い」と古代に関する四つの資料を参考に古代の特色についての仮説を立て、ワークシートに書く。

資料4 「時代を通観する問い」と「仮説立て」の授業展開

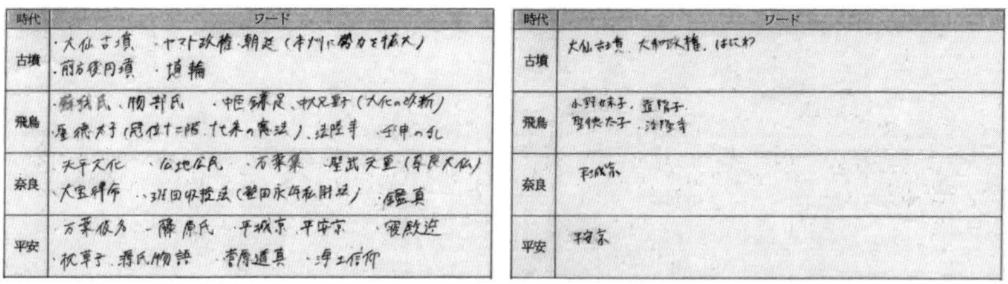

時代	ワード
古墳	・大仙古墳 ・ヤマト政権・朝廷（本州に勢力を拡大） ・前方後円墳 ・埴輪
飛鳥	・蘇我氏、物部氏 ・中臣鎌足、中大兄皇子（大化の改新） ・聖徳太子（冠位十二階、十七条の憲法）、法隆寺 ・壬申の乱
奈良	・天平文化 ・公地公民 ・万葉集 ・聖武天皇（奈良大仏） ・大宝律令 ・班田収授法（墾田永年私財法） ・鑑真
平安	・万葉仮名 ・藤原氏 ・平城京 ・平安京 ・寝殿造 ・枕草子 ・源氏物語 ・菅原道真 ・浄土信仰

時代	ワード
古墳	大仙古墳、大和政権、はにわ
飛鳥	小野妹子、遣隋子、 聖徳太子、法隆寺
奈良	平城京
平安	平安京

資料5 古代に関する出来事や人物名などの記載

人物名などを思い出す限りワークシートに書き出し、その後グループで共有した。**資料５**はある二人の生徒のワークシートであるが、個々人により、思い出す情報量に差があることがわかる。グループで共有することにより、互いの時代像を高めることをねらった。

次にグループで教科書に掲載されている年表を確認し、小・中学校で学習した出来事とそうでないものを確認し、古代を概観する作業をした上で、古代に対する「時代を通観する問い」を立てた。問いを考える際には、古代前後の時代と比較し、古代の特徴は何かという視点に留意するように伝えた。生徒が立てた問いの一例を紹介する（**資料６**）。

資料６に見られる問いは、抽象的なものから具体的なものまで多種多

●天皇の移り変わりとそれに伴う政治システムの変遷はどのようなものであったのか。
●中国との関係とヤマト政権の政治はどのように変化していったのか。
●宗教は政治にどのような影響を与えたのか。
●天皇は何のために存在したのか。
●なぜ、貴族は権力を追い求めたのか。
●時代ごとの政治･文化･民衆の生活はどのように結び付いていたのか。
●各時代の権力者たちは、どのようにして権力を握り、そして没落していったのか。
●古代につくられた制度は、現代に通じるものがあったのだろうか。
●古代に日本に入ってきた文化は、その後の日本にどのような影響を与えたのだろうか。
●なぜ、日本は次第に中国との関係を対等にしようとしたのか。
●どうして政治のやり方を安定させずに、どんどん新しくしていったのか。
●仏教などの宗教は、人々の精神文化にどのような影響を与えたのか。

資料6　生徒が立てた古代の「時代を通観する問い」の一例

様である。この問いをどのように評価（ここでの評価はいわゆる「学習改善につなげる評価」[(3)]である）するか悩ましいところである。問いを立てることができたという点で良しとするか、問いの内容の精度を評価するか、内容までを評価する場合は、その基準の設定も検討しなければならない。

②仮説を表現する授業

次に仮説を表現する授業である。仮説を立てる学習活動について、『解説』では「諸資料を活用し、(1) で表現した時代を通観する問いを踏まえ」て仮説を立てること、歴史資料を基に資料から情報収集して読み取る技能や、情報を基に時代の特色について多面的・多角的に考察し、仮説を表現することが示されている。

仮説を立てる授業をデザインする時に悩んだのが、歴史資料の選定である。『解説』では「原始・古代の特色を示す適切な資料」を扱うことが示されており、具体例として遺跡の発掘成果などの考古学資料や、「公家の日記」などの文献史料があげられている。史資料を読み取る技能の習得を目指すことから、いわゆる一次史料の使用を想定していると推測するが、〈日本史探究〉を学習して間もない生徒が一次史料から仮説を立てることができるかどうか不安があったこと、そして筆者に適切な歴史資料を準備する力量と時間的余裕がなかったことから、教科書や副教材に掲載されている史料や図表を用いることにした（**資料3**）。

そして、『解説』には示されていないが、生徒に仮説を立てるヒントと

●国家を統一するため、中国の律令や仏教などを用いて天皇中心の政治を生み出していったのではないか。
●権力をもった貴族や豪族が主に政治を行い、中央集権国家を目指した時代だったのではないか。
●国を安定させるために、様々な法や制度が整えられた時代だったのではないか。
●中国の政治を参考にしつつも、日本独自の政治体制をとろうとした時代だったのではないか。
●人々を一つにまとめあげ、他国特に中国に負けないように自国の力を増強した時代だったのではないか。
●中央集権国家を目指すことで、日本が国際的に強くなる時代だったのではないか。
●税制度が徹底的に整えられた時代だったのではないか。
●身分差が登場し、上の者が下の者を支配する仕組みが完成した時代だったのではないか。

資料7　生徒が立てた古代の仮説の一例

して「律令体制」というキーワードを示し、このワードを軸に資料からの情報をまとめて仮説を立てるようにした。キーワードを示した理由は資料だけでは、深い思考に基づいた仮説を立てることができないのではないかという懸念があったからである。〈歴史総合〉では近代化などの概念を基に問いをつくってきた。この経験を〈日本史探究〉でもいかしたいと考えた。筆者は「律令体制」が古代を象徴する概念と捉えているが、その妥当性については検討が必要である。

生徒が立てた仮説の一例を紹介する（**資料7**)。「律令体制」というワードを示したことが影響しているのか、仮説の中に「中央集権」やそれに関連する内容が多かった。

ここまで、「時代を通観する問い」と仮説立てに関する授業を紹介した。これらの問いと仮説は、大単元の学習が終了後に再確認し、自らの問いへの回答をまとめる予定である。この回答は「主体的に学習に取り組む態度」の評価として活用したい。

③「画期」を考察し、表現する授業

先述したが、〈歴史総合〉〈世界史探究〉との相違点として、『解説』では小項目において三段階の課題（問い）が示されている（**資料8**)。

資料8のⅰ（以下、「推移・展開」）とⅱ（以下、「意義・関係性」）は〈歴史総合〉や〈世界史探究〉にも共通しているが、ⅲ（以下、「解釈・画期」）は独自のものである。「主体的・対話的で深い学び」の授業を実現するためには、「歴史的な見方・考え方」を働かせる「問い」は必須である。筆

ⅰ　事象の推移や展開を考察し理解を促すための課題（問い）
ⅱ　事象の意味や意義、関係性などを考察し理解を促すための課題（問い）
ⅲ　諸事象の解釈や画期を考察し表現することを促すための課題（問い）
※ⅱ、ⅲについては、具体的な課題（問い）の例が本文中に示されている。

資料8　〈日本史探究〉における事象に関わる学習と問いの構造

者も授業をデザインする時には、「問い」を構造的に設定していくが、その際に注意している点がある。それは「問い」を区別することである。

区別の視点としては、「推移・展開」と「意義・関係性」の「問い」はある程度の共通した「答え」があるもの、「解釈・画期」は唯一解がなく、最適解を求める探究的な「問い」としている。昨今の歴史教育では、「構成主義」(4)の立場からの授業実践が多く提唱されている。筆者も構成主義に基づく歴史授業を意識しているが、明確な答えがない「問い」だけの考察は生徒のフラストレーションを高めているように感じている。よって、授業デザインの際には、求める資質・能力に応じて区別化した「問い」を構造的に配置するようにしている。**資料9**は、ある授業の「問い」の構造図である。

授業ではメイン・クエスチョン（MQ）とサブ・クエスチョン（SQ）で「意義・関係性」、サブ・クエスチョンを補充するサブサブ・クエスチョン（SSQ）で「推移・展開」について問い、そして、最後に「解釈・画期」を「探究課題」という名称で配置している。ここでは、〈日本史探究〉特有の「解釈・画期」に関する問いに注目する。**資料10**は**資料9**中の「解釈・画期」に関する問いへの生徒の回答をテキストマイニングで分析したものである。

各自が考察した「解釈・画期」はグループで共有する。また、Google form で回答しているので、全員分を無記名で提示して、多様な解釈があることに気付かせる。この学習活動は、答えがなく、様々な回答が存在することから、生徒同士の意見交換が大変盛り上がった。自分では気付かなかった視点を知ることができ、歴史を考える視野が広がったという

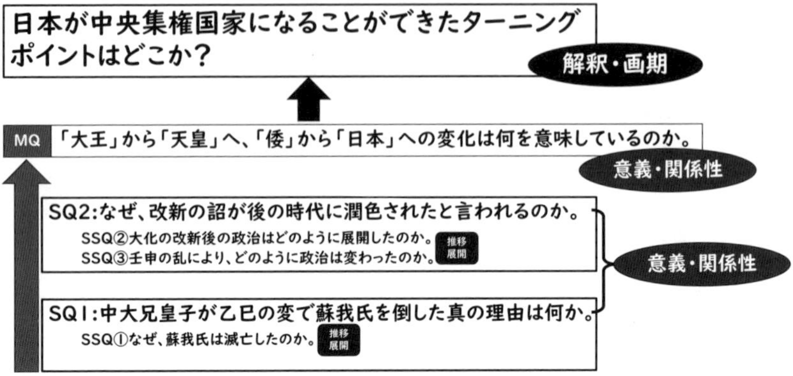

資料9　ある授業の「問い」の構造図

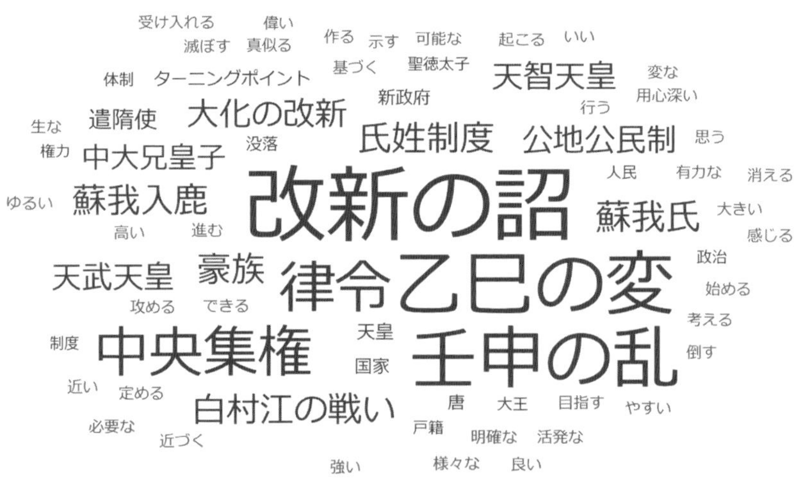

資料10　「解釈・画期」に関する「問い」の回答をまとめたもの
※ユーザーローカルAIテキストマイニングによる分析（https://textmining.userlocal.jp/）

感想が多く聞かれた。

4.〈歴史総合〉と接続しているのか？

〈日本史探究〉が〈歴史総合〉で学習した「歴史の学び方」を活用することについては先述したとおりである。筆者は〈日本史探究〉の授業を進めるにあたり、生徒による「問い」の構築、史資料の読み取り、概念に基づく考察など、可能な限り〈歴史総合〉での学びの継続性に留意している。ただし、肝心なのは生徒自身が〈歴史総合〉と「探究科目」との関連性を実感しているかどうかである。そこで、筆者の〈日本史探究〉の授業を選択している２年生の生徒に〈歴史総合〉と〈日本史探究〉との接続に関するアンケートを実施した（**資料 11**）。アンケートは2024年７月上旬に実施した。学習進度は奈良時代の内容に入ったあたりである。なお、筆者の〈歴史総合〉の授業に関しては別書[(5)]に報告しているので、参考にしていただければ幸いである。

アンケートは六つの質問項目で実施したが、今回は〈歴史総合〉との接続に関する四つに関して見ていく。①「日本史を学習するにあたって、昨年度、勉強した〈歴史総合〉は役に立っていますか？」の質問に対し、約90％の生徒が「とても役に立っている」「少し役に立っている」と回答している。さらに②でどのような点で役に立っているのかを質問したところ、「資料を読み取る力が役立っている」「歴史の流れや背景を考えることで、より内容を理解できる」「歴史の学び方・見方を活用できる」という回答が複数見られた。このような回答から、多くの生徒が〈歴史総合〉で身に付けた「歴史の学び方」を活用していると実感していることがわかった。

次に「自分なりの問いをもって歴史的な出来事を学ぶようになりましたか？」という質問に対しては、「とてもなった」または「なった」と回答した生徒が約83％いた。約８割の生徒が歴史的事象に興味・関心をもち、「問い」をもって臨んでいることは、「探究」という名称に変更した日本史授業の効果が出ていると考えたい。

最後に〈歴史総合〉と〈日本史探究〉との違いを質問してみると、「歴史総合が歴史を概観するのに対して、日本史は深いところまで見ていく」とか、「より多様な資料に触れる」という回答が多かった。また、少数ではあるが、「日本史は現代の日本の諸課題を世界の歴史と関連付けて考える」と回答する生徒もおり、今後、このような生徒が増えていくことを期待したい。

① 日本史を学習するにあたって、昨年度、勉強した〈歴史総合〉は役に立っていますか？（116件の回答）

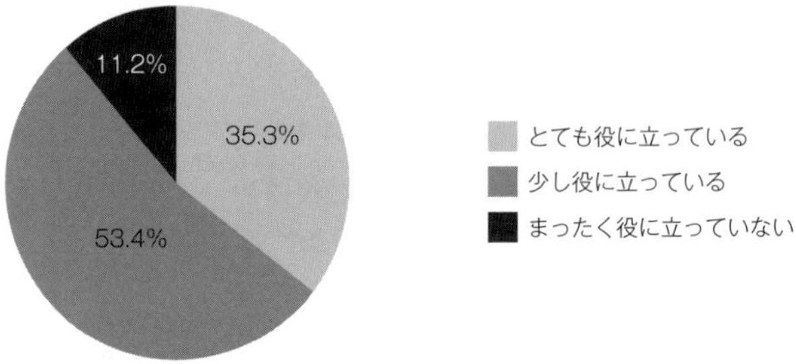

② ①で「とても役に立っている」または「少し役に立っている」と回答した人に質問です。どのような点で役に立っているのか、簡単に説明してください。（102件の回答）

※同じような内容が多かったものを掲載

- 様々な資料などから推測する力がついた。
- 歴史総合と同じ考え方や勉強法を用いることができる
- 歴史総合の近代と比較しながら学ぶことができる。
- 歴史総合よりさらに踏み込んだ内容が多いので、基本的な大きな出来事がいつどうして起こったのかが頭に入っていて新しい内容も早く理解できる点。
- 先に歴史総合を習ったことで、基礎が身に付いていて日本史にも入りやすかった。
- 現在と昔の共通点を考えながら授業を受けることができる点。
- 歴史の流れを掴むことでより詳しい内容の理解につながっている点
- 物事を結びつけて考え、裏の事情まで考える点
- 個々の知識が役に立っているというより、歴史を学ぶ上でのセオリー的なものを去年の歴史で学んだので、学習を進めるのが楽になっています。
- 歴史総合で使った世界と繋げる考え方が日本史にも活きている。
- 学ぶ内容自体は重複していないにも関わらず、出来事と人、年、場所の関連づけ方が歴史総合の学習を通して備わり、日本史の授業や自学に役立っている点。
- 現代の歴史と結びつけたりして理解を深めるのに役に立っている。
- 歴史総合によって出来た骨組みに、日本史によって得た知識を肉付けしていくという手法が取れるため、把握するのが少し楽になるから。
- 歴史の流れを追っていく中で、歴史総合で学んだ「歴史の見方」を生かしている。

資料11　〈歴史総合〉との接続に関するアンケート結果（一部のみ）

③　自分なりの問いをもって歴史的な出来事を学ぶようになりましたか？（116件の回答）

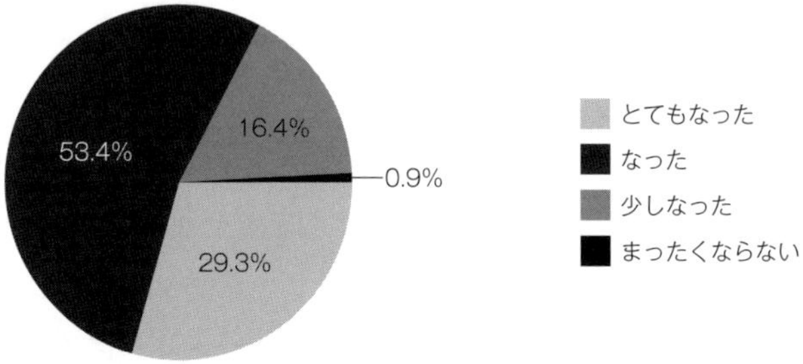

⑥　〈歴史〉と〈日本史〉の違いはどこだと思いますか？（116件の回答）

※同じような内容が多かったものを掲載

- 一つの出来事や資料について、掘り下げる深さが日本史の方が断然深い。また、日本史の方が一つの答えを見つけるために使う資料のジャンルや数が多い印象がある。
- 歴史総合より、日本史の方が深くいろいろな知識を得られるし、色々な角度から物事が見える。
- 資料を読み取る力を養う歴史総合を活かして日本史の資料を読み取り、より詳しい内容を学ぶところ。
- 歴史総合は、社会の見方を学び、日本史は社会の様子を時代ごとに詳しく学ぶ。
- 歴総は、世界全体の流れを捉えるだけであるのに対し、日本史では、その歴史が起こる背景や詳細まで学ぶことができる点。
- 歴総はベースとなる知識。日本史はベースがある前提の勉強。
- 歴総はドーナツ、日本史はミスタードーナツのように、学習内容の深さと考える量の違いだと思う。
- 単純に日本に多くフォーカスが当たる、当たらないの違いはありますが、日本史は歴史総合よりも現代の日本に通じる知識が身につく気がします。
- 歴史総合は世界全体としての目線で学習するが、日本史は日本の目線で、中国やアメリカの話をするにも日本のアクションに関わるようなことを学習するところ。
- 歴史総合よりも、日本史の方が、細かな内容が詳しく学ぶことができ、資料や図を見る機会が増えたのではないかと思います。
- 深く追求（探究）するか否か
- 日本史は、歴史総合よりも出来事から自分の考えや意見、予想を持ち、共有して話し合っている。
- まだ奈良時代までしか授業が進んでいないが、一つ一つの情報量が圧倒的に多いと思った。

5.〈歴史総合〉と「探究科目」の今後の課題～まとめとして～

４月からの約３か月の授業を振り返ってみて、手探りの状態ではあるが、以前の〈日本史Ｂ〉の授業よりも、生徒の主体性を重視した授業になっているのではないかと思っている。また、〈歴史総合〉で習得した「歴史の学び方」が役に立っていると言う生徒が多くいることにも安心している。

ただし、課題も明らかになってきた。生徒に「時代を通観する問い」と仮説を考察させた後に、生徒自身がそれを見直し、ブラッシュアップする学習場面を設定する必要があると感じている。どのようなタイミングで設定するのかを検討していきたい。次に歴史資料の選定である。先述したが、『解説』では多様な歴史資料の活用が示されている。この収集が日本史教員の腕の見せどころではあるが、一次史料を教材化するためには、歴史学の専門性が求められる。専門としない時代の史料を教材に加工することの難しさ、ましてや日本史を専門としない教員にとっては至難の業であろう。教員間で歴史資料の共有ができるようになることを期待したい。

何度も述べるが、今年度から「探究科目」を担当しており、まだ古代までしか授業を進めていない。〈歴史総合〉と〈日本史探究〉との接続性が顕著になる大項目Ｄ「近現代の地域・日本と世界」の授業をどう進めていくのかが、今後の課題である。Ｄでは他の大項目にはない「地域」という視点や、科目のまとめとして「現代の日本の課題の探究」という内容が設定されている。Ｄを〈歴史総合〉とどのように結び付けて学習を進めていくのかについても課題である。

最後に学習進度の確保である。「探究科目」の標準単位数が、以前の「Ｂ科目」の４単位から３単位に減じたことにより、学習内容を終えることができるのかという懸念の声が多く聞かれる。多くの学校では大学入試を考慮して、「探究科目」の単位数を標準よりも多く設定し、２～３年生にかけて継続履修していると思われる。教科書の内容を一通り終えなければならないという網羅主義からの脱却が求められているが、大学入学共通テストや各大学の個別試験の出題状況を見てからでなければ、その不安を払拭できないであろう。2025年に実施される、新課程に基づく大学入試問題がどのように出題されるかに注目したい。

〈日本史探究〉の授業をデザインする際に、「概念」を意識するようになった。20年以上日本史の授業をおこなってきたが、それまではなかった視点であり、〈歴史総合〉の授業を経験した影響である。〈歴史総合〉そして〈日本史探究〉の導入は、私にとって新しい歴史教育への一歩になっている。しかし、教師だけが「探究科目」の手応えを感じているだけでは不完全である。肝心なのは、生徒自身が学びの意義を実感することである。今でも歴史は「暗記科目」と捉える生徒が多数存在する。歴史は単に過去を知るだけではなく、現代とつながり、そして未来への架け橋にもなるという認識を生徒たちがもつようになってほしい。〈歴史総合〉や〈日本史探究〉などが歴史的事象の伝達のみを重視する、従来の歴史教育から資質・能力の育成を目指す新しい歴史教育へ「越境」する役割を担う科目であることを確信している。

注

(1) 教科書は『詳説日本史』山川出版社(日探705)を、副教材として『詳説日本史図録』山川出版社を使用している。
(2) 藤野敦「高等学校「探究」科目の実施にあたって(4):「課題把握」としての「問い」や「仮説」の表現」明治図書『社会科教育』第771号、2023年、p.106
(3)「学習改善につなげる評価」については、『「指導と評価の一体化」のための学習評価に関する参考資料　高等学校　地理歴史』国立教育政策研究所、2021年を参照されたい。
(4)「構成主義」の授業については、渡部竜也『Doing History:歴史で私たちは何ができるか?』清水書院、2019年、p.26に詳しい。
(5) 金子勇太「〈歴史総合〉とは何か−歴史総合元年を終えて−」金子勇太・梨子田喬・皆川雅樹編著『歴史総合の授業と評価:高校歴史教育コトハジメ』清水書院、2023年

各論

中学社会から歴史総合へ

中学校までの学びをどう捉えて歴史総合へつなぐのか

苧野（おの） 瑞生（みずき）
西大和学園中学校・高等学校　教諭

1．はじめに

本稿では、中学校までの社会科（主に歴史）で得た学びを、高等学校入学後の歴史総合にどうつなぐのかを考えたい。高等学校学習指導要領の解説でも、歴史総合の取り扱いとして、「中学校までの学習との連続性に留意して」とある[(1)]。その一方で、多くの教育現場では中学校までの学びとどう接続するか、試行錯誤しているところではないだろうか。勤務校においても、中学３年生で歴史分野の近現代史を学んだ多くの生徒に対し、高校１年生でも同様の範囲を扱う歴史総合を教えるにあたり、どのように工夫すれば良いか思案しているところである。

そこで勤務校では、まずは入学する生徒の実態を把握し、入学後の歴史総合の授業へつなげる必要があると考えた。そこで、2024年度の高校入試から、歴史総合で扱う用語知識や思考力・判断力・表現力のなかで、中学校の教科書内容でも対応できる事項を出題することにした。

本稿では、勤務校の高校入試の問題を素材に、子どもたちは中学校までに何を学ぶことができており、逆に何を身につけることができていない傾向にあるかといった現状を明らかにし、こういった現状をどう歴史総合につなげるかを検討したい。

2．勤務校について

勤務校は奈良県にある中高一貫校で、東京大学・京都大学・国公立医学部など難関国公立大学へと進学する生徒が多い。中学入試のみならず高校入試も実施しており、中学校から入学した生徒（中等部）と高校から入学した生徒（高等部）の比率はおよそ３：２である。中高一貫校ではあるが、高等部から入学する生徒も少なくはない。

高校入試では、本学園を第一志望とする中学生だけでなく、奈良県や大阪府など近隣府県の公立トップ校を志望する中学生の併願校としても受験生を集めている。全ての入試方式を合わせると受験生は1000名以上になる。本稿では、この高校入試のうち、2024年の２月上旬に本学園を会場に実施した入試の問題から、一部抜粋したうえで考察したい。

3 2022年度から歴史総合という科目が必修になり、西大和学園でも高校１年生で履修している。１年間歴史総合を学んだ高校生による次の会話文Ａ・Ｂを読み、あとの**問１〜問10**に答えよ。

Ａ

しおん：歴史総合は、近現代史について日本史と世界史の区別なく学ぶ教科で、とても面白かったね。

やまと：授業が始まる前は、単語をとにかくたくさん覚えないと…と思っていたけど、実際には考えることがとても多く、毎回の授業後に頭が痛くなったのは良い思い出だね。どんなことを学んだ１年だったか、簡単におさらいしてみようよ。

まこと：最初は「近代化と私たち」だったね。近代化を考える３つのキーワードがあるって授業で学んだかな。“工業化”と“①市民社会の形成”はパッと出てきたけど、あと一つは何だったっけ。

やまと：“国民国家の形成”じゃなかった…？

まこと：そうだった、ありがとう。授業の問いのなかでは、“工業化”で学んだ「なぜイギリスで世界に先がけた②産業革命がおこったのか」という問いが印象に残っているんだ。イギリス国内の要因だけでなく、国外にも目を向けるところが面白かった。

しおん：③ペリー来航にともなう衝撃が近代日本の出発点とも言えるように、江戸時代末期から④明治時代にかけての日本の歩みにも、海外からの影響が多くあるんだよね。

やまと：そんななかで、日本でも⑤国民意識がうまれていったんだ。江戸時代との人々の意識の違いについての考察は、たくさんの学びがあったね。

資料１

3. 高校入試の分析と勤務校の取り組みについて

歴史総合を1年間学んだ3人の高校1年生による会話文を基に設問を構成した(**資料1**)。会話文の内容は、高等学校で学ぶ歴史総合をイメージできるようなものにした。設問は、シンプルに用語を問うものもいくつかあるが、中学校の教科書に準拠したうえで、概念を問うものや、思考力・判断力・表現力を問うものを設けている。また、大学入学共通テストの試作問題等の形式から示唆を得た設問もある。

本学園を受験した中学生の傾向として、**資料2**の**問3**のような基本的な知識のみを問う問題は、正答率が7割を超えた。この問題からは、正答の**ウ**にあるナポレオン戦争の時期を概ね理解できている(少なくとも南北戦争などより前と判断している)受験生が多かったと考えられる。このように「主な出来事がいつ起こったか」などの基本的な知識は、中学校までの学習で身につけられていると考えられる。

その一方で、**資料3**の**問5**のような歴史総合にも関わる「国民意識の形成」について問うた問題では、正答の**ア**を選んだ受験生は4割にとどまった。誤答は、**イ・ウ・エ**のそれぞれが2割程度と分散されていた。問題形式に慣れず、波線部の内容に誤りがあるか考えた受験生もいたかもしれない。しかし、徴兵令や学制、帝国議会の開設は中学校の歴史分野の基本事項である。また、フランス革命に関する単元ではあるが、中学校の教科書でも“「国民」の登場”という項目で、「19世紀を通じて各国で徴兵制や義務教育」が普及し、「議会が開かれて人々が政治に参加」するようになったことが、「国民」としての一体感の向上をもたらしたと述べられている(2)。「国民」の登場に関する中学生の概念理解は、十分でないと考えられる。

歴史総合の大項目「国際秩序の変化や大衆化と私たち」において重要な「大衆」についても出題した。中学校の教科書では、大正時代の文化のなかで大衆化の紹介がある(3)。そこで、**資料4**の**問6**のような出題をしたところ、正答率が3割ほどであった。おそらく、教科書に掲載されているが、重要な用語として強調されておらず、中学生も重視していな

問3 下線部③に関連して、日本は中国から遅れること10年余りで開国することになったが、中国ほど欧米列強からの圧力を受けずに済んだ。その一因として、日本が開国した1850年代から60年代にかけての欧米列強をめぐる様々な動きがあげられる。こうした動きとして誤っているものを、次の**ア**～**エ**から1つ選び、記号で答えよ。

ア インド人兵士のイギリス人上官に対する反乱が各地でおこり、インド大反乱となった。

イ 黒海への進出を進めるロシアと、それを警戒するイギリスなどの間でクリミア戦争がおこった。

ウ フランスの皇帝になったナポレオンが、ヨーロッパにおける支配領域を拡大していた。

エ アメリカ合衆国では奴隷制などをめぐる対立から、国を二分する南北戦争が始まった。

資料2

問5 下線部⑤に関連して、Aの会話文の後、3人は国民意識の形成に関わる事がらとして、それぞれ次のように発言した。3人の発言の波線部について述べた文として正しいものを、あとの**ア**～**エ**から1つ選び、記号で答えよ。

発 言

しおん：江戸時代とは違って、徴兵令により士族と平民の身分に関わらず兵役の義務を負うようになったことが大きいんじゃないかな。兵役のなかで、国のために訓練しているんだという意識が芽生えていき、その意識は対外戦争を経験するなかでより強まっていったんだよね。

やまと：私は、学制によって6歳以上の男女が初等教育を受けるようになったことが大きいと思う。全国の学校で同じ言語や知識が学ばれ、人々は日本人としての共通の意識を持つようになったんだよね。もちろん、北海道や沖縄などでは固有の意識が否定される状況になっていたことを忘れてはいけないね。

まこと：他にも、帝国議会が開かれて人々が衆議院議員を選ぶ権利を獲得していったこともあるんじゃないかな。初めは納税額による制限があったけど、大正末期にかけて男子普通選挙が実現するなかで、国の政治に関わっているという意識を持つようになったと思うよ。

ア 3人とも国民意識の形成に関わることをあげている。

イ しおんさんのみ国民意識の形成に関わらないことをあげている。

ウ やまとさんのみ国民意識の形成に関わらないことをあげている。

エ まことさんのみ国民意識の形成に関わらないことをあげている。

資料3

かったことが影響したと考えられる。

重要な概念に関わる用語については、歴史総合の授業のなかで再度確認する必要があるだろう。

また、歴史学習のなかで必要な、資料から情報を適切に抜き出して考えることができるかをはかるべく、**資料５**の**問９**を用意した。1950年代半ばの文章を素材にしていることから、**i**を誤りと判断した（ベトナム戦争ではなく朝鮮戦争が正しい）中学生がほとんどであったが、**ii**については何らかの固定観念か、資料の読み取りができなかったからか誤りと判断してしまった中学生が多く、正答率が４割ほどであった。

資料を基に考えるといった思考力・判断力が十分ではない中学生が多いと考えられる。歴史総合の授業では、この結果をうけ、これらの育成に努めたい。

このように、高校入試の状況を分析したところ、基本的な用語知識は身につけることができている一方、概念に関する理解や資料の読み取りを十分にできない中学生が多くいることが窺えた。

そのため、勤務校では教科書の太字ゴシックになっている箇所を授業で扱うというより、単元ごとにテーマを設定して概念理解を重視する授業を展開している。勤務校で採択している教科書は、実教出版の『詳述歴史総合』(歴総703) であり、見開きで一つの単元となっているため、見開きを１コマで完結させ、日本史探究や世界史探究で扱うような細かい知識まで教授することは避けている。また、授業内では教科書や資料集に掲載されている資料を積極的に取り扱うよう心がけている。定期考査においては、各単元における理解だけでなく、例えば「国民」の創出にちなんだ**資料６**のような問題を出題し、概念の理解ができているか確認している。高校入試とは異なり、出来は良好であった。

４．おわりに

2023年秋に刊行された『歴史総合の授業と評価 高校歴史教育コトハジメ』においてもとりあげられているが、大学入学共通テストの試行調査における歴史総合の出題は、中学校でも学ぶ近現代史の用語知識を習

B

しおん：次に学んだのは、「国際秩序の変化や□化と私たち」だったね。

やまと：国際秩序の変化では、２つの世界大戦を通じ、平和な状態を維持するためのしくみづくりについて学んだね。⑥第一次世界大戦後に築かれた国際協調のしくみが、第二次世界大戦へ向かっていくなかで崩れていくところが印象的で、平和を保つのは難しいなと思ったよ。

まこと：授業では、よく国際関係を示す風刺画などの資料が使われていたよね。私は⑦1930年代末の状況を示したこの風刺画が印象に残っているよ。ところで、国際秩序の変化と並んであげられている□化については、よく覚えていないなあ。

しおん：私は□化の授業が新鮮で印象に残っているんだ。□は、エリートではない多数の人々という意味があり、20 世紀には政治や経済、社会を動かす存在になったんだ。日本でも、第一次世界大戦後に□に向けた文化が発展したんだよね。今も□の時代なのかなって思ったよ。

問６　文章Ｂ中の空欄にあてはまる語句を漢字２字で答えよ。

資料4

問９　下線部⑧に関連して、次の文章は 1956 年度の経済白書の一部である。この文章に関して説明したあとのｉ・ⅱの文の正誤を判断し、ｉ・ⅱの両方が正しければ**ア**、ｉが正しくⅱが誤っていれば**イ**、ｉが誤りでⅱが正しければ**ウ**、ｉ・ⅱの両方が誤っていれば**エ**と答えよ。

> 戦後日本経済の回復の速やかさには誠に万人の意表外にでるものがあった。それは日本国民の勤勉な努力によって培われ、世界情勢の好都合な発展によって育まれた。
>
> しかし、敗戦によって落ち込んだ谷が深かったという事実そのものが、その谷からはい上がるスピードを速からしめたという事情も忘れることはできない。経済の浮揚力には事欠かなかった。（中略）いまや経済の回復による浮揚力はほぼ使い尽くされた。なるほど、貧乏な日本のことゆえ、世界の他の国々にくらべれば、消費や投資の潜在需要はまだ高いかもしれないが、戦後の一時期にくらべれば、その欲望の熾烈さは明らかに減少した。もはや「戦後」ではない。我々はいまや異なった事態に直面しようとしている。回復を通じての成長は終わった。今後の成長は、近代化によって支えられる。そして近代化の進歩も、速やかにしてかつ安定的な経済の成長によって初めて可能となるのである。

ｉ　この経済白書が出されるまでの日本の経済復興には、ベトナム戦争により生じた特需景気が影響した。

ⅱ　文章の波線部は、復興を通じた経済成長が終わり、今後の経済成長の見通しは甘くないという意味で用いられている。

資料5

4　近代化の過程では、世界各国で「国民」が創出されていった。「国民」の創出に深く関わったと考えられる近代的な事項を３つあげなさい。また、それらの事項がなぜ「国民」の創出と関わるのかを説明しなさい。ただし、（例）と同じものは不可です。

（例）憲法の制定：同じ領域のなかで統一的な法理念が共有されることになったから。

資料6

得・理解できており、資料から適切に情報を引き出すことができれば対応することができる内容である[4]。大学入試を意識するにせよ、歴史総合の教科書に掲載されている内容を隅から隅まで教えなければならないというわけではないだろう。

この点や本稿の分析をふまえると、やはり高等学校における歴史総合の授業では、教科書に掲載されている用語知識を幅広く注入するといった形ではなく、中学校までの社会科で得た知識を前提に、歴史的なものの見方・考え方を深めていくといった形が望ましいのではないだろうか。

とはいえ、中学校を卒業して高等学校に入学したばかり生徒を目の当たりにして用語知識が不十分で、その点をどうケアするかを重視する高等学校の先生もいるかもしれない。しかし、高校入試という関門を多くの中学生が通過するなかで、一通りの用語知識のインプットは既に試みたはずであり、その点を埋めるべく、歴史総合の授業にて中学校までで既に扱うような用語知識の注入を再度試みたところで、大きく成果は変わらないはずである。また仮に成果があったとしても、歴史総合を履修したにもかかわらず、子どもたちの歴史的なものの見方・考え方を育むことができず、別のところにしわ寄せがいくだけではないだろうか。

重ねてではあるが、歴史総合は中学校までの学習との連続性に留意して、培った知識を前提に歴史的な見方・考え方を育成する科目である。高等学校で新たな用語知識を注入することに重きを置いた科目でないことは、歴史総合に関わる教員全てが意識すべきことだろう。

最後に、本稿の執筆に際し、勤務校の中等部に向けた中学社会から歴史総合への接続についての具体的な取り組みの紹介も検討した。しかしながら、授業の実践については他の先生方による蓄積も多くあり、中学社会との接続という観点なら高校教育の入り口たる高校入試という観点が最適と考え、こういった内容とした。歴史教育においては、授業実践や評価のありかたについての議論が先行し、定期考査や模擬試験、入試問題といった子どもたちの力をはかるテストについての議論は、遅れをとっているように感じられる。授業は先進的だが、定期考査は旧来同様の単純な知識を問う問題が多いという状況になっていないだろうか。どういったテストが歴史教育のありかたにとってふさわしいのか、こちらも議論の深化が求められる。

注

(1)『高等学校学習指導要領（2018年告示）解説　地理歴史編』p.186。
(2)『新しい社会　歴史』東京書籍、歴史705、p.154。なお本稿では、多くの中学校で採択されている東京書籍の教科書を主に参照する。
(3) 同上、p.220。
(4) 塚原哲也「入試科目としての＜歴史総合＞に思うこと」『歴史総合の授業と評価 高校歴史教育コトハジメ』清水書院、2023年。

各論

最後の歴史学習としての歴史総合

生涯学習と大人への移行の視点から

海上 尚美（うなかみ なおみ）
北九州工業高等専門学校生産デザイン工学科　准教授

1.「高校って何するところ?」

「歴史総合」は、歴史を学ぶことを通じて、生涯学習に橋を架ける科目である。

「高校って何するところ？」と、筆者はずっと考えている。東京都でしばらく高校教員を経験し、勤務してきたいくつかの学校の生徒とかれらを取り巻く周囲の状況から考えざるをえなくなった。考え続けていたら、東京を離れ、高校と似て非なる高等専門学校（以下「高専」）で働き始めてしまった。そこで高校生と同年代の学生たちと接する日々の中で、なお考えている。

暫定的な答えとしては、大人への移行支援をするところ、社会を構成する一市民を送り出すところ、生涯学習への橋渡しをするところ、であろうか。そもそも、これは筆者ひとりの問いでなく、高等学校が日本社会でどのような役割を果たす学校であるかについて、問い直す時期に来ているのではないだろうか。

「最後の歴史学習としての歴史総合」というテーマを提示されたこの場では、高校と高専を比較しながら、歴史教育だけでなく、現在の高等学校が果たすべき役割と生涯学習につなげていく必要性についての視点からも、「歴史総合」で学ぶことを論じていきたい。

第二次世界大戦後に、義務教育を修了した者のうち、適格とされた者が進学する学校として、新制高校が設立された。中学校卒業者の高等学校等進学率は、1974年度に90%を超えた。現在では、98%以上の中学校卒業者が高校に進学している。

つまり、義務教育は小中学校卒業で終了するが、高校に進学しない、高校を卒業しないという選択をすることは、現在の日本では相当な生きづらさを抱えることになる。しかし、高校教育の多くは、今も「適格者主義」に基づいて行われている。新制高校発足から70年以上が過ぎ、これもある種の「戦後レジーム」といえる。今後、日本社会において、高等学校がどのような学校として存在すべきかについては、国家として再構想されなくてはならない。

このように根本的に高校自体のあり方を見直すべき時期に至って、新たに教育課程に設定された「歴史総合」という科目の重要性について考えていきたい。

2. 高校教育から生涯学習へ

「歴史総合」という科目を、少し引いたところから眺めてみよう。

「総合」という語を辞書で引くと、複数あるものをまとめるといった意味が出てくる。世界史と日本史をまとめるということなのだろう。新科目の科目名英訳版(1)を見ると、「Modern and Contemporary History」とある。近現代史ということだ。「日本史探究」「世界史探究」は、それぞれ「Advanced Japanese History」「Advanced World History」とされている。近現代史を学ぶ「歴史総合」を履修した上で、さらに「高度な」日本史や世界史を学ぶという制度設計である。これは、それだけ基礎となる「歴史総合」で身につけるべき能力が重要なのだと理解したい。

高校の教育改革では、卒業後の進路選択を支援する視点が欠かせない。なかでも大学入試には学校内外で大きな関心が割かれ、すべての高校卒業生が大学に進学するわけではないにも関わらず、報道等で取り上げられ、改革に対する議論のよりどころとされることが多い。

日本学術会議の提言[(2)]などもあり、「歴史総合」は、大学入学共通テストで歴史科目を選択する者が必ず受ける科目になった。私立大学の入試でも、「歴史総合・世界史探究」「歴史総合・日本史探究」を受験科目と発表する大学がある[(3)]。受験科目になることでその科目を学ぶ価値が上がるわけではないが、高校側の変化を促す力にはなる。しかし、必履修科目であるので、大学進学希望者ばかりでない高校でも「歴史総合」は学習される。探究科目を学ぶ機会がない場合には、「歴史総合」が学校の授業として歴史を学ぶ最後の機会になる。どの高校でも、教員は生徒の実情を考慮しながら、授業を構築していくことになる。何をどのように生徒に学ばせていくのかについては、学習指導要領に示され、教科書はじめ多くの教材や出版物があるのでここでは立ち入らない。

学習指導要領解説では、3「内容の取扱い」の（1）の項目エに、指導にあたり「文化遺産、博物館や公文書館、その他の資料館などを調査・見学したりするなど、具体的に学ぶよう指導を工夫すること」とある。これは、資料活用のことだけを取り上げているのではなく、歴史の学習を学校の授業のみで終わらせず、生涯学習へと発展させていくことが重要であるということを説いている。

博物館などを活用した学びは、さまざまな資料を授業で活用して具体的に学ぶことだけが目的ではない。学校の授業を通じて、社会教育施設との接点を持つことで、卒業後も自らの学習の場として博物館等を使い、楽しむことにつなげていけることが望ましい。学校での歴史学習は最後でも、その先にも歴史を学んだり、学ばざるをえなかったりする場面に出会うこともあるだろう。高校の授業では、学校外での学びの意義についても感じ取らせたい。

3.「高専」という補助線

ここで、中等教育の後期課程にあたる年齢層が通う学校として高校と共通する高専に着目して、これらの学校で歴史を学ぶことの意義について考えていきたい。

高等専門学校は実践的・創造的技術者を養成することを目的とした高等教育機関で、全国に58校ある。令和5年度学校基本調査によれば、学生数は約5万6千人である。高校の数が約4700校、生徒数が約291万8千人であるのと比べると、高専は目立たない存在である。

高専は、中学校を卒業した者が入学し、5年一貫の工学教育を受ける、他国に類を見ないユニークな学校である[5]。課程を修了すると準学士の称号を授与される[6]。卒業後は、約6割が就職し、約4割が進学する。進学先は、国公立大学の理工系学部への3年次編入や高専専攻科である。これについて、高専を「隠れた進学校」とする表現もある[7]。高校教育では多かれ少なかれ、大学受験を意識しながら授業を展開せざるをえないのに比べ、高専は中学校卒業時の基礎学力が比較的上位の者が多く通う学校でありながら、大学受験に向けた教科指導を行わない。筆者が面談等で、学生たちに高専へ進学した理由を尋ねると、少なからず「大学受験をしないでいいから」という答えが返ってくる。主に理工系大学への進学のバイパスルートともいえるだろう。卒業後に就職を選んだ場合

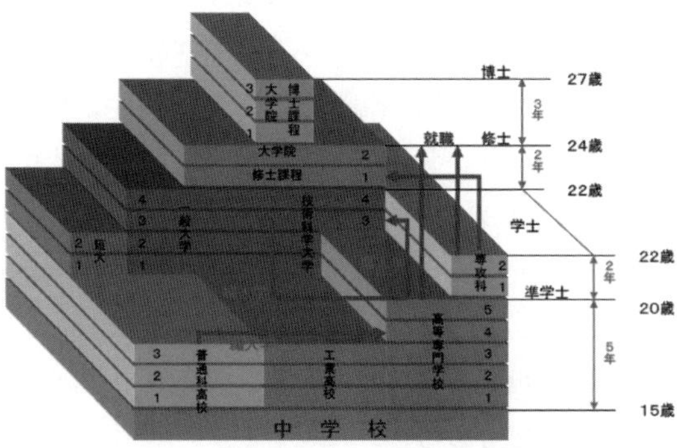

高専と高校・大学との制度上の関係[4]

も、一人あたりの求人数は高卒就職よりも多い。交通手段や学力的な理由から、通える範囲に多くの高校や高等教育機関が多くある大都市圏に居住していない場合、学費負担や卒業後の進路保障の面から見ても、高専は義務教育修了後の進学先として、学生本人にも保護者にとっても有力な選択肢であろうと感じている。

高校の教育課程が学習指導要領に基づいて編成されているのに対し、高専では「高等専門学校設置基準」と「モデルコアカリキュラム」(以下MCC)[8]に基づいて、高校で学ぶような一般科目と工学系の専門科目を「くさび型」に配置し、技術者に必要な豊かな教養と体系的な専門知識を身につけるカリキュラムを各校で設定している。

2023年度から、筆者は高専教員として歴史科目の授業を担当することになった。今まで勤めていた高校との共通点と相違点について考え、引き続き「高校って何するところ？」という問いに向かい合っている。大学等に進学しない限り、学校で歴史を学ぶ「最後」の機会であることは、高校生にも高専生にも同じことがいえる。後者は工学分野に進学することがほとんどなので、よりそれが当てはまる。

高校の「歴史総合」という科目を考えるにあたり、ほぼ同年代の学生が通う高専での歴史学習という補助線を引いてみることで、中等教育後期課程における歴史学習の意義と価値がより明確になるだろう[9]。両者が歴史の授業で共通して学ぶべきはどのようなことなのだろうか。

5年一貫の高専では、1年生から3年生までを「低学年」と呼び習わしている。3年生の課程を修了すると、大学受験資格も得られることから、一般科目では高校の学習内容も意識して、授業のテキストとして検定教科書が多く用いられている。筆者が本校で担当している2年生の「歴史Ⅰ」「歴史Ⅱ」では、「歴史総合」の教科書と資料集を教材としている。

他の国立高専のシラバスを見ると[10]、高校の学習に対応すると思われる歴史科目は低学年に設置されており、使用教材も「歴史総合」の検定教科書が多い。一部「世界史探究」「日本史探究」や旧課程科目の検定教科書を使用している学校もある。

高校と大学のハイブリッドのような学校種である高専は、学習指導要領に則った授業を求められてはいない。高等教育機関として、設置基準とMCCをクリアすれば、内容については、授業担当者の裁量幅が高校よりも大きいとされている。

本校では高校での歴史科目同様の「歴史Ⅰ」「歴史Ⅱ」のほか、人文系科目の必履修選択として、「高学年」の4・5年生に「文化交流史」と「比較歴史学特論」が開講されている。これらはエンジニアとしての一般教養を涵養するための科目として位置づけられている。

前任者からシラバスを引き継ぎ、その内容でどのような授業をしたらよいか着任当初は非常に困惑した。授業で出会った高専の学生は、歴史について興味関心が高い者、苦手意識が強い者とさまざまである。中学校までは比較的成績上位であったこともあり、「暗記」の得手不得手が歴史に対する興味の判断基準になっているように見えた。

そこで、授業の焦点を「ヒト」「モノ」それ自体に合わせ、史資料等から背景を探り、他の人の考えにふれながら、自分の考えをまとめていく形態の授業とした。

「モノづくり＝コトづくり」というフレーズを授業のはじめに学生たちに伝えている。産業革命に象徴されるように、技術革新によって生み出されたモノは、人間の行動や社会のありようを変える。モノをつくる人ならば、これによって生み出されるコトをふりかえる、想像する力が不可欠ではないかと問いかけると、だいぶ歴史を学ぶ意味が肚落ちするようである。

表やグラフのほか、マトリックスや「オズボーンのチェックリスト」などの思考ツールを用い、専門科目の授業にも応用できるスキルを身につけることも意識しはじめた。モノとそれにまつわる情報を保存・研究・普及する機関としての博物館と連携した授業を行うこともある。

筆者は「歴史総合」を担当しないまま高校を離れたが、もし担当していたら、このような授業をしていたかもしれないと考える。

高校と高専で授業内容を一律に比較することはできないが、「成年を迎える前に通う最後の学校」という視点から網を投げたとき、かかってくるのは歴史教育に欠くことのできないことではないだろうか。

4.「最後」の学校とその学生の可能性

2022年4月1日から、民法改正により、成年年齢が20歳から18歳に引き下げられた。それに先立って、公職選挙法の選挙権年齢や憲法改正国民投票の投票権年齢が満18歳に引き下げられている。高校では、主権者教育として模擬選挙などの取り組みが行われるようになった。しかし、高校在学中に成年を迎え、保護者の同意を得ずに意思決定ができる主体になることについて、生徒も教員も認識不足である。とくに教員は、学校の教育活動全体を通じて、子どもから大人への移行と社会を構成する市民の育成について、どれだけ意識しているだろうか。

近現代史の中で人々が勝ち得てきた権利の主体として社会を構成し、よりよい社会を後世に受け渡していくために、「歴史総合」の目標は設定されているのではないか。もう少し小さな範囲では、地域の歴史と結びついた問いを立てることで、生徒たちに地域社会の担い手としての意識を涵養できないだろうか。北部九州を生活圏にするようになって、近代化と地域の歴史の関わりに日々目を開かされている現在、いっそうそれを感じる。

少子化の進行とともに、地方では進学や就職の機会欠如による若年者の流出が止まらない。離島や過疎地で地域活性化の一環として、高校改革を行う事例も多く見聞きするようになった。一方、大都市圏の学校では、公立私立ともに自治体の境を越えて減っていく生徒を奪いあう競争にさらされている。どちらも縮小する日本社会の一面である。

高校生が地域とつながりを持つことは、小中学生のそれとは違う意味を持つ。高校生には、地域活動を担うプレーヤーとして活躍できる場を設け、地域が抱える社会課題に目を向ける機会となる。高校生の大人への移行を支援しながら、社会の担い手として導き入れることでもある。そのときに「歴史総合」で身につけた学び方が活用されるだろう。

子ども期の学校での学びが終わっても、生涯を通じた学びは続き、学校を再び学びの場とすることも珍しいことではなくなってきた。しかし、生涯学習が普遍的なものとはまだ言い切れない。我々は、仕事の必要上での「リスキリング」だけでなく、自分が知りたいことを、どんなことでも、いつでも、どこででも学ぶことを楽しめることを教室で伝えたい。

1996年にUNESCOの「21世紀教育国際委員会」が発表した報告書「学習：秘められた宝」(11)では、教育が依拠する四本の柱が挙げられている。その四本柱とは、「知ることを学ぶ」(learning to know)「為すことを学ぶ」(learning to do)「人間として生きることを学ぶ」(learning to be)、そして、「共に生きることを学ぶ」(learning to live together) である。

高校や高専に通う学生が在学中に成年を迎え、社会の担い手となっていくことを念頭に置いて、学習の四本柱を見直すと、学校での学びもそのあとの学びも、目指しているものは同じである。人と、人のつくりだした社会と、それを取り巻く環境を知る。そこに愛着を持ち、それらができる限り長く続いていくよう行動する。そのために生きていくあらゆる場面で学んでいく。生涯を通じた学習に橋を架けることを意識して、我々教員は「歴史総合」の授業で種まきをしていきたい。

注

(1) 文部科学省「平成30年改訂高等学校学習指導要領　教科・科目名英訳版（仮訳）（各学科に共通する各教科等関係）」
(2) 日本学術会議 史学委員会 中高大歴史教育に関する分科会「歴史的思考力を育てる大学入試のあり方について」2019年11月22日
(3) そのほか、探究科目のみ出題する大学や、探究と合わせて、歴史総合（世界史部分／日本史部分）を出題する大学もあるようである。
(4) 文部科学省WEBサイト「高等専門学校（高専）について」https://www.mext.go.jp/a_menu/koutou/kousen/index.htm（2024年9月3日最終閲覧）
(5) 近年、KOSENモデルとしてこのような学校がタイやモンゴルでつくられている。
(6) 「準学士」の学位称号は、日本独自のものである。
(7) 矢野眞和ほか編『高専教育の発見』岩波書店、2018年p.8
(8) 国立高専のすべての学生に到達させることを目標とする最低限の能力水準・修得内容である「コア」と、高専教育のより一層の高度化を図るための指針となる「モデル」とを提示したもの。
(9) 「モデルコアカリキュラム」においては、高校の学習指導要領との対応状況も示されている。『モデルコアカリキュラム―ガイドライン―（経済・ビジネス系を除く）2023年版』pp.187-200
(10) 国立高等専門学校機構webシラバス https://syllabus.kosen-k.go.jp/Pages/PublicSchools　(2024年7月28日最終閲覧)
(11) 委員長を務めたジャック＝ドロールの名を冠して、『ドロール＝レポート』とも呼ばれる。原題「Learning: The Treasure Within」、日本語訳版も出版されている（『学習：秘められた宝』ぎょうせい、1997年）。

Column

新課程入試における歴史総合と世界史探究の架橋の意味を考える

地方公立高校の現場に立つ者として

渡邊 優輔（わたなべ ゆうすけ）
福島県立福島高等学校　教諭

はじめに

新科目「歴史総合」の授業実践も３年目を迎え、「世界史探究」と「日本史探究」への架橋を授業者の一人として日々考えている。一方で、大学入学共通テスト移行後５年目となる2025年１月実施の共通テストが、昨年度までとは異なり、新課程の初年度という待ったなしの大学入試「改革」の真っ只中でもある。そうした現状について、地方公立高校で生徒とともに学ぶ者として、少しだけ述べたい。

なお、旧来の言い方をすれば「世界史を専門とする者」のため、主に「歴史総合」と「世界史探究」に関連して言及する。

「大学入試が変われば、高校教育も変わる」は、本当なのか？

「教育改革」の際にまことしやかに語られるこの論理（washback effect）について、かねがね思うところがある。特に、共通テスト受験者が既卒生を含めて50万人以下になってきた最近では、なおさらだ。それはつまり、この論理が全国におよそ100万人いる高校３年生の半分にしか当てはまらない理屈である点、についてである。

個人的な話で恐縮だが、いわゆる指導困難校と呼ばれる学校を振り出しとした教員生活を振り返ると、大学受験をする／しないを理由に、授業の質を変えたり、教科の本質から逸脱した授業づくりをしたりするようなことは、決してなかったと思う。むしろ、大学受験を前提としない生徒が多い学校であればあるほど、教科・科目が有する知的な面白さに気付かせるように、生徒の興味・関心を引き出す授業展開をしないといけない、とさえ思う。ゆえに、新科目である「歴史総合」や「世界史探究」の理念は、本来的には大学入試とは無関係に、現場の先生方の日々の実践を通して実現されるべきであろうと考えるし、そうでありたいと思う。もっと言えば、前述した論理をとなえることは、ここに寄稿されている様々な高校の現場で地道に実践を積み上げている先生方を愚弄するものである。

とは言え、大学入試が変わるという状況を前にしては、否応にもそれに対応しなければならないというのも事実である。ここ数年の勤務校の状況を振り返れば、教科書の内容もまるで見えない中で新しい教育課程を編成して授業の単位数を決めなければならなかったし、大学入試の全容も分からない状態で文理選択に伴う科目選択をさせてきた。かような右往左往が高校教育の「改革」であるかどうかはさておくとしても、判然としない説明であってもついてきてくれた生徒たちの心意気には感謝したい。

共通テストでは、「歴史総合、世界史探究」のように必履修科目を含む科目群が設定されている。しかし、現場目線で言えば、地歴公民科の６種類の受験科目は、高校における科目選択をただただ複雑にさせた印象しかない。加えて、地歴公民科の必履修科目のみで構成された受験科目（歴史総合、地理総合、公共から２科目選ぶパターン）で受験できる大学には限りがあるため、地歴公民科の科目選択の自由度は新課程ではますます減ったように感じる。

日々の授業が入試対策に成り下がってはならないが、入試を無視した授業展開や教育課程というものも、当然あり得ない。悔しいかな、前述した論理は、こうして現場に「変化」をもたらしたのは事実である。

高大接続改革の中で実施された指導要領の改訂と大学入試改革

新学習指導要領の基本方針となった2016年の中央教育審議会の答申では「高大接続」という言葉が繰り返し用いられ、次のような文言がある。

> （高大接続改革等の継続）今回の学習指導要領改訂は……高大接続改革の実現を目指して実施されるものである。……高等学校教育における子供たちの学びの成果が……大学教育を通じて更に伸ばしていくことができるよう……高大接続改革が引き続き強力に推進されるよう求める。

さらに、2021年の大学入試のあり方に関する検討会議の提言では、いわゆる「大学入試の三原則」の一つである「下級学校への悪影響の排除」に関連させて、次のような文言がある。

> （高大の円滑な接続）新学習指導要領の実施に当たり、高校教育関係者が一丸となって……教育改革を推進しており、こうした高等学校学習指導要領の考え方と齟齬を来すことのない選抜に改善していく必要がある。入試改革に過度に期待することは適切ではないが、高等学校以下の教育に望ましい影響やメッセージを与え得る大学入学者選抜に改善することは重要である。

「下級学校への悪影響の排除」の原則は、学習指導要領から逸脱したいわゆる難問奇問を防ぐためのものであったが、ここでは、大学入試を学習指導要領に合わせるべきであるといった、これまでとは異なる力学による提言がなされている。こうした「高大接続」に関する動向や論理展開には、日々実践を重ねる現場の教員としても、十分注視する必要があるように感じる。

新課程入試における大学個別試験を探る

共通テストはもちろんのこと、国公立大学や私立大学の個別試験に関しても、当然変化が見込まれる。その変化に備えて、大学の先生方も事前の試行錯誤に取り組んでいると考えれば、これまでの過去問を見ることで高校の教員が学べることはたくさんある。もちろんそれは、受験対策という小手先の戦術ではなく、大学の先生方が受験生に求める歴史を捉える大局的な視座を示唆するものとして、という意味である。

ここでは、東京大学と大阪大学の「世界史」の個別試験の過去問を例に、分不相応にもそこから得られる見立てについて若干の私見を述べる。

①東京大学

東大入試では、これまでも教育課程や受験システムの変化に動じず、歴史的思考力が問われてきた。それを踏まえ、新課程入試を見据えて過去問から学ぶべき視点は、「世界の中の日本」という見方・考え方である。

例えば、2000 ～ 2024 年度の第 1 問で、非常に曖昧な定義ではあるが「日本に関連する」指定語句が出題された事例を挙げれば、以下の通りである。

・大日本帝国憲法（2023 年度）　・薩摩、下関条約（2020 年度）
・日露戦争（2019 年度、2003 年度）　・博多（2015 年度）
・長崎、太平洋戦争（2010 年度）　・江華島事件（2008 年度）
・日本国憲法（2005 年度）　・日本銀（2004 年度）

世界史の論述問題でこれらを指定語句にするその問い方は、まさに常日頃から「世界の中の日本」という視点で歴史的思考力を養ってほしいというメッセージと受け止めたい。そして、こうした視点はまさに必履修科目である「歴史総合」で学ぶものであるだろうし、それを踏まえて「世界史探究」へ架橋すべしという授業論につながってくる。

ちなみに、東大の個別試験では「世界史探究」だけが問われることになっているが、当然ながら「歴史総合」で学んだ視点は、その前提として組み込まれていると受け止めても差し支えないだろうと思う。

②大阪大学

阪大の個別試験では、「歴史総合」「世界史探究」の両方が出題されることになっている。したがって、二つの科目を架橋あるいは往還できるような歴史的思考力を養うことが、より明確に求められていると考えられる。
　阪大の問題では、文字資料や図像資料などの複数の諸資料を活用して多面的・多角的な視野から論述することが求められる。例えば、2023年度において、外国語学部の大問Ⅰでは「十字軍」についてヨーロッパ・モンゴル・イスラームの視点から、文学部の大問Ⅰでは中世初期のヨーロッパについてゲルマン・ローマ・イスラームの視点から、いずれも文字資料を活用して論述する問題であった。また、両学部共通の大問Ⅱでは、まさに世界史Bの授業という「場面設定」の中で思考することが求められ、ヨーロッパと日本で描かれてきた6枚の世界図を比較・検討し、ヨーロッパと日本との間の情報交換の歴史について、大問全体の設問を踏まえて論述するという、メタ認知的な問題の建て付けになっている。
　諸資料を基に多面的・多角的に歴史を捉えるという作法は、歴史学の王道そのものである。ここから学ぶべきは、「歴史総合」と「世界史探究」では扱う時代の射程に違いはあっても、「歴史総合」で学んだ多面的・多角的な視野を「世界史探究」でも往還的に活用すべしという授業論である。

新課程入試への道程で、「私たち」は一体何をしてきたのか？

　ここまで述べてきたように、新科目の理念は大学入試とは無関係に実現されるべきであろうし、大学入試で問われることは新課程への移行でいきなり変化するものでもないと考えられる。とは言え、新課程入試では、「歴史総合」で打ち出された「世界の中の日本」といった視点や、諸資料に基づき複眼的に歴史を捉えるといった方向性を、時代の違いこそあれ、授業者は「世界史探究」においてもより強く意識して授業を構成することが求められていると言えよう。
　そうした授業で生徒が得た力を測る契機として、校内の定期考査や校外の模擬試験がある。新課程入試を見据えた模試においては、様々な媒体のいずれにおいても試行錯誤が見られた。その仔細をここで述べられるだけの能力も紙幅もないが、様々な作問で問われた「歴史的思考力」や「読解力」なるものが、一体どのようなものであったのかということについては、授業者であり評価者である現場の教員である私たちは、新課程の共通テストが行われた後、速やかに省察する必要がある。また、教育産業の立場からは「受験対策」と称して生徒たちへのミスリードはなかったのか、今後も真摯に対応していただきたい。さらには、大学の先生方には研究会等のあらゆる場面を通じて、高校生が養うべき歴史的思考力のあり方等について、積極的にその知見を社会に広めていただきたい。

歴史教育においては、ミクロな視点やローカルな視点から掘り下げていった先に、実はグローバルに共通する根源的な問いに直面するという瞬間が必ずある。時代（通時性）や地域（共時性）を越えて存在する「普遍性」や「共通性」に気付くことで、人類にとって普遍的な地下水脈を探し求めるための羅針盤となるような見方・考え方を養うことができるのが、歴史教育の魅力であろう。ローカル（特殊性）とグローバル（普遍性）を自在に行き来しながら、気付き、考え、行動できる人こそがグローバルリーダーであり、グローカルな人であり、歴史的思考力を持ち合わせる者であろう。

未来を創る生徒と歴史との接点に立つ「私たち」は今、歴史から何を学ばせ、そこで得た学びをこの世界にどう位置づけさせるのか、その真価が問われているという思いを胸に、今日も教室で生徒とともに考えたい。

参考文献

・伊藤純郎監修『郷土から問う歴史学と社会科教育』清水書院、2023年
・宮本友弘「高校教育の転換と大学入試のジレンマ」第40回東北大学高等教育フォーラム基調講演、2024年9月
・歴史教育者協議会『歴史地理教育』967号、2024年3月増刊号

Column

歴史新科目と学校改革

池田 靖章（いけだ やすあき）
香里ヌヴェール学院中学校・高等学校　学校長

使い古された言葉を改めて思う。

「愚者は経験に学び、賢者は歴史に学ぶ」

初代ドイツ帝国の宰相であるオットー・フォン・ビスマルクが残した言葉として誰もが知っているだろう。一般的な解釈としては、「愚者は経験しないと理解できないが、賢者は経験せずとも過去の歴史からさまざまなパターンを理解して備えることができる」みたいなところだろうか。ここからもう少し深掘りしてみたい。ドイツ語の原文をあたってみると、もう少しビスマルクの言いたいことの解像度がみえてくる。

原文はこうだ。

Nur ein Idiot glaubt,aus den eigenen Erfahrungen zu lernen.
Ich ziehe es vor,aus den Erfahrungen anderer zu lernen,um von vorneherein eigene Fehler zu vermeiden.

現代さまざまな翻訳機がでているので、試してみるとだいたいこのくらいの意訳がでてくる。

「愚者だけが自分の経験から学ぶと信じている。私はむしろ、事前に自分の誤りを避けるため、他人の経験から学ぶのが好きだ。」

この訳だと一般的な解釈と少し意味あいが違うのがわかるだろう。ビスマルクは、もしかするとこう言いたいのかもしれない。

経験主義と系統主義の両輪が必要であると。

この意訳は、今の私にとってストンと腑に落ちる言葉となった。それは校長だからなのかもしれない。

少しだけ自己紹介をしたいと思う。私は、2008 年の大学院時代から京都のある私学で歴史担当非常勤教師としてキャリアをスタートした。大学院終了（教育学）後、大阪の私学で社会科（歴史・地理・公民などすべて）教師として10年経験し、2019年度に管理職を経ずに校長になった人間である。大阪では当時現役最年少校長（34歳）だということで多少話題になったが、若さだけが売りになるという悲しさも漂うスタートであった。私に課せられたミッションは、潰れかけた学校の再生だ。しかもほとんどキャッシュが残されていない状態で、設備投資などがほとんどできない中でのチャレンジであった。よく「失敗は経験の源」というが、失敗すれば廃校するという極限のチャレンジで、失敗できないチャレンジという、過酷なミッションだ。

そんなチャレンジに、なんと管理職も経験したことない人間が挑むという。大阪府には民間校長制度がある。さまざまな民間企業の管理職を経験した人間たちが、その経験を活かし校長になる制度だ。その制度では、管理職の理解の乏しい私は挑戦できなかった。でもどうしても校長になってみたかった。その理由は、1点のみ。日本の教育があまりにも系統主義的であり、系統主義と大学受験制度が密接に絡み合うこの状況を打破したかったからだ。

日本の大学受験制度は、日本中の高校生に広く知識を習得させる仕組みとして確立してきた。特に歴史科目に関しては、暗記科目と揶揄されるほど、覚えることと密接に関係してきた背景がある。広く知識を習得させることには一定、意味はあるのだろうし、受験制度自体は、ある意味で公平性の高い仕組みだとも思う。

ただ、ここで重要になってくるのは、「理解した」ことをどう測るのかだ。具体的に言えば、「1582年、本能寺の変」を覚えることが目的なのか、「本能寺の変がその後の歴史にどう影響を与えたのか」を説明できることなのか、「本能寺の変のような事象を基に自分の体験に置き換えて」活用することが大切なのか。「理解する」という意味において、大学受験制度では、覚えているかどうか以外、見取ることはできない。これを、“学び”として定義づけしていいのだろうか。昨今の生成AIが跋扈する時代において、今後さらに「理解する」ことの意味は変わってくるだろう。そんな中で、まだ大学受験制度だけをだらだらとやっていくのが、日本のためになるのか、我々教育界の人間は考え続けなければならない。

校長になって、6年目を迎える2024年現在。歴史を学んで本当によかったと感じている今日この頃である。なぜなら、経験したことない事項が毎日無数に感じるくらい飛んでくるからだ。そのためには、歴史からかつてのリーダーが何を行っていたのか、知る必要性がでてくるのだ。

私学であるから、生徒募集が学校存続の生命線である。だけれども、もともと廃校しかかっていた学校。生徒募集は口コミがかなりの広報になるのだが、ほとんどの人が本校を知らない。また、本校の周りにはたくさんの私学があり、既存の認知をもたれた学校ばかりで、群雄割拠甚だしい状況、四面楚歌そのものである。こんな中で、どうやって生き残りをかけて戦っていくのか。2019年4月、着任した当時ずっと考えて、校長室に籠った記憶がまだ新しい。ここでは紙面の都合上、これ以上書けないので拙書(1)を参照されたいが、とにかくたくさんの四面楚歌の状況におかれたリーダーの本を読み漁れるだけ読み漁った。

このような状況におかれたさまざまな偉人を通じてわかったことは、とにかく「小回り」である。小さい学校の利点は、小回りが利く。これ以外の勝ち目は見当たらなかった。

本校の学校改革の肝は、なにかと聞かれれば「小回り」である。そしてその小回りを可能にするのが、「意志決定」である。実は本校周辺の学校は、大学をもつ大規模学校法人ばかりで、本校が近隣で唯一大学をもたない中小学校法人。それゆえに勝てる部分があるはず。そう思って2019年から探究教育・グローバル教育・ICT教育などを軸に学校改革を進めてきた。そんな中、2020年2月。読者にも記憶に新しい新型コロナウイルス感染症が世界、そして日本にも蔓延していく。日本中の学校が閉鎖する中、2019年度より小回りを活かして改革してきたことが、すぐに活きることとなる。ICT教育ということで、生徒教職員全員がタブレットをもち常に授業で活用してきたこと、全館Wi-Fi完備してオンラインでの取り組みを推進してきたことが、即オンライン授業に対応できる要因となった。

2020年3月にはオンライン授業がスタートし、さまざまな工夫を凝らした授業法を確立していくことが大阪でも話題となった。本校が他校よりも組織的に早い対応がなぜできたのか。今振り返って思うこと、それはやはり「小回り」にあるのだろう。弱者には弱者の戦略がある。歴史は常にそれを教えてくれている。第一次世界大戦の際に考案されたランチェスターの法則は、私に大きな希望を与えた。他校ではICT教育に力を入れずとも生徒募集は順調だったことから、ICTへの興味関心は少なかった。本校は、知名度がない分、新しい教育観をもたらすツールとして、スタートさせていた違いが明確にでたのだ。このことは、だんだんと認知度を増やすこととなる。

その結果生徒募集は、2014年から10年経た2023年度、およそ5倍にあたる300名を超える生徒数となり、100年の伝統ある学校で過去最高の数を記録した。

話を戻そう。ビスマルクは、知識を大切にした。他者のチャレンジでの成功や失敗を自分に置き換えて物事を考えようとした。これからの社会は予測困難な時代が来る。それは20年前から言われてきた言葉である。しかし、ここ最近本当に予測困難な時代だと感じているのは私だけではないだろう。社会が予測困難になればなるほど必要な力がある。それは、未来予測力だ。数年程度の未来予測は、経験で賄えるだろう。しかし10年スパンを考えると歴史的過去から学ぶこととなる。歴史は、歴史家たちの主観をたくさん集めた客観である。他者のチャレンジでの疑似的成功体験や失敗体験を自分ゴトとしてどう獲得できるか。その訓練を行うことで、経験主義と系統主義の学びが活かされる。2024年夏、今から日本は下り坂に入っていく。いや、もう下っていて、誰も疑わない予測困難な時代だ。もう一度言いたい。そんな時代の中で、どんな学びが必要か、日本中の人々が考え続けなければならない。

注

(1)『友だちの夢に耳をすます教室』IBCパブリッシング、2023年

Column

「教師の学びの姿」にまなざしを向ける

研修の在り方についての一考察

佐藤 悠人（さとう ひさと）
独立行政法人教職員支援機構　教職員の学び協働開発部連携推進課

「成功した研修」とは

「生徒の学びの在り方」と比べ、「教師の学びの在り方」について語られる機会は圧倒的に少ない。「研修のよりよい在り方」についての言説はなおさらである。だが、よりよい研修の在り方を追究し、デザインするにあたっては、授業と同じように考えるべきことが多く、奥が深い。

研修の在り方について、自分の認識を捉え直す契機があった。前職の茨城県教育研修センターで、担当課から、思考力・判断力・表現力を高める高校での歴史の授業デザインと評価問題に関する１コマ分（80分）の研修の運営協力依頼をいただいた。「歴史総合」実施初年度で、新設科目でどのような授業を展開するか、関心が高まっていた時期だった。

当時の私は、先生方が研修を通じて多くの授業改善の視点を見付け、役立てて欲しい、と考えていた。そのため、評価の視点や生徒に身に付けて欲しい力の具体といった、授業改善に大切だと考えた七つの「問い」を順に問いかける形を取った。一つの問いにつき約10分間の対話を通じ、実践を振り返りながら授業改善のアイデアを広げる研修の流れをデザインした。

当日は、先生方が実践に込めた思いを熱心に語る姿や、問いについて真剣に考え、自分なりの答えを導きだそうとする姿が印象的だった。終了後のアンケートの数値も満足度が高く、授業改善に向け努力しようとする記述も複数あった。その時は「成功した研修だった」と率直に感じた。自画自賛しながら満足感に浸っていた。

学びの姿は「相似形」

研修翌月に出された中教審答申の中で、「教師の学びの姿も、子供たちの学びの相似形」とされていた。「相似形」という言葉をキーワードに、「成功した」と思った上記の研修を振り返ってみた。すると、自分がデザインした研修の在り方そのものに対し、いくつも疑問が湧き上がった。

あの時の研修は、生徒たちにこうあって欲しいと思う学びの姿の相似形となっていただろうか。学び手が主語の研修となっていただろうか。私が先生方の学びをコントロールしようとしてはいなかったか。対話を通じて考えを深めていたように見えて、実はあるべき「答え」を遠回りしながら見付けてもらっていただけではないか。アンケート結果は良かったが、本当に先生方の力量向上に寄与したのだろうか。

私の浅はかな心配は、その時参加された先生方にはすべて無用であろうが、もしも教師の学びが子供たちの学びと相似形ならば、この心配は当たっているかもしれない。上記の答申では、教師の学びに対しても、「主体的・対話的で深い学び」を実現することを求めていた。果たしてこの研修では、目指したい教師の学びの姿を実現できていたのだろうか。

日々の実践場面を考えた時、授業毎に、クラスも、生徒も、その日の環境も異なる。多様な場面や状況のすべてに対応できる「正解」は存在しない。大切なのは、実践の中で起こりうる不確実性を前提に、多様な場面や状況に柔軟に対応し、よりよい学習プロセスをデザインする「引き出し」を増やすこと。そして、状況に応じ適切な「引き出し」を選び、開ける意識を持つことである。自身の実践を常にメタ認知し、省察し、改善につなげる（この一連の流れを「リフレクション」と呼ぶ）ことが極めて重要である。

そのような教師の学びの姿の実現に向けて、研修デザインをどのように工夫できるだろうか。

研修を「探究」する

2024年度に独立行政法人教職員支援機構（略称NITS）へ出向となり、「研修観の転換」に向けた「新たな教職員の学び」を全国へ展開する事業に携わる中で、教師の学びの姿に関わる多くの気付きを得られた。

とりわけ、前年度からの新たな試みである「探究型研修」の企画運営を担当した際の気付きは大きかった。この研修では、参加者一人一人が探究課題を設定し、約1年かけて追究していく。一番の特徴は、徹底的に、探究に取り組む学び手を主語とする研修としたことであった。

1年間の研修のスタートとなる2泊3日の研修中、参加者が自身で設定した探究課題を問い返し、深掘りするきっかけとなる問いを様々な視点から提示した。「自分はなぜそう考えたのか」といったものの見方や考え方、判断基準といった、自身の教育実践の基盤となっている教育観を見つめ直し、省察を通じて生まれてくる多くの気付きを大切にした。また、より多くの気付きを生み出し、考えを深められるよう、対話の時間と、考えを整理する時間を十分に確保した。さらに、興味関心に応じて複数の資料を選び、読むことで、考え方の枠を広げ、自分の中の「引き出し」を増やす機会を設定した。

そのような学びのプロセスを経験する中で、参加者は省察を繰り返し、課題に対し悩みながら「本気で」向き合っていた。参加者は「答え」を求めていたかもしれないが、一律の「答え」は無く、自分が進む道程は自分で見付けることが最もふさわしいという気付きを得た様子だった。

この研修は、生徒たちの探究的な学びのプロセスを、教師自身が体感するという、相似形を強く意識したデザインとした。探究するとはどういうことか。どうすれば課題を自分事として捉えるようになるか。本気で課題に向き合うために何が必要なのか。一つ一つの問いに向き合い、丁寧にリフレクションを重ねることで、自己の実践に向けた思考が深まっていく。その過程で得られたいくつもの気付きが、力量を深め、日々の実践をよりよいものにしていく原動力となり得ることを、実感を伴って体得することができた。

研修は、奥が深い

今なら、冒頭で紹介した研修をどうデザインするだろうか。

恐らく、生徒の学びのプロセスを丁寧に想像しながら、自身の実践と教育観の省察を通じて、授業改善に向けた豊かな気付きが生まれることを大切にするだろう。そのために、以下の二つの問いを重視したい。

「歴史を学ぶことは、自校の生徒にとってどんな意味を持つだろうか。」

「自校の生徒が学びを深めるために、教師はどのような役割を担うのだろうか。」

特に、第一の問いは、生徒自身にとっても、「私」を主語にして考え続ける問いであって欲しい。歴史を「総合」したり「探究」したりすることについての「正解」は無い。教師と生徒が「何のために」「何を目指して」と問うことを忘れた「総合」や「探究」の活動は、歴史教育の本質から離れ、形式的な学習プロセスをなぞるだけの時間に陥るだろう。

そのうえで、第二の問いを通じ、自校の生徒がどのような力をどれだけ身に付けることを大切にするのか、立ち止まって考えたい。「自校の生徒が学びを深めている姿とは？」「その姿に向かうために、必要な学習プロセスとは？」「自校の生徒にとっての思考力・判断力・表現力とは？」といった問いが、参加者それぞれの中に湧き上がり、考えを深めていく時間としたい。

このような思考のプロセスを経て深まる教師の力量について考えた時、研修担当者が「教える」場合と比べ、どのような差異が生じるだろうか。授業は、どのように変わるのだろうか。生徒の学びは、より豊かなものとなるだろうか。研修のよりよい在り方は、授業と同じように奥が深い。

参考文献

・中央教育審議会答申「『令和の日本型学校教育』を担う教師の養成・採用・研修等の在り方について～『新たな教師の学びの姿』の実現と、多様な専門性を有する質の高い教職員集団の形成～（答申）」2022年12月
・中原淳『研修開発入門：会社で「教える」、競争優位を「つくる」』ダイヤモンド社、2014年
・一般社団法人学び続ける教育者のための協会（REFLECT）編『リフレクション入門』学文社、2019年

Column

大学教職課程における高校歴史新科目対応の課題

日高(ひだか) 智彦(ともひこ)
東京学芸大学教育学部　准教授

はじめに―ある教育実習生の「歴史総合」との遭遇

2024年5月、その月末から教育実習を迎える学部4年生に相談を受けた。この学生は、前年度に、私の担当する教職科目「中等社会科・地理歴史科教育法」（免許法上の区分では「教科の指導法」に当たる科目）を受講していた。この授業では、受講生の高校時代にはなかった新設科目「歴史総合」を当然ながら扱った。それを教育実習で担当することになったから、授業づくりについて事前に相談したいということであった。実習校名を聞くと、新科目にふさわしい「歴史総合」のあり方を研究会で報告している教員の名が思い浮かぶ高校だったので、「本人が習ったことのない新科目の授業づくりにしっかり取り組める、いい機会になりそうでよかった」と思った。しかし当の学生は、困惑した表情で、「実は、高1の「歴史総合」を担当させてもらえることになったのですが、授業内容は古代の中国史だと言われたのです。「歴史総合」は近現代史ではないのでしょうか？」との旨を訴えたのである。

上記は、国立教員養成大学に勤める私の個人的エピソードだが、これを高校歴史新科目対応の教員養成教育の課題を考える観点から読み解いてみたい。

大学における教員養成の担い手は誰か―高大連携による「困惑」

高校地歴科は2022年度より新科目に移行しているが、その授業を受けた生徒が大学に入学するのは2025年度からである。2024年度現在、高校では「歴史総合」等の新科目が実施されていながら、大学では「世界史A」「日本史B」等の旧科目の授業を受けてきた学生に対する教員養成教育が行われているということだ。教員志望の学生の側からすれば、教職課程における「教科の指導法」等の授業と教育実習が、多くの場合、新科目にふれる最初の機会である。

ここで確認したいのは、教員養成は、大学（教員の授業）だけでなく、高校現場（の教育課程と実習担当教員による実習指導）との協働で行われるという基本的事実である。ここに、本書の共同執筆者の顔ぶれが示すように、高校歴史新科目の充実に高大連携で取り組むことの意義が見出されるのである。

上記を下敷きにして先述のエピソードを読むならば、大学と高校による「協働」的な教員養成が、教員志望者に「充実」ではなく「困惑」を引き起こしていた、ということになろう。

「観察による徒弟制」

「困惑」のコンテクストを考えるために、教師教育学における「観察による徒弟制 apprenticeship of observation」と「洗い流し wash out」という概念を補助線としたい。「観察による徒弟制」とは、教員志望者は大学で教員養成教育を受ける以前に、児童生徒として教員と接した長期間に渡る経験＝被教育経験があり、それをもとに（教科等の）教育観を強固に形成していることを問題化する概念である。被教育経験では「観客」として教員を見ているので、それによって形成される教育観は、教員としての教育観（の形成）とは異なるだろう。よって、大学の教職課程において教員としての教育観を形成するためには、被教育経験によって形成された「観客」としての教育観を問い直すこと＝いわば脱「観察による徒弟制」が目指されるべきとされる。しかし、こうした働きかけとして教員養成が行われても、被教育経験はなお強固であり、教育実習や入職後の職場経験によって「洗い流し」にあうことがあるという。

大学の「教科の指導法」担当教員としての私は、これらの概念が、旧科目時代において様々に試みられた事項暗記型歴史教育への改革が常に（大学受験対応を含む）「現場」の慣習を前に挫折し続けてきたことを、説得力をもって説明していると考えている。よって、私の授業は、学生たちの被教育経験＝旧科目経験を課題化し、その克服を目指す具体的事例のひとつとして新科目のカリキュラムをとりあげてきた。歴史教育の現代的意義の達成には、学習者が自身の問題意識から他者との関わりのなかで歴史認識を作り上げていく力を支援することが不可欠である。そのためには、従来の時系列的な内容編成を、現在と過去を静態的対比的に把握する内容編成へと組みかえることが有効であり、「歴史総合」における近現代史への内容の限定や、問いの表現とか「探究」の重視は、そのような内容編成のカリキュラム事例として理解できるからである。

エピソードの学生が「困惑」を私に訴えたのは、私の授業によって得ていたイメージでは、「歴史総合」は被教育経験＝旧科目経験では対応できないはずが、実習校のそれは旧科目的に実施されていると解釈したからだ、と考えられよう。

カリキュラム編成権か、「実質未履修」か

この学生の解釈をどう評価するか。学生の被教育経験＝教員の教育経験なので、新科目カリキュラムを運用する教員もまた、自身の教育経験＝旧科目経験に強く縛られていよう。そう考えれば、6月で中国古代史ということは、この学校の「歴史総合」は旧科目「世界史A」のようなカリキュラムとして実施されている可能性はある。新科目は実施前から、「大学入試科目が選択科目「日本史探究」「世界史探究」ならば、必修科目「歴史総合」はその近現代史部分と把握され、高校現場は「歴史総合」後に選択科目を履修するという学習指導要領の規定を守らないだろう＝「日本史探究」か「世界史探究」を開設し、その近現代史部分の学習で「歴史総合」を実施したことにすれば、旧科目と同様の授業で新2科目を実施したことにできる、と解釈するだろう」と危惧されてきた。ならばそれは、「世界史A」の「実質未履修」問題＝「世界史B」の一部として実施されることで、「近現代史を中心とする世界の歴史」を「理解させ」、「現

代の諸課題を歴史的観点から考察させる」という目標の実現におおかた失敗した「世界史Ａ」の二の舞いである。

しかし、例えば、標準単位よりも授業時間を増加して、前近代史から学習していく方が「歴史総合」の目標をより達成できる、としてカリキュラムが編成されていたならば（そして、「歴史総合」後に「世界史探究」「日本史探究」も開設されるという前提であれば）、どうだろう。少なくとも、「歴史総合」で前近代史を扱うという形式をもって「実質未履修」とまでは言えないはずだ。

もし学生の「困惑」が「形式」のみから引き出されたのであれば、私の「教科の指導法」の授業が、新科目の形式にのみ目を向けさせたという可能性が出てくる。先述のとおり、私が新科目のカリキュラムをとりあげる意図も、それを事例として、被教育経験に縛られた歴史教育カリキュラムを主体的に組みかえることの意義をつかんでもらうことにあった。教員をカリキュラム編成の主体として育成することは、「市民」の学習権を保障することに直結する、教員養成教育の使命である。しかし、私の授業は、その達成に課題を残したということになろう。

この評価にたてば、「困惑」の原因は、高校（教育実習校）・大学それぞれが脱「観察による徒弟制」を目指して行われても、教員志望者のなかで意味ある「統合」が行われなかったことに求められよう。ならば、高校歴史新科目対応の教員養成教育の課題とは、大学と高校による「協働」的な教員養成のあり方にあると言えよう。

おわりに

ここまで論じてきた課題は、今後、新科目の被教育経験をもった教員志望者が大学に入学してきたとしても、大きく変化するものではないだろう。歴史教育の高大連携のみならず、（歴史）教員養成教育の（小中）高大連携もまた、より深められなければならない。

参考文献

・ダン･ローティ、佐藤学監訳『スクールティーチャー：教職の社会学的考察』学文社、2021年

II

授業実践との対話
―歴史総合から世界史探究・日本史探究へ

※各授業実践の冒頭「授業概要」内「教科書・教材」は、
紹介している授業内で使用した学校採用の教科書・教材です。

授業実践　〈世界史探究〉大項目A

日常の食からみる世界の歴史

カカオから考える過去と現在

多々良 穣（たたら ゆたか）
東北学院榴ケ岡高等学校　教諭

授業概要
単元：日常生活から見る世界の歴史（大項目A(2)）
科目：世界史探究　**対象学年：**2年生
教科書・教材：『詳説世界史』山川出版社、世探704

1. 大項目A「世界史へのまなざし」の意義

進度や受験を意識する場合、この「世界史へのまなざし」をスルーする授業担当者がいるかもしれない。しかし、学習指導要領において、この科目の目標（2）には「現代世界とのつながりなどに着目して」とあり、＜世界史探究＞学習のスタートラインに立つ生徒にとって、この項目は不可欠である。なぜなら、「自己の在り方生き方を考える」ために、歴史から現代のことにつなげる姿勢を身に付けられるからだ。＜歴史総合＞でも培ってきた「問いを表現する」姿勢は、＜世界史探究＞でも重要である。「資料から、生徒が情報を読み取ったりまとめたり、複数の資料を比較したり関連付けたりすることにより、興味・関心をもったこと、疑問に思ったこと、追究したいことなどを見いだす(1)」力を育むことが、この科目の授業担当者に課せられていると、私は考えている。

2．授業デザインで意識していること

生徒につけてほしいと私が考えている力は、次の通りである。

・文章や資料を読み取る力
・疑問をもちクリティカルに考える力
・課題が何かを考える力
・具体例を抽象化して考える力
・自分の意見を伝え、内容を整理して説明する力
・文章を表現する力

授業では、「個別最適化学習」を生徒自身が進められるように、一斉に同じペースで学習することをなるべく避けることと、各自が教科書を読んで疑問点を見つけて問いをつくることを主眼に置いている。そのうえで、興味・関心を抱くような題材を提供し、多角的に物事を考えて新たに発見できる授業デザインを目指している。こちらからの解説は必要最低限にとどめ、板書をノートさせないようにプリントを作成して、生徒たちの対話の時間を確保している。生徒の学習時間を確保するために教科書の余白に補足事項を書き込む例もあるようだ(2)。また、生徒たちが思考して意見交換している時間を止めてこちらから解説することは、「探究」と逆行する「禁じ手」だと考えている。よって、生徒の学ぶペースに合わせ、集中して勉強しているときには解説時間は当然少なくなる。これらのことは、授業開きで必ず生徒たちに伝えている。

私が行っている授業は、オーソドックスなペアワーク、単元ごとのグループワーク、そしてスライドづくりとプレゼンテーションの３パターンだが、最も多いペアワークによる授業では、次のような進め方をしている。

P．アイスブレイク：関心の喚起と意見交換しやすい場づくり
A．クリティカルリーディング：教科書から重要点や疑問点の掘り出し
「探究出発シート」に疑問点を書き出し、「問いの形」に直す。ペア

で疑問点を共有し、相手の問いの解答をつくって相互説明。

B. 知識・技能の習得

提示する資料を読み取り、こちらが提供した問いの答えを共有。

状況に応じて、教員から補足解説。

G. 今日のゴール：思考・判断・表現力の育成

大きな問いの答えを個人で仕上げて Google Classroom にて提出。

「探究」とは、疑問に思ったこと、気になったことから始まる。そこから自分で問いを立て、問いを表現することにつなげている。

3. 年間の流れ（単元・小単元）の紹介

年間計画については、この後たくさんの方々が書いており、しかもここに記す項目は導入となる「世界史へのまなざし」であるため、単元の紹介にとどめたい。2023年度は**資料1**、2024年度は**資料2**に示した。

大項目Aは（1）「地球環境から見る人類の歴史」と、(2)「日常生活から見る世界の歴史」から構成され、身に付ける知識として、前者は「人類の誕生と地球規模での拡散・移動を基に、人類の歴史と地球環境との関わり」、後者は「衣食住、家族、教育、余暇などの身の回りの諸事象を基に、私たちの日常生活が世界の歴史とつながっていること」が、学習指導要領に掲げられている。年間の流れは、ほかの方々がこの後に記しているので、年間進度の中でこの（2）がどのように関わっているかを明らかにしておこう。なお、私の勤務校で使用している教科書は『詳説世界史』（山川出版社、世探704）で、教師用指導書の年間指導計画では（1）と（2）を合わせて授業時数1となっているが、授業開きと合わせて最低でも3時間を確保している。

4. 旧課程のB科目との違いや共通点

あくまでも個人的見解だが、〈世界史B〉の「世界史への扉」と〈世界史探究〉の「世界史へのまなざし」は、世界史学習の導入をなすものであり、大きな差は感じない。今回本論で扱う「日常生活から見る世界の

部	章	節	時数	単元のゴール（問い）	各単元のねらい	考査
序		(1) 自然環境と人類の進化	2	新人段階において、ヒトの生活はどのように変化したの？	文字や芸術品の意義を考える	
		(2) 砂糖・コーヒー・カカオの歴史		カカオはどのように使われ、現代にどのような影響を及ぼしているの？	食物のルーツを探る	
Ⅰ	1	1　文明の誕生	1	文明の成立過程からわかったことは？	文明の成立過程を理解する	
		2　古代オリエント文明	4	古代オリエント文明は、世界の歴史にどんな影響を与えたの？	メソポタミア、エジプト文明の特色を理解する	
		3　南アジアの古代文明	4	中国における統治方法と思想の関係とは？	インドと中国における宗教の違いを考える	定期Ⅰ
		4　中国の古代文明				
		5　古代アメリカ文明	1	アメリカ大陸の独自性とは？	古代アメリカ文明の特質を理解する	
	2	1　中央ユーラシア	4	中国における統治方法と思想の関係とは？	秦～魏晋南北朝時代の支配体制の違いとその背景を理解する	
		2　秦・漢帝国				
		3　中国の動乱と変容				
		4　東アジア文化圏の形成	3	唐代における社会制度の変化と周辺諸国との関係は？	隋～唐の政治や制度を把握する	
	3	1　仏教の成立と南アジアの統一国家	3	インドと東南アジアにおける統治方法と思想の関係とは？	インドと東南アジアにおける宗教の役割を知る	
		2　インド古典文化とヒンドゥー教の定着				
		3　東南アジア世界の形成と展望				
	4	1　イラン諸国家の興亡とイラン文明	1	王朝が長続きする秘訣とは？	イランにおける諸国家の政策を知る	
		2　ギリシア人の都市国家	3	あなたならポリスの衰退をどのように食い止めたの？	ポリスが盛衰した経過とその要因を理解する	定期Ⅱ
		3　ローマと地中海支配	4	あなたならローマ帝国をどのように長続きさせたの？	ローマ共和政と帝政の特徴とその変遷について考える	
		4　キリスト教の成立と発展				
	5	1　アラブの大征服とイスラーム政権の成立	3	イスラーム世界が目指したものとは？	イスラーム教がアラビア半島に広まった理由を考える	
		2　ヨーロッパ世界の形成	3	ヨーロッパの繁栄に必要なものとは？	中世ヨーロッパの西側と東側の状況を把握する	
Ⅱ	6	1　イスラーム教の諸地域への伝播	5	西アジアが他地域に進出した要因とは？	イスラーム世界が拡大した背景を理解する	
		2　西アジアの動向				
	7	1　西ヨーロッパの封建社会とその展開	5	何がヨーロッパ社会を変容させたの？	ヨーロッパの社会変容の状況とその背景を把握する	
		2　東ヨーロッパ世界の展開				
		3　西ヨーロッパ世界の変容				
		4　西ヨーロッパの中世文化				
	8	1　アジア諸地域の自立化と宋	3	あなたなら宋代の社会変化に対応してどう生きるか？	宋代の経済・社会変化の関係を理解する	定期Ⅲ
		2　モンゴルの大帝国	2	モンゴル帝国が果たした役割とは何だろう？	モンゴル帝国時代の交流がもたらしたものを理解する	
	9	1　アジア交易世界の興隆	3	明の交易の変化はどのようにもたらされたの？	明代の交易体制の変化とその背景を理解する	
		2　ヨーロッパの海洋進出とアメリカ大陸の変容	3	ヨーロッパの海外進出が現代社会にもたらしたものとは？	大交易時代となった理由とその結果を考える	
	10	1　オスマン帝国とサファヴィー朝	3	イスラーム国家はどのようにして繁栄したの？	スルタンが権威を維持・拡大した理由を考える	
		2　ムガル帝国の興隆				
		3　清代の中国と隣接諸地域	3	清朝の統治にはどのような工夫が見られたの？	清朝の繁栄と他民族との関係を理解する	
	11	1　ルネサンス	5	中世と近世の相違点とは？	近世ヨーロッパの特徴を理解する	定期Ⅳ
		2　宗教改革				
		3　主権国家体制の成立				
		4　オランダ・イギリス・フランスの台頭	6	主権国家や啓蒙専制主義がもたらしたものとは？	主権国家が繁栄した理由とその背景を理解する	
		5　北欧・東欧の動向				
		6　科学革命と啓蒙思想				

資料1　2023年度の進度表

部	章	節	時数	単元のゴール（問い）	各単元のねらい	考査
Ⅲ	12	1　産業革命と環大西洋革命	6	人々は革命でどんなことを変えたかったの？	それぞれの国や地域でおこった革命の意味を考える	定期Ⅰ
		2　アメリカ合衆国の独立と発展				
		3　フランス革命とナポレオンの支配				
		4　中南米諸国の独立				
	13	1　ウィーン体制とヨーロッパの政治・社会の変動	8	欧米諸国はどのような国民国家を目指したの？	欧米の国民国家はどのように形成されたのかを理解する	
		2　列強体制の動揺とヨーロッパの再編成				
		3　アメリカ合衆国の発展				
		4　19世紀欧米文化の展開と市民文化の繁栄				
	14	1　西アジア地域の変容	6	ヨーロッパの進出に対し、アジア諸地域はどのように立て直そうとしたの？	アジア諸地域の改革と植民地化の様相を把握する	
		2　南アジア・東南アジアの植民地化				
		3　東アジアの激動				
	15	1　第2次産業革命と帝国主義	10	列強による帝国主義に対し、植民地はどのように変革しようとしたの？	列強による帝国主義の進展とそれに対する植民地の民族運動の経過を考える	定期Ⅱ
		2　列強の世界分割と列強体制の二分化				
		3　アジア諸国の変革と民族運動				
	16	1　第一次世界大戦とロシア革命	10	二つの世界大戦はどうして起こったの？	二つの世界大戦が勃発した理由とその影響について考える ※歴史総合と重複している箇所は流れを復習し、学習していない箇所に重点を置いた	
		2　ヴェルサイユ体制下の欧米諸国				
		3　アジア・アフリカ地域の民族運動				
	17	1　世界恐慌とヴェルサイユ体制の破壊				
		2　第二次世界大戦				
		3　新しい国際秩序の形成	4	第二次大戦後の世界はどのように動いていったの？	新たな国際秩序の特徴と方向性を理解する	定期Ⅲ
Ⅳ	18	1　冷戦の展開	6	冷戦の時代にどのような問題が発生したの？	冷戦によってどのような問題が引き起こされたのか考察する	
		2　第三世界の台頭とキューバ危機				
		3　冷戦体制の動揺				
	19	1　産業構造の変容	10	冷戦終結後に生じた課題に対し、どのような解決を試みているの？	持続可能な社会をどのように実現していくのか考察する	
		2　冷戦の終結				
		3　今日の世界				
		4　現代文明の様相				
		地球世界の課題の探究				

資料2　2024年度の進度表

歴史」も、旧課程の「日常生活にみる世界の歴史」とほぼ同じ枠組である。ただし、〈世界史探究〉では圧倒的に問いが多い。その問いに結び付けるためにも、いかに生徒が疑問をもって世界史の学習を始めるかが重要である。そのため、旧課程に比べて新課程での導入には慎重を期すべきだ。

また、旧課程では目標として「歴史的な見方や考え方を深化させ、歴史的思考力を培うこと」とされている。だが、新課程では「諸資料から世界の歴史に関する様々な情報を適切かつ効果的に調べまとめる技能を身に付ける」ことや「概念などを活用して多面的・多角的に考察したり、歴史に見られる課題を把握し解決を視野に入れて構想したりする力や、考察、構想したことを効果的に説明したり、それらを基に議論したりする力を養う」ことが目標となっており、かなり踏み込んだ学習活動が必要である。つまり〈世界史探究〉では、「問いを表現する」ための準備として「世界史へのまなざし」が設定されていると、個人的に解釈している。

内容としては、〈世界史B〉に比べて近現代史の分量が増えており、現代とのつながりを意識していると感じている。これは「自分ごと」として歴史をとらえ、現代の課題を考察してほしいという文部科学省の意図が表れているのだろう。

5.〈歴史総合〉とのつながり

学習指導要領には〈歴史総合〉の目標として、「諸資料から歴史に関する様々な情報を適切かつ効果的に調べまとめる技能を身に付け」、「概念などを活用して多面的・多角的に考察し」、「歴史に見られる課題を把握し解決を視野に入れて構想し」、「効果的に説明し」「議論する力を養う」と書かれている。このことは〈世界史探究〉にも同様に記されており、〈歴史総合〉で扱う近現代のみならず、古代からの歴史に対しても「歴史の学び方を学ぶ」ことが重要だと思われる。よって、〈歴史総合〉で獲得した知識・技能を活かし、〈世界史探究〉で自分たちが疑問に思ったことをより深く追究することが理想であり、その序として大項目Aが設定されている。

なお、同じ近現代史でも、〈歴史総合〉ではアジアから見た交易を学習したが、〈世界史探究〉では欧州からの交易も含め、より広い視野で世界の交易を考える内容となっている。同じ近現代史だから端折るということはせず、多角的に考察するという意味で両科目はつながっている。

6.「日常の食からみる世界の歴史」の授業実践

① 授業の展開

では、大項目A (2)「日常生活から見る世界の歴史」に関する授業実践を紹介する。本時のアイスは、対話しづらい雰囲気と先入観によるモノの見方である。そのアイスをとかすアイスブレイクとして、カカオの描かれた土器や神像の写真（**資料３**）を映し、「これは何の食物を表しているだろうか？」という問いから始めた。ほぼ答えが出たところで、古代マヤ文明においてカカオが儀式の際に使われたことに触れ（ここでは貨幣として利用されたことは伏せておく）、様々な視点からモノを見たり考えたりする姿勢が重要なことだと生徒が気づくようにした。そして「カカオのルーツを探る」が「今日のテーマ」であることを提示し、何を探究するかを共有した。

資料3　古代マヤ文明のカカオの神像
©Brideman/amanaimages

次に教科書をクリティカルに精読し、まずは個人で疑問に思ったことをどんどんワークシートに書き出し、それをグループ内で相互説明するようにした。物事を疑ってみることと、自分が気づかなかった疑問があることを認知するのが目的である。この後、カカオだけでなく、砂糖やコーヒーがどのように世界に広がったのかを簡単に解説し、二つの問いについて各自が解答を作成した。二つの問いは、「カカオは以前、どのように使われていたの？」と「カカオはアフリカ社会をどのように変えたの？」である。各自が解答をつくった後、グループ内で共有して仲間の解答を参考に補完し合った。そして、「今日のゴール」につなげるために、具体的なことをどのように抽象化して表現するかを生徒が考えるように促し、グループごとに相互説明する時間をとった。難しい内容なので、必要に応じてこちらから介入し、補足説明したグループもあった。

最後に、「今日のゴール」が「授業で何を学んだかを、具体的なことを挙げたうえで抽象化して言語化してみよう」であることを伝え、相談せずに個人でClassroomに提出するよう指示した。この学習活動には15分ほどとった。

過程	学習内容	生徒の活動	教師の活動と指導上の留意点
導入	○アイスブレイク（対話の準備）	○土器に装飾されている食物が何かを考える。	○カカオについて、生徒が関心を抱くようにする。 ○カカオが食物以外で利用されていることを示唆する。
	○「今日のテーマ」の確認	○何について探究するのかを把握する。	○「今日のテーマ」を提示し、授業の見通しを共有する。
展開	○教科書の精読	○クリティカルに文を読む。 ○疑問点をシートに書き出す。	○つまずいて読めない生徒を把握する。 ○小さな疑問点でもどんどん書き出すように促す。
	○疑問点の共有	○それぞれの疑問点をグループ内で相互説明する。	○自分の疑問点と他者のものがどう違うのか比較し、メモするように促す。
	○砂糖・コーヒー・カカオの伝播について	○解説を聴きながら疑問点を各自調べる	○わかりやすく解説する。時間がかかりすぎないようにポイントを絞って話をする。
	Q1「カカオは以前、どのように使われていたの？」	○自力で調べて解答を作成する。	○Q1・Q2に対する自分の解答をワークシートに記入し、その後にグループで解答を共有するように指示する。
	Q2「カカオはアフリカ社会をどのように変えたの？」	○その後、グループで解答を共有する。	
	○具体と抽象の理解	○具体的なことをどのように抽象化するかを理解する。	○具体と抽象を理解しているか、グループ内で相互に説明するように促し、必要に応じて介入する。
まとめ	○「今日のゴール」の提出	○解答をClassroomで提出する。	○具体的なことを抽象的に表現するよう指示する。

資料4　本時の授業展開

②　生徒の解答と反応

まず、教科書をクリティカルに読み、「探究出発シート」に書かれた疑問点の主なものを以下に紹介する。

- カカオは食べ物以外に利用されたのか？
- なぜ黒人の多くが奴隷になったのか？
- カカオはどのように伝播したのか？
- 固形チョコレートの誕生のきっかけは何か？
- カカオはなぜ食材として使われたのか？
- なぜアステカ王国でカカオが高級食材だったのか？
- チョコを甘く加工する技術はいつ発達したのか？
- なぜ第二次世界大戦でチョコは兵士の携行食となったのか？
- 1970年にカカオ豆の価値が暴落したのはなぜか？

この問いに対して、こちらが一つ一つ解説したわけではなく、生徒たちが自分で調べたり、グループ内で意見を出し合ったりして理解を深めていった。本当に教科書に書いてあることが正しいのか、書いてないことに対して知りたくなる、といった読み方が多くの生徒たちに見られた。また、積極的に意見交換する様子が認められ、探究の出発点としては評価できると思われる。

次に、二つの問いに対する生徒の解答例を紹介する。

Q1：カカオは以前、どのように使われていたの？

カカオは食べ物としてだけではなく、古代マヤ文明において儀式で神への捧げものとして使用されていた。そうした神聖なものである一方、価値が高かったため、貨幣としても利用していた。アステカ王国では、カカオからつくられた飲料を上流階級の結婚式などで飲む習慣があったとされている。現在のように甘いチョコレートではなく、トウガラシなどを混ぜた苦い飲み物だったようだ。儀式でトランス状態になるのは、カカオに含まれる物質が精神的にボーッとする効果があるからだろうが、そのため現実離れした「ハレ」の状態を作り出すもので、神との関連を連想させる物質だったのだろう。

Q2：カカオはアフリカ社会をどのように変えたの？

カカオの生産のため、アフリカの人々は奴隷としてラテンアメリカに送られ、多くの人々が犠牲となった。やがてカカオがアフリカでも栽培されるようになると、農地を確保するために森林を伐採して環境問題が発生したり、人件費を抑えるために児童労働が問題になったりしている。つまり、カカオによってアフリカ（ガーナやコートジボワール）はイギリスやフランスに利用されるようになったと言える。

最後に、生徒が提出した「今日のゴール」の解答例を紹介する。1時間の授業にも関わらず、生徒たちは多くのことを学んだようだ。

授業で学んだことを具体的に挙げたうえで抽象化して言語化してみよう

・カカオはチョコレートの原料だとばかり思っていたが、貨幣として流通し、儀式では神に捧げたり、トランス状態になる飲み物として利用されたりしたという。ほかの食べ物も、昔は異なったものとして使われたものがあるかもしれない。本当にそうなのかと疑問に思って調べていくことが、とても面白く重要な学習なのだと気づかされた。

・カカオが現在とは違う利用方法だったことがわかったが、やはりカカオは食べ物として現代に影響を及ぼした。苦かったカカオは、砂糖の生産・流通とあいまってヨーロッパでチョコレートとして人気が出て、世界中で愛されるようになった。現代ではバレンタインデイなどで消費されており、チョコレート文化を創り出したと言えるだろう。小さなカカオ豆が世界中の文化のもととなったわけで、モノは文化に大きな影響を及ぼす可能性を秘めていることを学んだ。

・SDGsは世界中の問題を解決することを目的として国連で採択されたが、チョコレートの生産が自然破壊や児童労働などの人権問題につながっている。現在私たちが直面している問題が、実はカカオという農産物に原因があったことがわかり、単に食べ物の問題ではないと思った。モノカルチャー経済にも結びついており、様々な視点で物事を考えていかなければいけない。

7. 三観点別の評価方法

〈世界史探究〉の評価規準について、定期考査では「知識・技能」と「思考・判断・表現」の問題を半分ずつ作成している。全体の評価割合は定期考査が70%、平常点が30%である。平常点の内訳は、「知識・技能」「思考・判断・表現」「主体的に学習に取り組む態度（以後主体性）」が各10点である。ここでは、平常点の三観点評価について記すことにする。

本論で扱った授業において、三観点の評価規準は**資料5**の通りである。

知識・技能	思考・判断・表現	主体的に学習に取り組む態度
今日多く流通している食物の歴史をたどると、当時の文化では現代とは異なる性格だった可能性もあることを理解している。	日常生活の中で世界史とつながっているものを発見し、自分たちと世界のつながりを食物を通じて多面的・多角的に考察している。	日常生活と世界史のつながりを、自らの興味・関心・疑問をきっかけに問いを表現し、積極的に追究しようとしている。

資料5　観点別評価規準

「知識・技能」は単に物事を覚えるだけでなく、現代のモノが異なった性格だったことを理解しているかを見る。本時の授業では、生徒が提出したワークシートのQ1と「今日のゴール」に異なったカカオの利用法が書かれているか、そしてQ2と「今日のゴール」にアフリカ社会に与えた影響が書かれているかを、A・B・Cの三段階で評価した。

「思考・判断・表現」は、ワークシートのQ1・Q2と「今日のゴール」に昔と現代のつながりが複数の視点から書いてあるか、そして文章表現力のレベルからA・B・Cの三段階で評価した。

「主体性」は、生徒が提出した「探究出発シート」の内容（クリティカルに読めているか、疑問点をどれだけ書いているか）とグループワークで意見交換する態度を、A・B・Cの三段階で評価した。

本時以外のほかの単元では、小テストを実施して得点を「知識・技能」として換算するが、本時の内容について小テストを行わなかったので、その要素は含まれていない。また、ワークシートは生徒が毎時間提出するわけではないため、それぞれのQ（問い）を毎回評価してはいない。当初「探究出発シート」は毎回提出していたが、これを毎回の授業に組み込むと進度がかなり遅くなるため、やむを得ず数回に一度の提出にとどめるようにした。「今日のゴール」も同様であり、年度初めは毎回提出していたが、これを入力してClassroomで提出する時間を確保できないことが多くなった（時間内に書けずに宿題となってしまう生徒が増えてきた）ため、単元ごとに提出するよう頻度を少なくした。2024年度からは、単元ごとのまとめ授業で、グループ内による解答の検討・考察に「今日のゴール」を用いている。

8．おわりに

本論で述べてきた「世界史へのまなざし」は、単に「身近な物＝食べ物」という題材から、現在あるものが昔はどういうものだったのかを知り、そうだと思ったものが実は違うかもしれないというクリティカルな思考回路を育てる意味で、重要な〈世界史探究〉の入口だと考えている。

ところで、〈歴史総合〉や他科目でもそうなのだが、私の授業では「教室でしか行うことができない学習（自分の部屋で個人でできる以外のこと）」を優先して取り組むようにしている。そのためペアワークやグループワークによって対話を促すケースが多いのだが、学習形式ばかりにとらわれるとよくないことは、読者諸賢もご存じだろう。したがって、個人が深く学ぶ機会となるように「個別最適化学習」を意識し、「個人⇒グループ（ペア）⇒個人」のサイクルにしている。また、生徒によって能力や速度も違うため先に進みたいのに待っていたり、周りが早く終わったため問いの解答を焦って書いたりする状況を避けるため、こちらが一斉に解説する時間を10分以内にとどめていること、そのうえで、早く終わった生徒に対しては、その日話題となったニュースで歴史に関連するものを考えるよう働きかけたり、質問を受けつけたりしていることを記しておく。

注

(1)『高等学校学習指導要領解説　地理歴史編』p.278
(2) 小川幸司「苦役への道は歴史教科書の善意によってしきつめられている」金子勇太・梨子田喬・皆川雅樹編『歴史総合の授業と評価』清水書院、2023年、pp.52-53

授業実践　〈世界史探究〉大項目A、B

「世界史へのまなざし」としての人類史

「進化」への言説を教室で検討するこころみ

矢景 裕子（やかげ ゆうこ）
神戸大学附属中等教育学校　教諭

授業概要
単元：人類の誕生（大項目A、B）
科目：世界史探究　**対象学年**：2年生

1. なぜ人類史なのか

①変わる人類史

「世界史ってそんなふうに人類史を教えてるんですか？」

年度末のある日の職員室で、理科の同僚が、筆者の作りかけの「人類の誕生」のワークシートをのぞき込んでそう呟いた。

高校〈生物〉は、今回の学習指導要領の改訂により、「生命科学の急速な進歩を反映した内容を取り入れ…特に進化の視点を重視する観点から、進化に関する学習内容を導入として位置付け」(1)、「進化」を学習の重要な柱とすることを打ち出している。近年、古代DNA研究のめざましい発展によって、古代人類の進化の道のりはつぎつぎ明らかになってきた。〈生物〉はそのような研究成果を現場の教育に生かそうと意欲的に改革を行っている。

技術の発展により爆発的に研究が進む分野では、現在の高校生たちが社会の第一線で活躍するころには、教科書に載っている知識はすっかり過去のものになっている可能性が高い。そのような変化の一部はすでに到来している。高校世界史ではおなじみの、「原人」「旧人」のような表記は、複数の異なる種が同時代に生きていたことを考えると適切ではないという考え方により[(2)]、高校生物の教科書から姿を消しつつある[(3)]。背景には、20世紀末の分子系統解析の画期的前進による、形態に基づいた分類システムから、分子情報に基づいた分類システムへのシフトがある。そのような変化の渦中にいる理科教員からすれば、世界史教員が作る古式ゆかしい「人類の誕生」のワークシートは、「(まだ) そんなふうに教えているのか」という感想が思わず漏れ出るものだったのだろう。

②歴史教育における人類史の可能性

さて、〈世界史探究〉において、人類史の扱いはどのように変化しただろうか。

「高等学校学習指導要領（平成30年告示）解説 地理歴史編」によれば、人類史を扱う「大項目A　世界史へのまなざし」の「(1) 地球環境から見る人類の歴史」のねらいは、以下のように解説されている。

> 現生人類は一つの種でありながら、地域ごとに多様な生活や文化を育みつつ、地球上の広い地域に拡散・移動してきたことに触れ、地球の歴史における人類の歴史の位置と人類の特性に気付くようにする。(下線は筆者による)

この「種」の視点は、旧課程版には見られないものだった。また、

> 人類の特性を考察する際には、歴史学とともに、地球科学、生物学、人類学、考古学などの成果も活用し、人類の特性の捉え方は多様であることに触れ、興味・関心をもって世界史の学習に取り組むことができるように指導を工夫する。(下線は筆者による)

とも付言されており、多様な捉え方に目配りする指導の工夫が求められている。

〈世界史探究〉において人類史はどのように教えられるべきだろうか。

高校世界史としての人類史の可能性はどこにあるだろうか。もちろん、筆者は〈生物〉と教科書の内容を同じにすべきであると主張しているのではない。これは歴史の授業である。歴史において、特に「歴史へのまなざし」を学ぶ単元において、人類史はどのように生徒の学びに寄与できるだろうか。

そのような問いへの答えの一つとして、筆者がこの授業実践で提案するのは、「人類史へのまなざし」そのものを客観視するこころみである[4]。新学習指導要領が「一つの種」を主張する背景には、生徒たちが（ひいては社会全体が）そうは考えていないという背景があるからであろう。「進化」への誤解や「人種」への固定観念など、人類にまつわる誤読は社会に数多存在する。そのような誤解や固定観念は教科書から姿を消したが、消えたがゆえに積極的に取り扱わないでいるのは、社会に存在する「人類史へのまなざし」をそのまま放置してしまうのではないだろうか。

新しい学習指導要領では、〈歴史総合〉でまず近現代史を学ぶ。学びの中で、生徒たちはナショナリズムや国民国家などの「あたりまえの存在」を客観視している。近現代を生きる私たちが、人類史に対してどのような「まなざし」を持っているか、その背景にはどのような考え方があるのかを考える素地はすでにできている。

「大項目Ａ　歴史へのまなざし」は、〈歴史総合〉と〈世界史探究〉の接続の役割も担っている[5]。〈歴史総合〉の既習事項を扱いながら、「人類史へのまなざし」、ひいては「歴史へのまなざし」を可視化する授業を展開することは、この目的の達成にもつながる。

2. 単元の構想

本校において８年間の文部科学省の研究開発指定のもと行われた〈歴史総合〉の実践と同じく[6]、〈世界史探究〉においても単元のまとまりを意識した授業づくりを行っている。2024年度の実践では、「大項目Ａ　歴史へのまなざし」および「大項目Ｂ　諸地域の歴史的特質の形成」の「(2) 古代文明の歴史的特質」の一部を一つの単元とした（**資料１**）。１時では社会に存在する歴史の「ものがたり性」に気づくことを、２時では人類史

単元のねらい：歴史を見る私たちの「まなざし」を意識し、その特徴を根拠をもって検討することができる。

時	各時の主題	各時のねらい	評価の観点
1	オリエンテーション：「サイエンス」と「ストーリー」のはざまで	高校世界史の持つ「ものがたり性」に気づくことができる。	主体性
2 本時	人類の誕生	「なぜ人は進化を「誤読」するのか」について自分の考えを述べることができる。	主体性
3	古代文明の特質	「大河川添いに文明が発生する」という論を根拠をもって検討することができる。	主体性

資料1　単元構成

を近代以降の人々がどのように「誤読」したかを、3時では一般的に流布する「古代文明は大河川添いに発生する」という観念の批判的検討を行う。いずれの時間においても、歴史における様々な「ものがたり性（歴史の語り、ナラティヴ）」を、根拠をもって検討することを通して、私たちが歴史を見る「まなざし」そのものを意識できるようになるという単元全体のねらいにつながるように設計した。

また、学習の導入という性質上、評価の観点は一貫して「主体的に学習に取り組む態度」を採用した。1時においては授業終了時のアンケートを実施し、2時および3時にはワークシートに200字程度の振り返り欄を設けたが、これらに関してはすべて形成的評価とし、総括的評価の対象としなかった。2024年度の授業はまだ終わっていないが、もし総括的評価をする機会があるとすれば、それはおそらく大項目E終了後の、すべての学習が終わったタイミングになると考えている。

3．授業の展開

①事前アンケートと導入

授業の展開はおおむね**資料２**の通りである。世界史選択者36人に対して、第1回授業の終わりに「歴史は現在とは何の関係もない、役に立たない科目だと思いますか」というアンケートに回答を求めていた。1回目授業参加者のほぼ全員が「歴史から多くを学ぶことができる」「歴史を

時	学習の流れ	生徒の活動	指導上の留意点・評価
0	○アンケート確認	○前回のアンケート結果を確認する。	○クラス全体に、歴史から学ぼうとする姿勢があることを確認する。
3	○「進化」とは何か	○「進化」とは何か、自分の現時点での理解を説明する。	
7	○「もやウィン」と抗議		○なぜ「もやウィン」が抗議を受けたのだろうか、進化とは何だろうかと問いかける。
10	○人類の進化過程	○現在の研究成果における「進化」と、自分自身の「進化」のイメージとの差に気づく。	
20	○ダーウィンの進化論と社会進化論	○ダーウィンの進化論が社会進化論に読み替えられていく過程で、どのような人々の、どのような考え方が影響を与えたかを考え、班でシェアする。	○歴史総合で既習の帝国主義の頃のことであることに気づかせる。
40	○人種へのまなざし	○「黒人」という単語がどのような人々を指そうとしているか、恣意性に着目して考える。	○歴史総合で既習の、アメリカにおける移民の歴史に気づかせる。
45	○まとめ	○なぜ人は「進化」の歴史を「誤読」するのかについて自分の考えをワークシートに書く。	評価資料：ワークシート ○「誤読」の背景にあるまなざしに気づくことができる。

資料2　授業の展開

教訓に現代の諸課題の解決策を考えられる」などと回答した。授業冒頭ではこれらの回答を提示しながら、クラス全体に、歴史から学ぼうとする姿勢があることを確認した。

そのうえで、「では進化の歴史から何が学べるだろうか」と問いかけた。まず進化について現時点で理解していることを生徒間で確認したところ、「種の保存のために形質を変えること」「種族を維持するためによりよくなろうと努力すること」などの回答があった。そのうえで、教員から「進化の歴史から学ぼうとした例」として、2020年に自民党が広報サイト上に「教えて！もやウィン」という憲法改正を主張する四コマ漫画を掲載し、「ダーウィンの進化論ではこう言われておる…唯一生き残ることができるのは変化できるものである」というせりふが、日本人間行動進化学会からの抗議声明を招いたことを紹介した。教員から、「このように進化論から学ぼうとしたことは、なぜ抗議を受けたのだろう。その学びが失敗であるとするなら、なぜ人は歴史から学ぶことに失敗するのだろう」と問いかけた。

②展開：進化論の「誤読」

本実践における進化の過程の説明は極めてシンプルで、人類史の99％が先史にあたること、自然環境の変化の中で様々な人類が発生・消滅・交雑を繰り返しつつ、ホモ・サピエンスのみが現在まで生存したこと、世界中に展開したホモ・サピエンスは、遺伝子レベルでほとんど均一な集団であることの確認にとどまった。

授業の中心は、それを「発見」する人々のまなざしである。人類化石の発見が、19世紀後半以降であることを資料から気づかせたうえで、ダーウィンの進化論が当時の人々の間でどのように解釈されたのかを考えることを授業の中心に据えた。「進化論」の要約と、いわゆる「社会進化論」の主張の二つの資料から、どのような立場の人が、なぜ、どのような「誤読」に至ったのかを、19世紀後半の帝国主義時代という歴史的背景を念頭に置きながら考察した。生徒からは、「西欧が近代化を世界でいち早く進める中で、自分たちこそが努力して早く進化したと主張したい気持ちがあったのではないか」「ほかの地域や国の人々を植民地化するために、『科学』の力を借りて、自分たちはより進化しているのだから支配者になるのは当然という理論武装をしたかったのではないか」などの意見が出た。また、「当時の知識人たちは、ダーウィンの進化論の解釈として適切ではないとわかっていて、あえて『誤読』しているのか、それとも無意識に『誤読』しているのか」も議論の的となった。

③「黒人」の概念と授業のまとめ

授業の終わりに、生徒に「黒人って、どんな人たちのことを指すと思う？」と問いかけた。生徒たちから「肌の色が黒い人」「サハラ以南のアフリカ出身の人」などの発言を受け取ったあと、19世紀後半のアメリカ社会で、イタリア系移民が「白人の中の黒人」と呼ばれたことや、ユダヤ人が「黒い東洋人」「白い黒人」と称されたことなどを紹介したうえで、もう一度同じ質問を投げかけた。回答は「白人ではない人」「名づける側が『自分たちとは違う』と考えた人」「低い地位にいるとみなされた人」と変化した。授業者は、「人種」が科学的分類とは別の基準で極めて恣意的に使われる概念であることを説明したあと、「みなさんの中に、『誤読』の芽はないだろうか」と問いかけた。

振り返りとして、「人はなぜ進化の歴史を誤読するのか」について、各自で意見を書いた。様々な意見があったが、「自分のものの見方や、自分が正しいと考えているものの見方（科学とか）を疑おうと思わなかったから。黒人という言葉の意味を二回目に聞かれたとき、自分がその言葉の意味を全然疑ってなかったことに気づいた」と書いた生徒がいた。

4. まとめにかえて

①なぜ「まなざし」にこだわるのか

幸か不幸か、日本史の授業をほぼ担当してこなかった筆者は、つい最近になってようやく〈日本史探究〉には「歴史へのまなざし」にあたる大項目の設定がないことに気づいた。あるのが当たり前だと思っていたので驚くと同時に、なぜ〈世界史探究〉にだけ「歴史へのまなざし」が設置されているのだろうと疑問にも思った。

もちろん学習指導要領にはその「模範解答」が掲載されているだろうが、筆者なりの仮説を述べるとするなら、世界史叙述においては様々な立場からの「まなざし」が交差するという意識が強いのではないだろうか。各学問領域や、国家や民族や社会階層がそれぞれに持つナラティヴが複雑に入り混じる高校世界史において、「私たちが歴史を見るまなざし」そのものをまず可視化することには大きな意味があると感じている。選択科目として〈世界史探究〉を履修する生徒たちは、歴史から何かを学び取りたいと考えて比較的積極的に受講している。しかしそうであるからこそ、世界史の導入段階で、自身の固定観念に気づかせ、それを放置したまま学ぼうとすれば「学びに失敗する」事態も十分ありえる（過去に多くの人々がその罠に陥ってきた）ことに気づく機会を設けるのは極めて重要なことである。

前述の通り、教科書に書かれた知識はいつか古くなり、新しい知識に置き換わるかもしれない。しかし人々が様々なナラティヴを交差させて歴史が評価され、編まれていくというその仕組みは、時代が変わっても連綿と続いていくだろう。「歴史へのまなざし」で取り扱われる内容は、おそらく大学入試には出題されにくい。限られた単位数の中で忙しく授業を進めなければいけない状況の中、もしかすると、「歴史へのまなざし」は時間を割くには勿体ないと考えたくなることもあるかもしれない。けれども、大項目Aは導入であると同時に時代の変化や研究の進歩の中でも色あせない、本質的な問いを扱う部分でもある。今後も、何をもって「歴史へのまなざし」を検討するか、より多くの題材から考えられるよう授業の幅を広げたい。

この授業実践執筆にあたり、高校生物教育について丁寧にご教示いただいた、本校理科教諭の中垣篤志先生に厚く御礼申し上げます。

注

(1)「高等学校学習指導要領（平成30年告示）解説 理科編　理数編」2018年、p.128
(2) 篠田謙一『人類の起源：古代DNAが語るホモ・サピエンスの「大いなる旅」』中公新書、2022年、pp.13-14
(3) ただし一部の資料集にはまだ記載が残っているようである。
(4) このような考え方については、筆者は貴堂嘉之「高校世界史教科書におけるアメリカ合衆国：人種・エスニシティ・人の移動史を中心に」（長谷川修一ほか編『歴史学者と読む高校世界史』勁草書房、2018年）に強い影響を受けている。
(5)「高等学校学習指導要領（平成30年告示）解説 地理歴史編」2018年
(6) 筆者の〈歴史総合〉のカリキュラムデザインについては、金子勇太ほか編『歴史総合の授業と評価：高校歴史教育コトハジメ』（清水書院、2023年）に概要を掲載した。

参考文献

・「高等学校学習指導要領（平成30年告示）解説 地理・歴史編」2018年
・「高等学校学習指導要領（平成30年告示）解説 理科編・理数編」2018年
・嶋田正和「学習指導要領改訂で変わる高校生物：「生物の進化」編」『日本生態学会誌』73、2023年
・篠田謙一『人類の起源：古代DNAが語るホモ・サピエンスの「大いなる旅」』中公新書、2022年
・長谷川修一ほか編著『歴史学者と読む高校世界史』勁草書房、2018年
・阪上孝編『変異するダーウィニズム：進化論と社会』京都大学学術出版会、2003年
・自由民主党広報ホームページ「教えて！もやウィン　憲法改正ってなぁに？身近に感じる憲法のおはなし」https://www.jimin.jp/kenpou/manga/first/（閲覧日：2023年6月30日）
・日本人間行動進化学会「「ダーウィンの進化論」に関して流布する言説についての声明」https://www.hbesj.org/wp/wp-content/uploads/2020/06/HBES-J_announcement_20200627.pdf（閲覧日：2024年3月2日）

授業実践　〈世界史探究〉大項目Ｂ

歴史総合を学んだ生徒は、世界史探究においていかなる探究活動を行うのか

野々山 新（ののやま しん）
愛知県立大府高等学校　教諭

授業概要

単元：万里の長城はなぜ世界遺産として認定されているのだろう？（大項目B）
科目：世界史探究　**対象学年**：2年生
教科書・教材：『詳説世界史』山川出版社、世探704
『ニューステージ世界史詳覧』浜島書店

1. はじめに

本稿では、世界史探究の大項目Ｂ「諸地域の歴史的特質の形成」にて実践した単元を検証することを通して、次の２点を目的とする。１点目は、歴史総合から接続される探究科目ではいかなる授業デザインが求められるのかについて提言することである。２点目は、歴史総合の学びが世界史探究における生徒の探究活動にいかなる影響を与えているのかについて検討することである。

筆者は2022年度に本校で歴史総合を担当し、学習指導要領の趣旨を実現できるよう授業開発と実践を行った。この成果を生徒に着目して整理すると、資史料に対する批判的思考の萌芽、現代的諸課題の解決や展望に資する近現代史の概念的理解の伸張、歴史を通して社会をより良くしようとする態度の形成が見られたと考えている。この成長を念頭に置い

た時、従来のＢ科目とは異なる授業が展開されることは自明である。しかし、この相違を生徒の実態に基づきながら論じた先行研究は十分に蓄積されているとはいえない。この点に、筆者が担当した歴史総合の成果を踏まえた世界史探究の授業デザイン及び生徒の探究活動を分析する意義があろう。研究の対象は、本校の２年生（2022年度入学生）世界史探究選択者のうち、筆者が担当する40名である。

2．教師は世界史探究の授業をどのようにデザインしているのか

本節では、世界史探究の授業構想から開発、実践に至る過程における教師の営為はいかなるものなのかを取り扱う。そこで、授業構想の前提にある教師の目標論をまず明らかにしておきたい。歴史総合と世界史探究における科目の目標も、この目標論に包含されることとなろう。続いて、その目標を実現するために世界史探究ではどのように授業内容や授業方法を選択しているのかを明らかとしていく。このことによって、世界史Ｂとの相違点が浮かび上がってこよう。

①教師が抱く目標論について

筆者は歴史学習によって、「歴史的な見方・考え方を働かせる学習活動を継続することを通して、多元的民主主義社会を形成する市民を育成する」ことを目標としている。そのために歴史総合では、全ての大項目が「○○と私たち」とあるように常に現代的諸課題と連関した科目構成である点を踏まえ、現代的諸課題の解決や展望を見据えながら、歴史的な見方・考え方を働かせる学習活動を継続できるよう授業開発を行っていった。そして、世界史探究では「私たち以外」や「私たち以前」という他者を考察し、理解を深めることによって、現代を相対化する視点が得られるはずであると考えている。歴史総合から探究科目に至る一連の学びを通して、他者に対する寛容的態度を有した民主主義的市民の育成を目指している。両科目を俯瞰すると、筆者は目標においては通底しているものの、世界史探究では歴史総合からの対象世界の拡張と、生徒の成長を踏まえた調整を意識しながら授業をデザインしている。

②世界史探究における授業構成論について

世界史探究の授業を構成するにあたり、筆者が強く意識したのは（1）単元を貫く問いの設定、（2）その問いに着目した内容の精選、（3）資料解釈と教授行為とのバランスであった。

（1）は、探究活動を実現する上で必要不可欠であると考えている。特に、世界史探究では大項目Ｅ「地球世界の課題」（4）「地球世界の課題の探究」における学習が充実するような計画が求められており、本校生徒を見据えた時、問いを抱き、仮説を立て、検証していく過程を経験していくことで成長を促す必要があると判断したのである。

また（2）は、４単位から３単位へと標準単位数が減少したことや、学習指導要領にも述べられる「詳細で専門的にならず」という留意事項を踏まえた筆者としての精選原理である。（3）は、歴史総合を終えた後のアンケートより析出した本校生徒の課題である、事実理解が軽視されているのではないかという点の克服をねらったものである。そこで世界史探究では、授業時間内に講義をする場面を設定するなど、思考する場面とのバランスを意識して授業を構成していった。

③世界史探究の授業実践

本校では世界史探究は２年次２単位、３年次４単位でカリキュラムが編成されている。ここでは、２年次の全ての実践（計65時間実施）を整理する。学習指導要領の大項目、単元を貫く問い、各授業のメインクエスチョンを一覧とした表を次に示す。なお、表中から定期考査及びその振り返り活動、教師の都合による自習、担当教師間の進度調整に要した授業時数は全て省略している。

資料１の通り、筆者は年間で四つの単元構成から世界史探究の学習を展開した。各単元の冒頭では、単元の導入として生徒が問いを抱き、仮説を表現する授業を設けている。その後、問いに沿って対象とする時期や地域の学習を通して仮説を吟味していき、単元末のパフォーマンス課題において検証するという構成を取っている。なお、この構成は歴史総合と同様である。一方で筆者が旧学習指導要領の世界史Ｂで実践していた構成とは大きな差異がある。世界史Ｂでは、単元を構成するという視

A　世界史へのまなざし	
1	紅茶が世界を動かした!?
B　諸地域の歴史的特質の形成	
問:なぜ文字が変化するのだろう？	
2	エジプト文明の文字はなぜ変化したのだろう？
3	古代文明を事例に考えよう①
4	古代文明を事例に考えよう②
5	古代文明を事例に考えよう③
6	なぜ文字が変化するのか、表現しよう
7	なぜ漢字が生まれたのだろう？
8	知性が求められるのはなぜだろう？
9	アメリカ文明の文字は？
問:万里の長城はなぜ世界遺産として認定されているのだろう？	
10	遊牧民の生活とは？
11	秦・漢はなぜ壁を築いたのだろう？
12	北魏の髪型はなぜ変わったのだろう？
13	隋や唐はどの程度漢民族の歴史といえるだろう？
14	遊牧民から唐を見ると・・・？
15	万里の長城は世界遺産でいいの？
問:神を「信じる」ってどういうこと？	
16	仏教はなぜ南アジアが中心ではなくなったの？
17	なぜブッダが伝えたところ以外に仏教が広がる？
18	仏教は衰退したのだろうか？
19	権力はどうして生まれてくるのだろう？
20	都市国家を支えたのは誰なの？
21	海にもあったシルクロード!?
22	シルクロードはグローバル社会？
23	権力の盛衰の考えをまとめよう？
24	神を信じるってどういうこと？
25	神を信じることは罪になるの？
26	神を信じるということはどう継承されているの？
27	なぜ神の信じ方は一様ではないの？
28	諸民族は神を受け入れるの？
29	政治を執るのは神か、人か？
30	人々は神に導かれていたのだろうか？
31	「信じる」ってどういうこと？
C　諸地域の交流・再編	
問:「交易の拡大は、世界の繁栄に貢献した」にどの程度賛同する？	
32	交易の拡大がもたらすものは？
33	アフリカの視点から交易を見ると？
34	対立は交易にどう影響するの？
35	なぜ対立しているのに、交易が盛んになるの？
36	交易は国王の権力にどんな影響を与えたの？
37	交易の影響は文化をどのように変質させたの？
38	経済の影響は、中国でも共通するだろうか？
39	交易は、人々にどんな恩恵をもたらしているの？
40	モンゴルは壊し屋？運び屋？

資料1　筆者が2022年度に展開した世界史探究の実践一覧

点が乏しく、多くが1コマで完結する授業展開となっていた。歴史的な見方・考え方を働かせながら学習を深めるというプロセスそのものは共通しているものの、各授業で対象とする時代や地域理解を深めることが目的化していたのであろう。学習を通した到達目標のスケールが拡大したからこそ生じた差異と考えられる。

本稿では、事例として二つ目の単元である「万里の長城はなぜ世界遺産として認定されているのだろう？」を扱いながら、生徒の学びに着目して考察を進めたい。この単元では、中国史について、農耕民と遊牧民の立場を往還しながら両者の対立と融合に着目して捉えることを通して、多角的な理解を促すとともに、長城が世界遺産として適切かどうか価値判断する過程で歴史を記憶する意義や課題に気付くことをねらいとしている。

3. 生徒は世界史探究の授業でどのように学んでいるのか

本節では、世界史探究で実施した1単元を事例に、生徒の成果物の分析を踏まえていかなる探究活動が行われているのかを明らかにする。さらに、筆者が歴史総合を担当しなかった学年の生徒に対して行った同一単元の成果物と比較することで、歴史総合の学びの影響を考察する。

①単元「万里の長城はなぜ世界遺産として認定されているのだろう?」における生徒の学び

ここでは事例として2名を抽出し、成果物の分析を行う。2名を抽出した理由は、Aさんは単元を通して変化が見られた典型的な事例であったこと、Bさんは歴史総合の時から自身の思考過程を表現することに長けており、豊富な情報が提供されると予想したためである。分析をする成果物は、一連の単元を1枚のワークシートに整理することを求めた「単元シート」である。

Aさんは政治史的な視点から、Bさんは文化史的な視点から仮説を立てているように見受けられるが、学習後のまとめにおいてはいずれも共通して、農耕民と遊牧民との間で行われてきていた対立と貿易の両関係に言及していることがわかる(**資料2**)。この変容を生み出した要因を分析するため、Aさんが各授業でどのような学びを経てきたのかが示された単元シートの部分を**資料3**に示す。

遊牧民の定義を考察することを求めたNo.10では、長城が世界遺産にふさわしいと考えられる要素として「壁をつくって侵略を恐れた」と表現している。Aさんの仮説とも親和性が高く、農耕民と遊牧民を分かつものとして長城を捉えているものと考えられよう。しかし世界遺産にふさわしくないと考えられる要素に「遊牧民にも種類があって危険な遊牧

A さん

【単元全体の問い】万里の長城はなぜ世界遺産として認定されているのだろう？

◎単元学習前の仮説（6月7日）

歴史的に重要な出来事の際に使われた、
または、作られたから。
作られた理由が知るべき重要なことだから。

◎単元学習後のまとめ（7月11日）

歴史的に対立関係または貿易関係であった国どうしの間に長城が築かれているから。
その国どうしが歴史に名を刻むような関係があった。

B さん

【単元全体の問い】万里の長城はなぜ世界遺産として認定されているのだろう？

◎単元学習前の仮説（6月9日）

その時代に１万 km 以上の建設物をつくることが技術的に難しかったため、当時の技術が世界遺産として認められたのだと思った。

◎単元学習後のまとめ（7月18日）

建設物としてもだが、長い歴史の中で唐・漢や遊牧民との関わり方を表すために認定されているのだと考えた。また対立だけではなくその裏には貿易などで交流をしている事実があり、壁を残すことでその複雑な交流関係も表現しているのではないのかと思った。

資料2 単元シート中、仮説から結論への変容を示す部分

◎学習の記録

プリント No.10（6月13日）

○世界遺産にふさわしいと考えられる要素
司馬遷から見た匈奴
弓がうまく攻戦になれている。［危険］壁をつくって侵略を恐れた？？
○世界遺産にふさわしくないと考えられる要素
農耕スキタイ人
農民スキタイ人
遊牧スキタイ人
→ 遊牧民にも種類があって危険な遊牧民だけではない。

プリント No.11（6月16日）

○世界遺産にふさわしいと考えられる要素
匈奴と対立 隔てるために壁を作った？
○世界遺産にふさわしくないと考えられる要素
しかし、漢王朝と匈奴で兄弟の盟約が結ばれている。（仲良しなのに壁？？）

プリント No.12（6月20日）

○世界遺産にふさわしいと考えられる要素
司馬炎の政権争いに遊牧民の武力を頼りにしている。（遊牧民を用人棒としている）
○世界遺産にふさわしくないと考えられる要素
北方民族の特徴が中国人のあいだに広がった！！
（壁が文化の広がりを妨げてしまっていたのではないか？？）

プリント No.13（7月4日）

○世界遺産にふさわしいと考えられる要素
隋と唐の皇帝の家系図に遊牧民出身の人がいる！！
○世界遺産にふさわしくないと考えられる要素
隋と唐は漢民族だけの歴史とは、いえないのではないか

プリント No.14（7月7日）

○世界遺産にふさわしいと考えられる要素
ソグド人と唐どちらも警戒が見られる！？
○世界遺産にふさわしくないと考えられる要素
交易関係があるのに壁がいるの？

資料3 A さんの単元シート中、学習の記録

民だけではない」と表現している点からは、判断を留保する姿勢が垣間見える。秦・漢の立場から長城の意義を検討するNo.11でも、「…仲良しなのに壁??」として両者の関係性に対して疑問を抱いている。さらに北魏を事例として遊牧民の立場から長城を越えた接触や融合を考察するNo.12では、「北方民族の特徴が中国人のあいだに広がった!!（壁が文化の広がりを妨げてしまっていたのではないか??)」としている。この時点で、すでにAさんにとって農耕民と遊牧民は二項対立的様相を脱しつつあると評価できよう。隋や唐を多角的に捉えたNo.13や14では、「隋と唐は漢民族だけの歴史とはいえないのではないか」、「交易関係があるのに壁がいるの？」と、自身の解釈や疑問を端的に表現している。

これらの学習成果を受けて、単元末における結論は「歴史的に対立関係または貿易関係であった国どうしの間に長城が築かれているから、その国どうしが歴史に名を刻むような関係があった」と記述した。本単元での探究活動を通して、長城の意義を国家史という視点からではなく国際関係史に位置付けて評価するに至ったとまとめることができよう。

続いて、両生徒が記した単元を学習した感想を確認したい（**資料4**）。

Aさんは、自身の固定概念が相対化されたことと、新たな問いについて言及している。「中国の歴史は漢民族だけで歴史を築いていったのだと最初は思っていたけれど、……」という指摘は、筆者自身が想定していた単元構成上のねらいに関わる点である。同時に、生徒が探究活動を進める上で重視されるべき要素ではないだろうか。生徒自身が抱く固定概念に疑問を持ち、一連の単元で関連を持つ題材を扱いながら検証を促すことが、内発的な動機の創出につながり、問いと考察が螺旋的な構造をなす探究活動を可能にするのだろうと筆者は考えている。

Bさんは、「建設物一つにおいてもたくさんの歴史がある」として長城を世界遺産として扱う認識をa historyと捉えている点に特徴を見出せる。「今まで万里の長城は遊牧民を防ぐものとしか考えていませんでしたが、漢や唐側から見た視点・遊牧民側から見た視点で違って面白さがありました」との記述は、Bさん自身の本単元を学習した意義を表現しているといえよう。また、「…この単元を通して、様々な視点から歴史を捉え

A さん
◎この単元を学習した感想

この単元では万里の長城に注目して漢民族と遊牧民との関係性について考えていったけれど、中国の歴史は漢民族だけで歴史を築いていったのだと最初は思っていたけれど、本当は、周辺の遊牧民と影響し合って築いてきたものだと知ることができた。今の中国人の中には、元々遊牧民だった人の子孫がいたりするんじゃないかと思った。 漢民族は遊牧民と対立していた時もあったけれど、交易関係もあるので遊牧民は中国の発展成長に必要不可欠だったのではないかと思った。

B さん
◎この単元を学習した感想

建設物一つにおいてもたくさんの歴史があるのだとわかりました。今まで万里の長城は遊牧民を防ぐものとしか考えていませんでしたが、漢や唐側から見た視点・遊牧民側から見た視点で違って面白さがありました。また、他の班と意見を比較したときに長城だけで考えるのではなく他の世界遺産と比べているＫ君の班が印象に残りました。同じような建設物でもその歴史的背景が異なることで遺産になるのかが変わってくるのだと改めて感じ､より深く長域の歴史を知ろうと思うキッカケになりました。この単元を通して、様々な視点から歴史をとらえることの重要性がわかりました。歴史は見る手にとって考え方が違ってくるし、他の物と比較してみえてくる事実もあると実感することができたと思います。この学びを生かして今後の学習も多角的に考えていきたいです。

資料4　単元シート中、単元を学習した感想

ることの重要性がわかりました」、「…今後の学習も多角的に考えていきたいです」と、多角的思考の意義に言及がされている。表現したからといってその思考プロセスが習得されるわけではないことに留意する必要があるものの、歴史的な見方・考え方を働かせることの有用性を自らの言葉で表現していることは特筆しておきたい。

②筆者が歴史総合を担当しなかった学年における同一単元の生徒の学び

本項では、2023 年度入学生に筆者が前項と同一単元を実施した成果物を分析対象とする。2023 年度入学生は、筆者が歴史総合を担当していない。歴史総合の教科担当者は、筆者の実践の成果と課題を申し送り事項として共有しており、課題であった事実理解がやや軽視される側面の改善を意識しながら教材を開発していったとのことである。この学びを経た生徒たちを、筆者は２年次より世界史探究の教科担当として受け持つこととなった。紙幅の都合から、同単元を学習した感想に限定して取り上げ、比較してみたい（**資料 5**）。

Ｃさんは、「漢民族と遊牧民の二つの視点で出来事を見ないといけなかったので、そこが分からなくなり資料の判断が難しかった…」ことを指摘している。自身の資料読解スキルの不足を意識したのだろうと考えら

C さん

◎この単元を学習した感想

漢民族と遊牧民の二つの視点で出来事を見ないといけなかったので、そこが分からなくなり資料の判断が難しかったので、次はその視点を明らかにして見ていきたい。万里の長城の目的や作られた経緯を資料などから読み取る必要があったが、資料をあまり読み取ることができず、万里の長城と資料の関係があまり示すことができなかったので、出来事を元に資料を理解して、資料を書いた人の立場なども考えて資料を読んでいきたい。

D さん

◎この単元を学習した感想

万里の長城という１つの遺産から、この時代の流れをつかむことができ、今回は遊牧民と漢民族という２つの関係がとても重要で良好であるときも悪化しているときもきっかけがあるので順においていくととても頭に入りました。直接攻撃を受けることだけでなくても間接的に、危機感をもつこともあるのがよく分かりました。都の移動や始皇帝などの王の考え方も深くつながっていて、遊放民というだけでもはっきり区別できるものではないのが不明確な歴史の難しいところと感じました。

資料5　2023年度入学生による単元シート中、単元を学習した感想

れる。また、「…資料を書いた人の立場なども考えて資料を読んでいきたい」と結んでいる点にも注目したい。これは歴史総合の大項目Ａ「歴史の扉」中項目 (2)「歴史の特質と資料」にて取り扱われているはずであるが、そのスキルが生徒に内在化されているとはいえないことが示されていよう。

一方でＤさんは、「…この時代の流れをつかむことができ、今回は遊牧民と漢民族という２つの関係がとても重要で…順においていくととても頭に入りました」と記している。Ｄさんにとって本単元は、事実理解のためのストーリー性に価値が見出せるようである。

限定的な事例ではあるが、両者の記述からは前項で扱ったＡさん、Ｂさんとは異なる学習観が存在しているといえよう。すなわち、上位目標に事実理解があり、それを促す要素として資料解釈のスキルや単元のテーマ性が位置付けられているのである。前項では、事実理解と資料解釈のスキル、単元のテーマ性が三つ巴となって作用し、探究活動へ誘っていたものと筆者は考えている。この相違は、歴史総合の学びが与える影響であることが示唆されよう。

ところで筆者は、本項で扱う生徒が経てきた歴史総合の学びを否定するために分析をしているのでは決してない。歴史総合や探究科目では、必ず教科担当者が混在することとなろう。その際に、目の前の生徒がいかなる学習観を抱いており、それを踏まえてどのように探究活動を促していけるか検討していくことこそ、歴史教師に求められる資質であると確信している。この点において、筆者は前年踏襲の実践を行ったために生徒の学びを十分に深めることができなかったのである。やはり、歴史総合あっての探究科目なのだろう。

4．生徒の学びをいかに評価するのか

本節では、これまで扱ってきた単元における生徒の学びを教師はいかに評価したのか、その試みについて明らかにすることを通して、世界史探究における観点別評価の一事例を提供したい。

この単元で一貫して生徒に求めてきたのは、(a) 前３世紀から７世紀にいたる農耕民と遊牧民の動向を基に、(b) 相互の関係性に着目しながら諸資料を読み解き、(c) 長城が世界遺産として適切かどうか価値判断することであった。この学習過程を観点別に捉え直すと、(a) は知識・技能、(b) は知識・技能及び思考・判断・表現、(c) は思考・判断・表現及び主体的に学習に取り組む態度との親和性が高いといえよう。そしてこの一連の学習活動を評価するためには、上記 (a) ～ (c) を対象としたルーブリックを示した上でレポート作成を課すことが最適であると考えられる。こうして生徒に作成を求めたのが**資料６**である。

本単元全体の問い：万里の長城は世界遺産で良いのだろうか？

遊牧民と農耕民、オアシス民について接触や融合、対立や分化を考えてきたことを踏まえて、人為的国境であった万里の長城を世界遺産とすることはふさわしいと考えるか否か、グループで表現してみよう。単元シートにメモしてきたことをグループで共有し、根拠を明確にするためにもぜひ文章に効果的に反映させてみてね。提出はロイロで、世界遺産にふさわしいと考える場合は白いカードで、ふさわしくないと考える場合は青系のカードで作成してください。

なお、この活動で働かせる視点と段階は下表の通り！ぜひＡを目指して取り組もう！

	知識	資史料の活用	課題に向き合う粘り強さ
A	授業で取り扱った前３世紀から７世紀にいたる中央ユーラシアの諸部族を時系列に沿って取り上げ、その概要を教科書や資料集から的確にまとめられており、その成果が本単元の問いに効果的に反映されている。	資史料や事実を根拠に論理的な説明をしつつ，扱っている資史料を作成した人の立場や目的を踏まえた表現活動をしている	この問いに正解がないことを前提としながら、自分たちなりの意見を明示するとともに、その意見の限界や問題点を指摘し、さらなる探究活動の必要性を自覚している。
B	中央ユーラシアの諸部族を複数取り上げ、その概要を教科書や資料集から的確にまとめて説明している。	説明における根拠として、資史料や事実を活用した表現活動をしている	問いに対して、自分たちなりの意見を明示している。
C	中央ユーラシアの諸部族を取り上げ、その概要を説明しようと試みている。	問いに対する自身の意見を論理的に説明しようと試みている	「万里の長城は世界遺産で良いのだろうか？」という論点を明らかにしようと試みている

メモとして活用してね。

資料6　生徒に課したレポート（抜粋）

私たちが学んだ中国の歴史では常に戦乱や反乱が起こっており、長城は漢民族と遊牧民を隔てるものとして作られたので、現代を生きる私たちへの、争いを起こさないための戒めになると思い、世界遺産には適していると考えていた。だが調べていくと、長城の世界遺産登録理由には、広島の原爆ドームの「悲惨な出来事を二度と繰り返さないための戒め」のようなことが明記されていないため、私たちの予想と反してしまう。

なので最終的に私たちの意見としては「長城は適していない」となった。

次のカードから、私たちが調べたことについて詳しく述べる。 ①

私たちは広島原爆ドームと長城の世界遺産登録理由は、「現代の私たちへの戒めとして残す」という同じ理由だと考えたが、調べた結果は以下のまとめ。

広島原爆ドーム

- 人類史上初めて使われた原爆の威力や恐ろしさを現代に伝える代表的な建物だから
- 核兵器による惨状を当時の姿で今に残す世界で唯一の建物だから
- 人類が起こした悲惨な出来事を二度と繰り返さないための戒めとなり、核兵器の惨禍や恐ろしさを伝えていることから

『負の遺産』と呼ばれている

長城

- 世界一の長さを誇る建築物
- 当時の生活様式などが今でも見られる貴重な建築物
- 何千年にも渡って作られた建築物
- 中国の歴史と密接に関係

　ここについてさらに詳しく調べた ②

万里の長城と北方民族

- **黎明期**　新石器～西周時代
  犬戎に対し城壁を築き、原始的な烽火通信を行う。
- **発展期　春秋・戦国時代**
  戦国の七雄が長城を築く
- **隆盛期　秦・漢時代**
  始皇帝が戦国時代の長城を連結する。衛青・霍去病が匈奴を撃退し、長城を敦煌まで増設。
- **衰退期　魏晋～隋代**
  辺境での要点での拠点防衛に移行。隋の煬帝が100万人を徴発して、計画性なく内モンゴルに長城を築く。
- **中断期　唐代～元代**
  唐代は遠征と羈縻政策で版図を防衛。金や元は北方出身の民族であるため、長城を築かなかった。 ③

最後にまとめると、私たちの授業当初の意見は、広島の原爆ドームと同じように「戒め」として残している、だった。

だが、授業や調査検証を通して、前のカードで述べたように戒めとして登録されたわけではないとわかった。

なので私たちの最終的な意見は「世界遺産に適していない」。 ④

資料7　あるグループが作成したレポート

ここでは２時間を配当し、単元を通して検討を続けてきた仲間と対話をしながらレポートを作成し、各グループで一つの成果をロイロノートにて提出することを求めた。作成している間、資史料の活用が効果的になされていない状況が看取されたことから、教師は机間指導を通して各グループでの表現活動を促していた。ここでは紙幅の都合から、全てをＢ評価とした標準的な一つの成果物のみを**資料７**に示すことに留めたい。

この事例から、主体的に学習に取り組む態度を評価することの課題について言及しておきたい。この観点は、少なくとも本単元では思考・判断・表現と不可分なものとなっているため、区分することに苦悩させられたのである。確かに、このように不可分なものとして設定した筆者の力量不足であるのかもしれないが、そもそも区分することが適当であるのか、さらなる実践の蓄積を踏まえて検討するべきではないだろうか。

5. おわりに

本稿では、世界史探究の大項目Ｂ「諸地域の歴史的特質の形成」にて実

践した単元を検証することを通して、歴史総合から接続される世界史探究における授業デザインの事例を提起するとともに、歴史総合の学びが世界史探究における生徒の探究活動にいかなる影響を与えているのかについて検討した。

筆者が展開した世界史探究では、時代や地域の特質に踏み込んでゆく探究活動が見られた。このベースとなるのが、歴史総合で培った資史料を読み取るスキルや、歴史学習が社会をより良くすることにつながるという教科観の浸透であった。その反面、歴史総合で事実理解を重視していなかった点は世界史探究の学習で補完する必要があった。一方で、この課題を踏まえて実践された歴史総合を学んだ生徒に着目すると、筆者が展開した世界史探究とは対比的な成果と限界が見受けられた。

これらの成果に基づくと、生徒による探究活動の成果を最大化するためには歴史教師の資質だけでなく、各校の地理歴史科教師による情報共有が欠かせないのではないかと思い至る。確かに担任業や分掌業務、部活動顧問等で意義深い教科会の時間を生み出すことは難しいのかもしれない。これは筆者も全て担当していることから、強く感じるところである。しかし、教科会における情報交換や目標論のすり合わせは、生徒理解を深めるだけでなく、蓄積の乏しい観点別評価の事例共有の場ともなり、結果的には時間を生み出してくれることもあるだろう。一部の歴史教師が授業改善を牽引することも有用であろうが、歴史総合から探究科目に至る長期的な学びの価値を高めていくためにも、身近な同僚と授業について語り合える環境を形成していきたいものである。

なお、本稿は2024年7月に開催された「全国歴史教育研究協議会」における報告内容に加筆修正を行ったものである。

参考文献

- 土屋武志編著『実践から学ぶ解釈型歴史学習』梓出版社、2015年
- バートン・レヴスティク、渡部竜也ら訳『コモン・グッドのための歴史教育』春風社、2015年
- 古松崇志『草原の制覇：大モンゴルまで』シリーズ中国の歴史③、岩波書店、2020年
- 丸橋充拓『江南の発展：南宋まで』シリーズ中国の歴史②、岩波書店、2020年
- 皆川雅樹ら編著『歴史教育「再」入門：歴史総合・日本史探究・世界史探究への"挑戦"』清水書院、2019年
- 皆川雅樹ら編著『歴史総合の授業と評価：高校歴史教育コトハジメ』清水書院、2023年
- 渡辺信一郎『中華の成立：唐代まで』シリーズ中国の歴史①、岩波書店、2019年

授業実践 〈世界史探究〉大項目C

世界史探究で求めたい読解力

アステカ王国征服を巡る二つの史料を歴史学的に比較すると

荒井(あらい) 雅子(まさこ)

立教新座中学校・高等学校　教諭

授業概要

単元：スペインとポルトガルの進出(大項目C)
科目：世界史探究　**対象学年**：2年生
教科書・教材：『新詳世界史探究』帝国書院、世探703
『グローバルワイド世界史』第一学習社

1．はじめに

本論が対象とする大項目C「諸地域の交流・再編」は、モンゴル帝国の成立により活発となったユーラシアの内陸と海域のつながり、ポストモンゴル時代のアジアの動向、スペインとポルトガルの海外進出にはじまる世界の一体化と世界の一体化に伴うアジアやヨーロッパの変容を、特に「交流・再編」の観点で整理し直した大項目である[(1)]。銀の世界的な流通に伴う初期のグローバル化が達成された時代として、16世紀は注目に値する。「諸地域の交流・再編」は、なぜこの時代にグローバル化が始まって、そしてその後の世界はどうなったのかという大きな問いに答える項目といえる。歴史系科目では「情報を読み取ったりまとめたりする技能」「問いを表現する」ことが期待されているが、ヨーロッパが拡大する過程で異文化に出会うこの大項目は、上記技能や活動をもう一歩前に進めるための素材に溢れている。

2．資料の読み解きにはどのようなステップが必要か

読解の技能は国語だけでなくすべての教科科目に必要な能力である。社会に出た我々が目にするのはありとあらゆる文書であり、それは文字で書かれたものから図像やグラフにまで及ぶ(2)。PISAでは、読解力を「自らの目標を達成し、自らの知識と可能性を発達させ、効果的に社会に参加するために、書かれたテキストを理解し、利用し、熟考する能力」と定義し、読解のプロセスはテキストに書かれている情報を正確に取り出す「情報の取り出し」、書かれた情報がどのような意味を持つかを理解したり、推論したりする「解釈」、テキストに書かれていることや知識や考え方、経験と結びつける「熟考・評価」の三つの段階を想定している(3)。文部科学省も読み解く能力とPISA読解力とは親和性があるとしているので(4)、「情報を読み取ったりまとめたりする」といった場合の読み取りとは、目の前の資料についてこの三段階の読解が的確にできている、ということを意味する。

21世紀日本の学力の問題点は、この解釈や熟考・評価の段階で自らの考えを表現することを放棄する生徒（PISAだと白紙回答に相当）が多かったことであった。その問題解決の延長線上に現行の学習指導要領がある。読解力の三段階は、生徒の答えを評価する際にもこの枠組みを利用することが可能である。つまり読解力の深まりを解釈や熟考・評価を表現する力と捉え、現行3観点のうち思考・判断・表現を以て評価の対象とする。情報の取り出しは、考えた結果テキストの情報を取り出す作業であり、解釈、熟考・評価は資料や当時の文脈などにも配慮しつつ、思考の飛躍（断片的な情報を想像力で補いつなげること）が必要になる。情報を結びつける作業を伴うという点で解釈、熟考・評価は情報の取り出しよりも思考のレベルは高い。つまり、思考のプロセスから判断すると、文脈を捉えより多くの情報とつなげて自分の理解を作り上げ表現することができた解答に、高い評価をつけることの妥当性が理解できる。

また読解力の三段階は、段階の異なる設問を意識することによって生徒の思考の深まりを促すことができる。筆者が長年取り組んでいるのは、資料と対話しそこから思考を深めるために、どのような足場がけをすることができるかということである。具体的にはPISAの読解力を前提に、思考の深まりに沿って授業中や課題の問いを組み立てることを心懸けている。単元を構成する知識を問いの形にして、その問いを単元の問いからそれを補足する問いまでを構造化する方法を問いの構造化というが[(5)]、筆者の場合は生徒の思考の深まりに従って、問いを並べてゆくこと（構造化すること）を心懸けている。つまり、資料の解釈の程度によって問いを組み立てるのであり、これも別の意味で問いを構造化することになるのだろう。

3．世界史探究で求められる資料読解の力

改めて、探究は高校後期に設置された発展的科目である。それはこれらの科目名がAdvanced Japanese History/Advanced World Historyであることからも伺える。つまり、探究科目は学びの方法についても歴史総合の上位互換であることが期待されている。では情報を読み取ったりまとめたりする技能に注目した場合、総合から探究への橋渡しは、どのようにして行われるのだろうか。

歴史総合は「資料を活用しながら歴史の学び方を習得し、現代的な諸課題の形成に関わる近現代の歴史を考察・構想する科目」と定義され、その目標として「諸資料から歴史に関する様々な情報を適切かつ効果的に調べまとめる技能」の涵養が求められている。ここでいう技能とは、情報収集・読み取り・まとめの技能であり、情報の収集については特に資料の表題、出典、年代、作成者などを確認すること、読み取る技能については、資料の特性に留意して歴史資料の作成目的、作成時期、作成者をふまえて読み取るように注意が求められている[(6)]。

世界史探究でも「諸資料から世界の歴史に関する様々な情報を適切かつ効果的に調べまとめる技能」を身に付けることが目標の一つとされ、表現は異なるもののその求めるところは歴史総合と変わらない。つまり、

学習指導要領ではどちらも、資料作成の背景に配慮して読解を行うよう目標が示され、ただしそれは歴史総合が「学び方を学ぶ」段階であるのに対して世界史探究が実践する科目であるという相違がある。

大学の教養課程の歴史入門では、多くの場合史料とは何か、史料をどのように利用するのかについての解説は導入部分に設定されている。これは歴史学とは史料を発掘し・評価し・研究し・それに研究者の語りを添えてゆく作業であるという作業工程と、その中の重要な部分として史料を評価し、批判するというプロセスを示しているといえる。

教科書を比較すると、歴史系科目で史料を読み解くといった場合に史料批判を視野に入れているとはいえ、その能力を伸ばすところまではいかず、その状態（資料に書いてある情報だけを読み解く）のまま、探究科目へと引き継がれているという現状がある。資料読解能力の育成という点で、現行の科目のスキルの深化はいまひとつで、しかしここに「総合から探究へ」という橋渡しの可能性がある。世界史探究がAdvancedであるならば、世界史探究で求められる読解の力は批判したうえで利用するという、もう一段歴史学に近づいた能力であるべきだろうし、その体験をさせたいと考えている。このような歴史学習の手法を身に付けることは批判的思考の力を育成し、社会科の共通目標である「公民としての資質・能力」を育成することにもつながる。

4．本校の世界史探究の構造と実践事例

本校は高校２年３年に合計８単位の世界史探究を置く（ただし、高校３年生については学校設定科目として扱っている）。その他高校３年生には自由選択科目が設定されており、そこで希望者は地域や時代に特化した世界史科目を履修することができるという構造になっている。今回紹介するのは高校２年生の世界史探究で実施した授業である。単元を６時間構成にし、単元の最後に**2．**や**3．**で示した学力観にもとづいて、立場の異なる二つの史料を読み比べるという単発のワークを実施した。この実践はアメリカ歴史学会（The American Historical Association）で公開されているカリフォルニア州立大学ナンシー・フィッチ教授（当時）

のメキシコ征服（The Conquest of Mexico）を参考にした。

単元：スペインとポルトガルの進出

3部2章　アジア諸地域の成熟とヨーロッパの進出

3節　スペインとポルトガルの進出

目標：一次史料に触れ、史料批判の能力を養う。

教科書等：『新詳世界史探究』帝国書院、世探703

『グローバルワイド世界史』第一学習社

生徒：高校2年生、選択社会（世界史探究）2クラス（52名）

表1　指導案

過程	学習内容	生徒の活動	指導上の留意点
導入 （5分）	・本時の目標の共有 ・1 全般的な理解を読む	・本時の目標を共有する ・1を読み、コルテスによる1519年-20年の征服の概要を復習するとともに、「悲しき夜」の背景を理解する。	・史料1・2の読解に必要な、モクテスマ2世がコルテスに捕縛され、アステカ王国の部下からも見放された経緯を確認する。
展開1 （20分）	・史料1、2を読み比べる（一次史料における同じ場面の描写の違いを比較しなさい。）	・史料の種類を知る ・同じ場面（任意）を二つ抽出し、二つの史料がそれぞれどのように描いているのか比較 ・史料を読むときに注意すべきことを確認する	・グループワーク推奨 ・史料の背景（参考文献とその性格についてのメモ）を読ませて、史料の立場性に気付かせる ・資料集p7 1出典の確認　特に作業③ 2資料の解釈　特に作業②③④　も参照
展開2 （10分）	・場面を比較する	・抽出した情報をホワイトボードやロイロノートなどで共有	・なぜこのような違いが生まれたかを問いかけてまとめにつなげる。
まとめ （15分）	・なぜ、このような「違い」が生じるかを考える。 ・史料批判するための視点を共有	・補足説明などを手がかりに、二つの史料の筆者の立場に気付かせる ・一次史料を読む際に、気をつけることをまとめる。 （作成者の立場、作成年代とそれらが文書に与える影響など）	同時に行っても良い、そのうえでなぜ？を共有。 ・立場により、見たこと記録したことの違いが生じることを確認する ・特に異文化を取り扱っている場合は、筆者の視点や価値基準について慎重に判断することを付け加える。

授業の流れについては、**表 1** の指導案を参考にして欲しい。本実践で引用した史料は、コルテス『第二報告書翰[7]』、ベルナル・ディアス・デル・カスティーリョ『メキシコ征服記[8]』である。スペインによる征服は、征服者たちの私的事業として行われ後から国家によって追認されたものが多く、コルテスもその例に該当した。そのためにスペイン国王の「お墨付き」を得るために報告書翰を５通送ったことがわかっており、引用文献はその２通目である。ベルナル・ディアス・デル・カスティーリョはコルテスの部下であり、彼の征服活動を最も近くから観察した人物の一人であった。『メキシコ征服記』は、彼が成功した征服者の一人としてエンコミエンダを与えられアメリカ大陸に定住した晩年（1568 年頃）に書かれ、出来事との時間的な隔たりはあるものの、当時を記録する一次史料として利用されてきた。二つの史料は、コルテスのものが自らの征服活動をスペイン国王（カルロス１世）に認められるために「工夫」されていること、ベルナル・ディアス・デル・カスティーリョのものがそれらの政治的意図を排除して、しかし記憶を基に描写されているという特性がある。

生徒は補足説明とともに二つの史料を読み比べ、同じ場面の描写の違いを比較し､なぜ､このような違いが生じるかを考えた（**図 1**）。**2.** や**3.** で示したように、史料の立場性を評価する史料批判という工程を体験させることが目的である。注意を向けるために、問いには何に注意するかは明示せずに「一次史料は同時代的であり（その時に作成されるか、比較的近い年代に作成されている)、記述者が見聞きしたことが書いてある。しかし、それ故に吟味し、気をつけて読んだり解釈したりする必要があることに留意しよう。」と書いた。そのうえで生徒には、同じ場面で異なる描写が生まれたことについて、理由も含めて具体的に示すように、という指示をした。生徒の答えは四つの段階に分類した（**表 2**）。

図1　ワークシート

年　　　組　　　番／名前

3部　2章　アジア諸地域の成熟とヨーロッパの進出

3節　スペインとポルトガルの進出

1　全般的な理解：どのようなことがあったかを、概観しよう

メキシコ中央部には紀元前から高度な都市文明が成立していたが、文明の興亡において大きな役割をはたしたのは、北部に暮らすチチメカと総称される狩猟採集民だった。アステカ王国を建国したのもチチメカ系のメシーカ人であった。彼らは次々と近隣の都市国家を征服し、さらに中央盆地の外側に進出して一大帝国を築きあげた。コルテスがテノチティトランに到着したときの王はモクテスマ２世で、彼は中央集権国家を築きつつあったものの、周辺の有力民族のなかには対立する勢力もあった。先行者と違い、先住民に対する略奪の禁止と、通訳（マリンチェ、コルテスの愛人であり通訳）を介しての先住民とのコミュニケーションの円滑化がコルテスの征服の特徴であった。コルテスらはテノチティトランがあるテスココ湖の堤道上でモクテスマ２世と出会う。モクテスマ２世はコルテスを歓待する一方で、ベラクルス（メキシコ湾岸の都市）に残ったスペイン人部隊への攻撃を命じていた。これを知ったコルテスはモクテスマ２世を「幽閉」する。「幽閉」後のモクテスマ２世は宗教面を除き、コルテスの要望に次々と応じていったため、メシーカ人の若き王族のなかには王の振る舞いを批判する者もでてくる。およそ半年間 、コルテスはモクテスマ２世を介してアステカ王国を間接統治し、莫大な富をかき集めた。地方反乱平定のため副官を残して首都からコルテスが離れた間に反乱が起き、スペイン人と彼らの協力者と化したモクテスマ２世、彼の家族を宮殿においつめた。コルテスも都に戻るが、蜂起した臣下を鎮めようとしたモクテスマ２世が負傷し死にいたるなど状況を統制できず、命がけで脱出した。この出来事は「悲しき夜」呼ばれた。
（安村直己『コルテスとピサロ』山川出版社、2016年を加筆修正した）

2　一次史料における同じ場面の描写の違いを比較しなさい。

一次史料は同時代的であり（その時に作成されるか、比較的近い年代に作成されている）、記述者が見聞きしたことが書いてある[1]。しかし、それ故に吟味し、気をつけて読んだり解釈したりする必要があることに留意しよう。

事項	メキシコ征服記	第二報告書簡

3．なぜ、このような「違い」が生じるかを考えなさい。

4　一次史料を読む際に、気をつけること。【本日のまとめ】

1　今回の例では、メキシコで1519年から1521年にかけて書かれた史料が相当し、厳密にはコルテスの書簡のみである。しかし史料が少ない場合、比較するため少し後に書かれたものも一次史料として利用されてきた。ベルナル・ディアス・デル・カスティージョの『メキシコ征服記』はそれに相当する。

史料1 第126章 メシコ人が我々に戦争を仕掛けて多くの合戦を繰り広げたことと、その他の出来事について

・・・我々がメシコ市から出ていくのを条件に停戦を申し入れることで話しが決まった。しかし、夜が明けるのを待っていたかのように、敵は前日を遙かに凌ぐ大軍で我々のいる宿舎を四方から完全に包囲してしまった。・・・これを見てコルテースはモンテスーマにある建物の屋上に出て貰い、我々は町から出ていきたいと願っているゆえ攻撃を止めるよう呼び掛けさせることにした。このことがコルテースからの申し入れとしてモンテスーマに伝えられると、彼は聞くところによれば悲痛な面持ちでこう応えたと言う。「いまさらマリンチェは余になにをさせるつもりなのか。余はこれ以上生きても居たくなければ、彼の言うことなど聞きたくもない。なんとなれば余の運命がこのような有様になったのも、その元を質せばマリンチェにあるのだ」。こう言ってモンテスーマは出てこようとはしなかった。そしてもうこれ以上コルテースの顔も見たくないし、人を欺くための嘘でしかない見せ掛けだけのことばや約束を聞かされるのは沢山だと言ったという。(それでも説得すると)「余が出ていってももはや攻撃を止めさせるにはなんの役にもなるまい。彼等はすでに別の者を王に立て、貴公達を生かしてここから出さないと決めているのである。従って、みなこの町で死ぬ運命にあるものと思う」と言った。

話しを合戦に戻すと、激しい攻撃は依然として続いていた。その中を我々の仲間の多くに守られるようにしてモンテスーマがある建物の屋上の低い壁の所に立ち、テウル等はメシコ市から出ていくゆえ、戦いを止めるようにとごく穏やかな口調で臣下一同に訴えた。すぐにモンテスーマと気付いたメシコ軍の要人や武将はただちに部下達に静かにするように命じると共に、投げ槍と石礫と矢による攻撃を止めさせた。それからその内の四人の者がモンテスーマの声が聞こえる所まで近づいてきて、涙を流しながら「陛下。我等が偉大なる陛下。陛下と親王方、それに近しいご一族の悲運とお苦しみを見るに、我等は胸の張り裂ける思いにございます。いまこの場で申し上げますが、我等にはすでに王と仰ぐ方がお在りです。陛下の甥子のお一人がその方です」と言った。・・・この話しが終わるや否や、待っていたかのように敵は再び石礫と投げ槍で一斉に攻撃を始めた。モンテスーマが四人に話しかけている間は攻撃が中断していたので、傍らにいた我々の仲間はつい油断をしてモンテスーマを楯で護ってやるのを忘れた。攻撃が始まった時、慌てて楯で身を防いでやったが間に合わず、頭と腕と脚の三個所に石が命中し、矢傷も一カ所に負った。周りの者が傷の手当てをして食事を摂るようにとことばを尽くしたが、モンテスーマは聞き入れようとはしなかった。そして我々がまさかと思っている内に、彼が死んだとの報せがもたらされた。コルテースは泣いてその死を悼み、部隊長達も兵士も我々は等しく涙を流した。
(ベルナル・ディアス・デル・カスティーリョ『メキシコ征服記2』岩波書店、1986年、125-127頁)

史料2 コルテス第二報告書翰

その日も五〇名から六〇名のエスパニャ人が負傷しましたが、死者は出ませんでした。日が暮れるまで戦い、疲れ果てて要塞に引き返しました。敵は傷つかぬまま、われわれは傷つけられ、殺され、甚大な被害を受けるのでありますが、われわれが敵に損害を与えましても、彼らは数があまりに多いため、ほとんどそれに気がつかないほどでした。そこでわれわれは、その夜一晩と次の日を費やして、二〇人ずつ中にはいれる木製の装置を三台つくり、敵に屋上から石を射かけられても傷を負わぬようにしました。・・・ところで、かのムテスマは、はじめに捕縛された彼の息子や多くの首長たちとともに、いまだ捕らわれの身でありましたが、彼は自分を要塞の屋上に連れて行ってほしい、そうすればあの大軍の隊長たちに呼びかけ、戦闘を止めさせるからと、申しました。要塞から突き出たテラスに彼が姿をあらわし、戦っている民衆に向かって話しかけようとしますと、民衆は彼に石をうち、その大きな石が頭に当たって、彼はそれから三日目に亡くなりました。私は捕虜にしていたふたりのインディオに彼の死体を運び出させました。ふたりは彼を肩に担いで民衆のところへ運んで行きましたが、彼らがムテスマをどのように処置したかは存じません。ただひとつ確かなことは、それでも戦闘は止まず、むしろ日ごとにはげしさと苛烈さを増していったということであります[2]。
(サアグン、コルテス、ヘレス、カルバハル『征服者と新世界』岩波書店、1980年、236-237頁)

参考文献とその性格についてのメモ

1　**コルテス（コルテース）：第二報告書翰**

スペインによる征服は征服者達の私的事業として行われ、後から国家によって追認されたものが多く、コルテスもその例。そのためにスペイン国王に報告書翰を五通送った。引用文献はその二通目。コルテスはスペイン国王(カルロス)のお墨付きを得るために、どのような「工夫」をしているだろうか？

2　**ベルナル・ディアス・デル・カスティーリョ『メキシコ征服記』**

デル・カスティーリョはコルテスの部下であり、彼の征服活動を最も近くから観察した人物。この本は、彼の晩年に書かれた。時間的な隔たりはあるものの、当時を記録する一次史料として利用されてきた。コルテスの書翰とは書かれた目的が異なることにも留意しよう。

---

2 モクテスマの死については、いくつかの説がある。・・・インディオ側の記録者達の多くは、みなモクテスマがスペイン人に剣で刺し殺された、と書いている。

表2　問2の解答

評価	記述の傾向	(%)
A	史料が作成された状況により、記述の正確さについて限界があることに気がついている。史料１は自己の評価につながる報告書の性質を持つことから、報告者の恣意性を疑う必要がある。史料２は記憶を頼りに記述されていることから、記述の不確実性を疑う必要がある。一方または双方の史料をこの視点で評価している。	51
B	史料が作成された状況により、記述の正確さについて限界があることに気がついているが、史料１を公的な文書またはそれに類するものと捉え、無条件に正確であると評価している。史料２が記憶を頼りに記述されていることから、記述の不確実性を疑うか、無条件に不正確であると決めている。または史料１と比較して「正しい」としてどちらかが正しく、どちらかが間違っているという評価をしている。一方または双方の史料をこの視点で評価している。	12
C	史料が作成された状況により内容が異なることを理解しているが、どのような理由で・どのように異なるかまでは示していない。	31
	事実誤認があり、評価できない。	6

Aが想定していた解答で、書かれていることだけでなくその背後にある筆者の立場や文脈にも配慮し、史料を批判したうえで考察ができているものである。これは、読解の段階に照らし合わせると解釈を行うことができる段階、と判断した。例えばこのような解答が該当する。「史料2は、スペイン国王に追認してもらう為に書かれているものであって、スペインを少し擁護している。しかし史料1は、コルテスの部下が書いたものであって、モクテスマの死がスペインに原因があるように感じられる。つまり、史料２の方が、スペインに損のない工夫が施されている。」「第二報告書翰は国王に認めてもらうため征服を大変な物に見せたり、モクテスマが自ら話してもらったとコルテスがお願いしたことはなかったように書いてあるが、メキシコ征服記はただ記録を残したかっただけと考えられるので時間的な隔たりによる記憶違い以外はある程度事実を書いてると考えられ、そこの違いにより内容が変わったと考えられる。」これらの解答は、どちらも史料１のコルテスの立場に配慮し、国王の認可をもらうために征服事業が円滑に進んだような印象操作を行っていると判断した。史料２は資料作成時期との乖離が問題になり、それを記録の曖昧さの根拠として挙げた生徒が多かった。このようにAの解答は、どちらか一方のみを正、それ以外を誤とする安易な正誤の議論からは抜け出していることがわかる。この判断はどれも史料以外の情報から総合的に

判断した結果である。

この作業の過程では、二つの史料を読み比べた生徒の中からは「どちらかが嘘を書いている」という悲鳴に近い声があがった。それは、この課題が書いてあることから情報を抜き出し、それを元にして思考を構成するという生徒が慣れ親しんだ方法（歴史総合的な史料の取り扱い）では答えられない課題であったからだ。この問題に直面して、どちらかが正しいものだと判断してしまった解答がＢである。解釈を試みたものの、史料批判の立場から考えると結論を安易に導き、政府の文章（または政府に提出された文書）だから無条件に正しいことが書いてあると判断したか、どちらか一方のみが正しく、それ以外のものは誤であるという判断を下した解答である。なかには筆者の立場性を考えた形跡が感じられる解答もあるものの、正誤で判断を下してしまったところには思考の限界が見える。問題文では正誤の判定までは求めていなかったのだが、先述の「どちらかが嘘を書いている」という思考パターンから自由になることができなかったようだ。例えばこのような例が該当する。「1を書いたのはコルテスの部下であるので、コルテスの権力を示すために過大に書いてる。一方2は報告書であるため、事実[9]がそのまま書かれている。」「書き手のちがい。正式な（国から頼まれた）文献か自分で書こうとした文献であるか。史料1は作者がコルテスの部下であるため、少しコルテスが良いように書かれているが、史料2は報告書なため事実が明確に書かれている」。

Ｃについては、違いが生じる理由を具体的に書いていないものを分類した。書き方には多少の振れ幅があるものの、概ね以下のような解答が分類される。「史料の作成者によって立場、主観が変わるから」「史料1は個人の視点だったが、史料2は国への報告だったため」「そもそも書いている人、年代が違うから。」言葉を尽くしてもらえばこれらの解答にＡの要素が含まれているのか、Ｂの要素が含まれていたのかの判定ができるのだが、「具体的に書きなさい」と伝えたにもかかわらずこの程度の書き方でしか答えられていなかった。最後に、解答の内容に事実誤認があるものは判定からは外し、提出したことだけを評価した。

これらの解答は、Cが記述から違いが生じたと思われる情報だけを抜き出した「情報の取り出し」、AとBが書かれた情報がどのような意味を持つかを理解したり、推論したりする「解釈」に相当すると考えられた。AとBの相違はその解釈の妥当性の違い、と判断することができる。ここからわかるのは、半分の生徒が批判的に史料を読むことができていた、という点である。しかし、12%の生徒が無批判に史料を受容する傾向があり、また31%の生徒はその判断の根拠を示していなかった。「公民としての資質・能力」として批判的な思考を想定していたものの、批判的な思考にまでたどり着けず（B)、批判的かどうかの思考のプロセスを判断できない（C）ことは、Advancedレベルの歴史系科目の履修者の姿としてはいささか心許ない。

5．まとめに代えて

歴史総合の実践も重ねられる中で、歴史教育は新たなフェーズに入ってきたと感じている。多くの史資料が発掘され、それを使った実践が積み重なっている。歴史教育の先に「公民としての資質能力の育成」が見える以上、論理整合性を求めた文章や論の構成力と、批判的に史料を読解し、彼らなりの事実立脚性にもとづいて論を構成できる力までが求められるだろう。繰り返しになるが、それは与えられた資料を批判的に吟味する（読解する）力であると考えている。これは、ナンシー・フィッチ教授のいう「歴史的な分析と解釈を行うには、証拠の作成者または情報源を特定し、その信頼性を評価できる必要がある(10)」という見解にも通じる。その点、今回引用した史料は記述の差異が明確であり、そのために「資料の特性に留意して歴史資料の作成目的、作成時期、作成者をふまえて読み取る」ことが容易であったようだ。

この大項目は、ヨーロッパ人がキリスト教的な世界認識では捉えきれない人々や世界と出会う（交流）ことで、自分たちの常識を修正してゆく（再編）時代を扱う。異なる立場がぶつかることで、史料批判を必要とする素材に溢れている。様々な史資料を、読み解きの素材として扱ってゆきたい。

注

(1) 大項目Cは旧指導要領で（3）諸地域世界の交流と再編、(4) 諸地域世界の結合と変容に渡った事項がまとまっているが、イスラーム圏、ヨーロッパ圏の形成は大項目B「諸地域の歴史的特質の形成」に、産業革命以降は大項目D「諸地域の結合・変容」に含まれるようになった。引用箇所は『高等学校学習指導要領解説　地理歴史編』p.302。
(2) 国際的な学力測定プログラムとして機能しているOECDのPISAは、このような多様なテキストの読解を対象にした学力測定を行なっている（PISA型読解力)。
(3) 文部科学省『読解力向上に関する指導資料』東洋館出版社、2006年、p.1
(4) 同書、p.11
(5) 渡部竜也、井手口泰典『社会科授業づくりの理論と方法』明治図書出版、2020年
(6) 文部科学省『学習指導要領解説　地理歴史編』p.365。ここで取り上げられた具体的内容は、歴史学では史料批判の際に欠かせない作業でもある。
(7) サアグン、コルテス、ヘレス、カルバハル『征服者と新世界』岩波書店、1980年、pp.236-237
(8) ベルナール・ディーアス・デル・カスティーリョ『メキシコ征服記2』岩波書店、1986年、pp.125-127
(9) 解答の文脈から、生徒の多くが正しいこと、疑いえないこと、という意味でこの事実という言葉を使っているようだと考えられた。彼らの使う事実の意味の特定は、今回の実践では扱いきれなかった。
(10) https://www.historians.org/resource/the-conquest-of-mexico-setting-up-the-project/（2024年7月29日アクセス）

参考文献

・池上俊一『歴史学の作法』東京大学出版会、2022年
・サアグン、コルテス、ヘレス、カルバハル『征服者と新世界』岩波書店、1980年
・遅塚忠躬『史学概論』東京大学出版会、2010年
・福井憲彦『歴史学入門　新版』岩波書店、2019年
・ベルナール・ディーアス・デル・カスティーリョ『メキシコ征服記1～3』岩波書店、1986～87年
・文部科学省編『高等学校学習指導要領（平成30年告示）解説　地理歴史編』東洋館出版社、2019年
・文部科学省『読解力向上に関する指導資料』東洋館出版社、2006年
・渡部竜也、井手口泰典『社会科授業づくりの理論と方法』明治図書出版、2020年
・The American Historical Association, The Conquest of Mexico. https://www.historians.org/resource/the-conquest-of-mexico/（2024年7月29日アクセス）

授業実践 〈世界史探究〉大項目D

P×Q ＝R
世界史探究×歴史総合=大項目E(4)

歴史総合から大項目E(4)「探究する活動」へとつなげる大項目Dの実践

梨子田 喬（なしだ たかし）
西大和学園中学校・高等学校 教諭

授業概要
科目：世界史探究　**対象学年**：3年生
教科書・教材：『詳説世界史』山川出版社、世探704
『世界史探究』実教出版、世探702ほか

1. はじめに――大項目Dは歴史総合から大項目Eへのジャンクション

学習の最後の探究活動といえば、これまでの世界史Bでは学習の最後としてまとめの探究活動が求められていた。しかし、現場での実態はどうかといえば、低調だったと言わざるを得ないだろう。原因には、そこに至るまでの学習が通史的になっており、教科書の最後の探究活動のページは「おまけ」のような居住まいになっていたこと。また、生徒からしても、知識の習得に重きが置かれた状況で、突然最後に「さあ探究的な学びをやってみよう」と求められても、必要な力が育っていなかったこと。大学入試があるため、その対策に追われてなかなか取り組む場面や時間をつくれなかったことなどが挙げられる。

こうした反省から、今般の改訂では大項目E（4）の学習が充実するような年間指導計画を作成し、歴史総合の学び方、すなわち問いの表現、資料を活用した主題学習、問題解決的に、対話的に学んでいく姿勢の形成などにより、学習者を探究的な学びへと導くことがはっきりと示された。

とはいえ、生徒自らが高度で自律的に歴史を探究していくことは容易ではない。「〜について調べました」と事実を並べているだけの調べ学習に陥りがちであるし、論理を積み重ねて考察しているというより、ぱっと思いついたことを書いているだけのようなものが多い。筆者も以前からたびたび探究的な活動を試み、試行錯誤、悪戦苦闘を繰り返しているが、「探究活動そのものをどうやるか」よりも、そこに至るまでの仕掛け・足場架けこそが重要であると強く感じている。

こうした問題意識のもと、大項目Ｄの取り組みを充実させたいと考えた。しばしば学習内容が重複している歴史総合と世界史探究の差別化をどうはかるかという議論になるが、「歴史総合は詳しくなくて、世界史探究は詳しく教える」といったコンテンツの解像度の問題ではない。大項目Ｄは、歴史総合で学んだ現代的な諸課題を意識させながら、問題解決的に学ぶ学習を通して大項目Ｅ（4）の探究活動への道筋をつくる役割を持つ。こういった意味において、歴史総合から世界史探究をつなぐ新課程における要石ともいえる単元である。

今回の実践では、歴史総合で取り組んだグローバル社会の視点を思い出させながら、大項目Ｅにつながる現代的な諸課題の理解を深めるために19世紀の欧米史を学習する。

2. 導入――どこか似ている19世紀と現代

導入に**資料ア**と**資料イ**を提示する。

資料ア　イギリス『パンチ』
1843年クリスマス号

疲れきって荒れた指先で、
寝不足の赤いまぶたの
一人の女が坐り、
女らしくないボロの身なりで、
せっせと針を動かし針仕事
ひと針！ ふた針！ またひと針！
貧乏と飢えとよごれのなかで、
いつも哀しい調子の歌ごえで
女は歌った「シャツの歌！」を

資料イ　映画『the true cost～ファストファッション真の代償』より

「私たちは厳しい労働環境下で服を作っています。事故で多くの衣服労働者が亡くなりました。これは本当につらいことなのです。ただ買って着るだけで、人はどれだけ大変かを知らない。血でできた服なんて誰にも着てほしくありません。」
バングラデシュの女性縫製作業員

資料アは19世紀イギリスの『パンチ』に掲載されたお針子の苦境を訴えた「シャツの歌」とよばれる詩である。**資料イ**は2015年に公開された映画『ザ・トゥルー・コスト 〜ファストファッション 真の代償〜』の中のバングラデシュ人女性縫製作業員のことばである。2013年バングラデシュで縫製工場が入居していた商業ビル、ラナ・プラザが崩落する事故が発生した。この事件を機に世界展開する欧米や日本のファストファッションがバングラデシュの劣悪な労働環境や安価な労働力に依存している実態が浮かびあがった。この**資料イ**の紹介とともに、映画の予告編（2分程度）を皆で視聴した。涙で咽びながら語る女性縫製作業員の「血でできた服なんて誰にも着てほしくはありません」ということばに、教室が静まり返り、真剣な空気が流れる。その空気の中で、**資料ア**「シャツの歌」を読む。

150年以上前、時代も国も違うこの二つの事例。並べてみると、どこか本質的な部分で似ている構造があるように見える（これをPとする）。一方で、**資料イ**のバングラデシュの事例には、問題の根源にある本質的な部分は変わらないものの、時代や社会のうねりを受けた変化の特質（これをQとする）が認められる。こうした点に注目して以下のように単元を貫く問いを提示した。

3. 単元を貫く問い―― Pとはなにか、Qとはなにか、そしてP×Q＝Rとは?

> 19世紀イギリスと現代社会の諸問題について、両者に認められる「共通するなにか」（Pとします）と、両者を比較して浮き立つ「現代を特徴づけるなにか」（Qとします）を指摘してください。

上記の問いを提示後P×Q＝Rという式を示す。今回の一連の授業で学習する19世紀から現代まで変わらず続く本質的な社会の構造（P）に現代的な特質（Q）をかけ合わせたものが現代社会の諸状況（R）となるという意味である。毎回の授業で19世紀の資料と現代の資料を比較してPとQを考え、最後にPとはなにか、Qとはなにかをワークシートに記入させた。これを単元を貫く問いとして設定し、一連の授業のまとめとしてR、すなわちPとQをかけ合わせた現代社会の諸状況を考察させた。

	19世紀の資料	現代の資料
1時間目	お針子問題(**資料ア**)	途上国の縫製労働者(**資料イ**)
2時間目	穀物法問題(**資料ウ**)	トランプの演説(**資料エ**)
3時間目	デパートの登場(**資料オ**)	アマゾン・エフェクト(**資料カ**)

4. 授業の展開

筆者は平素、ジグソー法を用いて授業を行っており（詳細はp.22～総論参照）、この一連の授業ではAパートとBパートの二つの構成とした。Aパートは**資料ア**の理解に軸足をおいており、「産業革命×労働」という視点について産業革命や労働問題の学習を中心に構成されており、もう一つのBパートは**資料イ**の理解に軸足をおいており、「バングラデシュがどうして人件費の安い国になったか」という視点について「イギリスのインド支配」の学習を中心に構成されている。**白抜き**のトピックに従い語句を関連付けながら説明をつくっていく。全体の授業の流れは以下に簡潔に示す。

		活動内容
導入	5分	問いと**資料ア**、**資料イ**の提示。ワークシート配布。 隣席がペアでABパート選択。
展開Ⅰ	30分	Aパート、Bパートに分かれて説明をつくる(席は自由)。
展開Ⅱ	10分	もとのペアにもどり共有。
まとめ	5分	Pとはなにか、Qとはなにかについて考えワークシートに記入。

毎時の授業では、AとBのパートに分かれてそれぞれの説明をつくる場面（展開Ⅰ）が学習活動の中心となる。語句を関連付けながら説明をつくり、説明をつくる過程で資料の活用を求める。例えば、

「お針子問題（**資料ア**）が問題となった理由、服を作る工程（**資料②**）」

という部分については、**資料②**を見るとあとのようなものが提示されている。

19 世紀イギリスで起きた諸問題と現代社会の諸課題を比較すると，200 年という時間の差がありながらも「共通する何か」があります。一方，さすがに 200 年という時間を経ているわけで当時と変化した「現代を特徴づける何か」も浮き立ってきます。19 世紀イギリスと現代社会の諸問題について，**両者に認められる「共通する何か」**（ P とします）や**両者を比較して浮き立つ「現代を特徴づける何か」**（ Q とします）を指摘してください。（別紙シートに）

資料ア イギリス『パンチ』1843 年クリスマス号

疲れきって荒れた指先で、
寝不足の赤いまぶたの
一人の女が坐り、女らしくないボロの身なりで、
せっせと針を動かし針仕事
ひと針! ふた針! またひと針!
貧乏と飢えとよごれのなかで、
いつも哀しい調子の歌ごえで
女は歌った「シャツの歌!」を

資料イ 映画『the true cost
ファストファッション真の代償』より

「私たちは厳しい労働環境下で服を作っています。事故で多くの衣服労働者が亡くなりました。これは本当につらいことなのです。ただ買って着るだけで、人はどれだけ大変かを知らない。血でできた服なんて誰にも着てほしくありません」
バングラデシュの女性労働者

■ Aパート（労働問題という視点で見る）

以下の語句を用いて、資料ア、資料イの背景にある労働問題を中心に説明してください。

産業革命発明者と機械（イエル？要確認）**労働問題**▼1811 ネッド・ラッド（の運動）→ソノコロオーウェン（注目サレル）、1833 制定（資料①、30-34 ホイッグのグレー）、チャーチスト運動（37～）▼お針子問題（**資料ア**）が問題として取り残された理由、服を作る工程（資料②）**社会主義**48、64 国際労働者協会（通称）▼1871 グラッドストン内閣（合法化、ヒント 67）**労働党へ**84 フェビアン協会（誰と誰、＝＝的）、00 労働代表委員会、06 労働党（初代党首）**20 世紀初**フォード式、ILO、大衆消費社会、中間層、チャップリン（資料③）、人間疎外**現代**48（資料④）、イスラーム×女性、グラミン銀行（NGO、ムハマド＝ユヌス）

■ Aパート（バングラはどのようにして最貧国になったか）

以下の語句を用いて、資料イの背景にあるなぜバングラがなぜ開発途上国になったのかを中心に説明してください。

英の印進出1757（ベ）、マラータ、マイソール、シク**英の印経営**地主か農民か、＝の専売が財源（のち資料⑤）、綿産業（壊滅、資料⑥A と B 何?）▼ローイ（民族運動家、サティ）、教育（資料⑦）、53 アジア初鉄道（富は英へ）、ナオロジー（資料⑧）、**反英運動**インド国民会議、分割（資料⑨）、宗教対立▼大戦協力（自治）、インド統治法（ローラット法）、塩の行進＆糸車、円卓会議（懐柔）、新インド統治法**大戦後**47 パキスタン分離（東と西）、ジンナー、西の搾取、1971 独立戦争**なぜバングラが縫製業？**縫製業は＝＝化できず人手が必要（かつ安くしたい）→人件費（途上国×女性＝最安、ゆえにバングラ）**近代世界システム論**ウォーラステイン（タペ 184）

1時間目の授業で使ったプリント

資料① 一般工場法

12 時間労働、9 歳未満の労働禁止、13 歳未満の児童労働は週 48 時間、一日最高 9 時間労働、18 歳未満の夜業禁止、工場監督官・工場医の設置などが定められた。

これでも工場における労働環境は一応改善された

資料② 冒頭の**資料ア**，**資料イ**はどの工程か

工程③ 縫製 ← 工程② 織布 ← 工程① 紡績

産業革命とはどの工程の技術革新？

資料③ チャップリン『モダン・タイムス』

どんな状況を風刺している？

資料④ 世界人権宣言（1948）

勤労する者は、すべて、自己及び家族に対して人間の尊厳にふさわしい生活を保障する公正かつ有利な報酬を受け、かつ、必要な場合には、他の社会的保護手段によって補充を受けることができる。

資料⑤ ある人物の言葉

暑いインドでは、＝は想像以上の必需品である。しかも＝は自然の恵みであり、外国政府が高い税金をかけて専売に付すべきものではない。

資料⑥ 綿織物の輸出（英↔印）

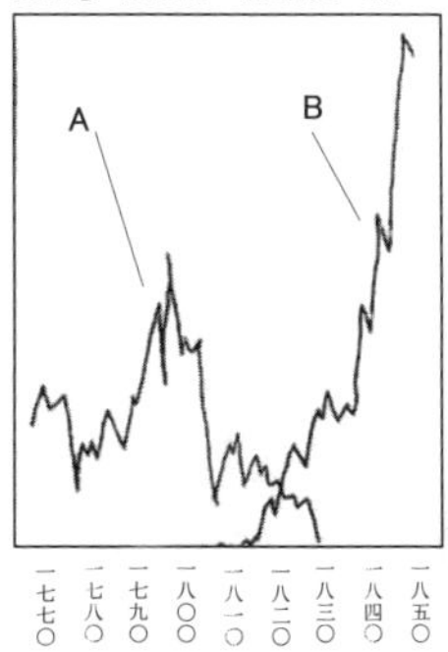

資料⑦ 就学率

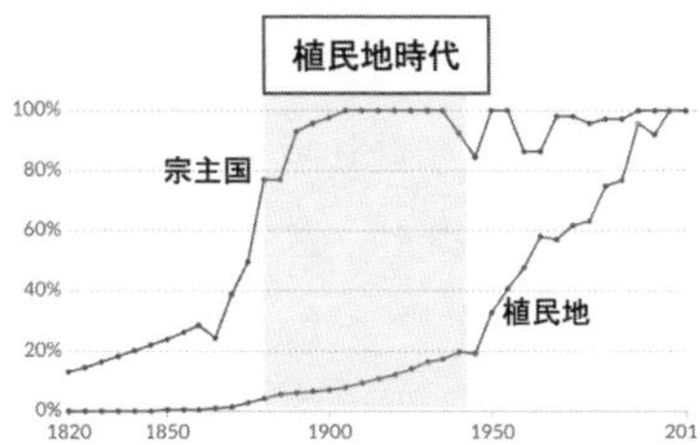

資料⑧ ナオロジー
1885 年，インド国民会議派の創立に参画。著書『インドにおける貧困と非イギリス的支配』(1901 年)で，インドの貧困の原因を**インドからイギリスへの「富の流出」に求め**，インド民族主義の主張を経済学的に基礎づけた。

資料⑨ この頃のインド総督カーゾンの言葉
我々は、インド以外の全ての植民地を失っても生き延びることができるだろう。しかし、インドを失えば、我々の太陽は没するであろう。

［出典・クレジット］
資料ア：『パンチ素描集 十九世紀のロンドン』岩波文庫、1994年
資料イ：©courtesy Everett Collection / amanaimages
資料③：CHAPLIN/ United ARTISTS/ Album/ 共同通信イメージズ

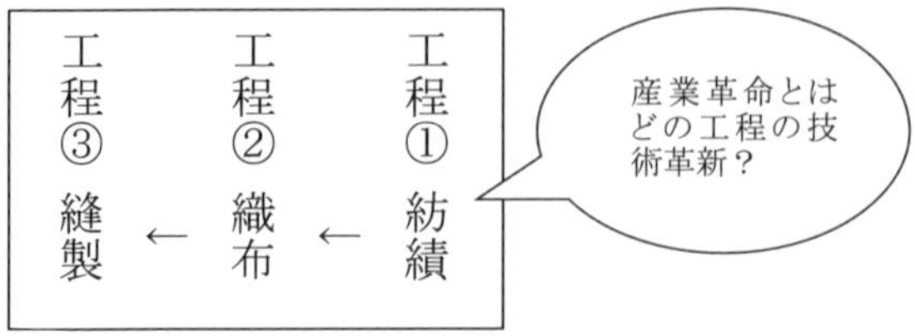

資料②　冒頭の資料ア、資料イはどの工程か

お針子問題と**資料②**の工程の手順とを関連させながら、産業革命では紡績と織布については機械が発明・改良されて生産の効率化が進んでいくが、縫製の工程は機械化が難しく手作業に頼らざるを得なかったことに気づかせる。少し前に「産業革命はどの工程？」という問いかけがあり、ただ飛び杼やジェニー紡績機などを暗記して終わるのではなく、産業革命の技術革新がどういうことであったのかを「紡績や織布工程の技術革新」と一段抽象化させていることがこの問いへの導線となっている。

こんな仕掛けポイントをつくりながら、「どう乗り越えているかな」と机間巡視をしながら、生徒の議論に耳を傾け歩く。さっぱり気が付かない時は、ヒントを出してすぐ去る「ヒント＆アウェイ」戦術[(1)]で対応し、遠巻きに観察し時間をおいてまた声をかける。工場法などに注目し「工場と違って家庭での作業だから問題が見えにくかったのではないか」などなかなか良い着眼をする生徒が現れれば絶賛する。と同時に、タイムマネジメントもしなくてはいけないので適宜誘導を強めたり作業を中断させ一斉介入したりもするので、生徒が活動しているあいだはなかなか忙しい。

その後、展開Ⅱで、生徒はもとのペアにもどり、お互いつくった説明を共有し、終わったら単元を貫く問いである、Ｐとはなにか、Ｑとはなにかについて意見を交換し、その後ワークシート（**プリント２**）に記入する。これで１時間目が終わりとなる。

その後の授業も流れは同様である。**資料ア**、**資料イ**のように19世紀の資料と現在の資料を提示し、その理解を深めるためにジグソー形式で視点を変えて問題にアプローチし、その後ＰとＱについて考察しワークシ

History lab@西大和　組番　　名前

19世紀イギリスで起きた諸問題と現代社会の諸課題を比較すると，200年という時間の差がありながらも「共通する何か」があります。一方，さすがに200年という時間を経ているわけで当時と変化した「現代を特徴づける何か」も浮き立ってきます。19世紀イギリスと現代社会の諸問題について，**両者に認められる「共通する構造・特質」**（　P とします）や**両者を比較して浮き立つ「現代的な変化」**（　Q とします）を指摘してください。

一時間目	P（2つの資料に共通の構造等）	Q（現代になってPがどう変わったか）	
	×		＝ 資料イ
二時間目	P（2つの資料に共通の構造等）	Q（現代になってPがどう変わったか）	
	×		＝ 資料エ
三時間目	P（2つの資料に共通の構造等）	Q（現代になってPがどう変わったか）	
	×		＝ 資料カ
まとめ	まとめると結局、Pとは	まとめると結局、Qとは	
振り返りの問い	P（共通する特質）×Q（現代的変化）＝R（現代社会）		
	①　P×Q＝R　R（現代社会）はどのような社会だということになるか		
	②　P×Q＝R　Qの変化の値を大きくしたものが未来社会。それはどのような社会か。		

プリント2

資料ウ　「檻の中のねずみ」
（シェフィールド機械工反パン税協会、1831）

あなた様は、我々を閉じ込めて、
我々のパンに税金を課す。
そして、我々がなぜやせ衰えるのか
いぶかしがる。
しかし、あなた方は脂肪が多く、
丸々と太り、赤みを帯びている。
そして、税金で買ったワインで
満たされている。
（中略）
あなた方はなぜ、「私の主」や「大地主」と呼ばれるのか。私のものや私によって養われているのに。
（中略）
「急げ、のろまなならず者よ！
貿易を禁止せよ。
正当な収益を禁止せよ。
神が創られたすべてのよきものを恐れ、
嫌悪し、心痛するものとさせよ。
我々が、すべてのこじき、すべての暗殺者、
すべての人食い人種になるまで。
そして、死は葬式をもつことはなく、
船のない海から海へ。」

資料エ　トランプの演説

「労働者を痛めつけ、われわれの自由や独立を奪うような貿易協定には絶対に署名しないと誓う。」

ロイター「トランプは正しい、自由貿易は米国民を殺す」（コラム、2016）
人件費の安い国々との貿易に伴い、米国のブルーカラー労働者の賃金は年間約1800ドル低下してしまったという。解雇された労働者は所得も家も失い、結婚もできず、希望を失っている。次の職を見つけるために驚くほど長期にわたって苦労したあげくに、多くは以前よりも低い収入の職に就かざるを得ない。

資料オ　ゾラの小説
『ボヌール・デ・ダム百貨店』（1883）

ショーウィンドーの前で女性を陶然とさせ、それから次々とお買い得品の罠にかける。…販売を十倍にし、贅沢を民主化することで、商店は恐るべき消費の扇動者となる。

ボヌール・デ・ダムが新しい売場を作るたびに、周辺の商店では、倒産する人々が続出した。災害は広がり、もっとも古くからの店まで崩壊する話が聞えてきた。

資料カ　アマゾン・エフェクト

米国では2017年頃から「アマゾン・エフェクト」が本格化し、百貨店やショッピングモールなどが相次いで閉鎖や倒産に追い込まれ、19年に閉鎖した店舗の数は約1万店にのぼる。日本も影響は広がりつつあり、百貨店や総合スーパーが苦境に立たされている。

その後の授業で用いた資料

［出典・クレジット］
資料ウ：蔵谷哲也「穀物法から自由貿易へ」日本国際経済学会第78回全国大会報告、2019年
資料エ：（演説）NHK Web サイト「アメリカ大統領選挙2016」、（写真）ロイター＝共同
資料オ：『ボヌール・デ・ダム百貨店：デパートの誕生』（ゾラ・セレクション第5巻）藤原書店、2004年
資料カ：©Scott Brauer/ ZUMA Press Wire/ 共同通信イメージズ

ートに記入していく。ここでは、ページ数に限りもあるのでその後の授業で用いた冒頭の資料のみを提示しておく。なお、筆者はPを資本主義、Qをグローバル化としてイメージしながら教材を並べており、19世紀と現代に共通する本質的部分（資本主義（P））が、世界史探究としての学び、そことかけ合わせる現代的変化（グローバル化（Q））が歴史総合を踏まえた学びと位置づけて設計している。生徒には資本主義とグローバル化の視点で資料が並んでいることは伝えていない。

5．授業のまとめと振り返りの考察

毎回の授業の最後に、記入したP、Qを縦に見ていく（表中**（あ）（い）**）ことで、Pとはなにか、Qとはなにかをさらに抽象概念化していく。これについては、先に述べた通り、筆者はPを資本主義、Qをグローバル化

	Pとは （あ）	Qとは （い）
一時間目 シャツの歌 バングラデシュ	・立場の弱い女性が不当に労働に駆り出される。 ・人件費の安い人たちに皺寄せが行く。 ・資本家対労働者	・先進国の内部にとどまらず、発展途上国の人々が労働に駆り出されている。 ・資本家と労働者の対立に加え、先進国と途上国の問題がかけ合わさっている。
二時間目 檻の中のねずみ トランプ	・自由貿易によって生活が楽になり安く買えるようになる。 ・自由貿易の推進。 ・自国を開かせる。 ・自由貿易を推進することで豊かになった。	・国際分業が進み問題も指摘されてきた。 ・他国を開かせる。 ・自由貿易を推進することで貧しくなっていく。
三時間目 ボヌール･デ･ダム百貨店 アマゾン･エフェクト	・大衆消費社会と巨大企業の出現。 ・資本の独占により排他的な風潮。 ・新しい業態がこれまでの業態を圧迫する。 ・大企業により中小企業が苦しむようになる。	・国内市場から世界市場を独占していく。 ・インターネットによって消費活動が国境を超えた。 ・中間層が形成され、大衆文化は画一化した。
3回の授業を通してPとはQとはをまとめると…	・資本主義社会 ・資本やシステムに従属するしかない社会。 ・格差が生まれている。 ・独占資本が市場、人々を支配する。 ・利潤追求が尊ばれる社会。	・グローバルがより広がった社会。 ・規模が世界的になり多国間での話し合いが必要になった。 ・世界市場が統合されていく。 ・世界規模で利潤追求が目指されるようになる。

としてイメージしながら教材を並べたが、振り返りやまとめを行う中で、ほとんどすべての生徒が、資本主義（P）×グローバル化（Q）にたどりついて記述をしていた。

３回の授業を通して生徒の考えたＰとＱを見てみる。

こうしたＰとＱの考察を踏まえ、振り返りの問いとしてＰ（資本主義の特質）×Q（現代的な変化の特徴）＝Ｒ（現代社会の特質）を考察させ（**振り返りの問い①**）、さらにP×Q＝Ｒの式のＱ（現代的な変化の特徴）の値を大きく（あるいは小さく）したものが未来社会だとすればそれはどのような社会かを考察させた（**振り返りの問い②**）。

【振り返りの問い①】 **Ｐ×Ｑ＝Ｒ　Ｒ（現代社会）はどのような社会だということになるか**
・先進国の大量生産大量消費の代償は、後進国の悪い労働環境や生産体制、貧困となって払われる。 ・世界規模で自由貿易体制が構築されて一見経済協力が進んで格差が解消しているように見えるが、実は資本の独占が進んでいる社会。 ・グローバル化、大衆消費社会にともない豊かで便利になっているようにみえるが、中小企業の倒産や途上国の搾取などにより資本の独占が進み大企業や大国による画一化が進む社会。 ・格差や搾取など問題は多く顕在化していくが、世界規模で大きいため簡単には解決ができずそのままに取り残されている。 ・富が少数に集中していて貧富の格差が拡大した社会。

【振り返りの問い②】 **Ｐ×Ｑ＝Ｒ　Ｑの値を大きく（あるいは小さく）したものが未来社会だとすれば、それはどのような社会か。**
・市場の独占化により画一化が進み、各国のアイデンティティが失われていく。しかし、それとは反対に排外主義的な傾向はさらに強くなっていく社会。 ・一部の先進国が経済や消費の場になり、それ以外の国は格差と貧困に苦しむ。今後この差はどんどん広がっていく。 ・中間層が形成されていったり大衆消費社会になっていく動きが世界規模で広がっていく。格差は問題になるが、トータルで見れば世界は豊かになっていく。

最後に授業のまとめの宿題として、「この授業の続きとなる**資料キ**、**資料ク**があった場合、それはどのようなものか。それを探して提示し、その狙いを解説しなさい。」として結んだ。

6. 結語――大項目Ｄでは現代社会を分析し未来を展望するためのロジックを見せる

「歴史総合を詳しく教えていれば、産業革命以後は同じことを二回やるだけなので世界史探究は前近代で終わり」といった声が聞こえてくる。知識習得を目的とし、通史型で教授をしていれば、大項目Ｄは同じことを二度やるだけの非効率な単元のようにも見えるが、実はこの単元こそ歴史総合の学習成果を存分に活かして歴史理解に広がりと深みをもたせることができ、さらには大項目Ｅ（4）の探究活動への布石を敷くために重要な単元である。

「教授の階段」になれている私達は、ついつい「まだ現代史は未習」という感覚を持ってしまうが、彼らは歴史総合を学び現代史に触れた状態で学習に臨んでいる。旧課程の世界史Ａの時と比べても、受験科目と位置づけられたことで生徒たちの取り組みもよく、現代史と関連付けながら学ぶ取り組みが容易となり、大項目（E）への布石も敷きやすくなった。

今回の授業では、その布石として、19世紀の社会と現代の社会で共通して「変わらぬ本質Ｐ」と「変わるＱ」という因数をかけ合わせたものが現代社会であるというロジックを用いて大項目Ｄの学習を行った。それによって「変わらぬＰ」に、「変わるＱ」の係数の変化を追跡することで現代社会がどのように動いているのか、そして未来に向けてどのような変化が予想できるのかを論理的に考えることができることを気が付かせた。大項目Ｅになって突然「探究､探究」と闇雲に考察を迫るのではなく、複雑な社会の構造や動向をより明確に分析するためのこうした視点やロジックを身に付けさせて「地球世界の課題の探究」へと導いてくこと、これが新科目世界史探究で目指されている学習のあるべき展開であろう。

注

(1)「ヒット・アンド・アウェイ」（一撃離脱）を捩った筆者の造語。グループ学習の机間巡視の際は、「自分たちで気がついた」「生徒同士で理解に至った」を作るために、ヒントを出したら場を離れるように心がけている。

授業実践　〈世界史探究〉大項目E

国境をこえたプロジェクト型学習

インドネシアと日本の高校生が遺跡のパンフレットを作成

吉川 牧人（きっかわ まきと）
静岡サレジオ高等学校　教諭

授業概要
単元： 地球世界の課題の探究（大項目E）
科目： 世界史探究　**対象学年：** 2、3年生
教科書・教材：『新詳世界史探究』帝国書院、世探703（2年生）
『詳説世界史』山川出版社、世探704（3年生）

1. 大項目E「地球世界の課題」とは

〈世界史探究〉の大項目Eは次の四つの中項目で構成されている。
(1) 国際機構の形成と平和への模索
(2) 経済のグローバル化と格差の是正
(3) 科学技術の高度化と知識基盤社会
(4) 地球世界の課題の探究

本稿では特に (4)「地球世界の課題の探究」の授業実践を紹介し、授業を通して生徒がどのように感じ、どのように成長したかを見ていきたい。

『高等学校学習指導要領（平成30年告示）解説　地理歴史編』（以下、解説と略）では世界史探究の大項目Eについて以下のように示されている。

「E　地球世界の課題」については、中項目（1）から（3）で、歴史的に形成されてきた「地球世界の課題」を扱い、中項目（4）で、「世界史探究」のまとめとして、生徒が主題を設定して探究する学習活動を設け、人々が協調し共存できる持続可能な社会の実現を視野に入れて「地球世界の課題」の形成に関わる世界の歴史について多面的・多角的に探究し、よりよい社会を展望できるようにすることをねらいとしている。

このように解説を読み解いていくと次のような同じフレーズが何度も繰り返され、強調されていることに気付かされる。

- **多元的な相互依存関係を深める現代社会の特質**
- **現代の地球世界が歴史的に形成された諸要素によって成り立っていることを理解・考察する**
- **よりよい社会の実現を展望する**

この部分に〈世界史探究〉という科目の本質を見ることができるのではないだろうか。

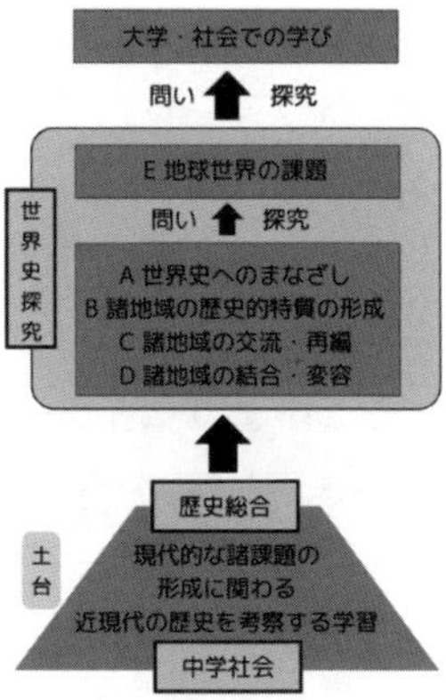

資料1　歴史的理解と世界史探究の位置付け

歴史学習における世界史探究の位置付けやポイント（ビジョン）は以下のように考え、授業デザインや実践に取り組んでいる。

- **歴史的理解と世界史探究の位置付け**：世界史探究では、中学社会や歴史総合での学びを土台とし、大学や社会で探究的に学び続けるための学び方を習得する機会としたい。
- **世界史探究を構造化**：世界史探究の科目のポイントとして、全時代を通して習得とした知識や技能（つまり時間軸・空間軸から世界をみること、資料を活用すること）を用いて歴史を多

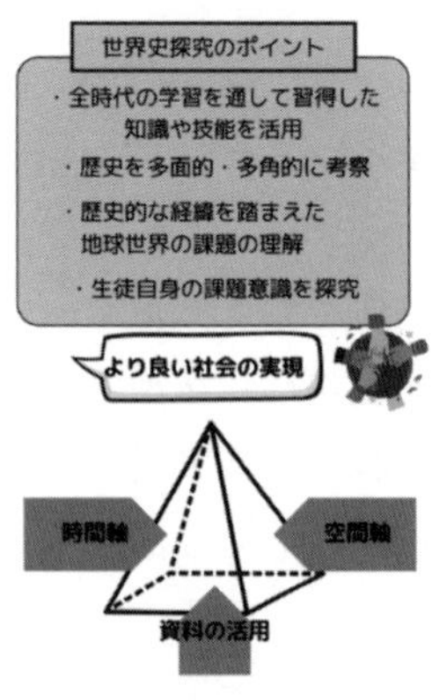

資料2　世界史探究のポイント

面的・多角的に考察すること、歴史的な経緯を踏まえた地球世界の課題を理解していくこと、その中で生まれる生徒自身の課題意識を探究に結びつけること、そしてよりよい社会の実現を展望していくことに繋げていくことにあると思う。

2. 私が世界史探究を教える際の問題意識

①イスラームをどのように教えるのか？

現代の世界情勢においてはイスラームの存在感が増している。ムスリムの数も増加し続け、人口が世界最大の宗教であるキリスト教に迫る勢いとなっている。キリスト教を抜いてイスラームが世界最大の宗教となる日もそう遠くはないであろう。また昨今グローバルサウスとして注目されている新興国の集団でもムスリムが多い国が多数を占めている。さらに世界史探究におけるイスラームに関わる歴史用語も増えている。しかしこのようにイスラームの存在感が増している一方で、世界史探究の授業で「どこの分野が苦手か？」と生徒に質問すると、「イスラーム」や「東南アジア」と答える生徒が多い。また生徒に「ムスリムの友人がいる・いた人」と質問してもほとんど手があがらない。このように生徒にも、そして教員自身にも馴染みが薄く、ピンとこないのがイスラームの授業ではないか。

そこで少しでもイスラームについての理解が進み、世界史のイスラーム分野に対する抵抗感がなくなるようにできないか、と考えた。

②インドネシアに注目

イスラームとは単なる宗教というよりは生活全般の体系である。その経典であるクルアーン（コーラン）は翻訳が禁止され、信者はアラビア語を学び、クルアーンを暗唱する。つまりムスリムであれば、地域差はあれアラビア語という共通の言語を使えるということになる。世界史の授業の中でも様々な時代や様々な地域を通してムスリム商人のネットワークが世界経済を牽引してきたことを扱っている。

それでは現在、世界で最も多くのムスリムがいる国はどこだろうか。それは意外にも中東の国でも、アフリカの国でもなく、日本と地域的にも遠くない東南アジアにあるインドネシアである。2億8000万の人口(世界第4位）の9割近くがムスリムで占められている。親日国であり、日本と歴史的なつながりの深いこのインドネシアに注目をして世界史探究の授業と生徒とのつながりを模索した。

インドネシアの国章には「多様性の中の統一」という言葉が書かれている。3億人近い人口の90%近くがムスリムでありながら、インドネシアは政教分離がなされている。以前からインドネシアを訪れる度に、イスラーム教・キリスト教・ヒンドゥー教等の宗教が上手に共存していることにとても驚いている。またインドネシアは成長著しい国家である。2050年には日本を抜いてGDP世界4位になると予想されている（日本は8位になるとの予想）[(1)]。2024年の日本の出生数は70万人程度になるという推計もあるのに対して、インドネシアは446万人[(2)]だという。平均年齢も31.5歳[(3)]であり、活気に満ちている。

私が世界史探究の授業の中で大切にしてきたテーマの一つが、「ダイバーシティー（多様性)」をどう理解するか、実現するかということである。つまり人種や国籍、性別、宗教や価値観など、異なる属性を持った人々がどのように集団で共存する状態を作っていくのか、また性別や国籍、年齢、障害の有無など、多様な属性や個人の価値観・発想をどのように取り入れていくのか、である。歴史的にみると近現代の世界は（日本は)欧米中心のキリスト教的な価値観を柱として形作られてきた部分が大きい。欧米（日本）は先進国、東南アジア・アフリカは発展途上国。キリスト教的な個人主義・民主主義が正義であり、イスラームはテロを産む恐怖の対象などなど。これからを生きる生徒たちに求められるポイントは、こうした従来のステレオタイプの考え方から脱却し、未来の日本人が世界の「多様なコミュニティにどのようにコミットしていけるか」だと感じている。

3.「地球世界の課題の探究」の授業実践

①授業のデザイン

高校2年生から高校3年生における世界史探究の授業のイスラーム分

野のデザインは以下の通りである。

1）歴史総合（高校1年）で扱った現代の世界情勢におけるイスラームの関わりを土台としつつ、次のような項目を、本実践である大項目E「地球世界の課題の探究」の前（高校2年生）までに扱い、基礎知識を身に着ける。

・イスラームの誕生

・イスラームネットワークの形成

・イスラーム世界の拡大

・イスラーム世界の成熟

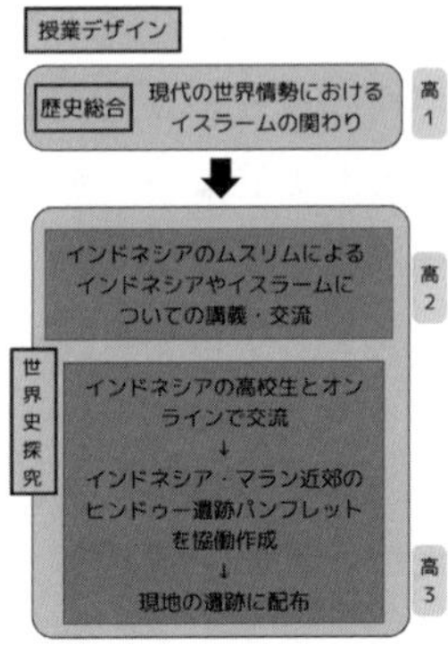

資料3　授業デザイン

2）高校2年生でインドネシアのムスリムと交流する。このことで、イスラームについての知識を肌感覚のものに落とし込む。

3）高校2年生から高校3年生の時期にオンライン会議やSNSを使ってインドネシアの高校生と交流。プロジェクト型学習を一緒に行う。

②インドネシアのムスリムとの交流（高校2年生での実践）

高校2年の世界史探究の授業に、インドネシア人のムスリム3名（1名は元日本人の女性でインドネシア人との結婚を機にイスラームに改宗。インドネシアに帰化。）にお越しいただき交流を行った。

授業前後で生徒のイスラームのイメージがどのように変わったか、を調べるため事前にアンケートをとった。中心テーマは、イスラームのイメージとインドネシアのイメージ。これに対する生徒の回答は「イスラームのイメージは総じてルールに「厳しい」」というものだった。生徒のインドネシアのイメージはあまり明確ではないようで「暑い・ボロブドゥール・宗教が日常生活になっている国」といったものしかあがらなかった。

お招きした3人のムスリムからは次のようなお話があった。

・インドネシアの90%がムスリム：国民の大多数であるムスリムの子どもたちはクルアーン（コーラン）を読む練習を小学生くらいから始めていく。

・インドネシアの高校：インドネシアも日本と同じように6-3-3制であ

資料4　ムスリムとの交流授業のようす

る。公立高校は普通校と職業高校の２種類があるが、私立高校は多様で、宗教系の学校が多くある。その中でもポンドックプサントレンと呼ばれるイスラームを学ぶ全寮制の学校が増えており、エリート校として評価されている。

・多様性を大切にするインドネシア：インドネシアでは「パンチャシラ」という建国５原則が大切にされている。それは、唯一神への信仰・公正で文化的な人道主義・インドネシアの統一・合議制と代議制における英知に導かれた民主主義・全インドネシア国民に対する社会的公正の五つである。このパンチャシラを象徴するのが国章のガルーダ・パンチャシラで、神鳥ガルーダの足元には、古ジャワ語で「多様性の中の統一」と書かれている。この「多様性の中の統一」がインドネシアの国是になっており、インドネシアのイスラームが他の宗教にとても寛容であることの一因となっている。

お話を伺った後、二つのグループに分かれてムスリムと生徒のグループディスカッションを実施した。生徒からは元日本人の女性に「今までの生活がムスリムになることによって制限されることに抵抗はなかったのか？」という質問があがり、豚肉を食べてはいけないことや酒を飲めないことに関心が集まっていた。また逆に、「宗教を信じてよかったことはありますか？」と

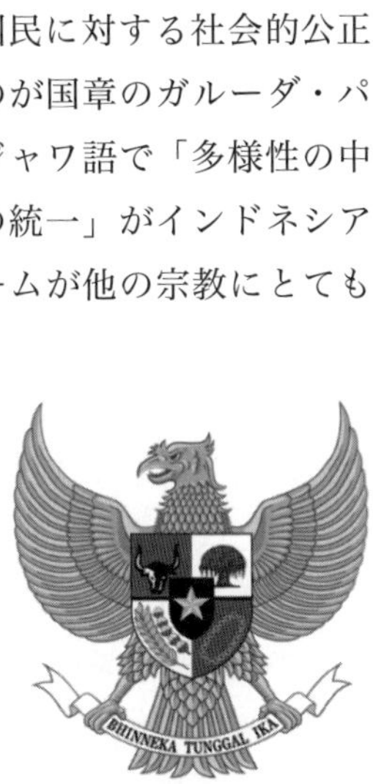

資料5　国章ガルーダ・パンチャシラ

いったポジティブな質問もあった。

生徒たちの授業後のアンケートでは、イスラームの印象が授業前から大きく変わったことが明らかとなった。

> ・もっと縛られてるイメージがあったけれど、思っていたよりも人それぞれ自分が思うように自分がやるべきだと思ったことをしているんだと思いました。
> ・国や地域、人によってイスラム教の決まりに対する意識が変わることに驚いた。
> ・最初は豚肉が食べられなかったり、一日に五回メッカに向かってお祈りをしたり、お酒が飲めなかったりと縛られた宗教のように感じていましたが、今回お話を聞いて他国にいてもイスラム教のために断食を続けたり、自分にあった宗教の信仰を続けていることを知り、縛られているのではなく、自らが続けやすいように調整できる自由な宗教だと考えるようになりました。

このように生徒たちは、多様なイスラームがあること、様々なムスリムがいることを知り、多面的な歴史を理解する貴重な経験となった。

③インドネシアの高校生と遺跡のパンフレット作り（高校２年生から３年生の実践）

2023年8月。日本全国の教員・児童生徒の有志が集まり、インドネシア教育ツアーを行った。その中で訪れた一つの学校がマランという大都市の近郊にあるトゥンパンという街のディポネゴロ高校であった。このディポネゴロ高校は、地元の有力者が寄贈した私立のイスラーム系の高校である。ディポネゴロ高校は、非常に厳格でクラシカルで堅苦しい学校なのではないか、と予想した私のイメージとは全く異なるものだった。ピンクでかわいい色調の校舎と明るく快活な教師や生徒たち。全校をあげての大歓迎に驚いたが、それ以上に驚いたのは集会中に生徒が食事をしている自由さ。また日本語の授業があったり、ICTを活用した授業も充実したりしているなど、予想とだいぶ異なる様子に驚きを隠せなかった。

資料6　ディポネゴロ高校

ディポネゴロ高校のすぐ裏には、シンガサリ王国時代に作られたヒンドゥー教寺院の遺跡がある。チャンディ・ジャゴと呼ばれるその遺跡は、『地球の歩き方』にも紹介される遺跡でありながら、現地の案内板もパンフレットも何もないという状況であった。

2023年9月23日、インドネシア教育視察を行った日本の教員とディポネゴロ高校の教員との中から、チャンディ・ジャゴ遺跡の多言語のパンフレットを協働して作ろうというプロジェクトが立ち上がった。参加チームはディポネゴロ高校、新潟の中学校、福岡の高校、そして静岡サレジオ高校世界史探究のメンバーである。11月2日、すべての参加チームがオンライン会議に集合した。インドネシアの高校生と日本の中高生の共通言語は英語に設定し、英語でコミュニケーションを行った。自己紹介を相互に行い、ディポネゴロ高校のメンバーは三つのグループに分かれて、日本の

資料7　チャンディ・ジャゴ遺跡

新潟の中学校、福岡の高校、静岡サレジオ高校のそれぞれ三つのチームに合流してプロジェクトを行うこととなった。そしてこれ以降の交流はスラック（Slack）で行うことが決まった。スラックは、ビジネス用のチャットアプリで、社内やチーム内など、コミュニティ内でのチャットによるやりとりを目的としているものである。最初にディポネゴロ高校の生徒たちがインドネシア語のパンフレットをCanvaというデザインツールで制作したが、当然、前提となる地域の伝承やヒンドゥー教の神話などが全くわからないため、静岡サレジオの生徒たちはこれをもとに日本語に翻訳し、チャットで細かなニュアンスを英語で質問しながら内容を深めていった。世界史探究の授業時間を使うのではなく、放課後の生徒たちの自由な時間を使いながらパフレットの翻訳は少しずつ進められていった。

2024年4月、新学期を迎えた静岡サレジオチームは、ようやく日本語版のパンフレットを完成させた。このパンフレットのデータをディポネゴロ高校の教員に共有し、パンフレットの印刷とそのパンフレットを遺跡の管理人に渡すことをお願いした。

2024年8月、私はインドネシアに渡り、8月19日にディポネゴロ高校を再訪した。プロジェクトに参加したディポネゴロ高校の生徒たちに

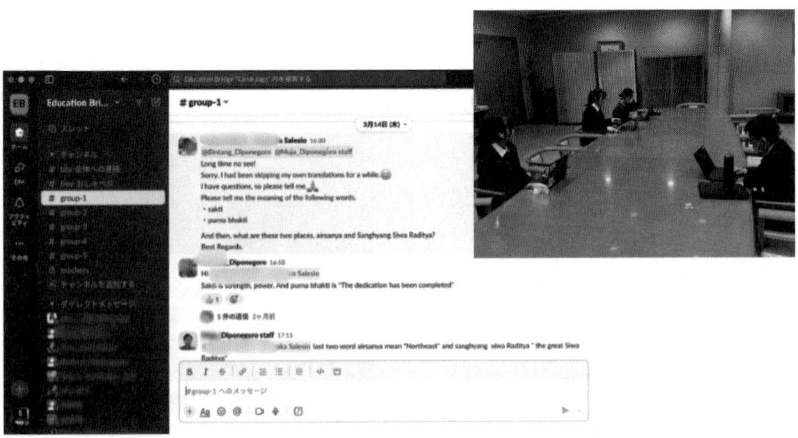

資料8　オンライン会議のようすとスラックのやりとり

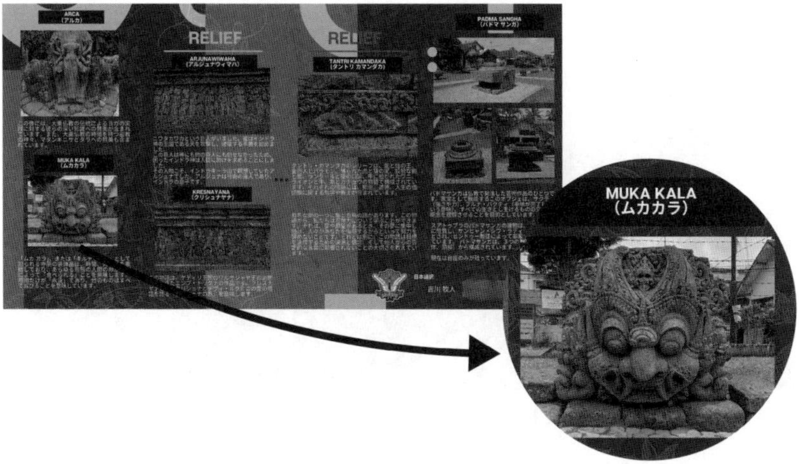

資料9　完成した日本語パンフレット

認定証を渡したり、Zoomを使ってオンライン会議を行い、ディポネゴロ高校と日本にいる静岡サレジオ高校のプロジェクトに参加した生徒たちを繋いだ。

オンライン会議では、ディポネゴロ高校生から日本語のパンフレットが印刷されて遺跡に置かれていることが報告されたり、生徒たちがそれぞれ日本やインドネシアについての質問をしたりと、これまでチャットで行ってきたコミュニケーションから顔を合わせたコミュニケーションへと発展させることができた。30分程度を予定していたオンライン交流の時間はあっという間に超過し、気がつけば大変盛り上がって1時間も交流が続いていた。静岡サレジオ高校の生徒たちは自分たちが制作したパンフレットが実際に印刷され、遠いインドネシアで形となっていることに非常に感動していた。

資料10　画面越しに報告する
ディポネゴロ高校生

資料11　遺跡に置かれたパンフレット

オンライン会議が終わった後、ディポネゴロ高校の生徒たちと一緒に学校裏にあるチャンディ・ジャゴ遺跡に向かった。遺跡の管理事務所に置かれていた英語、インドネシア語、日本語のパンフレットを目にしたとき、本当に心が揺さぶられるような感動を覚えた。管理人に話を聞くと、パンフレットが置かれた１か月の間に日本人が数人訪れ、日本語パンフレットを手にして遺跡を回っていたことを教えてくれた。そして形となった日本語パンフレットを手にしながら、遺跡の前でディポネゴロ高校の教師と生徒たちと一緒に心底感動しながら記念撮影を行った。ちょうどその時、欧米から来たと思われる観光客集団が遺跡に現れた。ディポネゴロ高校の生徒たちは英語版のパンフレットを手に、自分たちはこの近くの高校生であること、自分たちがこのパンフレットを制作したことを一生懸

資料12　チャンディ・ジャゴ遺跡での記念撮影

命英語で説明していた。その高校生たちの誇らしげな顔を目にしたとき、日本にいる静岡サレジオ高校の生徒たちも同じように誇らしい気持ちでいることを確信した。

④パンフレットを作り終えて

プロジェクトを終えた後、静岡サレジオ高校の生徒たちと振り返りを行った。世界史探究でイスラームの成り立ちからイスラーム諸国の歴史について学んでも、生徒たちにとってイスラームに対するイメージは非日常のものであった。しかし実際にディポネゴロ高校のムスリムの生徒たちとの交流することにより、静岡サレジオ高校の生徒たちの中でイスラームを自分事として受け止めることができるようになっていった。

以下が生徒の感想である。

- ムスリム高校生の天真爛漫な姿や、彼らがヒジャブなどを当たり前のこととして楽しく過ごしていることを知ったことが大変な驚きであった。
- ムスリムの学校とカトリックの学校（静岡サレジオ高校）がヒンドゥー教の遺跡のパンフレットをつくったということはインドネシアのイスラームの寛容さを感じた。
- この活動を通してイスラームやインドネシアへの先入観や偏見が消えた。そして教科書の知識をリアルに体験することができ、初めて自分事と考えることができた。

生徒の感想の中で特に印象的だったのが次の言葉であった。

山川出版社の教科書の序文（世界史を学ぶ皆さんへ）を思い出した。「近現代史の考察だけでは十分に理解できません。なぜなら要因の多くは、近現代以前の地域や国のそれぞれの個性と地域間の交流のあり方に由来しているから。」この言葉が浮かんだ。

4. まとめ

さて今回の取り組みを学習指導要領の世界史探究・大項目Ｅ「地球世界

の課題」のねらいと比較してみよう。

・**持続可能な社会の実現を視野に入れる**：生徒たちの中東のイスラームのイメージはとても厳格で他文化との対立や紛争を生んでいるというものであった。しかし生徒たちはインドネシアのムスリムとの交流やプロジェクト型学習を行っていくことで、イスラームも国や地域によって多様であり、特にインドネシアのムスリムは明るく、「多様性の中の統一」という国是にも象徴されるように共生するマインドが強いことを理解した。そして自分たちと異なる文化を許容すること、共生することの大切さを学んだ。

・**紛争解決や共生**：世界の多くの紛争は他文化への誤解によって生まれている。実際に異なる文化の人たちと交流することで誤解を解消し、共生しようとする気持ちが養われた。

・**経済格差の是正や経済発展**：今回のプロジェクトの対象としたインドネシアのヒンドゥー教寺院遺跡はとても価値があるにも関わらず、現地には遺跡案内の説明等がなく、観光資源としては価値が低いものになっていた。しかし、遺跡のパンフレットを英語、インドネシア語、日本語で作ることで、遺跡の観光価値を上げることができた。実際に設置後わずか1か月程度で日本人も含めた多くの観光客がパンフレットを使用した。また地元の高校生や他国の高校生が協働的に遺跡のパンフレットを作ったことで、遺跡の管理事務所をはじめとした地域の人々の遺跡を守っていくモチベーションも大きく上げることができた。

・**科学技術の発展や文化の変容**：ICTによる歴史的なテクノロジー革命によって日本とインドネシアという遠隔地でありながらオンライン会議やSNSを使って交流・協働学習を行うことができた。またグローバルサウスなどの呼称でも注目されているインドネシアの発展により、インドネシアの小さな地方都市の高校でありながらICTを活用できる環境が構築されていた。このことを生徒たちが知ることにより、現代の国際情勢におけるグローバルサウスの力の増大を体感することにもなった。

・**多面的・多角的に考察、構想して探究**：イスラーム・ヒンドゥー・カトリックなど様々な価値観がある中で、多様性を受け入れて協働できることを生徒たちは経験することができた。このことは日本とインドネシアの高校生たちにとって国籍や文化的な差異を乗り越えた共生を考えるきっかけとなったと思う。こうした体験がプロジェクト型の学びとともに養われたことはとても意義があることだった。

・**地球世界の課題を理解**：最後に山川出版社の『詳説世界史』の言葉を借りれば、地球世界の課題の「多くは、近現代以前の地域や国のそれぞれの個性と地域間の交流のあり方に由来している」ことを生徒たちは学んだ。歴史の理解が決して用語の暗記ではなく、血の通った同じ人間たちが国籍や宗教をこえてどのように互いに理解し合い、よりよい社会を築いていくべきなのか、という大切な視点にたどりついた。

今回のインドネシアと日本の高校生が遺跡のパンフレットを作成するプロジェクトは、単なる一つの事例に過ぎない。しかしこのプロジェクトによって、生徒たちは大きく成長し、どのように他の文化を許容して共生するのか、どのように日本人とは疎遠に感じられるイスラームを理解するのか、という重要な問題にたどりついた。本稿がこれからの日本の世界史の学びの再考や、日本と世界を結ぶきっかけとなれば幸いである。

注

(1) PwC 調査レポート「長期的な経済展望：世界の経済秩序は 2050 年までにどう変化するのか？（The long view: how will the global economic order change by 2050?)」
https://www.pwc.com/jp/ja/press-room/world-in-2050-170213.html
(2) database.earth（Population Births in Indonesia)
https://database.earth/population/indonesia/births
(3) セカイハブ
https://sekai-hub.com/posts/cia-median-age-ranking-2024

授業実践　〈日本史探究〉大項目 A

古代の国際秩序を考える日本史探究の授業

華夷秩序と律令国家の形成

小坂（こさか） 至道（のりみち）
京都橘中学校・高等学校　教諭

授業概要
単元：華夷秩序は古代日本の国家形成にどのような影響を与えたか（大項目A）
科目：日本史探究　**対象学年**：3年生
教科書・教材：『日本史探究』東京書籍、日探701
『新詳日本史　資料から考え探究する』浜島書店

1. はじめに

まず、筆者の勤務校の現在のカリキュラムでは、高校１年に「歴史総合」２単位を配置し、高校２年・３年の文系生徒に対して「日本史探究」「世界史探究」４単位ずつを配置している（ただし、１コマあたりの授業時間は45分である）。

そのうえで、最初にお断りしておきたいのは、筆者がこの間「歴史総合」の授業を担当していないため、本稿における「歴史総合」の授業実践の前提となるのは、筆者が同僚の授業時間を幾分かもらって実践したものであり、非常に限られた範囲のものであるということである。一方、「日本史探究」については、ふだん担当している選択講座で、高校２年から３年にかけて持ち上がった生徒に対して行った実践にもとづくが、特に高校３年生への復習用に練り直した授業実践でもあるということを承知願いたい。

2.「歴史総合」の授業からみえてきた課題

「歴史総合」の大項目Ｂ「近代化とわたしたち」の中では、明治維新以降の国民国家形成や帝国主義の時代の単元において、日本が伝統的な東アジアの国際秩序を脱し、西洋諸国の主権国家を中心とした国際秩序に参入していく点に注目して授業を行った。

まず、幕末から明治維新にかけての情勢を、欧米列強による植民地化への警戒という危機意識の中でおこった政治的イニシアティブの争いの文脈でとらえた。そして、その勝者となった明治政府が近代的な主権国家としての地位の確立を目指して、経済力・軍事力を増強する富国強兵策を進める過程を概観した。

次に、欧米列強をモデルとした国民国家の形成を前提として、諸政策を通じた国民意識の形成や諸外国との条約締結・国境の画定などを扱った。特に後者において、日清修好条規や日朝修好条規の締結以降、琉球の帰属に関する問題や朝鮮問題が日清・日露戦争を通じて解消されていく過程は、日本の国民国家形成と帝国主義化との軸で理解される。

国民国家形成の単元で特に取り組んだのは、東洋の伝統的な華夷秩序と西洋の主権国家の国際秩序を比較し、その特徴について考察することである。中学までの歴史学習をベースに、中国や朝鮮・琉球との関係を日明貿易や江戸時代の外交・交易関係を参考にふりかえり（**資料 1**）、「朝貢」「冊封」などの言葉を用いて華夷秩序を学んだうえで、日清修好条規や日朝修好条規を材料に清と朝鮮の宗属関係と、それに対する日本の姿

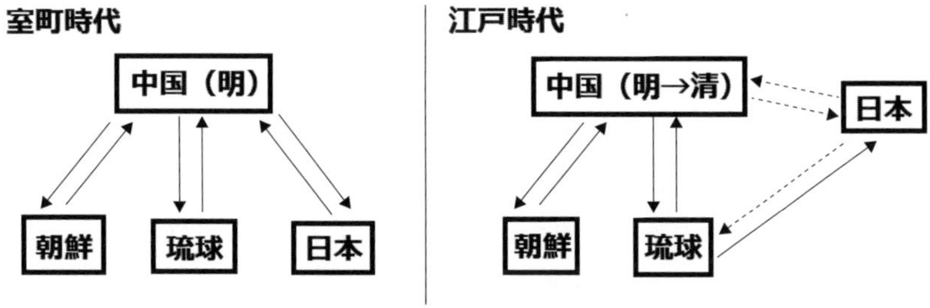

資料１　「朝貢」「冊封」の関係図

勢を考えた。

また、「万国公法」のもとでの主権国家同士の対等性と、それゆえの勢力均衡論にもとづく安全保障への動きを考えた。東洋では、中華の国の介入のもとで、属国（蕃国）同士の緩やかな利害調整が行われるのに対して、西洋の主権国家秩序では、対等な国同士が対立した場合、勢力均衡（パワー・オブ・バランス）をめぐって同盟外交が展開すること、やがて第一次世界大戦以後の集団安全保障体制へと切り替わっていくこと、その限界と現代の国際社会の課題などについて学ぶ流れを示した。

そのうえで、この一通りの授業をふりかえって、「東洋の伝統的国際秩序と西洋の国際秩序の違いは何か。そのメリット・デメリットを比べながら考えよう」と投げかけ、以後の学びへとつなげる問いとした（以下は、この問いに対する生徒の回答例）。

西洋　西洋以外の国家に対して差別的な条約などを結ばせた
仕切っている国はなんでもできるが仕切られている国は大変
東洋　朝貢と冊封の体制
お互いいろいろ手に入れることができるが関係が崩れたら大変

西洋は、武力によって不平等条約を結ぶという方法。メリットは、西洋の国同士は平等にあること。デメリットは、西洋以外の国と対立が生まれやすくなる。
東洋は国と国との上下関係を作るという国際秩序。メリットは、西洋と違い、対立が少ない。デメリットは宗主国と属国が平等でない。

東洋では、宗属関係が主になっていてメリットは属国同士での争いが起きそうになっても宗主国が間に入るため戦争が起こりにくいこと。デメリットは属国は一人前の国として見られないこと。
西洋では、お互いの国を主権国家として対等な関係であって、メリットは差別的な秩序や不合理な通商条約をお互いの間で結ばないこと。デメリットは、争いが起きた時に軍事的、経済的に余裕があり強い方が勝つため常に戦争に備えなくてはいけないこと。

これらは、もちろん正確な理解とは言いきれないものではあるが、物事を比較する視点、日本をはじめとした東洋の諸国家が西洋の国際秩序に取り込まれていく過程を考えるうえでの着目点など、以後の学習に臨む土台ができたのではないかと考えた。

とはいえ、このような授業への取り組みを通じて生徒から伝わってくるのは、一般的に生徒が想定する「国家」とは、近代的な国境や国民の範囲が明確な国家であり、外交関係も近代的（西洋的）な枠組みでとらえていることである。そのため、琉球を内国化するということ、その過程での琉球漁民殺害事件をめぐる処理、特に清における台湾の位置づけが特に理解しづらかったようである。

そこで、「日本史探究」では、古代の日本が東洋における華夷秩序をどのように取り入れて国家形成を進めたのか、その実相はどのようなものであったのかを考える授業を行いたいと考えた。また、古代以降の東洋的国際秩序を軸にして学ぶことは、現代の国家観や国際秩序を相対化し、世界の抱える課題を多様な視点で学ぶ土台づくりにつながるのではないかと考えた。

3.「日本史探究」における授業実践

（1）授業の概要・デザイン

①授業で扱った範囲

前述の課題を踏まえ、高校３年生の復習授業として行った「華夷秩序」に重点を置いた古代の政治・外交の授業実践をふりかえる。

大項目Ａ「原始・古代の日本と東アジア」の中で、日本と中国・朝鮮半島の諸国家の外交に係る単元を扱い、「華夷秩序は古代日本の国家形成にどのような影響を与えたか」という問いを、時代を通観する問いとして設定した。

復習用の授業のうち５～６コマを想定して、弥生時代から平安時代前半の範囲で、「華夷秩序にもとづく国際関係は実際にはどのようなものであったのか」「律令政府は華夷秩序を意識しながらどのような国家形成を行ったか」の二つを軸に考えることにした。

②授業のデザイン

日本史探究に限らないが、基本的な授業のあり方として、次の４点を大切にし、実施している。

i．ペアでの活動をベースとする
ii．ペアで意見・考えを発表し、互いに比較する
iii．気づいたことや疑問に思うことを発表する
iv．より良い授業への工夫をともに考える

i・iiについては、シンク・ペア・シェアを通じて、自分で考え、その意見を表明しやすくする工夫、そこから互いに学びあう工夫であるが、授業での学びに自分で責任をもつ側面も重視している。また、資料・史料の読み込みや、シンキングツール等を使った思考・整理作業を行うときに、相互に「わからない」を表明しやすいこと、生徒間でその「わからない」ことの解消が進むことで、生徒の自己肯定感が低下せず、自己効力感が高まることを期待している。

iiiについては、気づきを共有することで理解を深めあうこと、常に問いをもつこと、問いを表明することを大切にし、それが授業で取り上げられることで、授業への参加姿勢が強まることを期待している。また、ここでの問いは、以後の授業に引き継がれるテーマに育つ可能性もあり、授業担当者にとって楽しみな部分でもある。

ivは、毎回ではないが、授業内での活動が停滞したときや単元の区切りなどで行っている。授業をふりかえる中で、「こういう資料があった方が考えやすかった」「もっと○○の活動をしたい」といった意見・要望が出てくることがある。そうした意見・要望は、授業づくりの改善に活かせるとともに、生徒の主体性の向上につながるので貴重である。

⑵授業の実際

第１回（45分×2コマ）

弥生時代～古墳・飛鳥時代（推古朝）の頃の華夷秩序について考える授業。生徒が確認する史料は、教科書や資料集でおなじみの下記のものである。

・弥生時代の外交…『漢書』地理志、『後漢書』東夷伝、「魏志倭人伝」
・古墳時代の外交…『宋書』倭国伝（「倭王武の上表文」）
・飛鳥時代の外交…『隋書』倭国伝（遣隋使の派遣）

①華夷秩序とはどのようなものか

華夷秩序に関する「朝貢」「冊封」、「中華」「蕃国」などの用語を問い、定義を確認するところからはじめた。特に、「冊封」については、あいまいな理解が多く、その場でweb検索などして確認するように促した。「冊書（勅書）をもって、称号を与えて国王に任命する」といった認識でそろえておくと、後々の理解を助けてくれるかと考えた。一方で、華夷秩序の世界観を確認する中で、「東夷」や「南蛮」は中学校の歴史授業の段階から見聞きする言葉であり、古代の中国における日本のとらえ方や戦国期の日本における海外諸国のとらえ方を考える導線となった。

②朝貢の意図はどのようなものか

倭国が中国の諸王朝に朝貢する意図について、資料を比較しながら考察させた。その結果、確認されたことは、弥生時代までの倭国の諸王はおもに倭国内での優位を確保することを目的としているのに対し、古墳時代の倭王は、朝鮮半島での優位を目的としているということである。

また、倭王武の上表文については、「なぜ朝鮮半島で優位に立とうとしていたのか」や「倭国が百済を含めた称号を要求したのに対し、与えられた称号には含まれていないのはなぜか」という問いを考えることもできた。

③飛鳥時代以降の倭国の外交は、それまでとどう異なるのか

遣隋使に関して、隋の煬帝が倭王の国書に憤慨した話は、比較的よく生徒の記憶に残っているエピソードである。ここでは、煬帝が倭王の国書を無礼としたことについては確認する程度として、まず、倭国の遣隋使派遣の意図や隋の煬帝が返答の使いを派遣した理由を整理した。

〈生徒が整理した内容〉
倭国の意図ー・大陸を統一した隋へ対応し（中国との国交復活）、政治的な圧迫を避けるため
・隋と対等な外交を行う（上の考えとは矛盾？）
・律令制や仏教文化などの導入・吸収のため
隋の意図ーー・高句麗遠征に手がかかり、倭国まで敵に回せない。

ここで、中華の皇帝といえども、必ずしも自国優位ではない国際情勢のもとでは、現実的な対応を選びうるという理解を確認した。また、エピソード的にはなるが、漢の高祖以降の匈奴との外交関係を例として説明したほか、小野妹子が煬帝の国書を百済で略取されたとする件の事後処理について説明した。

生徒は、国力の差などから、名実ともに「対等外交」はあり得ないが、それぞれの立場・思惑から、倭国は少なくとも「冊封」を正式に受けない外交関係を築いたという理解を進められたようである。

④生徒のふりかえり

・見慣れた史料が多かったので、問いについては考えやすかった。

・ひたすら中国に「お願いする」外交というわけではなく、実際にはいろいろと駆け引きがありそうだと思った。

・中国の王朝（周辺諸国も）がどんどん変わるので、流れがわかりにくかった。整理された図か何かがあればなおよかった。

第２回（45分×2コマ）

7世紀後半から8世紀にかけての外交関係を、資料･史料から読み取り、華夷秩序の実態を考える授業。前回の生徒の意見も踏まえ、資料集の整理された図・表をベースに考えた。また、『続日本紀』から大意をとった資料を用意し、考察の材料とした。

①資料を読み取り、疑問点を明らかにする

遣唐使の派遣開始やいわゆる大化の改新（倭国内の政情）、白村江の戦いなどを簡単にふりかえったうえで、それらの知識をもとに資料集の表や図をもとにしたプリント（**資料２**）に取り組み、引っ掛かりをおぼえた点、疑問に感じた点などをシンク・ペア・シェアから全体共有へと進めた。

日本史探究プリント（復習編）

【華夷秩序は古代日本の国家形成にどのような影響を与えたか】

★下の図とそれぞれの時期の［トピック］を確認し、疑問に思ったこと、気づいたこと、考えたことを書き出そう。

➡ペアで取り組み、出し合った疑問や気づきをロイロノートで提出しよう

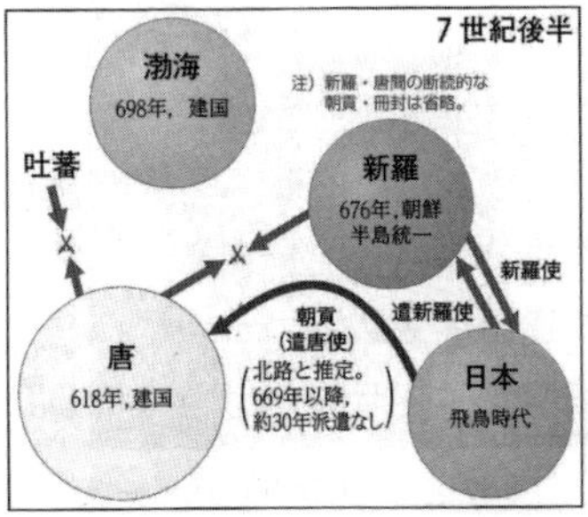

［7世紀後半のトピック］

・663年　白村江の戦い
・668年　唐・新羅連合軍が高句麗を滅ぼす
　※新羅使が来日し、国交再会を望む
　（7世紀の新羅使30回余、遣新羅使10回余）
・669年　日本が遣唐使を送る
・670年　唐が吐蕃との戦いに敗れる（大敗4回）
　唐と新羅が交戦する
・676年　新羅が朝鮮半島を統一する
・698年　渤海が建国する

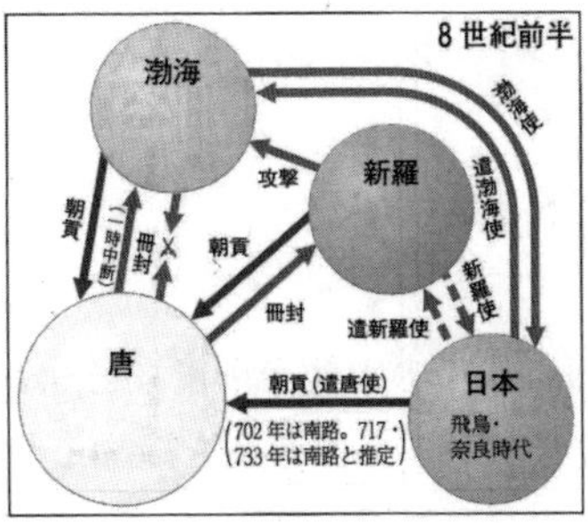

［8世紀前半のトピック］

・701年　日本の正月朝賀に新羅使が参加する
・702年　日本が遣唐使を送る（717年、733年も）
　※このころ新羅は、日本への遣使を減らし、
　唐への朝貢を増やす
・727年　渤海使が来日する
・732年　渤海が唐を攻撃する
・733年　唐が新羅に渤海討伐を命じる
・735年　渤海が唐に謝罪する（朝貢を再開）
・743年　新羅使が日本に「調」でなく「土毛」の語を用いたため帰国させる

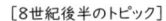

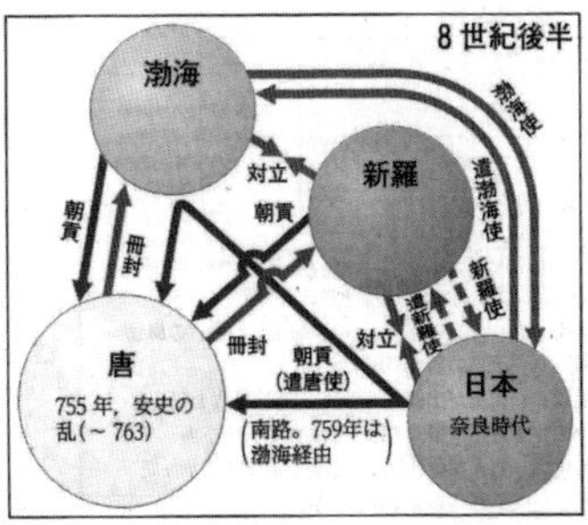

［8世紀後半のトピック］

・753年　唐の正月朝賀で日本が新羅と席次争いをする
・755年　唐で安史の乱が起こる
・759年　日本が遣唐使を送る（777年、779年も）
　藤原仲麻呂が新羅征討を計画する
・779年　新羅使の来日（朝貢の姿勢。最後の来日となる）
　※日本の遣新羅使も最後となる

資料2　授業プリント

〈生徒が挙げた気づきや疑問点〉

[7世紀後半]

a 新羅使が30回あまりも来日しているのに、遣新羅使は10回ほどと少ないのはなぜか。

b 唐が吐蕃と戦って負けているから、新羅も勢いづいて唐に対抗できたのではないか。

c 日本が約30年間遣唐使を派遣しなくなったのはなぜか。

[8世紀前半]

d 新羅は日本との関係より唐との関係を優先し始めている。

e 渤海は、唐・新羅・日本の関係に何か影響を与えているのか。

f 新羅使の「調」・「土毛」の言葉の違いで帰国させるとはどういうことか。

[8世紀後半]

g 唐の正月朝賀で日本が新羅と席次を入れ替えるよう抗議したとはどういうことか。

h 藤原仲麻呂が新羅征討計画を立てたのはなぜか。

②新羅との関係を整理し、重なりあう華夷秩序の実態を理解する

生徒から出された気づきや疑問点を共有し、さらに考えを進める時間を設けた。具体的には、資料集やプリント（**資料2**）や史料（筆者が意訳した『続日本紀』の一部分、**資料3**）などを見直し、自分たちが考え

735　新羅が国号を王城国に変えていたので、新羅使を追い返した。

737　遣新羅使の報告では、新羅で常の礼を守らないとのこと。…官人に議論させたところ、遣使してその理由を問うべきだという意見、派兵して懲らしめるべきだという意見が出た。

752　新羅使の来朝
新羅王子が来朝。「本来、国王が自ら訪れ貢物をささげたいのですが、政治を行うために国をあけるわけにもいかず、王子が名代として来ています。…」とあいさつした。
…天皇は詔し、「新羅国は神功皇后の時代に平定して以来、我が国の藩屏となった。しかし、前王らは常の礼を欠いていた。今の王は後悔して、自ら来朝を望んだり、王子を派遣したりするのは良いことだ。…」「今後は、国王自ら来朝し、言葉を述べよ。他の者を派遣するなら上表文を差し出せ」と述べた。

資料3　『続日本紀』の一部分（筆者訳）

たことの妥当性や根拠があるかの確認をし、考えの修正や確認をするものである。

まず、上記のa・cについては、唐と新羅の対立を前提に、生徒からは、「新羅が日本との同盟をねらった」「日本は唐に新羅との関係を隠す意図があった」などの意見（推測）が出た。しかし、遣唐使の年表や政治年表などの確認により、白村江の戦いの後に唐使が来日し、その返送のための遣唐使もあったことがわかって、「日本と唐は早い段階で関係を改善していた」「日本は唐・新羅双方とのバランスを考えた外交を行っていたのではないか」としたほか、「天武・持統朝では外交よりも律令制成立のための国内の政策に重点を置いていた」という修正がみられた。

次に、d・f・gなどからは、新羅が唐との対立関係により日本の朝貢国としてふるまっていたのが、唐との関係改善後に対等な姿勢に改めたため日本が反発したと理解を進めた。『続日本紀』にみられる新羅使への対応を読み、日本の小中華としての意識やふるまいも理解された。また、「国号を報告する」「朝賀に参列する」という行為が、遣唐使にも共通しており、日本は「新羅に対しては中華的にふるまう国」であるが、「唐に対しては朝貢している蕃国の一つ」でもあるという、華夷秩序が重なりあっているような実態を理解した。そのうえで、渤海との関係もおおよそ了解したようである。

③生徒のふりかえり

- （意訳した）史料から、具体的なやりとりや考え方がわかった。
- 文書（言葉遣い）や礼儀など、建前を重視しているようにも思えるが、けっこう現実的な判断で他国に対応してるのかもしれない。
- やはり、唐の存在感は大きい。だから、どこの国と友好的か敵対的かや、安史の乱のような国内情勢がどうであるかによっても、国際情勢に影響が出る。

第３回（45分×1コマ）

第１回・第２回での華夷秩序のあり方を踏まえて、今度は、日本の律令政府が辺縁の人々をどのように秩序内に組み入れていこうとしたかを整理し、考える授業とした。ここでは、おもに年表と地図を使って、７世紀半ば以降９世紀前半にいたるまでの「隼人」「蝦夷」などへの支配強化を整理した。

①日本の律令政府は辺縁の人々をどう支配したか

生徒からの疑問は「辺縁の人々は服従した後、朝廷に朝貢に来たのか」「そもそも国だったのか？」などである。調べ直す中で、蝦夷が「俘囚」として強制移住させられたこと、公民として同化が図られたことを理解していった。さらに、後の北海道が「蝦夷地」とされるなど、辺縁がさらに先へ広がって認識されていくことにも考えが及んだ者もいた。一方、隼人の強制移住という点では、京都府南部の京田辺市大住にある月読神社・天津神社の祭礼、隼人舞（**資料４**）を紹介した。「大住」は「大隅」から変化したものという。また、中心地の駅近くのプロムナードには隼人の盾の渦巻き模様がデザインとして採用されている。この地域に住んでいる生徒も多く、身近な歴史を考える材料としてもとらえられたようである。

資料4　隼人舞の衣装･盾

②生徒のふりかえり

・古代はけっこう国としての境界があいまいだったことがわかった。
・国外向け、国内向けの華夷秩序があるように思った。

4．結びにかえて

本実践は通史の復習という形で「華夷秩序」を軸に集中的に外交史を扱った。従来の政治史、経済史、文化史…といった教科書順で学ぶ中では、なかなか生徒の問いへの意識や思いを持続することは難しいが、テーマをもっていくつかの時代をまたぐ学習は、生徒の問いの感度を高め、理解を深めるのに役立ったようであり、手ごたえがあった。ここで学んだことが、中近世の外交・交易の中ではどのようにあらわれるか、変化するのか／しないのかなど、検証するように学んでいくことができると期待している。

では、このような実践を、1年越しの復習で行うのではなく、通常の授業の中で行うとすると、どうしたらよいか。

ⅰ．生徒の気づきや疑問の蓄積

授業の中での気づきや疑問を、ICTツール（授業支援ツール）を活用して蓄積し、教員だけでなく生徒もみられるようにしておく。

ⅱ．テーマに沿った時代をまたぐ復習授業の設定

ある程度単元が進んだ後に、教員が考えてほしいテーマを設定し、それに沿った時代の復習授業をはさむ。

ⅲ．生徒とともに気づきや疑問を再設定

教員がテーマに関する課題意識などを共有しながら、テーマに沿った気づきや問いを生徒とともに探す（蓄積されたものをそのまま使ってもよいし、さらに練り直してもよい）。

上記のような手順を経て、生徒とともに学ぶ日本史探究が実現できるのではないかと考え、工夫をしているところである。

特に、本実践では、教員が考えてほしいテーマ（枠）を示しつつ、生徒から気づきや問いが生み出されるよう促していった。生徒の気づきや問いからはじまる授業は、教員にとっての「あたりまえ」、ともすれば「憶えてしまえばよい」としてしまいがちな歴史の概念の理解を深めるきっかけとなるのではないだろうか。また、生徒の気づきや問いを授業の中心におくことで、生徒同士はもちろん、教員・生徒間の学びの関係性が豊かに充実すると考えている。

本実践は、まだまだ試行錯誤中のものであり、歴史総合の授業とのつながりをどうデザインするかや生徒の学習の質をどのように向上させていくのかなどを検証しながら、今後とも取り組んでいきたい。

参考文献

・河上麻由子『古代日中関係史：倭の五王から遣唐使以降まで』中公新書、2019年
・冨谷至、森田憲司編『概説中国史 上 古代‐中世』昭和堂、2016年
・平川南『日本の原像』全集日本の歴史2、小学館、2008年
・京田辺市HP「大住隼人舞」(https://www.city.kyotanabe.lg.jp/0000017439.html)

授業実践 〈日本史探究〉大項目B

「中世の日本と世界」の授業実践

蒙古襲来を題材として「日本」を考える

大庭 大輝（おおば だいき）
筑波大学附属高等学校　教諭

授業概要

単元：蒙古襲来（大項目B）
科目：日本史探究　**対象学年**：3年生
教科書・教材：『詳説日本史』山川出版社、日探705
『図説日本史通覧』帝国書院

1. はじめに―なぜ今蒙古襲来か

最初の蒙古襲来（元寇）、いわゆる文永の役から2024年で750年だという。これに合わせて歴史雑誌が特集を持つなどの動きが見られたものの、松浦市鷹島沖の海底遺物の調査報告や、ゆかりの自治体に史料貸し出しなどの相互ネットワークが構築されたという報道などが散見されるのみで、パリオリンピック・パラリンピックや来る大阪・関西万博といったイベントの話題性の大きさ故か、今のところ記念の年をひっそり迎えている感がある(1)。もしかすると、本稿執筆時点ではまだ見えていない盛り上がりが、実際に「襲撃」のあった秋以降には見られるのかもしれないが。

さて、歴史教育の現場では、蒙古襲来について、その呼称（蒙古襲来か、元寇か）をめぐる考察や、『蒙古襲来絵詞』の絵解き、いわゆる「神風」の問題などを教材として、これまで多くの実践が積み上げられてきた(2)。

この度「中世史の実践紹介を」というお題をいただき、これら優れた実践がありながら、屋上屋を架すように蒙古襲来を扱うことにしたのには、いくつかの理由がある。

第一に、標準履修単位が日本史Ｂは４単位だったのに対し、探究は３単位となり、授業時数が限られる中で、政治・外交・経済・文化など中世社会のありようを総合して理解するのに適した主題だと考えるからである。その意味で、先行諸実践のように教材論として蒙古襲来を「深く掘り下げる」ような立場は取らない(3)。

第二に、必修科目歴史総合の学習を経た日本史探究であることを考えたときに、そこで学んだ概念や技能をもとに、日本史を学ぶことの意義と課題を示す主題として、議論する余地があると考えたからである。

以上から、本実践は「多くの時間を割いた入念な準備」を前提とする事例というよりは、大きなまとまりの指導計画への位置づけ方と、教材の「切り取り方」に軸足を置いた提案ということになるだろう。

かつて歴史学者の鹿野政直は、マルクス主義史学や実証主義史学に対する社会史の立場からの批判原理として「空間」概念を見出し、「わたくしたちの歴史学には、はたして「鳥島」は入っているか」を問うた(4)。本実践は、この「空間」にも着目しながら試行錯誤した一つの格闘の記録としてお読みいただければ幸いである。

2.「中世の日本と世界」の授業実践の概要

①本次までの授業の見通し

はじめに、本次の位置づけを確認するために、いささか形式的ではあるが、年度当初からの見通しと、学習指導要領における大項目Ｂに対応する学びの概要を確認したい。

指導要領上、日本史探究については、科目の冒頭に、歴史総合の大項目Ａ「歴史の扉」のような科目全体を俯瞰する単元や、旧日本史Ｂにおける「歴史と資料」のような特設の単元が設定されていない。とはいえ、一般的には科目の学習を始めるにあたり、生徒と年間の授業計画や評価の在り方について共有したり、科目の特質や意義について確認したりする機会は何らかの形で設定されることであろう。筆者も、年度当初の冒頭2時間（第1次）をオリエンテーション及び「歴史を学ぶ意義」について考える時間にあてている[5]。

まずは、この授業の概要を紹介したい。生徒たちには2015年の文部科学省通知に端を発して巻き起こったいわゆる「文系不要論」について報じた新聞記事や、社会学者・歴史学者らが学問の意義について述べた文章を手掛かりに、自らが「高校生としてこれから日本史探究を学ぶ意義とは何か」を議論し、最後に自分の意見をまとめてもらっている[6]。ここで生徒たち自身が考えたことを通奏低音として、年間の学びが積み上げられていくことになる（はず、である…）。

続いて、大項目Aの学びの際に、沖縄県で1970年に発見された港川人の発見の経緯、そのDNA解析に関する近年の報道の考察を行ったことにも触れたい。詳細は省くが、記事の一つは、「港川人が、現代の日本人に遺伝的に直接つながる祖先だった可能性がDNA解析からわかった」と報じた『朝日新聞』、もう一つは「港川人（約2万2000年前）がDNA分析の結果、遺伝的に縄文人や現代日本人と直接つながらないことがわかった」と記した『読売新聞』のものである[7]。この二つの記事のいずれも誤報ではないことを前提とした場合、そこから何が分かるかを考えてもらうというものである。この記事の分析を通して、「日本」とは、「日本人」とは、あるいは「人種」とはという概念に揺さぶりをかけることをねらいとしている。

最後に、学習指導要領における大項目Bにあたる中世史の学びの見通しについて確認したい。中世の学習については、まず三つの主題をいわゆる指導要領上の中項目（1）「中世への転換と歴史的環境」、（2）「歴史資料と中世の展望」を想定した学びにあて、その後（3）「中世の国家・社会の展望と画期（歴史の解釈、説明、論述）」にあたる「執権政治」「貨幣経済の浸透」などの学習が続くように設計している。以上をまとめると**資料1**のようになる。ただし、学習の順序や扱う資料について日本史探究向けに再検討したものはあるが、軸となる主題はこれまで日本史Bで扱っていたものを大きく変更していない[8]。

歴史を学ぶ意味　＜第１次＞

大項目A
ここで「港川人」の記事（後述）について扱う

大項目B
（1）（2）
「その土地は誰のもの？」
「平安末～鎌倉時代にのみ仏教の革新が起こったのはなぜ？それってホント？」
「「ファーストサムライ」とは誰のこと？武士は時代を変えたのか？」
（3）
「『幕府』や『将軍』って、改めて考えると何ものなのだろう？」
…
蒙古襲来＜本次＞
…
中世のまとめ

大項目C

大項目D

歴史の学びを通して（大庭が）伝えたいこと　＜最終次＞

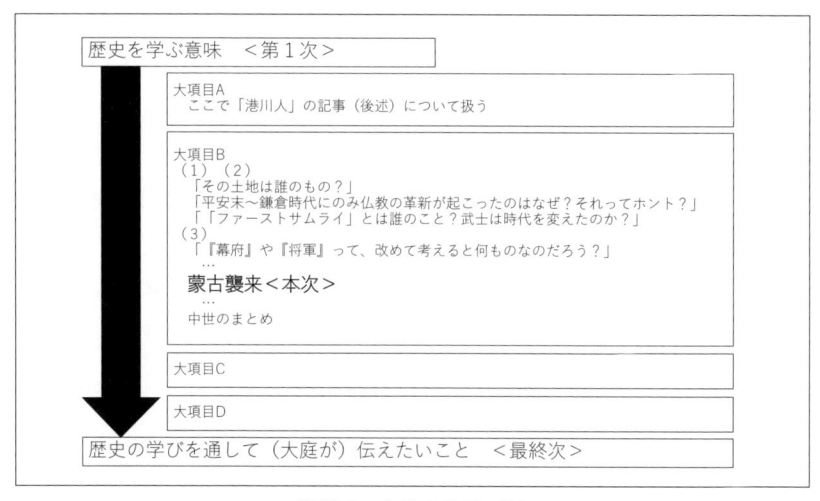

資料１　本次の位置づけ

②授業のねらい

続いて、本次のねらいを大きく２点示したい。書きぶりとして、いわゆる評価の観点に厳密に即した形ではなくて恐縮だが、本次の学びを通して理解してほしいこと、考えてほしいことがそれぞれある。

理解してほしいことについては、東アジアを含む国際情勢、得宗専制に向かう国内の政治情勢、活発に行われた交易と貨幣経済の浸透がもたらす社会の変容、新旧仏教など宗教界における新たな動きなどである。こういった中世社会のありようを、「政治史」「文化史」といった独立した形ではなく、総合的に把握することを一つ目のねらいとしたい。

→ グループレポート作成から見取り、評価

考えてほしいことについては、いわゆる「アジアの元寇」の中に位置づけて「日本」への蒙古襲来を捉え、その作業を通して自身の観念としての、あるいは実態としての国家像を問い直すことである。歴史総合で「現代の諸課題」を足場として歴史を捉えて来た高校生、科目の理念として日本史や世界史といった枠組みを脱構築して「歴史」の問題として過去の事象を捉え、学んだ（はず）の高校生だが、後述するように同じような枠組みを日本中世史にそのまま生かすことには困難がある。そういっ

た生徒たちに、「私たちにとっての蒙古襲来（元寇）に、アイヌや琉球、他のアジア諸国は入っているのか」という「空間」の問題を問うことで、わずかでも歴史総合の学びを想起し、固定観念を揺さぶるささやかな糸口となることを期待したい。これが、ねらいの二つ目である。

→ 導入の発問に関する議論と各自のまとめの振り返りを見取り、評価

③授業展開の概要

それでは、実際の授業の概要について紹介したい。**資料２**は実際の授業展開である。繰り返しとなるが、本次には２時間をあてている。

過程	学習内容	生徒の活動	教師の活動と指導上の留意点
導入	○新安沈没船とは何か？ ○そこから何が分かるのか？	○新安沈没船に関する写真や資料から発着地を推測する。 ○日元の関係と同様の例を歴史上、今日の他の事例と比較して検討する。	○スライドやプリントを用いて資料の読み取りを促す。 ○主題を提示して授業の見通しを紹介し、それが単なる当時の対外関係「のみ」の学習ではないことを示唆する。
展開	○中世の人々の対外意識や後世の人々の蒙古襲来へのイメージを資料から確認	○蒙古襲来を描いた江戸時代の絵画資料を読み取る。 ○日本の対外意識の変容について資料から分かることを意見交換する。	○資料は精選し、読み取りに苦戦していた場合足場かけとして着目点を示す。 ○できるだけ生徒自身の中から意見が生まれるように問いかけ方や雰囲気づくりに配慮する。
	○蒙古襲来についての既存の知識の確認とこれまでの学びの参照	○蒙古襲来についての小中などでの学びを思い出す。 ○蒙古襲来についての教科書や図説の記述を参照し、新たに気づいたことを共有する。	○新たな語彙の獲得に加え、博多湾岸といった限定的な空間にとどまらず壱岐・対馬～樺太（サハリン）～南西諸島～朝鮮半島～東南アジアへと広く見通す空間認識の獲得ができるよう支援する。
	○A「抵抗」の視点、B「御家人以外にとっての戦い」の視点、C「政治・経済的な変容」の視点から蒙古襲来を総合的に検証	○A～C三つの視点に関する問いに答えながら、グループごとにGoogle Jamboardを使ってコンセプトマップにまとめる(9)。 ○他のグループの生徒と、生徒各自が互いの作品を紹介し合い、比較して得た学びをワークシートにまとめる。	○配付した資料や図説等を効果的に活用できるよう声掛けをする。 ○内容面での介入はできるだけ避け、生徒たちによる自由な発想を尊重する。 ○相互発表が活発に行われるように支援する。 ○まとめの課題へ向け、適宜メモを取るなどするように声掛けをする。
まとめ	○作品のブラッシュアップ ○MQ「蒙古襲来を「現代の私たち」が学ぶ意義とは？」	○他グループの成果を踏まえて自グループの作品を検証する。 ○本次の振り返りをしつつMQに対する解答をワークシートにまとめる。	○相互に解説し合った成果をできるだけ反映するように促す。理解を確認する評価の材料とする。 ○MQへの解答をワークシートにまとめるように指示する。

資料２　本次の授業展開

3.「中世の日本と世界」の授業の実際

①実際の授業から

導　入

まず、前回の授業を振り返った後、新安沈没船の船体遺物や積荷について写真で提示する(10)。生徒たちはそれを手掛かりに発着地を推測し、沈没船の謎を解明していった。この導入は蒙古襲来に発して対立のイメージの強い日元関係と、開かれた経済体制の格差から生徒の認識を揺さぶることも意図している。

展　開

本次の学習が中世の対外関係に関するものであることを示唆した上で、いよいよ蒙古襲来について考えていく。生徒たちに「小学校、中学校で学んだことなど、蒙古襲来に関する既存の知識を挙げよう」と投げかけると、「北条時宗」「防塁」「てつはう」「暴風雨」「集団戦法」などが挙がってくる。「異国警固番役」「鎮西探題」などを挙げるのは塾や自学で先取りした生徒だろうか。その上で、教科書や図説を用いて新しい発見が無いか、確認するように促してみた。

教科書や図表には必ず13世紀前後の東アジア（またはユーラシア全体）の地図が掲載され、モンゴル軍やフビライの遠征路という凡例のついた矢印が各所に延ばされている。ただし、これらは細かく比較すると均一ではない。いくつかの教科書や図説の地図を並べて提示するだけでも、生徒はその矢印が北と南からも日本列島近辺に延ばされているもの、それが無いもの、掲載された地図の範囲などの違いに気づくだろう。例えばここで、「なぜ日本史を学ぶ私たちはアイヌや琉球の人々への蒙古襲来をカウントしないのか」という問いが生まれる(11)。

重ねて問うてみたい。「これまでの学びの「歴史の言説」のありようとして同様の事例はなかっただろうか？」以下はやり取りの一部（Tは教師、Sは生徒）である。

S：北海道の？沖縄の？なんかあったっけ？続縄文文化とか？

S：あれは？港川人の話。

S：　あー、あったね、確かに。

T：　思い出したかな。あれは「日本人」のルーツに関する問題だったね。沖縄の話題に絞って話を進めましょう。琉球の歴史は「日本史ではない」あるいは琉球の歴史は「日本史である」としたときそれぞれに問題はないのかな？

S：　教科書は遺跡の話とかでしか出てこなくない？あまり記述ないよね。

T：　沖縄の高校生が学ぶヤマト政権のような時代の歴史と、沖縄以外の私たちが学ぶ琉球の歴史の非対称性はどう考えればいい？[12]

S：　琉球が「日本」の中に入っていた方がうれしい話題は日本史で、そうでないものは日本史ではないってことじゃないですか。

T：　なるほど。そうなると、「日本」っていう空間がかなり恣意的に設定されるってことになるね。

実は、現在使用されている中学校の社会科教科書でも、註レベルまで目配りすれば高麗や南宋、ベトナムの抵抗について記述され、「北と南を襲ったもう二つの蒙古襲来」のコラムを設けているものまであることが分かる[13]。確認したいのは、中学での学びが身についていないということではなく、そのくらい「蒙古襲来は九州に２度」というフレームが強固だということである。

以上を踏まえた上で、本次の中心となる、グループでＡ～Ｃ三つの視点からの問いに答えつつグループレポートを作成し、相互に説明し合う活動を行った。問いの概略を示せば、Ａ「蒙古襲来に対抗できた要因を国内・国際情勢両面から説明しよう」、Ｂ「蒙古襲来に対して非御家人や宗教勢力はどうかかわったか説明してみよう」、Ｃ「蒙古襲来前後から進行していた社会の変化と、政治体制の変容を説明してみよう」などである。

実際に生徒たちは**資料３**のようなレポートを作り、それをもとに説明し合う活動を行った。

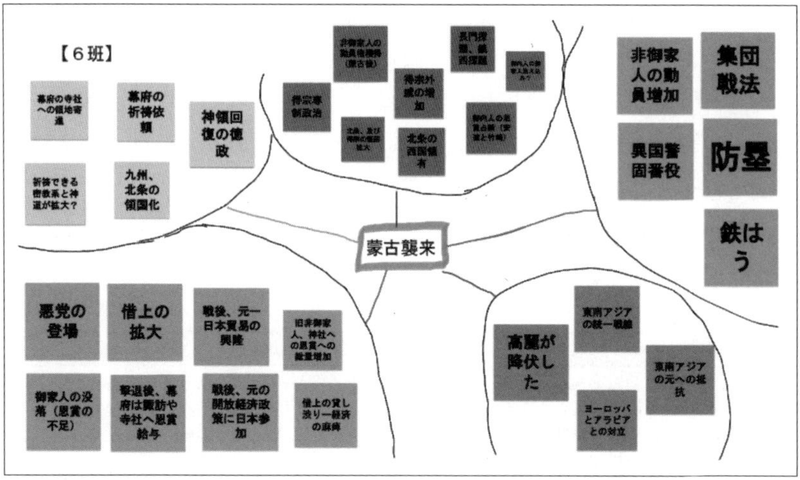

資料3

例えば、**資料３**を作成したグループの生徒の気づきは以下である。（下線部は筆者による。）

生徒Ａ

今までは、蒙古襲来に関して、蒙古襲来、恩賞不給与、幕府動揺、という単純な一本線で捉えすぎてしまっていた気がしました。（中略）蒙古襲来周辺の事象は、むしろ重層的で、様々な事象が起こっていたうえでの得宗専制政治や、蒙古襲来後につながっていく所があったのだな、と、改めて捉え直せました。

生徒Ｂ

今まで、多角的に見たことがなかったので資料のプリントを読むまで知らなかったことも多く学びになったと思う。個人的にはＣの「社会・経済」の観点の両国の貿易関係は衝撃だった。武士と商人では相手国への感じ方が違うことが顕著にわかる事実だと思う。（中略）。他にも、寺院とかへの影響も知らなかった。北条氏や武士達だけが鎌倉時代の全てではないことは頭に入れていなくてはいけない大きいことだと思う。

近年の研究の進展などに即せば、「集団戦法」というイメージの妥当性も議論のあるところであろうし、個々の要素の位置づけ方にも課題があるだろう。しかし、先述した本次のねらいの一つ目である蒙古襲来を窓口に中世社会を総合的に理解するという点は、他のグループも含め概ね達成できたと評価した。

一方で、ねらいの二つ目については、授業のまとめの振り返りの記述から見取ってみたい。

類　型	生徒のまとめ（抜粋）
授業者のねらいを超えて総合的・批判的に捉えたもの	蒙古襲来を２回と学ぶことで日本の社会や政治体制に与えた影響をシンプルに学ぶことができるように思います。一方で、2回と学ぶことは、琉球や樺太、ひいては東南アジア地域に及ぶ元の対外進出政策を総括的に見づらくなってしまうところもあるように思います。 日本と元の関係は政治上の対立はしつつも翌年から交易を開始するなど、少なくとも今日我々が考えるような単純な対立関係ではなかったことが読み取れます。 （中略）これらを踏まえると、蒙古襲来をあまりに過大視しすぎると、周辺の事象の因果を蒙古襲来で結論づけようとしすぎてしまうように思います。むしろ、蒙古襲来もみつつ、様々な周辺事象も視野に入れながらのほうが、時代を捉えやすく思います。一方で、蒙古襲来に注目することで、特に北条家というものの目論見が見えてくるようにも思います。
ねらいに即して視点の相対化を試みようとしたもの	現代の私たちが蒙古襲来について考える時には、ただ元が攻めてきた、という事実のみでなく、複眼的に前後の日本や周辺諸国の情勢なども考慮して考えるべきだなと思った。そうすることで、一つの視点に囚われずに影響とか良い点悪い点などを考えられると思った。
	ものすごい多面体だと思った。蒙古襲来について東南アジアと関連づけて見る視点や軍備から見る視点、また仏教から見る視点など様々な視点を考えることによってどんどん違う顔が見えてくる。特に縄文時代（旧石器時代か―引用者）について学んだ時のように、歴史として書かれているものが事実であるかどうか、というところには注意が必要だ。（後略）
視点は国内情勢のみに向けられているが、安易な教訓化に慎重なもの	もし大きな脅威が現れたら、人々はどういう行動を取るのか、何が影響として後世に残るのかということを事実として知れるため、もし現代で何かが起こったときにそれらの知識や経験を活用できるかもしれない。ただ、当時とは社会の状況が全く違う。人々の思考や信じているものも全く違う。今回のケースはラッキーなことも多かったし、正直個人的にはあまりあてにはならない気もする。
	（前略）危機に際して人々が団結し、共同体意識を強化することが、社会の安定に繋がることを理解できたと思う。また、権力の集中や専制政治が持つ利点と危険性についても考える必要がある。危機の時こそ、リーダーシップの在り方が問われて、その影響が社会全体に及ぶことを認識できた。 留意すべき点としては、当時の文脈や背景を理解することだと思う。現在の社会問題と照らし合わせながら、歴史的な出来事から得られる様々な視点を大切にするべきだ。

資料4　振り返りのアンケートフォームへの投稿より

先述した年度冒頭の授業で、「歴史を学んで現代に生かす」と言うがそれは本当に可能なのか、またそうすべきなのかについて議論したことを踏まえた影響か、安易な教訓化への注意や時代状況を踏まえた理解を重視する意見が見られた点は注目したい。ただ、全体としてねらいに即した回答は半分程度で、その達成度は十分ではなかったのが実際である。

4．おわりに

歴史総合と日本史探究はどう接続し得るのだろうか。その接続の在り方は資質・能力の面、歴史意識やコンテンツの面、様々あるだろう。特に後者において、多くの生徒たちが、国家を相対化し得る歴史総合の学びを「それはそれ」として、日本史探究の学びを現在の国民国家の来歴として捉え、他国史や地域史、いわゆるグローバルヒストリー等をその後景として扱いがちとなることは、その是非はともかく多くの歴史教師に共感いただけることではないだろうか。そのことを、歴史総合において生徒の歴史認識を転回できなかった教師の力量不足に帰してしまえばその通りかもしれないが、むしろそういった一国史としての日本史への回帰を前提に、あくまで「日本」史という場に立脚した際に、何を捉えられるのか、逆に何が捉えられないのかを生徒自身が問い直す機会となることを期待し（つつ、内容の精選による通史の学びも担保し）たのが本実践である。実際の生徒の学びと評価を通して検証したとき、その目的は達成された部分もあるが、課題も多いという結論になろう。

再び鹿野政直の言に着目して稿を閉じたい。鹿野は「歴史学を専攻する一人の市民として、いまを確かめ、未来を探りたい」と述べ、「もっとなまの現実」を歴史学に取り入れたいという衝動を前掲書執筆の動機とした[(14)]。AI の発展も含め高度情報化社会という現実を生きる生徒たちにとって、「日本」史という科目における「中世という時代の歴史」の探究が持つ意味を、教える側も、生徒とともに模索していく必要がある。

注

(1)「元寇にゆかりの25自治体ネット　長崎、福岡など」『読売新聞』2024年4月23日付など。
(2) 一例を挙げると、歴史教育者協議会編『明日の授業に使える中学校社会科歴史 第2版』大月書店、2022年など。三橋広夫「「モンゴル襲来」の授業を分析する：「元寇」史観を乗り越えるために」『日本福祉大学子ども発達学論集』第6号、2014年では、いくつかの実践例が比較・分析されている。
(3) この点については、原田智仁編著『平成30年版学習指導要領改訂のポイント　高等学校地理歴史公民』明治図書出版、2019年所収の拙稿においても紹介しているので、併せて参照されたい。
(4) 鹿野政直『「鳥島」は入っているか：歴史意識の現在と歴史学』岩波書店、1988年、p.11、118（初出は岩波講座『日本歴史』26月報、1977年）。
(5) 勤務校のカリキュラムは、1年次に歴史総合、3年次に選択科目として4単位で日本史探究がおかれている。時間割上は2コマ連続の形で週2日（授業時間は1コマ50分）学習することになる。そのため、本稿の実践は概ね「2コマを1次とし、一つの主題を扱う」実践としてお読みいただきたい。
(6) 全国紙や学部廃止が切実な地方新聞の論旨を比較してもらう他、吉見俊哉『「文系学部廃止」の衝撃』集英社、2016年及び小田中直樹『歴史学ってなんだ？』PHP研究所、2004年、同『歴史学のトリセツ』筑摩書房、2022年などを読んで議論するもの。最後に「文理」の二項対立を相対化する意味でも藤垣裕子『専門知と公共性』東京大学出版会、2003年をもとにした秋田大学教育文化学部の2012年度入試問題を紹介してこの授業を閉じている。
(7) それぞれ『朝日新聞』2021年6月13日付記事、『読売新聞』同日付記事より。
(8) 日本史探究において中項目（1）（2）の重要性は認識した上で、「解釈・説明・論述」がタイトルに示された（3）こそ「探究的に」学ばれるべきであるというのが筆者の立場である（よって、資料も扱いつつ問いや仮説を立てながら見通しを持つ資料1の三つの授業は厳密にどれが（1）（2）なのか厳密に区別していない）。この点については拙稿「『日本史B』と『日本史探究』はどう違うのか：期待と課題」『世界史教育研究』第8号、愛知県世界史教育研究会、2022年を参照されたい。
(9) Google Jamboardについては、2024年中にサービスの終了が予告されている。
(10) 以下、新安沈没船の写真類は国立歴史民俗博物館編『東アジア中世海道：商船・港・沈没船』毎日新聞社、2005年より。
(11)『元史』にみられる「瑠求」が琉球を指すか台湾を指すかについては諸説ある。仮に台湾だとしても、琉球の「可能性」を含めて「数えない」ことをどう考えるかということである。
(12) 一方で、必ずしも現在の沖縄県の高校生が「琉球史」を学ぶ機会を持てているとは言えないという指摘もある。武井弘一「沖縄で「歴史学と歴史教育の両立」を問う」『地方史研究』74巻2号、2024年、pp.99-104を参照。
(13) 帝国書院『中学生の歴史』歴史707、p.71
(14) 鹿野前掲書、p.299

参考文献

・網野善彦『蒙古襲来　転換する社会』小学館、2001年（初出1974年）
・海津一朗『新　神風と悪党の世紀：神国日本の舞台裏』文学通信、2018年
・国立教育政策研究所教育課程研究センター『「指導と評価の一体化」のための学習評価に関する参考資料　高等学校地理歴史』2021年
・杉山正明、北川誠一『大モンゴルの時代』世界の歴史9、中央公論新社、2008年（初出1997年）

・服部英雄『蒙古襲来と神風：中世の対外戦争の真実』中央公論新社、2017年
・古松崇志『草原の制覇：大モンゴルまで』シリーズ中国の歴史③、岩波書店、2020年
・村井章介『増補　中世日本の内と外』筑摩書房、2013年
・吉澤誠一郎監修『論点・東洋史学：アジア・アフリカへの問い158』ミネルヴァ書房、2022年

授業実践　〈日本史探究〉大項目B、C

水は誰のものか

歴史総合から日本史探究へ

堀越（ほりこし） 直樹（なおき）

昌平中学・高等学校　教諭

授業概要　**科目**：日本史探究　**対象学年**：2、3年生
教科書・教材：『日本史探究』実教出版、日探702

1. はじめに

私は勤務先の昌平中学・高等学校において、現在〈歴史総合〉と〈日本史探究〉の授業を担当している。また、2009年度から現在（2024年）まで社会科主任を務めているため、教科内全体の授業改善にも取り組む立場である。高等学校は1学年が14～15クラスあるため、複数の教科担当者が授業を実施することを想定して、授業のベースとなるものをつくる必要がある。その際、最も大切にしているものは教科書であり、本稿でも教科書を大切にした実践を紹介していきたい。

2.〈歴史総合〉の授業実践

2022年度の高校1年生から始まった〈歴史総合〉の授業は、大学入試の過去問の情報がない中で授業づくりをしていくことになったが、大学入試センターが発表した大学入学共通テストのサンプル問題を見る限りでは、概念的な理解が重視される一方で、細かい用語知識はそれほど求められていないと感じた。授業では教科書の本文に掲載されている用語

を網羅的に教え込まなければいけないという意識は持たずに、さまざまな取り組みができる科目ではないかと考えた。

教科書は実教出版の『詳述歴史総合』（歴総 703）を使用している。本文を大切にして知識と理解を深めながらも網羅主義にはしないことを意識した。また、見開き２ページの中に複数の「問い」があるが、それらを活用すれば考察を深めることができる。ただし、これらの「問い」をすべて扱うのではなく、状況に応じて授業者がピックアップして用いればよいとした。

教科書会社のデジタルコンテンツが充実しているため積極的に活用しているが、特に「ふりかえりシート」は複数の教科担当者で教材を共有する際に便利だった。学習者自身が授業の内容を要約し、単元全体を通して何がどう変わり、それについてどう思っているのかをふりかえって自己評価ができるシートであり、それを提出させることで学習者の変容を授業者が確認できる。毎時間提出させるのは授業者の負担が大きいのではないかという声も教員の間から出たが、毎時間ではなく、ある程度まとめて書かせたものを提出させてもよいことにしようと伝えた。

〈歴史総合〉では学期に２回のレポート課題を設定した。レポート課題の例として「アイヌの歴史にどう向き合うか」というタイトルの課題を紹介したい。まずレポート課題の前に、教科書の特集ページ「琉球と蝦夷地」を活用して講義を行った。次に、漫画『ゴールデンカムイ』作者の野田サトルとアイヌ語監修者の中川裕が、「かわいそうなアイヌ」ではなく「かっこいいアイヌ」を意図していることをインタビュー記事から読み取らせた。また、アイヌがヒロインとして消費されているという内容の内藤千珠子の文章を読ませた。さらに、グループごとに議論を行わせ、レポート作成は宿題とした。活発な議論が行われるグループが多く、提出されたレポートも力作が多かった（**資料 1**）。配られた用紙の枠では足りずに裏面までびっしり書いてくる生徒も複数存在した。

観点別評価については、評価基準を事前に明確にしておいたため、複数の授業担当者がいても困ることはなかった。「知識・技能」は定期考査で容易にはかることができる。「思考・判断・表現」は、ふりかえりシー

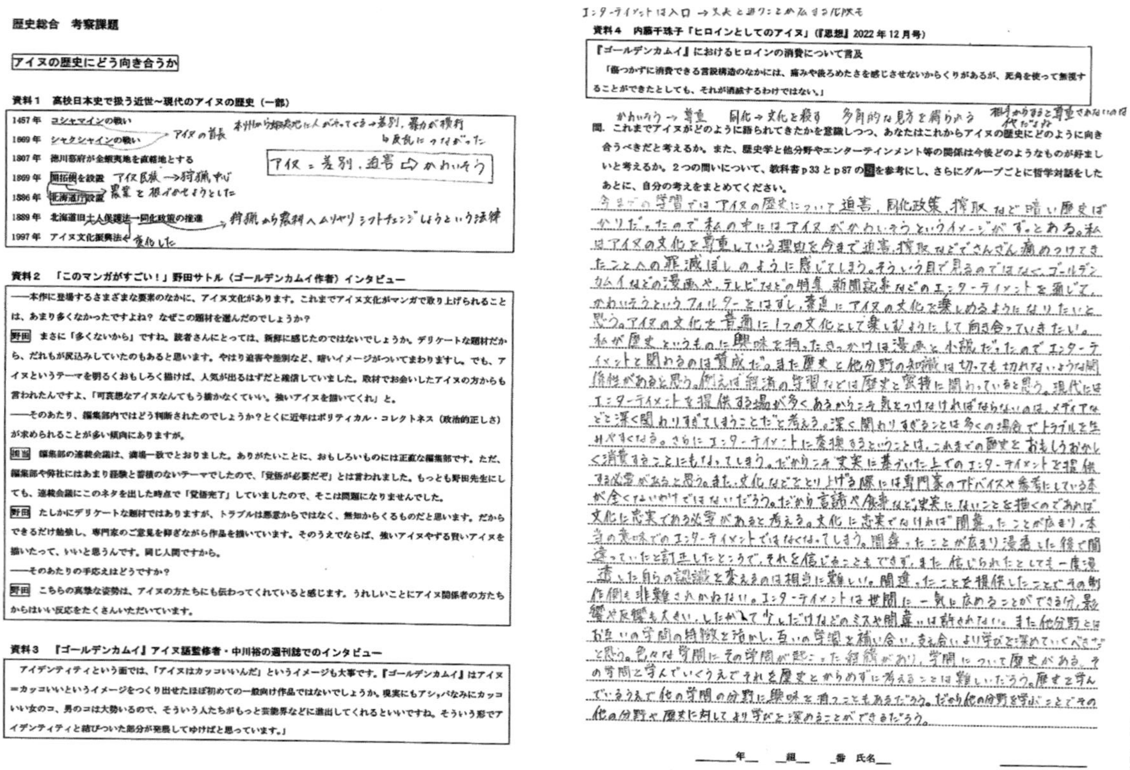

歴史総合　考察課題

アイヌの歴史にどう向き合うか

資料１　高校日本史で扱う近世～現代のアイヌの歴史（一部）

1457年　コシャマインの戦い
1669年　シャクシャインの戦い　→アイヌの首長　本州から[illegible]に人がやってくる→差別，暴力が横行　↳反乱につながった
1807年　徳川幕府が全蝦夷地を直轄地とする
1869年　開拓使を設置　アイヌ民族→狩猟中心
1886年　北海道庁設置　農業を根づかせようとした
1889年　北海道旧土人保護法→同化政策の推進　→狩猟から農耕へムリヤリシフトチェンジしようという法律
1997年　アイヌ文化振興法←変化した

アイヌ＝差別，迫害 ⇨ かわいそう

資料２　「このマンガがすごい！」野田サトル（ゴールデンカムイ作者）インタビュー

――本作に登場するさまざまな要素のなかに、アイヌ文化があります。これまでアイヌ文化がマンガで取り上げられることは、あまり多くなかったですよね？　なぜこの題材を選んだのでしょうか？

野田　まさに「多くないから」ですね。読者さんにとっては、新鮮に感じたのではないでしょうか。デリケートな題材だから、だれもが尻込みしていたのもあると思います。やはり迫害や差別など、暗いイメージがついてまわりますし。でも、アイヌというテーマを明るくおもしろく描けば、人気が出るはずだと確信していました。取材でお会いしたアイヌの方からも言われたんですよ、「可哀想なアイヌなんてもう描かなくていい。強いアイヌを描いてくれ」と。

――そのあたり、編集部内ではどう判断されたのでしょうか？とくに近年はポリティカル・コレクトネス（政治的正しさ）が求められることが多い傾向にありますが。

担当　編集部の連載会議は、満場一致でとおりました。ありがたいことに、おもしろいものには正直な編集部です。ただ、編集部や弊社にはあまり経験と蓄積のないテーマでしたので、「覚悟が必要だぞ」とは言われました。もっとも野田先生にしても、連載会議にこのネタを出した時点で「覚悟完了」していましたので、そこは問題になりませんでした。

野田　たしかにデリケートな題材ではありますが、トラブルは悪意からではなく、無知からくるものだと思います。だからできるだけ勉強し、専門家のご意見を仰ぎながら作品を描いています。そのうえでならば、強いアイヌやずる賢いアイヌを描いたって、いいと思うんです。同じ人間ですから。

――そのあたりの手応えはどうですか？

野田　こちらの真摯な姿勢は、アイヌの方たちにも伝わってくれていると感じます。うれしいことにアイヌ関係者の方たちからはいい反応をたくさんいただいています。

資料３　『ゴールデンカムイ』アイヌ語監修者・中川裕の週刊誌でのインタビュー

アイデンティティという面では、「アイヌはカッコいいんだ」というイメージも大事です。『ゴールデンカムイ』はアイヌ＝カッコいいというイメージをつくり出せたほぼ初めての一般向け作品ではないでしょうか。現実にもアシㇼパなみにカッコいい女のコ、男のコは大勢いるので、そういう人たちがもっと芸能界などに進出してくれるといいですね。そういう形でアイデンティティと結びついた部分が発展してゆけばと思っています。」

エンターテイメントは入口→えんと[illegible]

資料４　内藤千珠子「ヒロインとしてのアイヌ」（『思想』2022年12月号）

『ゴールデンカムイ』におけるヒロインの消費について言及

「傷つかずに消費できる言説構造のなかには、痛みや後ろめたさを感じさせないからくりがあるが、死角を使って無視することができたとしても、それが消滅するわけではない。」

かわいそう→尊重　同化→文化を殺す　多角的な見方を備わろう　[illegible]

問．これまでアイヌがどのように語られてきたかを意識しつつ、あなたはこれからアイヌの歴史にどのように向き合うべきだと考えるか。また、歴史学と他分野やエンターテインメント等の関係は今後どのようなものが好ましいと考えるか。２つの問いについて、教科書p33とp87の■を参考にし、さらにグループごとに哲学対話をしたあとに、自分の考えをまとめてください。

今までの学習ではアイヌの歴史について迫害，同化政策，搾取など暗い歴史ばかりだ。なので私の中にはアイヌがかわいそうというイメージがずっとある。私はアイヌの文化を尊重している理由を今まで迫害，搾取などでさんざん痛めつけてきたことへの罪滅ぼしのように感じてしまう。そういう目で見るのではなく、ゴールデンカムイなどの漫画や、テレビなどの特集，新聞記事などのエンターテイメントを通じて，かわいそうというフィルターをはずし，素直にアイヌの文化を楽しめるようになりたいと思う。アイヌの文化を普通に１つの文化として楽しむようにして向き合っていきたい。私が歴史というものに興味を持ったきっかけは漫画と小説だったのでエンターテイメントと関わるのは賛成だ。また歴史と他分野の知識は切っても切れないような関係性があると思う。例えば経済の学習などは歴史と密接に関わっていると思う。現代にはエンターテイメントを提供する場が多くあるからこそ気をつけなければならないのは，メディアなどと深く関わりすぎてしまうことだと考える。深く関わりすぎることは多くの場合でトラブルを生みやすくなる。さらにエンターテイメントに変換するということは，これまでの歴史をおもしろおかしく消費することにもなってしまう。だからこそ史実に基づいた上でのエンターテイメントを提供する必要があると思う。また，文化などをとりあげる際には専門家のアドバイスや参考にしている本が全くないわけではないだろう。だから言語や食事など史実にないことを描くのであれば文化に忠実である必要があると考える。文化に忠実でなければ間違ったことが広まり，本当の意味でのエンターテイメントではなくなってしまう。間違ったことが広まり浸透した後で間違っていたと訂正したところで，それを信じることもできず，また信じられたとしても一度浸透した自らの認識を変えるのは相当に難しい。間違ったことを提供したことでその制作側も非難されかねない。エンターテイメントは世間に一気に広めることができる分，影響や反響も大きい。したがって少しだけなどのミスや間違いは許されない。また他分野とはお互いの学問の特徴を活かし，互いの学習を補い合い，支え合いより学びを深めていくべきだと思う。色々な学問にその学問が起こった経緯があり，学問について歴史がある。その学問を学んでいくうえでそれを歴史とからめずに考えることは難しいだろう。歴史を学んでいるうえで他の学問の分野に興味を持つこともあるだろう。だから他の分野を学ぶことでその他の分野や歴史に対してより学びを深めることができるだろう。

＿＿＿年＿＿　＿組＿＿　＿番　氏名＿＿

資料１　「アイヌの歴史にどう向き合うか」ワークシート

ト（「問い」と考察）とレポート課題、「主体的に学習に取り組む態度」は、ふりかえりシート（授業のふりかえり）のように事前に軸とするものを決めておいた。

〈歴史総合〉でつくった授業のベースは、〈日本史探究〉でも継続することとした。

3.〈日本史探究〉（中世）の授業実践

①「中項目」を活用した学びのサイクル

学習指導要領では「原始・古代」「中世」「近世」「近現代」の各時代（大項目）において、(1) 知識・問いを提示し、(2) 資料を読解して仮説をたて、(3) 時代の特徴を解釈して表現する、という三つの「中項目」を活用したサイクルで学ぶことを求めている。

教科書は実教出版の『日本史探究』（日探 702）を使用している。〈歴史総合〉と同じ出版社のため、本文、「問い」、図版、特集ページなどの構成に共通点があり、接続しやすかった。〈歴史総合〉で行っていた「ふりかえりシート」の活用やレポート課題なども継続した。教科書を大切にして授業を構築し、「中項目」についても、教科書を活用しながらすすめた。以下にその一部を紹介したい。

②史資料を読解して仮説をたてる

中世では荘園の史資料を読み解きながら生徒に仮説をたててもらった。旧課程の〈日本史 B〉では、寄進地系荘園の説明として、肥後国鹿子木荘の史料を取り上げ、その形成過程を説明することが多かった。しかし、鹿子木荘の事例が寄進地系荘園の説明として問題があることは、1970 年の石井進の指摘以来、研究分野では周知のことである。史料は鹿子木荘成立から 200 年も後の鎌倉時代末期に、訴訟の中で一方の立場から作成された。事実関係にも複数の誤りがあることが指摘されている。現場の教師の「このままで教えた方が楽」という声により教科書会社が残してしまったものの典型例であり、〈日本史探究〉ではどうするか、現場の教師の姿勢が問われているのではないだろうか。また、「寄進地系荘園」の言葉は誤りではないが、免田型荘園なのか領域型荘園なのかがわからないので、領域型荘園成立という荘園史上の画期を埋没させてしまう。そのため〈日本史探究〉において「寄進地系荘園」という語句を前面に出す形での授業構成はあまり好ましくないと考えている。

まず、中項目（2）に入る前の通常の授業の中で、紀伊国桛田荘の絵図（教科書p.76)を読み取る時間を設けている。中央に耕地が広がっていること、集落が存在すること、八幡宮と堂が近接していること（神仏習合）などが読み取れる。授業者からは絵図上の黒点は荘園の境界を示す「牓示」であり、この絵図が耕地と山野河海と集落が含まれる「領域型荘園」の様子を伝えるものであると説明を加える。また、上野国新田荘の図版（教科書p.77）を活用しながら、中世荘園が成立するおもな契機である「寄進」と「立荘」について学び、院政期には上皇や摂関家などの権力により、耕地だけでなく山野河海を含む広大な領域の囲い込みが行われたことも説明する。

中項目（2）では教科書p.86〜87を活用してグループワークを行う。まず1234年の官宣旨の史料を読解させる。1234年、日根荘が摂関家領として成立するときに出された朝廷からの命令書であることを説明した上で、生徒に史料を読み取らせる。「立荘」というヒントを授業者から提示すれば、生徒たちは「国司の免判」「牓示を打ち」「浪人を招」いて開発が行われていることなどに着目することができる。続いて、日根荘荒野開発絵図のトレース図と裏書を読み取らせる。水田の存在、集落の存在、溜め池の存在、裏書に「下司代」「公文代」と書かれていることなどを生徒たちはメモしていく。「領域型荘園」についてはすでに授業の中で解説しており、荘園は耕地だけでなく集落や山野河海を含むこと、朝廷が「立荘」を認めたこと、日常業務は下司などにゆだねられていたことなどを学んでいるが、史資料を通じてそれらを改めて確認し、理解を深めることができる。

その後、ここまで学習してきた内容を踏まえて、中世という時代について、各自がたてた仮説を文章化することをレポート課題とする。領域型荘園についてしっかり学べている生徒は、荘園の成立には、中央の有力者、地方の役人、現地の有力者などさまざまな人がかかわっていたことが理解できている。また、荘園の税は有力者や寺社が直接得ていたことが史資料から確認できるため、中央集権国家による統一的税制ではないことがわかる。生徒の提出物を見ると、古代と対比しながら、複数の権力の存在に言及できているものが多かった（**資料2**）。「中世は武士が活躍する時代」のような一面的な見方をした生徒も、40人近いクラスで2名程度存在した。当該生徒には個別指導をした上で再提出を指示した。もしも開発領主をメインにした寄進地系荘園の説明を行ったとしたら、「武士の台頭」と結びつけて、「中世は武士が活躍する時代」のような内容で書く生徒がもっと増えていたのではないかと推測している。

③中世の特徴を解釈することを手助けする特集ページ

教科書の特集ページを活用することで、中項目（3）で時代の特徴を解釈する際の手助けとなる事例を紹介する。教科書p.138には、川をはさんで合戦する人々の絵が掲載されている。合戦の理由は水田の水争いである。私から「水資源が限られているからといって、あなたは隣の村人を殺しますか」と問いかけると、生徒は「殺しません」と言う。ではどうするかと問いかけると、「話し合う」などの意見が出る。

しかし、話し合って解決するのであれば、合戦にはならないだろう。話し合いが決裂した際、それを調停する方法が未成熟であったことが推察できる。ここで「自力救済」が中世のキーワードの一つであることを説明する。この内容は中世の特徴を解釈する際の手助けとなるだけでなく、近世の学びのサイクルにも活用できることを後述する。

4.〈日本史探究〉（近世）の授業実践

①近世の中項目（2）

近世の中項目（2）で資料を読解して仮説をたてる際には、教科書に掲載されている武家諸法度「元和令」「寛永令」「天和令」を活用する。自力救済を特徴とした中世とは異なり、武家諸法度からは江戸幕府が法令による支配を前面に出した統制を行おうとしていることがわかる。初期の武家諸法度からは、織豊政権期と同様に、軍事力を前面に出した統制がうかがえるが、「天和令」を見ると儀礼や秩序による仕組みへと変わろ

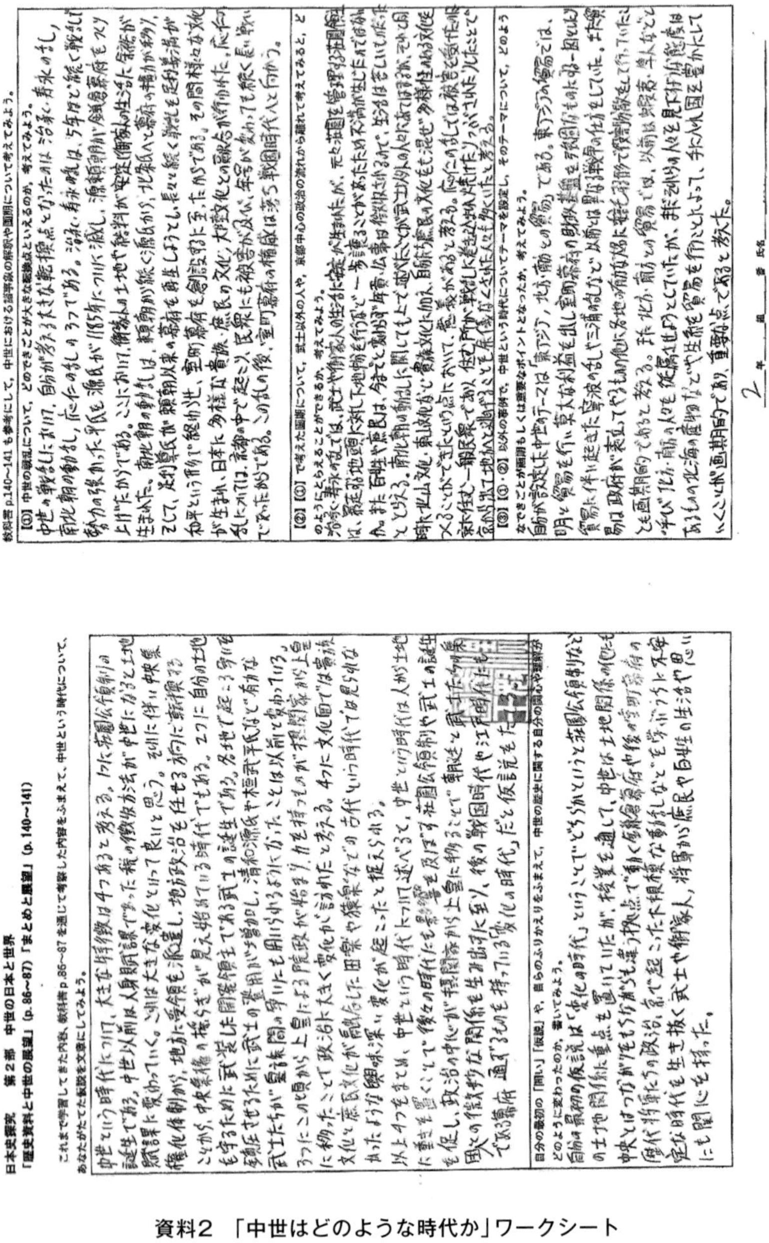
日本史探究　第2部　中世の日本と世界
「歴史資料と中世の展望」(p.86～87)「まとめと展望」(p.140～141)
これまで学習してきた内容、教科書p.86～87を通じて考察した内容をふまえて、中世という時代について、あなたがたてた仮説を文章にしてみよう。
自分の最初の「問い」「仮説」や、自らのふりかえりをふまえて、中世の歴史に関する自分の関心や理解がどのように変わったのか、書いてみよう。
教科書p.140～141も参考にして、中世における諸事象の解釈や画期について考えてみよう。
【①】中世の画期について、どのできごとが大きな転換点といえるのか、考えてみよう。
【②】【①】で考えた画期について、武士以外の人や、京都中心の政治の流れから離れて考えてみると、どのようにとらえることができるか、考えてみよう。
【③】【①・②】以外の事例で、中世という時代について、そのテーマを設定し、そのテーマについて、どのようなできごとが画期もしくは重要なポイントとなったか、考えてみよう。
年　組　番　氏名

資料2 「中世はどのような時代か」ワークシート

うとしていることも読み取れる。

ただし、これらの資料は中項目（2）で資料を読解して仮説をたてる際には機能するが、中項目（3）で時代の特徴を解釈し表現する際には不十分である。武家社会の法令を示しただけでは、武士以外の身分の人々について資料にもとづく考察ができないので、近世の特徴を解釈することはできない。一連の授業の中で武士以外の身分の人々をしっかり扱う必要がある。

②近世の村と百姓を通じて中項目（3）に取り組む

村と百姓について生徒に理解してもらう際に、いくつかの大切なキーワードがある。例えば、「村請制」という言葉が大切であることは言うまでもないが、ここで私が取り上げたいのは「内済」という言葉である。「内済」という言葉を掲載している教科書は少ないかもしれない。しかし、私は一部の教科書にしか掲載されていない用語だからといって「生徒の暗記量を増やしてしまう細かい用語」とは考えていない。むしろ、これは概念的理解を促すような用語であり、もっと多くの教科書に掲載すべきだと思っている。「内済」とは、地域での争いを話し合いで解決することである。近世の村では、領主が関与せずに在地レベルで独自に解決する日常があり、それでも解決しない場合は領主裁判権にゆだねられることになる。訴えが起こされた後であっても領主は「内済」を勧奨することが多い。領主側はこれにより、煩雑な裁判件数を軽減することができたが、中世以来の村レベルでの自律的解決能力があったからこそ和解が可能であった点も見逃せない。話し合いで解決に至らず武力に訴える衝突が起こることもあり、1609年に幕府は山や水をめぐる争いの際に武力行使をする者がいたら厳罰に処すと定めている。中世の「自力救済」を克服するような仕組みが近世につくられていったことに気付けるだろう。

さらに、具体的な事例を紹介して「内済」の理解を深める。渡辺尚志の著作から、「用水組合」の図（**資料3**）を提示し、周辺の村々で話し合って水資源を分配していたことを説明する。

③近世から近代への移行期におこった水争い裁判

さらに渡辺尚志の著作から、水争い裁判を取り上げる（**資料4**）。これ

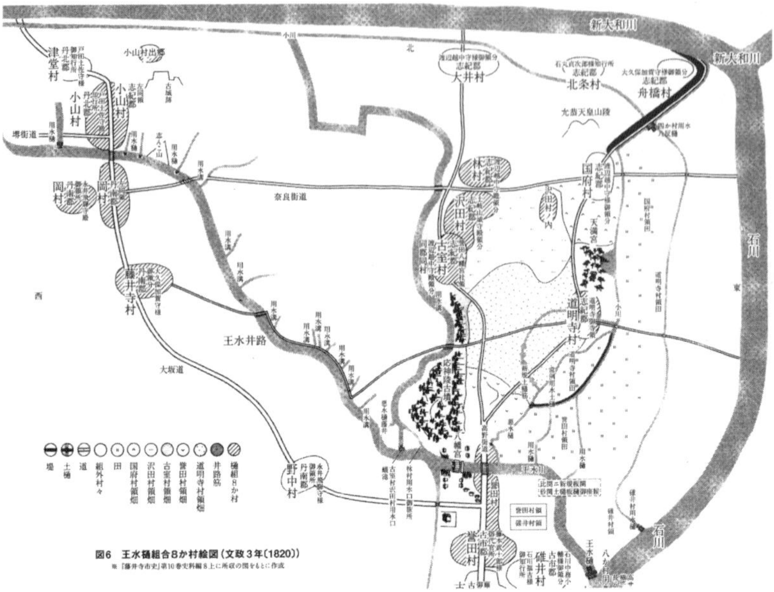

図6　王水樋組合8か村絵図（文政3年(1820)）
※『藤井寺市史』第10巻史料編8上に所収の図をもとに作成

資料3　「用水組合」
（渡辺尚志『百姓たちの水資源戦争』草思社、原図は『藤井寺市史』第10巻所収）

は定期考査の問題としたものである。明治時代初期（まだ憲法や民法などはできていない時期）に、大阪府の野々上村が新しく設置した溝によって水を野中村の方に流すようになった結果、岡村の方に水が来なくなって農業に支障をきたすようになり、岡村は旧来の慣行に戻してほしいと主張する。近世の村においては、山や水などをめぐる問題は地域の話し合いで解決することが多く、岡村としては話し合いの中で決定し、受け継がれてきた慣行を守ってほしいという論理を提示したのである。しかし、野々上村・野中村は、フランスの法律書の内容をあげて、所有権の絶対性という近代になって輸入された論理に依拠して反論していく。原告側・被告側双方の主張を踏まえた上で、自分が裁定し、判決文を出す立場となったらどのような文章を用意するか、というのが設問の内容である。どちらを勝訴させたかが採点基準ではなく、近世の村の特徴、近代所有権の特徴など、時代の特徴を理解した上で、それをいかした判決文を書けているかどうかを重視した。

資料4　定期考査の問題「水争い裁判」

以下の文章と地図は、明治時代初期（まだ憲法や民法などはできていない時期）に、大阪府の岡村と野々上村・野中村との間で争われた訴訟に関するものである。これらをみた上で、この時代の状況を考慮に入れつつ、この裁判へのあなたの見解を述べなさい。

訴訟までの経緯

岡村は、仲哀天皇陵のまわりの「陵池」の水を使って農業をしてきた。この水は、野々上村であまった水を、「飛ヶ城池」を経由して引いてきたものである。江戸時代を通じてこのような状態が続いてきたが、明治時代に入ってから、野々上村が「戸井土の溝」を設置して、野中村に水を流すようになった。すると、「陵池」にあまり水がこなくなって、岡村が困ってしまった。

原告側（岡村）の主張

野々上村であまった水を岡村に流すことは江戸時代を通じてずっと行われてきました。「戸井土の溝」というのは「新築願」が出されていることから、新しいものであることは明らかです。新しくつくったものによって、これまで続いてきた秩序を急に壊すべきではありません。「戸井土の溝」を埋め戻してください。

被告側（野々上村・野中村）の主張

「戸井土の溝」は古い時代に使用されていたものであり、それを修築して再び使用することにしました。もし、「戸井土の溝」が新しいものであるとしても、やはり原告側の主張は成立しません。フランスの法律書には、水源がある場所の土地を所有する者が、水の利用の権利を持つと書かれています。よって、岡村が水の権利を主張するのはおかしい、ということになります。

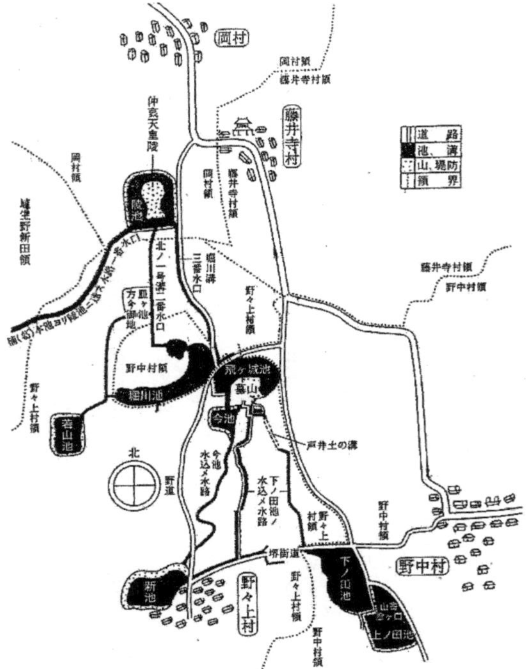

渡辺尚志『百姓たちの水資源戦争』（草思社）より
原図は『藤井寺市史』第10巻所収

3年＿＿組＿＿番　氏名＿＿＿＿＿＿＿＿

5．おわりに　－水は誰のものか－

本稿ではまず、〈歴史総合〉との接続を意識しつつ、教科書をベースにした〈日本史探究〉の授業実践を紹介した。教科書に中世の水田の水争いが掲載されていたことから、近世以降でも水に関する資料を探し、水について継続して考察することが可能になった。水は各時代のキーワードと結びつけて考察しやすい。中世であれば「自力救済」、近世であれば「内済」、近代であれば自由主義や個人主義思想のもとで成立した「所有権」という言葉と結びつけて考えてみた。それでは、現代ではどうだろうか。〈歴史総合〉では「グローバル化と私たち」という大項目を学んだが、水を通して改めてグローバル化の実相について考察できそうである。近年のダボス会議では世界的水不足について繰り返し警告が出され、世界各国は「水の確保は国家の安全保障」と考え、世界中で水をめぐる争いがおきている。開発途上国に水道事業の民営化を迫りつつ、グローバル企業が水資源を独占しようとする動きもある。

〈日本史探究〉では各時代で生徒が「時代を通観する問い」を表現することを求めているが、「水は誰のものだろうか」という「問い」は一つの時代ではなく全時代に使用できる。「時代を通観する問い」が、抽象的でつかみどころのないものに終わってしまうようなケースも多い中、水のように誰にとっても身近なものなどを題材にしつつ、それを大きな考察につなげる方が生徒は取り組みやすくなるのではないか。そのような「問い」について今後多くの先生方と意見交換していきたい。もちろん、学習指導要領は、教師ではなく生徒自身が「問い」や「仮説」を表現することを想定しているが、指針となるようなモデルケースを教師が示すことで考察がしやすくなる生徒も多いだろう。

学習指導要領の改訂により、地理歴史科では多くの新科目が誕生した。生徒たちだけでなく、私たち教師にも学び合う姿勢が強く求められていると感じる。科目・教科・学校の垣根を越えて私たちが学び合う姿勢を続けることで教室にも良い影響を及ぼすことができると信じて、これからも前進していきたい。

参考文献

・荘園史研究会編『荘園史研究ハンドブック　増補新版』吉川弘文館、2024年
・鎌倉佐保『日本中世荘園制成立史論』塙書房、2009年
・石井進「「鹿子木荘事書」の成立をめぐって」『中世史を考える』校倉書房、1991年(初出は1970年)
・高木徳郎編著『『探究』型授業のモデルと実践：日本中世を事例に』早稲田教育叢書42、学文社、2024年
・齋藤悦正「一七世紀の村社会と内済の成立過程」岡山藩研究会編『藩世界の意識と関係』岩田書院、2000年
・渡辺尚志『百姓たちの水資源戦争』草思社、2014年

授業実践 〈日本史探究〉大項目 C

日本史を探究するということ

単元をつらぬく問いを自らたて、探究していく授業実践

金谷 蕗（かなたに ふき）
兵庫県立御影高等学校 教諭

授業概要

単元：織豊政権、経済の発展（大項目C）
科目：日本史探究 **対象学年**：2、3年生
教科書・教材：『詳説日本史』山川出版社、日探705

1. はじめに ―日本史「探究」とは―

昨年度（2023年度）より、新科目〈日本史探究〉が始まった。日本史を「探究」するとはどういうことだろうか。原田智仁氏によると、探究の第一原理は「探究は問い question に始まる」ことであるという。その問いには正解があるとは限らない。正解がないかもしれない問いに対して、納得のいく説明、すなわち仮説 expository hypothesis（理論）を見出し、それによって結論を導くことが探究であることから、探究の第二原理は「探究は仮説によって結論を導く」ことであるといえる。そして第三の原理は「探究は証拠に基づいて仮説を検証する」ことで、社会科の授業にあてはめれば、諸資料による根拠づけといえる(1)。この原理を基に探究学習のプロセスをつくると、「**問い→仮説→検証→結論**」という型ができる。この型を授業に落としこみ、単元ごとに探究学習のプロセスを辿るかたちで、昨年度より〈日本史探究〉の授業を進めている(2)。

2. なぜ探究することが重要なのか　—目標論との関係から—

私には、歴史の授業づくりにおいて根底に必ずもっているテーマがある。それは「**歴史を学ぶ・歴史から学ぶ・歴史で学ぶ**」というものである。それぞれの内容は次の通りである。

歴史を学ぶ：知識・教養を身に付ける

歴史から学ぶ：歴史から学んだことを、現在や未来をよりよく生きることや、よりよい社会づくりのために活かす

歴史で学ぶ：歴史の授業で行うさまざまな取り組みを通じて、思考力や判断力、表現力等の能力を身に付ける

これらの「学ぶ」主体とは生徒自身である。少々欲張りかもしれないが、1年間の〈歴史総合〉ないしは2年間の〈日本史探究〉の授業全体を通じて、これらの学びすべてを生徒自身が獲得していくことを目標に、日々の授業を行っている。

この目標論に基づいて授業を行う際に、探究学習の型を用いることはさまざまな意義があると考える。探究学習のプロセスを辿った歴史学習を行うことで、歴史学習は暗記さえすればいいと思い込んでいる生徒の意識を揺さぶり、イメージを刷新する（歴史は「を学ぶ」だけではなく「から学ぶ」「で学ぶ」こともできるということに気付かせる）ことができる。また、「問い→仮説→検証→結論」という思考プロセスを身に付けることは、あらゆる物事を学んだり考えたりする際に重要であり、「歴史で学ぶ」ことにつながっている。さらに、検証の過程でさまざまな資料に触れたり、他者と協働し議論したりすることによっても、より深く「歴史から学ぶ」「歴史で学ぶ」ことができるであろう。ただ、「歴史で学ぶ」ことを重視する（≒コンピテンシーの重視）あまり、純粋に「歴史を学ぶ」こと（≒コンテンツの重視）が疎かになることがないよう、問いや資料に、新たな気付きや興味関心を促すような、歴史を「自分ごと」としてとらえられるような仕掛けの工夫も大切である。その気付きや学びが、「歴史から学ぶ」ことにもつながっていくであろう。

3. 本校のカリキュラムと〈歴史総合〉とのつながり

私の勤務校である兵庫県立御影高等学校（以下「本校」とする）は、四年制大学に進学する生徒が大多数を占める。中学時から高校受験に真剣に取り組んできた生徒ばかりで、その影響かはわからないが、前項で述べたように、歴史学習に対して、暗記がすべてであると思い込んだまま入学してくる生徒が多くみられる。本校の地歴科教員は、一年次に履修する〈歴史総合〉で、まずその意識を改革することが使命となる。本校では、一年次に〈歴史総合〉と〈公共〉を履修し、二年次に全員〈地理総合〉を履修する。二年次に人間文化類型に進んだ生徒はさらに、二年次、三年次と2年間かけて〈日本史探究〉または〈世界史探究〉(計6単位)を履修する。そのため、〈歴史総合〉で身に付けた知識や歴史の見方・考え方をもって、〈日本史探究〉に相対することになる。昨年度、今年度と〈日本史探究〉を担当している学年は、2022年度に初年度の〈歴史総合〉を履修した学年である。〈歴史総合〉の授業では、当初より〈日本史探究〉〈世界史探究〉とのつながりを見据えて、問いを中心に据えた授業展開を基本とし、一枚ポートフォリオ（OPPシート）[(3)]を導入し問いづくりを行ったり、資料の読み解きや討論、歴史の評価など、さまざまな取り組みを行った[(4)]。その結果、歴史学習において最も大切なのは暗記することではなく、歴史を自分なりに考え、未来に活かせるように考えることで、そしてそのためには「問いの答えを探究すること」「自ら問いをたてること」が効果的であると、多くの生徒に気付かせることができたように思う。このように、まずは〈歴史総合〉で歴史学習の基礎を固めて、〈日本史探究〉〈世界史探究〉へとつなげていくのである。

4. 授業の実践事例 ―近世史の事例から―

昨年度（二年次）の〈日本史探究〉では、単元「幕政の安定」まで学習した。江戸時代前期の、徳川綱吉や新井白石の政治が主な学習内容となる単元である。なお、「単元」が何を指すかであるが、昨年度からの実践では、本校で使用している教科書『詳説日本史』（山川出版社、日探

705）のひとつの節をひとつの「単元」とみなして授業を進めている。これは原田智仁氏のいう「小単元」にあたるため[5]、「単元」の設定方法が適切かは今後検討の余地があるだろう。今年度は次の単元「経済の発展」（江戸時代の産業や経済の発展を学習する単元）から始めている。

二年次から三年次に上がるうえで、大きくやり方を変えた部分がある。それは、二年次は〈歴史総合〉の時と同様に「与えられた問いの答えを探究すること」が中心になっていた学習を、「自ら問いをたてて探究する」学習に変えた点である。生徒自身が一年次から培ってきた歴史の見方・考え方をフル活用して、三年次の〈日本史探究〉の学習に挑む授業スタイルに、私自身も挑戦してみた。近世史の学習のうち、「与えられた問いの答えを探究する」パターンの授業実践、「自ら問いをたてて探究する」パターンの授業実践それぞれについて、生徒が実際にたてた問いや出した答えの例もまじえて紹介したい。

①単元「織豊政権」

文字通り、織豊政権について学習する単元である。単元をつらぬく問い（Main Question＝以下 MQ とする）は「なぜこの時期に「中世」から「近世」に変わったと言われるのだろう？」に設定した。中世から近世という大きな時代の転換点について、自分なりの根拠（どのような政策や変化をもって「時代が変わった」とみるか）を示し、説明できる力を養う問いになっている。問いの提示の次に、仮説をたててもらった。検証の部分では「探究を支える問い（Supporting（Sub）Question＝以下 SQ とする）」を構造化し、それらを軸に進めていった。具体的な内容は**資料 1** で示した通りである。SQ をもとに検証を進めていく中で、さまざまな資料を効果的に用い、ペアワーク等の協働的な学びも取り入れ、思考を深めた。そして最後に結論として、学習の成果を踏まえ、MQ に自分の言葉で答えてもらった。ただ問いに答えるのみならず、自らがたてた仮説との相違を振り返り、気付いたこと等を自由に記述してもらい、生徒自身の思考のプロセスが可視化されるような仕掛けもつくった。二年次は 1 年間ほぼ同じ形式で学習を進めていった。

単元	織豊政権　※4時間を想定	
MQ	なぜこの時期に「中世」から「近世」に変わったと言われるのだろう？ 《仮説をたてる》	問い 仮説
SQ ①	ちょうど日本が“中世”から“近世”へと転換したとされる時期に、世界ではどのようなことが起こっていたのだろう？ ・世界史とのつながりを軸に鉄砲伝来やキリスト教の伝来について確認	検証
SQ ②	日本では、政治的にどのような変化が起こったのだろう？ ・【資料】織田信長年表から政治的特徴などを確認	
SQ ③	秀吉が天下を統一して、社会はどのように変わったのだろう？ ・【資料】豊臣秀吉年表から政治的特徴などを確認 ・【資料】刀狩令のウラの意味を読み解こう ・【考察】秀吉の対外政策が現代の国際関係に与えた影響を考える	
まとめ	単元をつらぬく問いに自分の言葉で答える 自分がたてた仮説と比較し振り返る（感想や新たに気づいたことを記述）	結論

資料1　単元「織豊政権」の問いの構造と大まかな流れ

②単元「経済の発展」

前述の通り、江戸時代の産業や経済の発展を学習する単元である（実際には単元「元禄文化」も合わせて学習した）。ここからは、「自ら問いをたてて探究する」ことに挑戦してもらった。まず、江戸時代の産業や経済の発展にかかわる資料を提示し、軽く読み解きを行った。実際のプリント（1枚目のみ）は**資料2**の通りである。本校は六甲山地の麓に位置している。現在の六甲山地はとても自然豊かで、校舎の北側の窓から外を見れば、鮮やかな緑が広がる山並みがうかがえる。しかし、江戸時代は荒廃したはげ山であったらしい。明治時代に入り、大規模な水害や土砂災害が相次いで発生したことや、上下水道の整備のため水源の育成が必要とされたことから、兵庫県の事業として植林が進められ、現在の緑を回復したのである[6]。そこで、植林中で緑が全くない六甲山の写真(資料①)、はげ山だった六甲山を見た牧野富太郎の感想（資料②）、江戸時代に六甲山地から流れる河川で洪水が多発していたことを示す資料（資料③）を提示した。あの青々とした六甲山が江戸時代ははげ山だったという事実を知らなかった生徒も多く、驚いた様子であった。また、本校のすぐ近くを流れる石屋川は天井川であり、同じ六甲山地から流れる住吉川や芦屋川といった生徒たちになじみのある川もすべて天井川である。

なぜ天井川が多いのか？という問いの答えは、資料③から推測することができる（六甲山地がはげ山で、洪水が頻発し、押し流された土砂が堆積し川床が高くなったから）ことも紹介しつつ、ペアワークも織り混ぜながら読み解きを行った。そして、「なぜ六甲山は江戸時代にはげ山になったのか？推測してみよう」という問いを投げかけ、これをもとに江戸時代の産業や経済の発展を学ぶ今回の単元に関する問いをたててもらった。**資料２**の通り、少し単元の学習内容に寄せつつ問いをたてることができるよう促した。

この後の検証部分の展開は、生徒の問いをある程度予測したうえで、最も自然な思考プロセスとなるよう、こちらで二年次と同じようにSQを構造的にたてた。**資料３**に示した通りである。学習の最後には、今までと同じように結論として、MQに自分の言葉で答え、振り返りをしてもらった。ただ、これまでとは違い、自分でたてたMQであることから、記述量は格段に多くなった。また、特段の指示をしていないにもかかわらず、自らの問いのクオリティ（良い問い悪い問いとはこういうものだ！といった指南をしたことはないので、あくまでも主観のうえでのクオリティである）や、問いのたて方について振り返りを行う生徒も複数みられた。**資料４**に、４名の生徒が実際にたてた問い、仮説、自らが考える問いの答え、振り返り、について示した。

生徒Aは、六甲山がはげ山になった理由を森林伐採ととらえ、江戸時代の経済活動と森林伐採との関係を探究する問いをたてた。そして、その問いの答えを、「材木が必要だから」と予想していたが、むしろ新田開発や草山にするための土地利用がメインで、「森林が必要ないから」だったことに気付き、発想の転換も必要という物事の考え方についても新たな気付きを得ている。なお、生徒B、Cも、SQ①で確認した新田開発とその影響についての内容にかなり影響を受けている。新田開発による刈敷をとる草山の減少→金肥の普及→貨幣経済の農村への浸透・農民の階層分化、という水本邦彦氏の説(7)をもとに組み立てたSQ①が、生徒を強く揺さぶったことがうかがえた。生徒Bは、江戸時代は農業中心の経済であるという既知識があり、六甲山の資料からもやはりそうだと考えて

日本史探究 授業プリント その21　＜第III部 近世　第9章 幕藩体制の成立と展開＞ ①

4 経済の発展 ／ 5 元禄文化

＜まず最初に資料をご覧ください＞

資料①

六甲山の植林の様子
（1903年）

（神戸市役所HPより）

資料②

高知から蒸気船に乗って海路神戸へ向かった。私は生まれて初めて蒸気船というものに乗った。（中略）私は瀬戸内海の海上から六甲山の禿（はげ）山を見てびっくりした。はじめは雪が積もっているのかと思った。土佐の山に禿山などは一つもないからであった。　（『牧野富太郎選集 1』より現代語訳（1881年）、神戸市史より）

資料③

住吉川は魚崎村より地床（河床）が格別に高い。この川は大川であり六甲山の谷々から流れ出ているので、水勢が至って強く、降雨の際には村の者が早速かけつけ土俵や松木によって洪水が発生しないようにしている。近年、土砂がおびただしく流出し、川床が自然に高くなったため、増水によって数度の川切れがあって田地へ土砂が入り、稲に被害があった。　（「松尾仁兵衛家文書」より現代語訳（1788年）、神戸市史より）

（1）資料①、②より、明治時代はじめの六甲山はどんな様子だったことがわかりますか？

（2）資料③より、江戸時代の六甲山はどんな様子だったことがわかりますか？

（3）江戸時代の六甲山は、なぜ（2）のような様子だったのでしょうか？理由を推測して、思いつくだけあげてみよう。

資料2　単元「経済の発展」の授業プリント（1枚目のみ）

資料から読み取った内容をもとに、「江戸時代の経済活動」に関する問いをたててみよう。

Q、

<自分でたててみた問いの仮説を考えてみよう>

SQ1 六甲山が江戸時代にあんな状態になってしまったのはなんでだろう？

江戸時代の土地の開発と農業の発展のようすをみてみよう。

さかのぼって中世末～　（1、　　　　　　）が積極的に行われるように

17 世紀末～　**町人請負新田**もみられるように

※耕地が増えると、中世以来の重要な肥料である（2、　　　）にする草や柴をとる山（草山）も増加。森林は伐採されていく・・・

↓　***だんだんと・・・***

耕地が足りなくなり、草山も耕地として開発されるように

↓　**肥料が不足！そこで、**

農民たち、肥料をお金で買うように　←お金を出して買う肥料を（3、　　　　）という

種類：（4、　　、　　、　　、　　、　　）

→ 裕福な農民は良い肥料をたくさん手に入れ、ますます収穫を増やすが、貧しい農民は肥料が手に入らなくなり、ますます困窮。

→　　　　　　　　・・→

農業技術の向上とあわせて生産力アップ！

- ・農具：（5、　　　、　　　、　　　、　　　、　　　）など
- ・農書：17 世紀前半？『清良記』土居清良？
  - 17 世紀末　**宮崎安貞**『6、　　　　　』
  - 19 世紀　**大蔵永常**『農具便利論』『7、　　　　　』

↓　**そして、**

余剰米を商品としたり、商品作物を生産するように　***全国各地に特産品がうまれる！***

江戸時代、六甲山があんな状態になってしまったのは、

が一因と考えられる。（他には居住区域の開発や道路の開削、城郭の建築のための材木や石材の切り出し、なども）

SQ2　「全国各地に特産品がうまれた」ことで、どんな産業が発展したのだろう？

六甲山の麓で発展した産業や特産品といえば、なんだろう？

単元	経済の発展　※「元禄文化」も合わせて4時間を想定	
MQ	（資料の読み解き）六甲山はなぜはげ山だったのだろう？ ≪MQをたてる≫　≪仮説をたてる≫	問い 仮説
SQ①	六甲山が江戸時代にあんな状態になってしまったのはなんでだろう？ ・「新田開発」をキーワードに農業の発展・金肥の普及とその影響（各地の特産品の登場、貨幣経済の浸透による階層分化等）を確認	検証
SQ②	全国各地に特産品が生まれたことで、どんな産業が発展したのだろう？ ・【考察】六甲山の麓の地域の特産品といえばなんだろう？ ・各地で発展した諸産業を確認	
SQ③	全国各地に特産品が生まれたことで、それがどのような交通手段で運ばれ、どのように流通していたのだろう？ ・【資料】交通網・流通網を地図や模式図をもとに確認	
まとめ	単元をつらぬく問いに自分の言葉で答える 自分がたてた問いや答え、仮説との比較を振り返る（感想や新たに気づいたことを記述）	結論

資料3　単元「経済の発展」の問いの構造と大まかな流れ

いたが、学習の結果、商業の発展が目覚ましいこと、また現代にもつながっていることの気付きを得ている。生徒Ｃは、学習単元の時代認識に少し相違があったものの、最終的にはその相違に自ら気付くことができている。

ちなみに、六甲山がはげ山になった理由をはっきりと示す資料はない。新田開発にともなう開発のために森林伐採が進んだという理由だけでなく、水（六甲の水）や石材（御影石）などさまざまな資源を求めて森林が切り開かれていったり、人が森の中に頻繁に入るようになり山火事が多発したといった事実も理由であると考えられている(8)。これらのような仮説をたて、検証部分で仮説を論理的に補強し、結論を出した生徒もみられた。生徒Ｄは、六甲山がはげ山になった理由を森林伐採ととらえ、森林伐採が行われた理由を土地の開発のためと推測した。しかし、検証の部分での学習を踏まえ、木材または木製品が商品化した事実をあげ、木自体も必要だった、という結論を出している。生徒Ａとは逆の展開になっているが、どちらが正しいかではない（諸説あるのでどちらも間違ってはいない）。どちらの生徒も、自らの問いと仮説に対して、真摯に検証し、根拠をあげたうえで仮説を修正し結論を新たに導き出したという、探究学習のプロセスを辿りながら、江戸時代の経済の発展についての理

	生徒の解答	
生徒A	問い	江戸時代の経済活動と森林伐採にはどのような関係があるのだろう？
	仮説	家を建てたり、幕府の施設などを沢山作るために森林を伐採していた
	問いの答え	江戸時代は耕地が増え肥料が必要となった。その肥料である刈敷には森林は必要なく草山が必要だったため。森林伐採がどんどん進んだ。
	振り返り	森林伐採＝木材が必要だからと考えていたけど、森林が必要ないからという考えだったので驚きました。前ならった刈敷が経済活動につながっていたのが面白かったです。自分とは真逆の発想を持つことが大切だと感じました。
生徒B	問い	江戸時代における経済活動の中心は何だったのか？
	仮説	森林伐採による農地拡大→農業を中心とした経済基盤
	問いの答え	主に新田開発や農具の発展などを伴った農業中心の経済基盤だったといえる。しかし、特産品の発展や商業のしくみの発展といった面から、多くの者が現代につながるもので経済にかかせないものがこの時代に発達した。
	振り返り	昔は農業のイメージが強かったが、この時代に現代ともつながるしくみもみてとれ、大きな発展の時代だったと実感した。
生徒C	問い	六甲山が江戸時代にはげてしまったのはどんな経済活動があったからなのだろうか？
	仮説	工場がたてられ発達が進んだから
	問いの答え	新田開発が積極的に行われるようになったから。行われると、森林は伐採されていった。
	振り返り	江戸時代だからまだ工場は建てられていない。産業が栄えるのに伴って、新田開発が進められた。
生徒D	問い	森林伐採は江戸時代の経済活動とどのような関係があるのか？
	仮説	農業が盛んになってより多くの土地が必要だったから木をきった
	問いの答え	江戸時代は諸産業が発達した。建築資材の大量需要により林業も急速に発展した。材木が商品化され、木曽檜や秋田杉が有名になり木製の日用品も作られるようになった。このように材木が多く必要になったから森林伐採が行われた。
	振り返り	土地を開発するために木がじゃまで切ったのかなと仮説を立てていたけどほかにも木が必要だから切っていたと分かった。

資料4　単元「経済の発展」の生徒の記述例

解を深めたという点が、とても重要なのである。

③その後の単元での実践

紙幅の都合により、簡単な説明にとどめておきたい。次の単元「幕政の改革」（享保の改革〜田沼時代、実際には「宝暦・天明期の文化」も合わせて学習した）では、重農主義からの重商主義がポイントとなること、前の単元で「開発と保全」のバランスという問題が複数の生徒の関心にあがったことから、新田開発と石高の伸び悩みを示したグラフ、一揆・打ちこわしの件数の変遷のグラフを読み解き[9]、この時期の社会が抱えた課題と「改革」と称される政治との関係を軸に問いをたててもらった。

近世最後の単元「幕府の衰退と近代への道」（寛政の改革～天保の改革まで、実際には「化政文化」も合わせて学習した）では、メインの資料を19世紀頃のユーラシア大陸の地図にした[10]。ロシアとイギリスの領土拡大の動きと、同時期の日本への列強の接近とを関連付けて、問いをたてることができるか試みた。生徒たちは〈歴史総合〉をすでに学習していることもあり、自然と世界と日本の動きを結び付けて考えることができていたように感じた。

5. おわりに　―成果と今後の課題―

一年次に〈歴史総合〉、二年次に「与えられた問いの答えを探究する」ことを中心とした〈日本史探究〉、そして三年次には「自ら問いをたてて探究する」ことを中心とした〈日本史探究〉の授業を行った。生徒のたてた問いや出した答え、振り返りをみると、かなり主体的に探究している様子がうかがえた。

同時にさまざまな課題もみえてきた。最大の課題は、評価についてである。生徒の一連の探究の成果をどう評価するか、3観点のうちのどの観点にどの要素を反映させるのか、ルーブリックを作成し生徒と共有した方が良いのか等、悩みは尽きない。今年度は、単元をつらぬく問いを生徒自身につくってもらったこともあり、最後の問いの答えがよく書けている、という点だけでの評価は難しい。自分で答えの出せない問いをつくってしまったが、振り返りの部分で反省点や改善案を書いていたり、「この点についてもっと調べたら、答えが出せそう」などと展望を述べていたりする生徒もみられ、そのような生徒は「問いの答えがよく書けている」という点だけで評価すれば低評価になってしまうが、学びの姿としてはむしろ高評価である。今年度は、問いや答えのクオリティよりも、自分で問いをたて、その問いの答えを探究しようとする姿勢と、自分自身を振り返り、自らの変容や理解・考察の深化を見つめ、それを表現しようとしているか評価した。今年度の〈歴史総合〉では、ICEモデル(11)を参考にしたルーブリックを作成し、生徒と共有している。そういった試みの成果も参考に、より良い評価方法を考えていく必要があろう。

問いをつくるために提示する資料や、資料に関わるトピックに、どのようなものが良いか、考えて資料を探して、MQを予測してSQの構造を考えて…という準備は、はっきり言って大変である。まずは自分自身が「この時代はどのような構造をもつ時代なのか」「この単元で最も重要なことは何か」といったことをしっかりと理解し、知識や解釈も常にアップデートしていく必要があるからである。だが、新たな発見も多くあり、楽しい作業でもある。生徒たちが、また自分自身も、より「歴史を学ぶ・歴史から学ぶ・歴史で学ぶ」ことができるよう、日々試行錯誤しながら、より良い学びのスタイルを“探究”していきたい。

注

(1) 原田智仁『高等学校新学習指導要領　社会の授業づくり』明治図書出版、2022年。
(2) 昨年度の実践については、拙稿「単元をつらぬく問いを中心にした日本史探究の授業実践」(『兵庫教育』No.873、2023年）で古代史（単元「律令国家の変容」）の授業例を紹介している。
(3) 堀哲夫『新訂　一枚ポートフォリオ評価OPPA　一枚の用紙の可能性』東洋館出版社、2019年。
(4) 2022年度の本校の〈歴史総合〉の授業については、共に授業を担当した土居亜貴子教諭の論考に詳しい実践が紹介されている（土居亜貴子「平和な未来を目指して―つながりを学ぶ〈歴史総合〉―」金子勇太、梨子田喬、皆川雅樹編著『歴史総合の授業と評価；高校歴史教育コトハジメ』清水書院、2023年)。
(5) 注（1）に同じ。
(6)『新修神戸市史　歴史編Ⅰ　自然・考古』(新修神戸市史編集委員会、1989年)。プリントの六甲山の写真は神戸市WEBサイト（https://www.city.kobe.lg.jp/culture/modern_history/archive/detail/history_11.html　最終閲覧2024年7月29日）より。
(7) 水本邦彦『草山の語る近世』(山川出版社、2003年)。
(8) 六甲山ビジターセンターWEBサイトの「六甲山の歴史・文化」のページ（https://rokkosan.center/history　最終閲覧2024年7月31日）など。
(9) 引用・参考文献は、武井弘一『江戸日本の転換点　水田の激増は何をもたらしたか』(NHK出版、2015年)。
(10) 地図はあえて、生徒が持っている〈歴史総合〉の資料集（帝国書院『明解歴史総合図説シンフォニア』）からとった。
(11) 柞磨昭孝『ICEモデルで拓く主体的な学び：成長を促すフレームワークの実践』(東信堂、2017年)。

授業実践　〈日本史探究〉大項目Ｄ

日露戦争における日本の勝利は、アジア地域にどのような影響を及ぼしたか？

加藤 潤（かとう じゅん）
西武学園文理中学・高等学校　教諭

授業概要
単元：日露戦争と国際関係（大項目Ｄ）
科目：日本史Ｂ　**対象学年**：3年生
教科書・教材：『詳説日本史Ｂ 改訂版』山川出版社、日Ｂ309
『最新 日本史図表』第一学習社

1. 授業開きで生徒に伝えていること

私の授業において、最も重視していることは３点ある。それは、

(1)知識の受け身的な習得に終わらず、批判的・創造的思考力を磨く。
(2)歴史を通じて、読解力・資料分析力・表現力を育成する。
(3)歴史を通じて、「真の学習者＝一生学び続ける人材」を育てる。

である。毎年、授業開きではこの三つを掲げて生徒とともに共有したうえで、授業を進めている。中でも特に意識しているのは、表現力＝アウトプットを通して、授業内容や知識理解の定着を高めることにある。

表現力を伸ばすにあたり、私は毎回50分の授業枠の中で二つの手法を取り入れている。一つは、授業導入時に発する「本時の問い」に対して、80字程度の仮説を表現し、「書くこと」への意識を高めることである。こ

れを習慣化することで、書くことに対する嫌悪感を生み出さないようにしている。もう一つは、プレゼンや振り返りを通して、学習したことを仲間にわかりやすく伝えることである。特に後者は、いずれも発信者の内容理解が深まっていなければ他者に伝えることができないため、生徒たちは授業や学習整理の段階で、発表のための準備を進める。さまざまな負荷を生徒に課すかたちではあるものの、結果として学習に対して主体的に取り組むことにつながっている。

2. 旧課程の日本史Bとの共通点と相違点

新課程の「探究」との共通点として考えられる点は、内容はもちろん知識量がほぼ変わらない。しかし、大きく異なるのは、旧課程に比べて標準単位数が減ったこと、そして何より歴史事象について「地理的条件や世界の歴史と関連付けながら総合的に捉えて理解」できるよう学習指導要領で示されているところである。標準単位数が少なくなったことに加え、世界の歴史と関連づけるとなると、今までのように全ての知識を一方的に授業で伝達していくことは、時間的にも物理的にも不可能である。そこで、その課題を解決するには、世界の歴史の知識については生徒自身に調べさせるなど、工夫した授業展開が必要であると私は考える。

3. 歴史総合とのつながり

日本史探究の授業を進めるうえで、歴史総合の授業は非常に重要であると私は考える。限られた時間内で円滑に授業を進めていくためにも、歴史総合の授業で世界史的事象の理解、そしてその内容を理解・定着させる必要があり、決して軽視はできない。また、大学入学共通テストでも歴史総合の部分において、日本史選択者は世界史選択者と比べて不利となるといった風説がある。こうした生徒の不安を解消するためにも、日本史探究の授業内において歴史総合で学習した内容を取り入れたり、再度理解し直したりする活動を組み込むことで、日本史の諸事象を世界の歴史と関連づけることができるといえよう。こうしたことから、歴史総合の授業とのつながりは重要であると考える。

4. 授業実践

学習指導要領のD「近現代の地域・日本と世界」の中項目（3）に、以下のように示されている。

> ア　次のような知識を身に付けること。
>
> （ア）　明治維新、自由民権運動、大日本帝国憲法の制定、条約改正、日清・日露戦争、第一次世界大戦、社会運動の動向、政党政治などを基に、立憲体制への移行、国民国家の形成、アジアや欧米諸国との関係の変容を理解すること。
>
> イ　次のような思考力、判断力、表現力等を身に付けること。
>
> （ア）　アジアや欧米諸国との関係、地域社会の変化、戦争が及ぼした影響などに着目して、主題を設定し、近代の政治の展開と国際的地位の確立、第一次世界大戦前後の対外政策や国内経済、国民の政治参加の拡大について、事象の意味や意義、関係性などを多面的・多角的に考察し、歴史に関わる諸事象の解釈や歴史の画期などを根拠を示して表現すること。

上記の内容をふまえ、本校で採用している教科書（『詳説日本史探究』山川出版社、日探705）のp.263の問いである「日露戦争は、近隣諸国にどのような影響を与えたのだろうか」をヒントに、本時の学習では中国・ベトナム・トルコ・イランの「アジア地域」に焦点をあて、日露戦争における日本の勝利が、「辛亥革命や東遊運動、青年トルコ革命、イラン立憲革命」が引き起こされる一因となったことを理解させることとした。

今回、紹介する授業の対象は旧課程にあたる3年生である。新課程の日本史探究に向けての試みに協力してもらうかたちとなった。

■単元と本時（旧課程教科書を参考に本時を構成）

4. 日露戦争と国際関係
　中国分割と日英同盟　(2 時間)
　　・中国分割（1 時間）
　　・日英同盟（1 時間）
　日露戦争　　　　　　(1 時間)
　日露戦争後の国際関係（5 時間）
　　・韓国併合（1 時間）
　　・満洲経営と日米対立（1 時間）
　　・日本の勝利がアジア地域に及ぼした影響（3 時間）◀**本時**

この単元4の最後の内容として、調べ学習に1時間、調べた内容のプレゼン資料を整理するのに1時間、そしてプレゼンとまとめの1時間の合計3時間で構成した。調べ学習には、教科書や資料集に掲載されているものに加え、外交資料や先行研究などを参考とするよう指示を与えて取り組ませた。なお、それぞれ扱う国と地域はグループごとにくじ引きで割り当て、それぞれに与えたMQ（主題となる「問い」）を中心に調べ学習に着手させた。

1 時間目

それぞれのグループに与えたMQ（主題となる「問い」）は次の通りである。

【中国グループ】
「なぜ、孫文は東京で革命組織を立ち上げたのか」

【ベトナムグループ】
「なぜ、東遊運動は頓挫したのか」

【トルコグループ】
「青年トルコ革命は、イスラム世界にどのような影響を与えたのか」

【イラングループ】
「立憲革命は、イランの国民国家形成にどのような影響を与えたか」

資料1　本時(3時間構成)のワークシート

6 日露戦争が世界に与えた影響

【本時の目標】　日露戦争における日本の勝利が、アジア諸国に与えた影響を理解できる。
【本時の問い】　日本の勝利は、アジア諸国にどのような影響を与えたか？

中国（清国）

ベトナム

イラン

トルコ

【振り返り】

課題・タイトル	本時の問いに対するあなたの考えを、授業の活動をふまえて80字以内で説明しなさい。

20
40
60
80

組　　番　氏名

生徒たちは与えられたMQに向き合いながら、グループ内で図表や資料集をはじめ、ネットで先行研究を調べ、仲間と話し合いを重ねていた。元々、グループでの協働学習は一年次から習慣化されているため作業は早い。中には、生成AIであるChatGPTを利用している生徒もいた。このとき私も特に制限はしなかったが、ChatGPTで得た情報を鵜呑みにせず、それを裏づける資料も根拠とするよう促した。

資料2 調べ学習での生徒の様子

各グループで調べた内容は次の通りである（一部抜粋）。

「なぜ孫文は東京に革命組織を立ち上げたのか」
①清朝政府による弾圧からの回避
②ネットワークの充実…アジアの知識人や中国人留学生が集まる
③経済的支援の獲得

「なぜ東遊運動は頓挫したのか」
①日仏協約締結とフランスの圧力
②資金不足と内部分裂

「青年トルコ革命は、イスラム世界にどのような影響を与えたのか」
①立憲主義の拡大と民族運動の高まり
②イスラムの近代化
③オスマン帝国分裂の加速化

「立憲革命は、イランの国民国家形成にどのような影響を与えたか」
①立憲政治の導入
②市民の政治参加と国民のアイデンティティーが強まる
③イギリス·ロシアに対する抵抗運動→国民国家としての独立性

生徒たちは、各自で調べた内容をグループ内でシェアしながら、日本史教科書だけでは得られなかった知識が増えたことに感動して机間巡視する私を捕まえて話をしてきた。中でも辛亥革命に関しては、調べたことによって、かつて一方的に説明していた時の生徒よりも内容理解が深まっていたように思えた。

2時間目

前時での情報を整理して各グループともプレゼンの準備にあたった。プレゼンについては、日本史の授業のみならず、他教科や探究学習で慣れているため、作成するスピードは比較的速い。工夫あるスライド資料に加えて、中には寸劇を盛り込もうとしたグループも見られた（結局、寸劇はなかった…）。

3時間目

私はプレゼンを行うにあたっては、必ず評価表を配布して仲間の発表を評価してもらうこととしている。この評価表は、授業終了後に回収し

資料3　プレゼン評価表の例

観点項目	3点	2点	1点	0点
【発表時間】 5分 （質疑応答3分は含まれない）	時間配分が適切である	ほぼ時間内である	時間が少し超過、あるいは少し短い	時間が大幅に超過、あるいは大幅に短い
【発表内容】 十分なリサーチ	質疑内容も含め、十分に調べられている	質疑内容も含め、調べられている	質疑内容も含め、やや不足している	質疑内容も含め、全体的に不足している
【発表資料】 独創性（工夫）、見やすさ	工夫が見られ、とても見やすい資料である	工夫は見られないが、見やすい資料である	工夫がなく、資料もややわかりにくい	全体的に不足しており、資料も見にくい
【発表姿勢】 声量、スピード	声量、適切なスピードで発表できている	声量、話すスピードが一定レベルにある	声量、話すスピードを改善する必要がある	発表態度全体を大きく改善する必要がある
【内容理解】 聴衆者にとっての理解度	発表を聴いて、十分に理解できた	発表を聴いて、ある程度理解できた	発表を聴いたが、あまり理解できなかった	発表を聴いたが、全く理解できなかった

資料4 プレゼン投影の一部

て目を通した後、グループごとにフィードバックして、次の授業に生かすように指導している。

生徒にはプレゼンの評価をするとともに、プレゼン内容を聞き取り、配布済みのワークシートにポイントのメモを取らせ、内容理解につとめさせた。このように知識部分については、私から伝達するのではなく、生徒からの発表でとどめるようにしている。しかし、知識が足らない点については、プレゼン後の質疑応答の部分で指摘したり、補足したりした。

プレゼンでは、MQ に対する内容にとどまらず、孫文やファン＝ボイ＝チャウなど人物のことや、国や地域の当時の歴史・社会的背景にも触れるなどの工夫も見られた。

まとめと振り返り

全てのグループのプレゼンを終え、本時のまとめに入る。生徒たちは一連の授業を通して、日本の勝利がアジア地域に及ぼした影響について、一定の「好評価」を下した結論となった。時間も余裕があったので、私から全体に「日本の勝利は、欧米諸国にどのような影響を与えたであろうか」と発問したところ、生徒たちは日本に対して一定の「高評価」を与えたとか、黄禍論が高まったことなどを指摘してきた。黄禍論については、彼らが1年次の世界史Aの授業で触れたこともあったので、知識が理解・定着していることも再認識できた。

資料5　振り返り論述の例

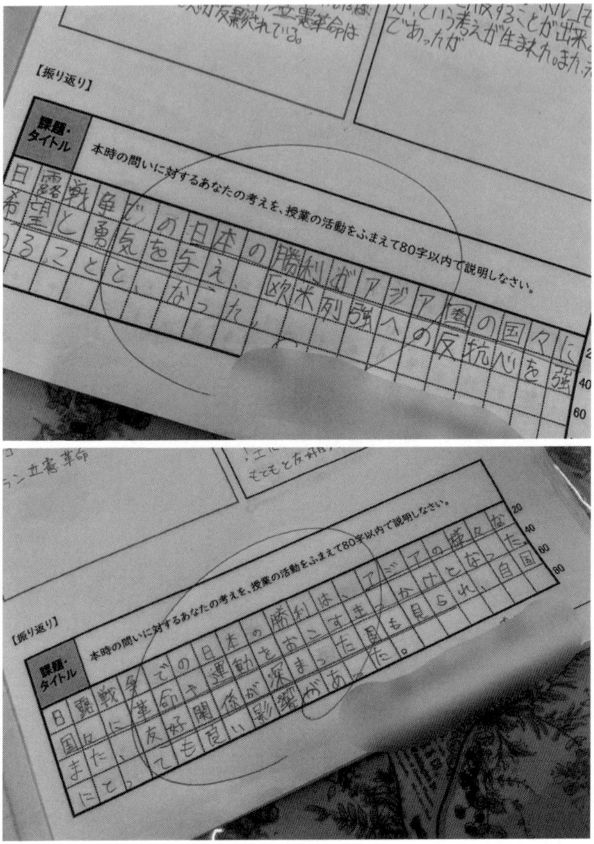

5. 最後に

日本史探究の授業における課題は、限られた時間の中で、どこまで世界の歴史との関連づけができるかにある。私は、この部分に関して紹介した授業実践のように、生徒に調べ学習として取り組ませて世界史的知識の習得をさせているが、決して十分な知識量とは言い難い。そこで、世界の歴史と関連づける以上、日本史探究と歴史総合との関係性はより重要になってくるだろう。日本史探究で諸事象を深めさせる時間を確保するためにも、歴史総合の授業でしっかりと取り組ませていくことが重要である。歴史総合の授業デザインを組み立てる際に、日本史探究の授業との関連性も考えていくことが必要であると考える。

現在、1年生の歴史総合を担当しているが、上述したことを念頭に置きながら、授業の組み立てを今後も行っていきたい。

参考文献

・岩崎育夫『アジア近現代史』中公新書、2019年
・前川修一、梨子田喬、皆川雅樹編著『歴史教育「再」入門』清水書院、2019年
・福村国春『夢中になる東大世界史』光文社新書、2021年

授業実践　〈日本史探究〉大項目Ｄ

歴史総合の学びを活かした日本史探究の授業

OSTを用いた対話型ワークショップの実践

松本 祐也（まつもと ゆうや）
岩倉高等学校　教諭

授業概要
単元：近現代の地域･日本と世界（大項目Ｄ）
科目：日本史探究　**対象学年**：3年生
教科書･教材：『詳説日本史』山川出版社、日探705
『新詳日本史』浜島書店、『日本史用語集 改訂版』山川出版社

1．育てたい生徒の姿や力、想定している「学力」のイメージ

筆者の勤務校である岩倉高等学校は東京都台東区にある私立高校である。1897年に鉄道学校として設立され、これまで多くの卒業生を鉄道業界へ輩出してきた。現在もその伝統を受け継ぐ運輸科が置かれており、鉄道業界を目指す学生にとって魅力的な環境が整っている。もう一つの学科である普通科では大学進学や就職に対応した幅広い学びの機会が提供されている。本校は長い歴史を持ち、地域や企業と連携しながら社会貢献活動にも力を入れている。

このように進路多様校である本校において「育てたい生徒の姿」や「学力」のイメージを明確にして授業を行うことは重要である。筆者は勤務校の建学の精神である「正心第一」にも触れつつ、以下のような視点で授業を行っている。

①育てたい生徒の姿と力

・**知識と理解** 生徒が習得すべき基本的な知識や概念は何か。その上で、知識をどのように応用できるか。

・**思考力と問題解決力** 論理的に考え、問題を解決する力を育てる。例えば、批判的思考や創造的な解決策の提案能力。

・**コミュニケーション能力** 意見を自分の言葉で伝え、他者と協力する力。プレゼンテーションスキルやディスカッション能力が含まれる。

・**自己管理能力** 時間管理や目標設定、自分自身の学習を効果的に管理する能力。

・**社会性と倫理観** 社会の一員としての意識や倫理観、責任感を持つ。

②学力のイメージ

「学力」は単なるテストの点数ではなく、以下のような多面的な要素を含んでいることを考慮する。

・**基礎学力** 主要な人名や出来事、歴史名辞の基本的な知識とスキル。学年ごとの目標に応じた達成度。

・**応用力** 習得した知識を新しい状況や問題に応用する能力。例えば問題解決スキルや、歴史的な事象を理解する力。

・**自発的な学習態度** 学習に対する積極的な姿勢や好奇心。自主的に学ぶ意欲や学習に対する興味を持つこと。

2. 授業する上での前提や大切にしていること

授業とは生徒と教師が作り上げる知的な空間である。50分をどのようなビジョンでデザインしていくのかが常に問われている。ただ教師の知識をなぞらせる、という授業はしたくない。こんな時代だからこそ授業でしかできないことがある。ゆえに授業のビジョンは大切だ。明確な目標設定により教育活動が一貫することで生徒との方向性を共有でき、生徒の成長を支援しながら生徒の学びを効果的にサポートできる。より効果的な学びを実現するためにも、授業のビジョンを持つことは授業そのものの前提となるものであろう。以下、私が日頃の授業で大切にしていることである。

①社会参加の態度の育成

生徒に社会の一員としての意識や責任感を持たせ、積極的に社会に関わる姿勢を育むことが重要である。授業では、社会参加に対する意識を高める活動やディスカッションを取り入れている。

②多角的な考察・比較能力の育成

資料を基に情報を多角的に考察し、比較する能力を養う。これは複数の視点からの分析や、異なる情報源を比較する活動が含まれる。

③歴史学習の定着

歴史の流れや課題を深く理解し、知識を定着させるための授業設計が求められる。具体的には、現代の問題や歴史的背景を関連づけて学ぶ機会を提供することが重要である。

④探究活動の実施

学びながら、生徒が自ら問いを立てて仮説を検証する能力を育てることが重要である。授業では、課題の設定や探究活動を積極的に取り入れている。

⑤主体的で対話的な学びの促進

生徒が主体的に学び、対話を通じて深い理解を得るよう促すことが求められている。生徒同士のディスカッションや、意見交換の機会を設けることが含まれる。

3．年間の流れ（単元・小単元）の紹介

勤務校の高校地歴公民の配当は次の通りである。なお**太字は必修科目**である。

学年	学科名			
	普通科		運輸科	
	単位数	科目名	単位数	科目名
高1	**2**	**地理総合**	**2**	**地理総合**
	2	**歴史総合**	**2**	**歴史総合**
高2	**2**	**公共**	**2**	**公共**
	4	（文系）世界史探究 または日本史探究		
	2	（理系）地理探究		

高3	6	（文系）世界史探究 または 日本史探究	開講せず ＊ただし、課外（土曜）に受験者向けの 受験日本史を設定
	2	（理系）地理探究	

日本史探究の場合、高校２年生であれば原始から南北朝時代までの学習を目標に学習を進めている。また高校３年生は室町時代から現代までを扱い 11 月には学習内容をすべて終える。

２学年の日本史探究の単元は以下の通りである。

月	学習単元	定期試験
4	日本文化のあけぼの 1. 文化の始まり	
5	2. 農耕社会の成立	1学期中間
6	古墳とヤマト政権 1. 古墳文化の展開	
7	2. 飛鳥の朝廷	1学期期末
9	律令国家の形成 1. 律令国家への道　2. 平城京へ道	
10	3. 律令国家の文化 4. 律令国家の変容	2学期中間
11	貴族政治の展開 1. 摂関政治　2. 国風文化	
12	3. 地方政治の展開と武士	2学期期末
1	院政と武士の躍進 1. 院政の始まり　2. 院政と平氏政権	
2	武家政権の成立 1. 鎌倉幕府の成立　2. 武士の社会 3. モンゴル襲来と幕府の衰退	
3	4. 鎌倉文化	学年末

３学年の日本史探究の単元は以下の通りである。

月	学習単元	定期試験
4	武家社会の成長 1. 室町幕府の成立　2. 幕府の衰退と庶民の台頭 3. 室町文化　4. 戦国大名の登場	
5	近世の幕開け 1. 織豊政権　2. 桃山文化 幕藩体制の成立と展開 1. 幕藩体制の成立　2. 幕藩体制の構造	1学期中間

6	3. 幕政の安定　4. 経済の安定　5. 元禄文化 幕藩体制の動揺 1. 幕政の改革　2. 宝暦·天明期の文化	
7	3. 幕府の衰退と近代への道　4. 化政文化 近世から近代へ 1. 開国と幕末の動乱　2. 幕府の滅亡と新政府の誕生	1学期期末
9	近代国家の成立 1. 明治維新と富国強兵　2. 立憲国家の成立 近代国家の成立 1. 日清·日露戦争と国際関係　2. 第一次世界大戦と日本 3. ワシントン体制	
10	近代の産業と生活 1. 近代産業の発展　2. 近代文化の発達 3. 市民生活の変容と大衆文化 恐慌と第二次世界大戦 1. 恐慌の時代　2. 軍部の台頭　3. 第二次世界大戦	2学期中間
11	占領下の日本 1. 占領と改革　2. 冷戦の開始と講和 高度経済成長の時代 1. 55年体制　2. 経済復興から高度経済成長へ 激動する世界と日本 1. 経済大国への道　2. 冷戦の終結と日本社会の変容	
12	日本通史のまとめ	学年末

4. 旧課程の日本史Bとの違いや共通点

旧課程の日本史Bと新課程の日本史探究は、いずれも日本の歴史を学ぶ科目であることに変わりないが、目的や内容、学びのアプローチに違いがある。

	日本史B	日本史探究
目的	·日本の歴史を幅広く学ぶこと。 ·時代ごとに重要な出来事や人物を網羅的に学習し、日本の歴史全体の流れを理解することに重点を置く。	·日本の歴史をより深く掘り下げ、探究的な学習を行う。 ·特定のテーマや時代について詳細に研究し、歴史的な思考力や批判的思考力を養うことに重点を置く。
内容	·古代から現代までの日本の歴史を体系的に学ぶ。 ·教科書に基づいた学習が中心で、主要な歴史的事実や出来事を覚えることが求められる。	·生徒が興味を持つ特定のテーマや時代について、詳細な調査や研究を行う。 ·教科書に限定されず、一次資料や二次資料を活用して学習を進める。

学びのアプローチ	・講義形式の授業が多く、教師が解説し、生徒がそれをノートにまとめる形式が一般的である。 ・定期的なテストや試験で学習内容の理解度を評価する。	・生徒主体の学びが重視され、プロジェクトやプレゼンテーションなどの活動が取り入れられる。 ・教師はファシリテーターとしての役割を担い、生徒の探究活動をサポートする。 ・評価は、探究活動の成果やプロセス、プレゼンテーションの内容など、多様な観点から行われる。

日本史Bと日本史探究の共通点は、日本の歴史を理解し、歴史的な思考力を養うことを目的としていることである。また、両科目とも歴史に対する興味や関心を持たせ、歴史的事象の原因や結果を考察する力を育てるという目標を共有している。また旧課程のころから活発な議論が行われた学習評価については、議論を受けて策定された評価の在り方が現行の指導要領にも引き継がれている。

5. 歴史総合とのつながり

歴史総合と日本史探究はいずれも生徒の歴史理解を深めることを目的とする科目である。

歴史総合では、世界史と日本史を包括的に学んで広い視野と異文化理解を養い、日本史探究は日本の歴史を詳しく掘り下げ、詳細な事実や背景を探究し、歴史的思考力を育てることを目的としている。二つの科目を学ぶことで、広い視野と深い理解が得られ、歴史を多角的に捉える力が育まれる。歴史総合で得た知識は日本史探究での学びを豊かにし、具体的な分析や批判的思考のスキルも養うことができる。

具体的には以下のようにまとめることができるであろう。

	歴史総合	日本史探究
概要	・世界史と日本史の両方を包括的に学ぶ。 ・世界的な視野で歴史の流れを理解し、その中で日本の位置づけを考えることを重視する。	・日本の歴史をより深く掘り下げて学ぶ。 ・詳細な事実や事件、人物の背景を探究し、より深い理解を目指す。

目的	・生徒が広い視野を持ち、歴史の大きな流れを理解できるようにする。 ・異文化理解やグローバルな視点を養う。 ・日本の歴史を世界史の中で位置づけることで、より客観的に捉える力を育てる。	・生徒が日本の歴史について詳細に学び、歴史的な思考力を養う。 ・特定のテーマや時代について深く掘り下げることで、分析力や批判的思考力を育てる。 ・歴史総合で得た広い視野を基に、より具体的な事象を詳細に理解する。
学びの連続性	・歴史総合で広く世界と日本の歴史を学び、その後に日本史探究で日本の歴史を詳細に掘り下げることで、歴史の理解が深まる。 ・歴史総合で学んだ世界史の背景知識が、日本史探究での学びをより豊かにし、広い文脈での理解を助ける。	
視野と深さ	・歴史総合は広い視野を提供し、日本史探究は深い理解を提供する。これにより生徒は歴史を多角的に捉えることができる。 ・広い視野と詳細な理解の両方を得ることで、生徒は歴史を単なる事実の集積としてではなく、複雑な相互関係として理解できる。	
スキルの育成	・歴史総合で培われる異文化理解やグローバルな視点は、日本史探究においても役立つ。 ・日本史探究での具体的な分析や批判的思考のスキルは、歴史総合で学んだ知識をより深く理解し、応用するために重要である。	

歴史総合、日本史探究の両科目は互いに補完し合いながら、生徒に対して包括的かつ深い歴史理解を促すカリキュラムとなっているのである。

6. 授業実践紹介

授業は時代のニーズに応じて進化し続け、子どもたちの未来を支えている。現代の教育はより柔軟で多様なニーズに応える形へと進化していると言えよう。

さて、私が今回紹介する授業実践はOST（オープンスペーステクノロジー）を用いた対話型ワークショップの実践である。また授業は近現代史の導入として行った内容をご紹介する。

OSTは、1985年にイギリスのハリソン・オーウェンが考案したホールシステム・アプローチの代表的な手法である。参加人数の多少にかかわらず参加者のコミットメントを引き出し、主体的な話し合いを通して垣根を越えた問題解決への取り組みを促すのに適している。参加者が自発的にテーマを決め、柔軟に移動し、多様な意見を交換する全員参加型の方法をとることが特徴的である。OSTの一般的な流れは「オープニング(導入)」「テーマ出し」「マーケットプレイス」「分科会（セッション）」「クロージング（まとめ）」で構成されている。OSTの効果としては創造的な問題解決、エンゲージメントの向上、そして迅速な合意形成があり、企業や教員研修で用いられている。

以下、授業で扱った内容について紹介する。なお、授業であるがゆえに一般的なOSTの流れに若干のアレンジを加えていることを了承願いたい。

（1）授業の構成（2023年度作成／対象学年：普通科３年生／２時間分）

	主な学習内容
導入 【10分】	①OSTの説明【5分】 ②OSTの進め方の例を動画で確認【5分】
展開 【80分】	①アジェンダ形成【10分】 ≪課題の提示≫ 「大正時代から昭和時代前期にかけて興味関心を持ったテーマについて語りながら内容を確認しよう」 ②マーケットプレイスの設定【10分】 ③1stセッション【20分】 ④2ndセッション【20分／50分授業であれば2時間目】 ⑤3rdセッション【20分】
まとめ 【30分】	①アクションプラン【20分】 ②振り返り【10分】

（2）授業実践

ここからは実際に授業の様子をお伝えする。

使用する教材等は、教科書、資料集、用語集そしてiPadである。

今回は特に大正時代から昭和時代前期を範囲とし、「大正時代から昭和時代前期にかけて興味関心を持ったテーマについて語りながら内容を確認しよう」という課題を提示している。授業の目的は、既習事項について再度確認するとともに、各自の興味関心にしたがって出されたテーマの中から自らの判断に基づいて、話し合いたいテーマを決めるとともに内容を深堀りして理解の幅を広げることにある。

そのために用いる手法がOSTである。以下、OSTを用いた授業展開である。

導　入

①OSTの説明【5分】

OSTを開催するにあたり、ファシリテーター（教師）は以下の進め方を明示し、参加者（生徒）の理解と共感を促す。

＊理解を深め合う「サークル」を作ってテーマについて話し合う。

＊「サークル」は何人でも構わない。

＊話し合う内容は掲げられたミッションの中であればどんな内容でも構わない。

＊参加者は誰も正解を持っていないので「サークル」では答えを出さない。

＊普遍的に正しいと思っていることが、その人にとっての正しさに過ぎないことを理解していく。

② OST の進め方の例を動画で確認【5 分】

短時間で解説している YouTube 動画を生徒と視聴し、適宜解説を加えながら大まかな流れを確認する。

展　開

①アジェンダ形成【10 分】

課題「大正時代から昭和時代前期にかけて興味関心を持ったテーマについて語りながら内容を確認しよう」を提示する。本来の OST の進め方に沿えば、時代の限定や制限はしないが、話し合う内容を広げ過ぎないようにあえて時代の限定や制限をしていることに留意していただきたい。

ここでは、大項目 D「近現代の地域・日本と世界」のうち、(3)「近現代の地域・日本と世界の画期と構造」から生徒それぞれでテーマの設定を行う。このとき、歴史総合で学んだ内容、特に大項目 B「近代化と私たち」や C「国際秩序の変化や大衆化と私たち」で学んだ内容について確認する。

②マーケットプレイスの設定【10 分】

iPad に記入したテーマについて、イスを円形に並べた大きなサークルでそれぞれが発表し（**写真 1**）、そののち第 1 印象で気に入った生徒のところへ行って小さなサークルを形成する。

ここで大切なことは、生徒の興味関心を最大限に尊重することである。否定はもちろんのこと、誘導したり、周囲とあわせるように仕向けたりしてはならない。

写真1

写真2

生徒は目的に関連して話し合いたいテーマを自由に出し合ってサークルを自主的に運営する。そのなかから自己組織的にリーダーが生まれ、チームとしての実践につながっていくのである。生徒たちが話し合いたい小さなサークルを自然に作るまで、教師は困ったときの質問に答えるなどのサポートに徹する。

生徒が考えた話し合いたいテーマ例

「大正時代の国民生活」「協調外交の挫折」「政党内閣の崩壊」
「大正デモクラシーの思想」「第二次世界大戦への道」「敗戦」

テーマがひと通り出たところで、話し合いたいテーマごとに小さなサークルをつくってもらう。これをマーケットプレイスという。

③ 1st セッション【20 分】

OST のメインはこのセッション（分科会）である。セッションは通常 90 分を一つの単位とし、全体の時間に合わせて異なったテーマで何度かサークルを回していくが、授業では 20 分のセッションを 3 回設定し、60 分で行った。

それぞれの小さなサークルで「なぜそのテーマを選んだのか」「どのような内容に惹かれたのか」などについて話し合う（**写真 2**）。生徒たちは、近しい時代や内容があると自然に小さなサークルを作っていた。例えば、

「大正時代の国民生活」×「大正デモクラシーの思想」
「協調外交の挫折」×「政党内閣の崩壊」

「第二次世界大戦への道」×「敗戦」

というように、自身の知識と話し合えそうな直感を信じて声を掛け合っていた。

1st セッションと 2nd セッションの間には、別サークルへ行ってもよいことを伝える。

④ 2nd セッション【20 分／ 50 分授業であれば 2 時間目】

別サークル（違うテーマのサークル）に参加してもよいし、同じサークルに残りさらに内容を深めてもよい。OST で学んだ態度や振る舞いは、リーダーシップを生み出す組織運営のあり方に大きな示唆を与えると考えられる。

一部の生徒が動き始めると、堰を切ったように新しいサークルが次々に作られていった。もっともこのクラスは少人数（10 名）であり、2 年間同じクラスで生活していることもあって心理的安全性は担保されている。生徒たちは安心して自分の考えを発表し合っていた。

> 【OST の移動性の法則】
> OST の移動性の法則は、「蜂」と「蝶」という比喩で表される。参加者はチームごとに小さなサークルで話し合いを行うが、もう十分に話ができた、あるいは期待外れや貢献できないと感じた場合は他サークルへ自由に移動することができる。「蜂」はサークルからサークルへ移動し、他のチームでの議論内容を共有してアイデアの交配を促していく。一方「蝶」は特定のサークルに参加せず、他の蝶と集まって新しいサークルを作ることで、新しい議論を生む可能性がある。

⑤ 3rd セッション【20 分】

さらにメンバーを替えて話し合う。しかし、多くの生徒はもっと内容を深く掘り下げたいと思っていたようで、移動する生徒は限られていた。

テーマについて知りたいことがある場合は、当然であるがセッション中に情報を収集しても良い。今回は資料集や用語集が活躍していた。

「国民生活の崩壊によって、具体的にどのような生活に変化していったのだろうか？データでわかることはないか？」「第一次世界大戦の勝利によって、国民はどのような期待を持ち、その後の社会にどのようにつながったのか？」「軍国主義へのシフトはどのようなプロセスが絡んでいるのか？」などの疑問について調べていた。

まとめ

①アクションプラン【20分】

始めの全体サークルになり、各サークルでどのような解釈が行われたか発表する。

写真3

発表の準備として、解釈のプロセスをワークシートまたはノートに記述しておくようにうながす。その際には、セッションで得た新たな発見や疑問を大切にするよう伝える。

②振り返り【10分】

2時間の授業で学んだことをワークシートに記入する（**写真3**）。近くの人と話し合いながら記入しても構わないと伝える。

生徒の振り返りの一部

- ●当時を生活していた人々に思いをはせるとともに、もし自分であったら、という問いを作ることができた。
- ●戦争の勝ち負けという2つの側面だけではない、新たな視点を話し合いによって気づくことができた。
- ●教科書に記載されている1文でも、話し合いによって効果的な情報を引き出し合うことができた。
- ●そもそもを共有しながら、どうしてその当時の人はその選択をしてしまったのかをサークルで考えることができた。
- ●歴史は民衆の意思と国家の思惑が交差したときに何かが生まれる。

OSTの特徴は他のワークショップ手法と異なり、話し合うテーマも含めてすべて参加者主導で決めることにある。例えばワールドカフェでは、ファシリテーターが提示する問いに基づいて話し合うのが一般的であるがOSTのファシリテーターの役割は何より開催の目的を明確にすることにすぎない。いわばアイデア実行力を高める一人でしかないのである。

今、教師の役割の一つとしてファシリテーターが挙げられているが、OSTのファシリテーターは指示命令型ではない。参加者が自由に意見を述べ、実現したいテーマの仲間を募り行動を起こす。そんな場づくりを支援し生徒とともに場を育むのである。主体的で対話的な学びが重要視されている今、OSTを通した学びは効果的であると言えよう。

7.「評価」の活用

育てたい姿や学力のイメージを明確にした上で、評価は以下の通り活用する。

・**目標設定と基準**　評価の基準を育てたい姿や学力のイメージに基づいて設定する。例えば基礎知識の理解度、問題解決能力の進展度、自己管理能力の向上など。

・**形成的評価**　学習過程での進捗を把握し、必要なサポートやフィードバックを行う。これにより、生徒がどのように成長しているかを把握し、次の学習に活かすことができる。

・**総括的評価**　学期末や単元終了時に、生徒がどれだけ目標を達成したかを評価する。ここでは、知識の定着度やスキルの応用力を測る。

・**自己評価と反省**　生徒自身に自己評価を行わせ、自分の成長を自覚させるとともに、改善点を認識させることが重要である。

これらの要素を踏まえて、評価は単なる点数や結果ではなく、生徒の成長過程を支え、次のステップに繋げるための重要な手段であることを意識する必要がある。何より、評価の結果を活用して、生徒一人ひとりの学びを深めていくことが大切であろう。

8. これからの歴史教育のゆくえ

授業の本質は、生徒の心や思考に寄り添うことである。教師が生徒に寄り添い、心を開いていく過程で授業も変化していく。

歴史教育においては、過去を学びながら現在の社会や未来を考えるための時間を提供している。歴史を学ぶことによって、現在と未来を考える力が養われ、人間の営みそのものを理解することができる。また、歴史を通して現代の社会や文化、政治の背景を理解し、過去と現在を結びつける力も育まれる。

さらに、歴史教育は批判的思考力の育成にも寄与している。人物や出来事を多角的に考察することで、複数の解釈があることを学び、批判的に物事を捉える力を養うことができる。例えば、異なる国や文化の視点を比較することで、多様な考え方を理解し、自分の考えをさらに深めることができる。また過去に生きた人々の状況に共感し、自分たちの立場を見直すことにもつながる。

これまでの20世紀型教育は、知識の伝達と基本スキルの習得に重点を置き、教師から情報を受け取り、試験で評価される形式が一般的であった。しかし21世紀型教育では、超情報社会とグローバルに対応しながら思考力、問題解決力、コミュニケーション力、ICT活用力を育成することを目指している。学科を横断するアプローチや協働学習が推進され、生き抜くためのスキルが重視されているのである。

未来の教育はハード面が変わる一方で、ソフト面は進化し続けるであろう。教師には時代のニーズに応じた授業デザインが求められている。最近の授業形態は、デジタルツールやオンラインリソースの拡大、オンライン授業やハイブリッド授業、個別化学習の進展によって急速に変化している。教師は知識の伝達者からファシリテーターへと役割を変えており、その変化を実感している。

今回ご紹介した授業のみならず、これからも教師と生徒で作り上げる授業が知的な空間を創造し、私たちが生きる社会につながることを願ってやまない。そのためにも私はこれまで以上に楽しみながら学び続けていきたい。

参考文献

・香取一昭ほか『OST（オープン・スペース・テクノロジー）実践ガイド』英治出版、2018年
・文部科学省『高等学校学習指導要領（平成30年告示）解説 地理歴史編』東洋館出版社、2019年

Column

高大連携歴史教育研究会の教材共有サイト2.0の紹介

川島（かわしま） 啓一（けいいち）
同志社中学校・高等学校　教諭

高大連携歴史教育研究会の教材共有サイト 2.0 は、「会員から提供された教材データ」を用いて「各地の教育実践や史料収集等の交流とデータベース構築」を目的とした会員限定のサイトである。また、「高校・大学の日本史・世界史に関わる授業内容や授業用資料を共有し、歴史教育の改革を進めること」も重要な目的としている。ダウンロードした教材の使用については、「当ウェブサイトにある教材データは、高校・大学などの正規の学校におけるご自分の授業で自由に使用いただけます。使用に際しては、作成者に感謝して、ご自分の責任で（場合によっては適宜アレンジを加えて）お使いください」と表明している（高大連携歴史教育研究会の教材共有サイト 2.0 の HP より）。私はサイトの立ち上げから 2024 年 7 月までの 8 年間にわたり、これを管理・運営した第二部会の副部会長、部会長として、第二部会の多くのメンバーとともに活動してきた。この経験から、サイトの特徴について紹介したい。

現在（2024 年 7 月）会員に公開されている教材数は、684 件で、会員はこのすべてをダウンロードすることができる。サイトのページビューは年間約 26 万、教材データの年間ダウンロード数は約 5 万である（第 10 回大会総会資料より）。

歴史総合について、歴史総合の大項目では、「A 歴史の扉（13 個の教材。以下、数字は教材数を表す）」がある。13 個と表現したが、1 個の教材は、1 枚のプリントを意味するのではなく、学習案、プリント、資料など複数の教材がまとまって、1 個の教材を形成している。続いて、「B 近代化と私たち（62）」「C 国際秩序の変化や大衆化と私たち（53）」「D グローバル化と私たち（22）」の教材がある。特に、歴史総合に特徴的な「5つの観点や探究の主題」では、「自由･制限（44）」「平等･格差（46）」「統合･分化（41）」「対立・協調（45）」「開発・保全（13）」の教材がある。

探究科目などでは、「日本史探究（10）」「世界史探究（16）」「資料（60）」「考査・試験問題（17）」「旧課程科目（471）」をダウンロードすることができる。まだ探究科目の教材数が少ないが、「旧課程科目」の世界史A･B、日本史A・Bに、471の教材がある。これらの膨大な教材からは、世界史探究、日本史探究に、そして歴史総合にも、応用できるものが多い。検索をかけて教材を探すことができるため、ヒットしたキーワードに関する教材が、歴史総合、探究科目、旧課程科目に関わらず、リストアップされる。そこから会員は、たとえば歴史総合の授業に必要な教材を探究科目や旧課程科目からピックアップすることができる。

さまざまなキーワードで検索をかけた結果、教材数は以下の通りとなった（2024年9月7日時点）。「アジア（105）」「近代（99）」「戦争（83）」「地域（68）」「ジグソー（65）」「ヨーロッパ（62）」「革命（61）」「国民（58）」「グローバル（46）」「大衆（44）」「ジェンダー（40）」「アメリカ（39）」「東アジア（38）」「明治（37）」「宗教（34）」「民族（29）」「国民国家（28）」「植民地（28）」「戦後（27）」「科学（24）」「帝国主義（22）」「江戸（22）」「対話（22）」「ユーラシア（21）」「ナショナリズム（20）「産業革命（20）」「イスラーム（20）」「移民（19）」「主体的（19）」「東南アジア（19）」「ロシア（18）」「アフリカ（17）」「仏教（14）」「キリスト教（14）」「貿易（10）」「暴力（10）」「琉球（10）」「アジア･太平洋戦争（9）「太平洋戦争」含む」「感染症（9）」「憲法（9）」「ファシズム（8）」「王朝（8）」「社会主義（7）」「資本主義（7）」「論争（6）」「歴史認識（6）」「マイノリティ（4）」。

「週間閲覧数TOP10」（2024年9月7日時点）は、1「なぜ我々／彼らはそれでも「民主」に賭ける？～「帝国」／「共和」／「民主」：トポスとしてのアメリカ～」（徳原拓哉。作者名、以下同様）、2「日本史探究ワークシート集　～戦後まで」（妙見健太郎）、3「諸地域の交流･再編」

（片桐匡晟）、4「歴史総合ワークシート集」（妙見健太郎）、5「「日本の産業革命は短期間で達成された！近代化によって発展してスゴい！」って歴史の語りで良いの？」（武井寛太）、6「なぜ日本は日清戦争を起こし、アジア諸国を領有する植民地帝国となったのか。」（武井寛太）、7「大衆化の時代」（千葉響）、8「「近代化」できないアジア諸国は「劣った国」といえるのだろうか」（武井寛太）、9「「大衆」って正しいの？」（山本治輝）、10「長期化する第一次世界大戦に、「大衆」はどう関わっただろうか？」（佐伯佳祐）である。

また、「コメント数 TOP10」というものもある。コメント機能により、会員は教材投稿者に直接、質問することができる。双方向的なコミュニケーション機能である。TOP10（2024 年 9 月 7 日時点）の教材は、1「歴史総合の考査（第一次世界大戦～現代）」（矢景裕子・奥村暁）、2「奴隷貿易と「現在」～過去に対する現代の人々の「責任」」（今村航太）、3「第二次世界大戦を回避することはできただろうか？」（越野泉）、4「小説「こころ」を通して「明治時代」を読み解く」（濱田文）、5「「戦争によって女性は解放された」という言説に、どの程度、賛成･反対？」（武井寛太）、6「大項目 C「諸地域の交流・再編」の視点から構成した小単元「西アジア社会の動向とイスラームの伝播」」（佐伯佳祐）、7「D4　現代的諸課題の形成と展望」（本間靖章）、8「東アジア古代国家の形成」（高瀬邦彦）、9「日清戦争（銃後の日本人は、戦争をどう見ていたのか？）」（神永卓弥）、10「執権による政治－鎌倉時代で力を持っていた者はだれか？―」（阿久津祐一）である。

「大学」をキーワードにして検索すると、概論、特講、地歴科教育法、史料と、さまざまな教材を見つけることができる。一例をあげたい。「2020 年度大阪大学「基盤教養教育科目」「世界史の考え方」（市民のための世界史 1：桃木至朗担当）の小テスト問題と考察のステップ」（桃木至朗）、「映画「もののけ姫」で読み解く中世日本の歴史」（中村翼）、「島嶼からみた歴史と社会―「毒ガスの島」大久野島」（池上大祐）、「社会科・地理歴史科教育法レジュメ」（西村嘉高）、「『20 世紀のグローバル・ヒストリー』資料集（第 5 章「世界の破滅、終わらない戦争－ 1940 年代」）」（北村厚）、

「日本は単一民族国家か？　アイヌから日本のナショナリティとエスニシティを考える」（星瑞希）、「「日本史特講」（京教大）日本のジェンダー史（近世・近代編）」（中村翼）、「感染症の歴史」（小浜正子）、「阿部正弘の外交関係史料」（三谷博）、「史料を読むとはどういうことか－村田珠光の「心の一紙」を読む－」（橋本雄）などがダウンロードできる。

私事にて恐縮だが、私がこのような教材共有サイトが日本に必要だと思った理由の一つは、2015年にシンガポールの南洋理工大学で行われたアジア世界史学会で報告したときに、フィリピン人の20代の二人の世界史教員と出会い、彼らがアメリカ合衆国の世界史教育サイトから教材や資料、プリント、学習案など授業に必要なすべての教材をダウンロードして、フィリピンの高校で授業をしていることを知ったからであった。「World History for Us All」と「Big History Project」という先進的なサイトを高校世界史の授業で用いていることを教えてもらい、私はとても驚いた。日本にもこのような歴史教育のためのプラットフォームが必要になると私が確信したときであった。

また、私が教材共有サイトがこれからの日本の歴史教育に欠かせないと思ったもう一つの理由は、首都圏と地方および離島の厳しい格差を体験していたからでもあった。私自身も比叡山の麓の地方に住んでいたので、首都圏の魅力的な研究会に参加できない悲哀を幾度となく、味わってきた。歴史教育の刷新と言えども、地方や離島にも届かなければ、まったくの絵に描いた餅である。地方や離島の教員も参加・発信できるサイト、さらに双方向的にコミュニケーションできるサイトが日本に必要だと考えていた。

３年ほど前であっただろうか。「すべての教材をダウンロードしました」と威勢よく私に話しかけてくれた若い教員に出会った。とても嬉しかった。まだまだ発展途中の教材共有サイトであるが、この膨大な教材群から必要なもの、面白そうなもの、好きなものをダウンロードして、日々の授業や講義に活用していただければと、さらに、この双方向的なコミュニティに参加していただければと切に願っている。

Column

韓国の歴史教育と「探究」

現行教科書、大学修学能力試験、そして新科目

平川 敬介（ひらかわ けいすけ）
教材編集・執筆者（フリー）

「탐구」は「探究」？それとも「探求」？

韓国語の「탐구」は漢字語であり、「探究」を意味する場合もあれば「探求」を意味する場合もある。本稿では、高等学校における選択科目の一つ「世界史」を中心に、「탐구」を手がかりとして韓国の歴史教育を垣間見たい。「世界史」を主な対象とするのは、「韓国史」（共通科目）や「東アジア史」（選択科目）と異なり日韓関係以外の学習項目が多く、歴史認識問題と距離を置いた評価が可能と考えられるからである。

現行「世界史」教科書における「탐구」

現在、韓国では現行「2015改訂教育課程」に基づく検定教科書３種が刊行されている。このうち、本稿では『高等学校 世界史』（金星出版社）における「탐구」を取り上げる。『高等学校 世界史』は、「人類の出現と文明の発生」「東アジア地域の歴史」「西アジア・インド地域の歴史」「ヨーロッパ・アメリカ地域の歴史」「帝国主義と二つの世界大戦」「現代世界の変化」の６大項目で構成されている。各大項目は２ないし４の中項目に分かれ、各中項目の末尾に、「集中 “탐구”」が設けられている。

例えば、中項目「市民革命と産業革命」の末尾に掲載されている「集中 “탐구”」（「絵画で見る産業革命の光と陰」）を見てみよう。まずリード文において、産業革命当時の画家たちの視線を通して産業革命の光と陰を調べよう、との呼びかけがなされる。そして、ジョルジュ＝スーラ「グ

ランド・ジャット島の日曜日の午後」、ルノワール「アルジャントゥイユの庭園で絵を描くモネ」、ギュスターヴ＝ドレ「汽車から見たロンドン」、ルーク＝フィルズ「臨時収容所への入所許可を待つ志願者たち」、ジョージ＝クラウゼン「春の朝、ハーバーストックの丘」の５作品がキャプションとともに掲載されている。これらを踏まえ、①「資料解析」として「以上の作品を通して産業革命の光と陰を整理」、②「歴史的判断力と意思疎通」として「私たちの社会の光と陰を写真や絵画で表現して仲間と意見交換」が求められる。しかし、②はともかく、①は「与えられた資料による誘導」の感が否めず、「探究」からは程遠いといわざるを得ない。キャプションで、中間階層の存在、貧困層の生活環境の劣悪さなど、核心的内容がすでに解説されているからだ。

この「集中“탐구”」よりも、各大項目の末尾に掲載されている「意見交換活動」の方が、むしろ日本でイメージされる「探究」に近いのではないだろうか。例えば、大項目「ヨーロッパ・アメリカ地域の歴史」末尾の「意見交換活動」において、「国民国家はいかにして発展したのか？」との発問がなされ、4～6名でのグループ活動が促される。活動内容は、「素材となる事件の選定」（国民国家が発展する過程で改革案や宣言が提示された事件を選択し、情報収集）→「改革案の評価および再構成」（改革案・宣言について内容の優先順位、改善すべき点などの検討を踏まえ、各自の改革案・宣言を作成し違いを比較）→「歴史との比較」（実際の事件で発表された内容との違いを比較）の３段階からなる。この活動の参考資料として、チャーティスト運動の経過と人民憲章が紹介され、成果物サンプルとして、人民憲章の６つの内容ごとの分析・評価表、表を踏まえて作成した「2016年版人民憲章」が掲載されている。これらを参考に、生徒たちは現代版「権利の章典」や「アメリカ独立宣言」、「人権宣言」などを提案するというわけである。

大学修学能力試験と「탐구」

では、日本の旧大学入試センター試験や大学入学共通テストになぞらえて紹介されることの多い大学修学能力試験（修能）における「世界史」

では、どうであろうか。実は、韓国教育評価院が実施する修能における「世界史」は、「生活と倫理」など９科目からなる選択科目群「社会탐구領域」の１科目であり、正式名称は「社会탐구領域（世界史）」である。

修能は共通テスト同様、客観式であるが、数学の一部を除いて五肢択一であるなど共通テストに比べ定型的である。「世界史」の場合、独立した20設問において、シンプルな短文による正誤判定が求められる。説明文・文献資料・地図・写真など多彩な素材によって導入されてはいるものの、その要求学力は「知識・理解」が大半であるといって差し支えないであろう。

例えば、2024学年度（2023年11月実施）の出題では、資料として「十四カ条」の第５条・第11条が提示され、「資料に示された条項について正しいものは？」と問われた。しかし、資料の説明に「米国大統領ウィルソン」と明示されており、ダミー（不正解）選択肢は「独ソ不可侵条約」「ファショダ事件」「EU発足」「NATO創設」とすべて別時期の出来事に関する内容である。条約の内容を吟味しなくても、ウィルソンだけを手がかりに解答することが可能である。

こうした「知識・理解」中心の出題構成とならざるを得ない事情があるのも事実である。前述の形式的制約に加え、全科目を一日で実施するという時間的制約もある。初見資料を読み取る技能や思考・判断を測る、という出題は困難である。また「EBS（公共教育放送）連携[(1)]率」規定も、2022学年度（2021年11月実施）に70%から50%に引き下げられたとはいえ、いぜん足かせになっていると考えられる。ちなみにEBSの韓国教育評価院監修テキストの一つ『2025学年度修能連携教材　修能完成』の世界史版には、各単元に「資料탐구」のコーナーがある。これは、修能での既出問題の資料を分析したうえで得られた知識・理解をもとにオリジナルの類題にチャレンジする、というものである。これも「探究」の語義からは程遠いといえる。

なお、2028学年度（2027年実施）以降の修能については、大改編が確定している。選択科目間の不平等解消のため国語・数学・社会・科学の各領域で選択科目が廃止され、社会では2022年改訂教育課程で新設される「統合社会」のみ出題される。現状から2028学年度に向けてどう着地していくのか、EBSによるサポートの今後とともに注目したい。

新科目「歴史で탐구する現代世界」の登場

最後に、「탐구」を冠した新しい歴史科目に触れておきたい。2022年改訂教育課程において、先述の「統合社会」などとともに、「世界史」とは別の科目として「歴史で탐구する現代世界」が新設された。教育部（文部科学省に相当）が定める科目の性格は、下記の通りである。

- 現代世界の課題を歴史的観点から把握して解決の方案を模索し、未来を能動的に生き抜く力量を育てる
- 現代世界の課題を中心に内容を選定し、時系列性を考慮して構成する「現代世界と歴史탐구」「冷戦と熱戦」「成長の実りと生態環境」「紛争と葛藤、和解の歴史」「挑戦を受ける現代世界」
- 資料の分析・解釈過程で탐구能力を育み歴史知識を形成し、解釈の多様性と歴史の論争性を認識して他者を理解しようとする態度を涵養する
- 現在の状況が当然の結果ではなく歴史上の行為者の選択と実践が作り上げてきた結果であることを認識し、学習者自身も未来社会を作っていく主体であることを自覚させる

教科書が未刊行の新科目における「탐구」は「探究」なのか、「探求」なのか。それとも別の概念なのか。今後の展開を注視したい。

注

（1）EBS連携…EBS（公共教育放送）テキスト（韓国教育評価院監修「修能特講」「修能完成」）に掲載されている問題の主題や素材を生かした改題であると理解すればよいだろう。私教育（塾や予備校）による受験生間の不平等への懸念を背景とした配慮の一つといえる。

参考文献

・김형종 외『고등학교 세계사』금성출판사（2019年3月1日）
・『2025 학년도 수능 연계교재 수능완성 사회탐구영역 세계사』EBS（2024年5月20日）
・교육부 보도자료　https://if-blog.tistory.com/14741（2023年12月27日）
・교육부 고시 제2022-33호『고등학교 교육과정』（2022年12月22日）

Focus

高専社会科公民分野から「探究につなぐ」視点を考える

山下 大喜（やました だいき）
山口大学教育学部教育学選修　講師

はじめに

2022年度は改訂された学習指導要領が本格実施となり、科目再編があった地歴公民科では様々な実践的模索がなされている。このフォーカスを担当する筆者（山下）は2022年度に高等学校で「歴史総合」を経験した。次年度から「日本史探究」「世界史探究」が本格化しようとしていたとき、高等専門学校（高専）への着任となり、一般教育（リベラル・アーツ）としての社会科を担当することになった。高専でもモデルコアカリキュラム（MCC）の改訂を目の前にして、社会実装を志向した創造性豊かな技術者育成を具現化するカリキュラム改革と授業改善が喫緊の課題になっている。

上記の背景をふまえて、このフォーカスでは、高専社会科における公民分野の授業実践を取りあげる。高専教育において社会科は一般教育に位置することから、アカデミック・スキルの土台形成をはかりながら、「探究につなぐ」視点が重要になる。ここでの「探究につなぐ」視点が専門教育への接続をはかる鍵にもなりうる。以下では、筆者が担当した「現代社会」での授業実践をもとに「探究につなぐ」ための視点を検討していきたい。

高専教育と社会科

高専教育においてMCCは質保証のための大綱的基準であり、各高専は自らが編成主体となって５年間のカリキュラムを形作っていく。

一般教育に位置づけられる社会科では、到達目標である「MCC（コア）」の「技術者が共通で備えるべき基礎的能力」の育成に重点がおかれる(MCC、2023：pp.12-13)。ここでいう「基礎的能力」の育成をより充実化させるためには、基礎・基本の確実な「習得」をはかりながら、アカデミック・スキルの土台形成を意識した「探究につなぐ」ための授業デザインが重要になってくる。こうした視座を授業レベルに実装させるために、「現代社会」の授業では「パフォーマンス課題」の設定をした。

【現代社会 A】

あなたは市役所でSDGsを担当する部署の職員です。
2030年までのSDGs達成をより確実にするため、市内に住む子どもたちにもSDGsの重要性を知ってほしいと考えています。そこで、市内の小学生がSDGsとのかかわりをもって、SDGs達成に向けた方策を知ることができる「SDGs小学生アクションプラン」を作成することになりました。
①SDGsの17あるゴールのなかから１つ（または複数）取りあげ、②その取りあげたゴールの重要性を説明したうえで、③そのゴールを達成するためにどのようなことができるか、④③の「アクションプラン」は社会的にどのような効果と意義があるのか、①から④を具体化させて、「SDGs小学生アクションプラン」の策定に向けた提案書を完成させなさい。

【現代社会 B】

台湾への国際線運航の再開が検討されています。
台湾へのより深い理解を育むために、「高専生が届ける台湾の魅力」という特集記事を市の広報誌で担当することになりました。①台湾の歴史と文化にかかわるトピック（またはスポット）を１つ取りあげ、②①の概要と①を紹介する意義を分かりやすくまとめ、③①を通じて感じられる台湾の魅力を明確にしたうえで、特集記事「高専生が届ける台湾の魅力」(A4・１枚）を完成させなさい。

「パフォーマンス課題」とは、「思考する必然性のある場面（文脈）で生み出される学習者の振る舞いや作品（パフォーマンス）を手がかりに、概念の意味理解や知識・技能の総合的な活用力を質的に評価」するための課題のことを指す（石井、2023：p.39)。ここでの石井による論述をふまえるならば、「パフォーマンス課題」は、基礎・基本の「習得」を土台としながら、「活用」の質的評価に適しており、ここでの学習が「探究につなぐ」鍵にもなりうるといえる。

実際の授業展開

本稿で取りあげる「現代社会」の授業は、公民分野での導入的科目として位置づけられている（第三学期に「現代社会A」、第四学期に「現代社会B」）。1年生に配置されていることからも、社会実装に向けた人文・社会科学の鍵概念を基礎づけるとともに、高学年での専門教育を視野に入れた「探究につなぐ」姿勢を育むことが重要となる。「探究につなぐ」ことを意識して、「現代社会A」と「現代社会B」では以下の三観点を共通目標とした。

(1) 歴史的かつ国際的な視点から現代社会をとりまく諸課題をとらえ、その特徴を理解する。【知識・理解】

(2) 様々な史資料の分析から、現代社会の諸課題を考察し、授業で取りあげた諸事項の特色や相互関連性を説明することができる。【思考・判断・表現】

(3) (1) と (2) をもとに、自らが設定したテーマから現代社会の諸課題を考察し、国際的な視点や今日につながる視点をふまえながら自身の探究テーマを具体的にまとめ、効果的に発信することができる。【学びへの主体性】

第三学期「現代社会A」では、「グローバル社会とSDGs」を大テーマに設定した。科目の前半では、SDGsのターゲットとの対応関係を意識しながら、青年期（子ども）、モチベーション、環境、労働、戦争、平和、国際関係について学習した。前半では、人文・社会科学の基礎概念の「習得」に力点をおき、上記の第二観点（思考・判断・表現）に対応させる形で「様々な史資料の分析」など「活用」の場面も設けた。後半（第9回以降）は、前述した「SDGs小学生アクションプラン」にかかわる「パフォーマンス課題」を提示し、これまでの学習内容を活かした「提案書」の作成にあたった。具体的な作成に入るにあたって、「探究的な学び」（課題の設定、情報の収集、整理・分析、まとめ・表現）のプロセスを示した。

その際に、使用教科書（『新公共』第一学習社）の巻末にあるスキル編（プレゼンテーションの方法など）のページを活用し、課題の文脈（「市役所」の「職員」として「市内に住む子どもたちにもSDGsの重要性を知ってほしい」ことをみこした「提案書」の作成）を十分に意識しながら、アカデミック・スキルを基礎づけていくことの重要性を強調した。初めての「パフォーマンス課題」でもあることから、課題の設定、情報の収集、整理・分析、まとめ・表現を提示し、よりよい「提案書」を模索するように促した。まとめ・表現の段階では、「提案書」の完成とともに、アクションプランの編集会議を想定したプレゼンテーションも作成した。最終回は、「パフォーマンス課題」の成果報告会と題しながらも、実際には各自で練ってきた「提案書」をもち寄って、「SDGs小学生アクションプラン」を考える編集会議の形式をとった。

第四学期「現代社会B」では、法律や政治の学習を基調としながら、国際比較として台湾を取りあげた。前述した第一観点（知識・理解）にあるように、時間軸としての歴史と横軸としての国際比較があることで、「現在」をより深くとらえることができる。高専教育では、グローバル・エンジニア育成の一環として、長期休業中の海外研修先として台湾があること、外国語教育の教育実習生を台湾から受け入れていること、社会実装にはアジアを含めて国際的な視点が不可欠であることから、「現代社会B」では国際比較の参照軸に台湾をすえることにした。2024年1月に台湾総統選挙があったことから、学生自身も報道で台湾の法律や政治を目にする機会が多かった学期でもあった。「現代社会A」と同様に、科目の後半に入ってから、「パフォーマンス課題」の提示をした。「現代社会B」では、「市の広報誌」で「高専生が届ける台湾の魅力」という「特集記事」を担当することになったという文脈が設定されている。「特集記事」が最終的な成果物となっていることから、新聞社が提供しているNIE（新聞を取りいれた教育活動）にかかわる動画を活用し、レイアウトを工夫するように促した。当該学期には、台湾からの教育実習生もいたことから、設定した「特集記事」のテーマについてインタビューする様子もみられた。最終回では、互いに「特集記事」をもち寄って、グループ内の対話を行い、多様なテーマにふれながら「現代社会」全体の学習を振り返る機会にした。

二度の「パフォーマンス課題」を終えて

筆者は、これまでも歴史分野で「パフォーマンス課題」の実践を展開させてきた（山下、2024a；2024b）。社会科授業に想起されやすい暗記一辺倒のものではなく、「活用」や「探究につなぐ」ためにはどのようにすればよいか。現実社会と断絶した無機質な学習にならないためにはどのようにすればよいか。これらの問題意識が筆者を「パフォーマンス課題」の実践へとかりたてていった。

今回、公民分野での「現代社会」の授業を担当することになり、SDGsアクションプランと台湾特集記事の二つの「パフォーマンス課題」を設定した。「パフォーマンス課題」の作成にあたっては、学生に下記のような到達度ルーブリック（下記の例は第四学期のもの）を示した。

【到達度ルーブリック】

段階	内容
S	すべての観点を十分に満たし、独創的な特集記事を効果的に作成できている。
A	すべての観点を満たし、特集記事を正確に作成できている。
B	課題内容を概ね理解し、いくつかの観点を意識した記事を作成できている。
C	課題内容をこなしている状態にあり、記事の体裁をなしていない水準にある。

作成プロセスにおいてどのような点を意識しなければならないのか、それらの点を「十分に満たし」、「独創的」で「効果的」なものにするためにはどのようにすればよいか。上記の到達度ルーブリックをもとに、進捗状況をみきわめて自己調整をはたらかせながら、よりよい成果物を目ざせるようにした。下記は二度の「パフォーマンス課題」を終えた学生自身の振り返り（原文ママ）である。

> ３学期の「SDGs」をテーマとしたパフォーマンス課題では、もともとの知識やそれに対する自らの意見をしっかりと持った上で、より理解や認識を深めることができました。

しかし、4学期の「台湾」をテーマとしたパフォーマンス課題では、授業で学んだこと以外、全く台湾に関する知識がなく、0からのスタートでした。そこで、3学期よりもっと多くの時間をかけて調べ学習を行うことで、台湾の歴史や文化だけでなく、魅力を感じ、特集記事にそれらをまとめることができました。

これらのことを踏まえて、私は、単なる調べ学習ではなく、それらの先にある、最終ゴール（今回では台湾の魅力発信）までたどりつくことの重要性を強く感じることができました。

学期の最終回には、トランスローカルで協働的な授業研究（レッスン・スタディ）も兼ねて、近隣の高校や大学の先生方にもお越しいただき、学生自身のグループ内対話を参観いただいた。授業研究は教員の力量形成や学校の組織開発に効果を発揮するとともに、学生にとっても学外の先生方からご講評をいただけることもあって知的緊張感のある最終回の授業となった。課題そのものと丹念に正対し、プロダクトの完成に向けてよりよいものを模索するというのはエンジニアにとって重要な基本姿勢になるともいえる。「パフォーマンス課題」を授業内に取りいれたことによって、暗記型にとどまることなく、そして単に調べて、まとめて、終わりではない､想定された文脈やそのプロダクトを受けとる社会（相手）をみこした学びを展開させることができた。ここでの「活用」や「探究につなぐ」視点が社会実装を志向する基本姿勢とも有機的に連関し、その土台が高学年次で活きてはたらくきっかけにもなったといえよう。

参考文献

- 石井英真『中学校･高等学校　授業が変わる　学習評価深化論』図書文化社、2023年
- 独立行政法人国立高等専門学校機構「モデルコアカリキュラムーガイドラインー（経済･ビジネスを除く）2023年版」
- 山下大喜「高等学校歴史教育における「パフォーマンス課題」の開発：明治の文明開化を題材として」『宇部工業高等専門学校研究報告』第70巻、2024年a、所収
- 山下大喜「高専歴史教育における「パフォーマンス課題」の開発：新紙幣の人物を題材として」『世界史教育研究』第10号、2024年b、所収

Focus

地理探究と
世界史探究・日本史探究

たかはし ひでみち
髙橋 英路
山形県立米沢東高等学校　教諭

はじめに

新しい学習指導要領の告示から時が流れ、「地理総合」「地理探究」の授業が始まっている。従前は「世界史（AまたはB)」のみが必履修であったが、「地理総合」が必履修となったことで地理関係者は歓喜に沸いた。

従前の「地理B（標準単位4)」は「地理A（標準単位2)」の履修に関わらず履修することができたが、「地理探究（標準単位3)」は「地理総合(標準単位2)」の履修後に選択履修する。「地理探究」の履修者は地理領域科目を5単位以上履修することになり、従前よりも地理領域の学習が充実したと言え、また「地理総合」「地理探究」の両科目間の連携も一層求められている。

本稿では、筆者なりに捉えた新科目「地理探究」の目指すところや歴史領域の2科目との関連について整理し、その上で「地理探究」を担当する教員がどのようなマインドで授業に臨むべきかの話題提供の一助となることを目指している。したがって、学習指導要領の趣旨は踏まえるものの、網羅的にならず、現場の教員である筆者が個人として捉えた視点や感じたことを率直に書いている点にご留意いただきたい。

世界史探究・日本史探究との関わり

「地理探究」と「世界史探究」「日本史探究」の改善・充実の要点は下記のように示されている。いずれの科目も、見方・考え方に基づく学習活動の充実、「主題」や「問い」を中心に構成する学習の展開、それまでの学習内容を踏まえた現代世界の課題の探究の３点が共通して見られる。

地理探究	世界史探究	日本史探究
ア 「社会的事象の地理的な**見方・考え方」に基づく学習活動**の充実 **イ 「主題」や「問い」を中心に構成する学習**の展開 **ウ** 大項目Cの前提としての系統地理的考察と地誌的考察 **エ** 「現代世界の系統地理的考察」における「交通・通信、観光」の項目化 **オ** 「現代世界におけるこれからの日本の国土像」を問う**探究項目の充実**	**ア** 「社会的事象の歴史的な**見方・考え方」に基づく学習活動**の充実 **イ 「主題」や「問い」を中心に構成する学習**の展開 **ウ** 単元や内容のまとまりを重視した学習の展開 **エ** 世界の歴史の大きな枠組みと展開を捉える内容の構成 **オ** 資料を活用し、歴史の学び方を習得する学習 **カ** 歴史的経緯を踏まえた**地球世界の課題の探究**	**ア** 「社会的事象の歴史的な**見方・考え方」に基づく学習活動**の充実 **イ 「主題」や「問い」を中心に構成する学習**の展開 **ウ** 単元や内容のまとまりを重視した学習の展開 **エ** 「歴史の解釈、説明、論述」を通じた知識、概念の深い理解と「思考力、判断力、表現力等」の育成の一層の重視 **オ** 資料を活用し、歴史の学び方を習得する学習 **カ** 歴史的経緯を踏まえた**現代の日本の課題の探究**

文部科学省「平成30年改訂の高等学校学習指導要領に関するＱ＆Ａ（地理歴史に関すること）」（太字は筆者による）

①「見方・考え方」とは

「見方・考え方」に基づく学習活動の充実については、「地理的な見方・考え方」と「歴史的な見方・考え方」とで科目の特性が表れている。「地理的な見方・考え方」は、社会的事象を位置や空間的な広がりに着目して捉え（何がどこにあるのか？）、自然条件や社会条件、他地域との結びつきなどと関連づける（なぜそこにあるのか？）ものだ。他方、「歴史的な見方・考え方」は、社会的事象を時期や推移などに着目して捉え（いつ何が起きたか？どう変化したか？）、類似や差異などを明確にしたり事象同士を因果関係などで関連づけたりする（なぜそれが起きたか？）ものだ。

②主題や問いを中心とする学習

どの科目も、内容のまとまりごとの主題や問いを中心とした学習が求められている。地誌では、動態地誌と静態地誌といった考察方法があり、前者はあるテーマを切り口とし他の事象との関連から地域全体を見ていくのに対し、後者は地域の特色を項目ごと網羅的に整理していくものである。「地理探究」ではまさにこの動態地誌的な考察方法で学習を進めていくことになる。

歴史領域の２科目では、時代の転換・画期に着目して問いを立てて内容のまとまりごとに学習する。特に「世界史探究」において内容のまとまりを重視することは、時代ごとに他地域の事象との関連を強く意識することに繋がり、地理領域との親和性が強くなったと考える。

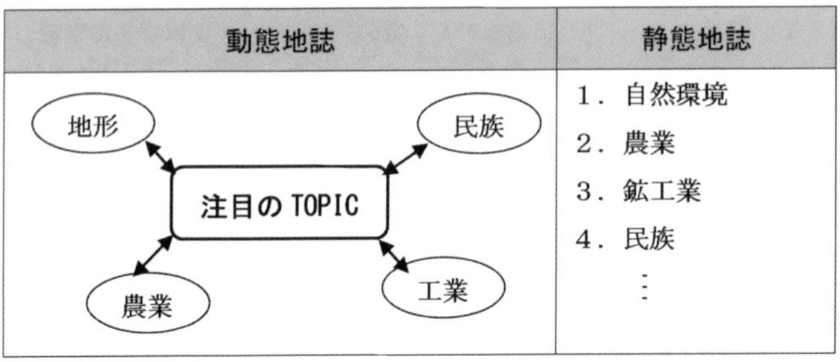

③課題を探究する

科目の総仕上げとして、「持続可能な国土像の探究（地理探究）」「地球世界の課題の探究（世界史探究）」「現代の日本の課題の探究（日本史探究）」が設定されている。地理歴史科の目標に「社会に見られる課題の解決に向けて構想したりする力や、考察、構想したことを効果的に説明したり、それらを基に議論したりする力を養う」や「よりよい社会の実現を視野に課題を主体的に解決しようとする態度を養う」とあるように、科目に関わらず現在の社会課題の解決に向けた学習となっている。

今般の学習指導要領において①や②のような学び方にも大きく踏み込んでいるのは、地理歴史科の科目がいわゆる暗記科目でなく、前述のような目標を掲げていることを訴えかけているのではないかと捉えている。

地理探究はどうあるべきか？

ここまでの内容を踏まえ、「地理探究」の授業はどうあるべきなのか、筆者が重視しているところを述べたい。

①生徒が主題や問いを設定できるようにしたい

主題や問いは授業者側が設定する場合もあろうが、できれば生徒自身が設定し、それについて学んでいく方が学習意欲も効果も高まる。筆者の授業でも、単元ごとに生徒自ら問いを設定し学習する時間を設けている。設定した問いから派生し、他地域と関連づけたり、歴史的な事象と関連づけたりして学習する生徒もおり、それらを共有することで学習が深化し、また主題や問いのあり方を考えるきっかけにもなっている。

②「なぜ？」を大事に

「地理的な見方（何がどこにあるのか？）」のみを重視した授業では、地名や語句の暗記に陥りやすく、それが社会課題の解決に繋がるとは言い難い。「地理的な考え方（なぜそこにあるのか？）」を重視することで、社会的事象に対して常に原因や背景を探ろうとする態度も含め、社会課題解決に資する汎用的な力を身につけることにも繋がる。筆者の授業では、教科書の事例について「なぜ？」を探り、教科書にない事例ではどのようなことが言えるかを考察する時間を設けている。

③発信力（自分の考えを伝える力）をつけたい

自分の考えを伝えるためには、地理領域ではGISソフトやグラフ、統計資料の活用などがあるが、それらを使って相手に説明するためのプレゼン・スキルも見逃せない。しかし、授業内での発表となると、授業者に専門的知識があるがゆえ内容の正確性などに目が行き、話し方やスライドの見やすさなどの指導が疎かになることがある。そこで筆者は、不備があれば事後に補足・修正することとし、内容の正確性は問わない発表を行った。これが思いのほか功を奏し、スライドや動画を工夫したり、身振り手振りを交えて発表したりするなど、あっという間に上達した。

おわりに

地理歴史科の科目構成が大きく変わり戸惑いの声も聞かれるが、科目名や内容が変わっても、私たち教員の中には変わらぬ信念があると思う。その信念に拠りながら、楽しんで授業ができる教員でありたいと考える。特に本稿「地理探究はどうあるべきか？」は新科目に関わらず筆者がこうありたいという想いを書き連ねたものになっている点は、ご容赦いただきたい。

Focus

古典探究と世界史探究・日本史探究

古典文学から生まれる〈歴史〉の力

伊藤（いとう） 禎子（ていこ）
学習院高等科　教諭

はじめに

古典文学を授業で扱っている際、歴史的事項を説明する場面に必ず遭遇する。たとえば、『竹取物語』で、翁（おきな）の名について「讃岐の造（みやつこ）となむいひける」とあるところでは、「なむ–連体形」の古典文法を説明するだけでなく、「讃岐」とは、「造」とは、について歴史的な説明を加えることができるし、求婚者に「大伴」氏が登場するので、その氏についても学ぶことができる。求婚者それぞれにモデル論もあるため、歴史と『竹取物語』を照らし合わせて考察することも可能である。『竹取物語』の学習を終え、『伊勢物語』に入れば、次は「在原業平」についての説明が必要となる。在原氏という「臣籍降下」について、祖父・平城太上天皇と薬子の変など、解説を加えることでより深く鑑賞することができる。「第六段・芥河（あくたがわ）」という教科書でも有名な場面は、業平と二条の后の恋について、藤原氏の横暴について、それ故の「東下り」という展開等、歴史と絡めたところの「後人注」が付加されている。これにより、「芥河」における、「昔男」が連れ出した「女」が「鬼に食われた」というフィクションのお話が、たちまち歴史的事件として受けとめられることになる。かつ、このような書き方で表現されることで、一層、「業平の実話」のように受けとめられやすくなる。巧みな表現方法である。

そのほか、『うつほ物語』では歴史上にも存在する「嵯峨天皇」「朱雀天皇」が登場し、『源氏物語』でも、光源氏の父帝・桐壺帝について、聖代と評される醍醐・村上天皇が想起される。光源氏という「臣籍降下」された男主人公が、いかにして天皇に近づくのかという政治ドラマとして、藤原氏専横時代における「源氏」という存在がクローズアップされる。

古典文学を読む際は、当然のことながら、その時代、あるいはそれ以前の歴史的事項を踏まえながら読むこととなる。しかし歴史がわかったからといって、文学が読めるわけではない。逆に、文学で書かれていることを鵜呑みにして歴史を知れるわけでもない。同時に、歴史的事項として記録されていないことが文学から読み取れた時に、それは文学からの情報であるから嘘であると排除できるものでもない。古典文学探究と歴史探究の両方の視点で、総合的・総体的に学びとることが常に必要である。

「源氏」の物語

光源氏は、父帝に愛されるものの、それ故に臣籍降下され、帝になる資格をわずか７歳にして失った。帝になるにふさわしいほど理想的な人物と見える「源氏」が、どこまで成長していくのかを期待する際に、歴史上、想起される人物として「宇多天皇」がいる。一度源氏になったものの、天皇になった人物である。こういう事例があるからこそ、光源氏が帝になる未来を読者は期待しうる。最終的には、光源氏と藤壺（桐壺帝の后）との間の罪の子である冷泉帝が、今まで実の父親だと知らず、自分が帝になっていることの罪意識や、実の父を臣下として扱っていたことへの不孝の観念から、光源氏を、帝の父である「上皇」に准じるという意味で、「准太上天皇」とした。これは、歴史上には無い措置で、物語独自の創作である。（この場面の光源氏と冷泉帝の対面が、二千円札の絵として採用された際には世間で話題となり、「古典」と「社会」の学習が接近した機会でもあった。）

「源氏」になった男が、ふたたび「帝」になれるのか、という話題については、「源融（とおる）」の逸話がある。『大鏡』という「歴史物語」のなかで詳細に描かれている。

陽成院おりさせたまふべき陣定にさぶらはせたまふ。融のおとど、左大臣にてやむごとなくて、位につかせたまはむ御心ふかくて、「いかがは。近き皇胤をたづねば、融らもはべるは」と言ひ出でたまへるを、このおとどこそ、「皇胤なれど、姓たまはりて、ただ人にて仕へて、位につきたる例やある」と申し出でたまへれ。（基経）

（新編日本古典文学全集、小学館、以下同じ）

陽成天皇の後継者を考える場で、融が、自分は源氏であり、皇族の血を引いているのだから、後継者にふさわしいと発言したところ、藤原基経は、一度「源氏」という姓をもらい、臣下におりている身がふたたび帝になる例は無いとはねつけた、という内容である。

もちろん、この話は虚構である。しかしこの場面によって、〈敗者〉としての融のイメージは強力に立ち上がっている。

「源融」と古典文学

この融という人物は、早く『伊勢物語』にも〈登場〉する。「初段・初冠」で、元服後の「昔男」は、昔なじみの平城京・春日の里へ狩りへ出かけた際に垣間見た女性へ、初めての色好みな歌を渡す。立て続けに２首を詠むのだが、２首目は源融の歌、「みちのくのしのぶもぢずり誰ゆゑに乱れそめにし我ならなくに」である。『古今和歌集』に掲載されている融の歌は、４句目が「乱れむと思ふ」となっており、『伊勢物語』よりも一層、色好みな男の歌風になっている。また、この色好みな融の歌を詠みかけた「昔男」の行為は、同じく初段で「いちはやきみやび」と評されている。

融は「八十一段・塩竈（しおがま）」にも登場し、風流な大邸宅に塩竈の作庭をしたことが記されている。

むかし、左のおほいまうちぎみいまそがりけり。賀茂河のほとりに、六条わたりに、家をいとおもしろく造りて、すみたまひけり。……

塩竈にいつか来にけむ朝なぎに釣りする船はここによらなむ

この風流な庭のある六条・河原院は、光源氏の大邸宅・六条院に継承され、融は光源氏のモデルの一人ともされている。融は、嵯峨野の棲霞観（せいかかん）（清涼寺）、宇治の別荘（のちの平等院）など残しており、財力があり、かつ風雅な人物であったのだろうと推測される。

のちに「源融」は、世阿弥によって「能楽・融」が作られ、これぞ夢幻能と言わせる美しき演目で再生する。若き日の融が亡霊となって現れ、かつての美しき都の風景を見、月光に照らされながら華麗な遊楽に乗って舞う。

これらの融にまつわるストーリーは、いずれも藤原氏との対立によって負けた者としての「融」が描かれている。権力から外れ、歌に生きた〈在原業平〉と同様に、風雅な人生を過ごした〈美しき敗者〉の物語が表現される（とはいえ、融は「左大臣」であるが）。

しかし、結局のところ「源融」とはどのような人物であったのだろうか。この疑問については、在原業平についても同様であるが、源融はそれ以上に謎めいている。源融は、歴史学ではそこまで脚光を浴びる人物ではないようだが、文学の世界においては非常に重要な人物である。限られた歴史資料に対して、文学的資料に豊かに書き残される人物たち。古典文学を読むうえでは欠かせない人物の生き様を浮き彫りにしていくのは、古典文学と歴史学の相互の研究からの充分な読み込みと検討が必要となる。

おわりに

このように歴史資料が限られている場合に、多大な影響力を発揮するものの一つに、先に提示した『大鏡』がある。190歳になる生き証人が、藤原氏の栄華に至るプロセスを〈皮肉混じりに〉賞賛する。そこでは、花山帝の出家や菅原道真の左遷が藤原氏の陰謀であると明示される。歴史資料以上に〈歴史〉を実感させる力を持つ「歴史物語」である『大鏡』は、高校古典の代表的教材である。「歴史とは何か」。今後も、双方の「探究」において充分に議論されたい。

Focus

理数探究と世界史探究・日本史探究

私の探究物語

法貴(ほうき) 孝哲(たかあき)
清真学園高等学校・中学校　教諭

探究は「心」の教育

「うちの学校では無理」「時間がかかるから無理」「生徒の負担になるから無理」「知識を教えるほうが大事だから無理」「うまくいかないから無理」…数年前、探究という言葉を発すると職員室のどこからともなく聞こえてきたであろう発言。ただし、AI（Artificial Intelligence）によって知へのアクセスが発展した現代において、人間に要求される力は、情報処理から情報編集へと変わった。つまり、与えられた問題を解くことよりも、分析・総合・評価という高次の思考によって、自分で問いを創出すること、そして新たな価値を創造していくことが求められる時代となったのである。したがって、現代の学校現場では、同じ学び・同じ価値観をもった生徒を育てること以上に、それぞれの個性（専門性）を尊重・育成することが必要であり、異なる個性と触れ合いながら、自身の学びと視点を更新していくことが求められる。

という前提のもとで「探究」を考えると、大切なのは「究」よりも「探」である。「究」めるのか？「求」めるのか？と「きゅう」にフォーカスされることが多いが、結局は「探」無しではどちらもできない。自分の憧れや本気はどこにあるのか、何が自分は得意なのか、好きなのか、そもそも自分とは何なのか、それらを探す中でようやく自分事の課題が生まれ「きゅう」に向かう。見えるままではなく、観えるようにするために、わからないからこそ自分で動きながら進む「探」を育むこと、それは「心」を育てることだと私は考える。探究学習は究極的な心の教育である。

自身の実践からの教訓

私の勤務校は2024年時点でSSH（スーパーサイエンスハイスクール）指定18年目（第Ⅳ期３年目）を迎えた。私は指定２年目から継続して、数学に関わる課題研究・探究を行うゼミを担当している。

最初の２年間は、とにかくやっていて辛かった。理由は単純で、私自身が大学・大学院時代に研究してきた専門分野をそのままテーマにしたからである。自分が感じた面白さを生徒に追体験してもらおうと考えて活動を始めたが、自身の専門分野を扱うからこそ、生徒よりも先に答えがわかってしまい、肝心なところで口をはさんでしまったり、過剰なヒントを出してしまったりした。いま思い返せば、とにかく成果を出すことに私自身が使命感をもってしまい、生徒をコントロールしていた。生徒主体の活動とは程遠く、生徒も私もモチベーションは徐々に下がっていった。やればやるほど苦痛になっていったことを決して忘れない。

そんな私を変えたのが、とある発表会でとある高校の生徒たちが行っていた「二階から目薬」というポスター発表である。諺にもあるこのタイトルが、実際どれほど難しいのかをその高校生たちは独自の方法で検証していた。内容が面白いだけでなく、発表している高校生たちの姿が何よりも楽しそうで、人に伝えたい、助言をもらってさらにより良くしたいという想いがひしひしと伝わってきた。その姿は当時の私にとって衝撃だったことは言うまでもなく、「高校生だからこそ観えるもの・感じるものがある」ということを改めて知るきっかけとなった。そして、「これだ！」と決断し、３年目からはゼミのテーマを漠然と「数学」に変更した。高校生だからこそできること、成果よりも学ぶことの面白さを優先すること。そして、私がわからないことは生徒から教わり、一緒に考え、生徒とともに学びながらその場にいる全員が純粋に数学を楽しむ場にしようと努めた。

ゼミをジャックされた日 ～原点にして頂点～

「先生、今日僕に時間をください。」テーマを「数学」に変更して２年目、とある生徒がゼミの最初にこう言って、自分が考えた問題を黒板に書き始めた。その日は私も他の生徒も彼が考えた問題を一緒に解いた。次の週、私がゼミに行くとすでに黒板にたくさんの問題が書かれていて生徒たちは皆無言で問題を解いていた。そう、ゼミを完全に生徒にのっとられたのである。仕方なく、私も問題を解き始めたがまったく解けず悔しかった。しかし、悔しいけれどそれ以上に嬉しい思いが込み上げてきた。目の前には純粋に数学を楽しむ生徒の姿、何も言わずとも真剣に取り組む姿、私が見たかった景色がそこに広がっていた。

そして、このゼミジャックをした彼は、翌年既存の数学の結果を大きく発展させる課題研究を行った。彼がゼミを卒業するまでの２年間で、私のそれまでの教育観は見事にスクラップした。大人が描いている道筋は、時として高校生にとってはノイズとなり、成長を止めかねないものであること。高校生には高校生なりのアプローチがあり、それがあるからこそその先の扉を開くことができること。「どう指導するか」ではなく「どう支援するか」、教えない教えの大切さを学んだのである。

そしていま

ゼミジャックからすでに 10 年以上が経過している。現在は「日常に潜む数理の研究」という名称のゼミを開講している。もはや、やっていることは数学に限っていない。純粋に数学を研究する生徒がいれば、プログラミングを行う生徒、レゴでロボットを作る生徒等、活動は十人十色。それで良いしそれが良い。

私にとっての「探究」とは「素敵の共創と自分世界の広がりを通して得られる自分が自分であるための学び」である。胸をはって “Who are you?” に答えられる「人才」を育てるための学びの一つが探究だと私は考える。学校内に、好きなことを存分に学べる場が位置付けられ、教員がその活動を承認することからきっと探究は始まる。そしてそれが、進路支援へとしなやかにつながっていくのである。

長々と私自身のことを語ってきたが、そろそろ本題に入る。理数にせよ、世界史・日本史にせよ、そもそも「探究」とつけるからには、生徒が自ら好きを深掘りしていくことが求められる。ただし、好きはどこから来るのか。それは紛れもなく教員からである。教員の好きという熱意が生徒に伝播し、生徒が自ら学ぶ姿勢と学び方を身に付けていく。教員が学びのロールモデルとして、そして学びのパートナーとして生徒とともに楽しむこと、対話を通してお互いに新たな発見をしながら、知の探索と知の深化を繰り返していくことが求められる。そのアプローチの仕方こそ自然科学的なのか、人文・社会科学的なのかで異なるのかもしれない。ただし、根底にあるねらいと願いは変わらないはずである。

もちろん、私のような過ちを決しておかしてはならない。「探究」と名のつくからには、成果や知識の習得を追い求めるのではなく、生徒の心を育てて欲しい。研究ではないのだから、再現性や必要性、新規性を求める必要もない。好きを伝播させる、単純にはそれだけ。そう考えると、探究は新たな試みではなく、原点に立ち返っただけではないか。

とある卒業生が次のように話をしていた。「探究で一番大変なのは、問いの答えがどこにもないこと。日常の勉強は、誰かが作った答えがあり、高校範囲で必ず解ける。しかし、探究はどれだけの知識が必要かも分からない。それでも解決したいと思ったのは、その問いが自分の内側から発したものだから。そして、問いを立ててその答えを創る楽しさを味わうと、気づくと日頃から探究しながら勉強している自分がいた。」

探究とは生徒の「心」を育くむ教育の極致である。探究の道を共に歩むことで、教員と生徒は互いに刺激し合い、成長し合う環境が生まれる。そして、探究の真価は期限内に出せる成果ではなく、生徒が自ら学び続けたいと感じる心を育むことにある。共に楽しみながら、新たな価値を共創していく。その姿勢が未来を豊かにするのである。

Focus

総合的な探究の時間と世界史探究、日本史探究の接続

探究と歴史教育を繋ぐ三つのポイント

中村（なかむら） 怜詞（さとし）
島根大学大学教育センター　准教授

本稿では世界史探究や日本史探究などで探究的に歴史教育を学ぶということや、総合的な探究の時間と世界史探究や日本史探究など歴史教育との接続について扱う。このテーマを扱う際に確認しておきたいのは、探究と教科の関係である。総合的な探究の時間は各教科で獲得した知識、技能や見方・考え方を総合的に駆使しながら探究するものである。そのため、各教科で探究に接続できるような学び方をしていることが重要になる。ここでは探究と歴史教育をつなぐためのポイントを３点述べたい。一つ目は知識の習得の仕方。二つ目は見方・考え方で接続すること。三つ目は教科の中でも探究的に学ぶこと。である。

まず一つ目の知識の習得の仕方については、概念的な知識を習得することが大切になる。クイズ形式で覚えたような知識は他の状況や場面にはあまり転移せず、頭の中にあっても活かすことができない。概念的な知識とは、関連する事実同士が繋がりあって形成されている知識であり、「民主主義とは？」という問いに対して説明できるような知識のことである。このような知識を得るためにはプリントの穴埋めをしていくような授業ではなく、個別の事実を繋ぎ合わせながら言語化していくような学び方が必要になる。例えば、「アメリカで奴隷制度が廃止されたのはなぜか？」と問えば「1863 年 1 月 1 日にリンカーンが奴隷解放宣言を発したから」という、事実確認ベースの解答となるが、「1863 年 1 月 1 日にリ

ンカーンは奴隷解放宣言を発したが、当初奴隷制に反対していなかったリンカーンがこの宣言を発したのはなぜか？」と問えば、当時の国際情勢や南北戦争の状況など複数の事実を組み合わせて思考していく問いとなり、奴隷解放宣言に関する概念化された知識の形成に繋がる。

リンカーンが奴隷解放宣言を発したという事実暗記の知識では、知識を得たのと同じ文脈で問われない限り再生されにくい知識となるため、探究的な学びに活かすことが難しい。一方で、このようにして概念化された知識を獲得していけば、柔軟で応用の利きやすい知識となるため、「あ、商店街で起きているこの対立って南北戦争が始まる前の構造と似ている気がする」「この決断の難しさは奴隷解放宣言を発したリンカーン以上のものかもしれない」など、探究のプロセスの中で様々な状況や場面に出会う際に、複数の事実や状況を踏まえて検討することを助けてくれる。

二つ目に見方・考え方で接続することについて。探究と教科を接続させたり教科横断の授業を実施したりする際に接続の仕方はいくつかあるが、学習内容での接続に絞るとできることは狭くなる。例えば歴史の授業で地元出身の歴史上の人物を取り上げて、探究の時間に歴史上の人物を活用した町興しをするなどの取り組みがあるが、このような接続の方法では、そもそも歴史的な資源が地域に豊富にあるかどうかという外部環境に大きく左右されることになり、接続できる対象が限定的になる。そのため、探究と歴史を接続する際には歴史的な見方・考え方を用いると良い。筆者は以前「人口移動と島前（隠岐郡島前地域）」という教材を開発した。島前にIターン・Uターン者が多く来るという現象と歴史上でたびたび起きてきた人口移動（ゲルマン人の大移動など）の事象や現代社会で起きているイギリスへのEU圏からの人口流入やドイツへのシリア難民の流入（いずれも授業実施当時）などと比較したうえで、島前地域への人口流入がこれまでの歴史事象や現代事象のいずれかと近しい現象なのか、これまでの歴史上には見られない特異な現象なのかを評価したうえで、近しい事象が歴史上に存在するなら、今後島前地域に何が起こると想定されるのか、歴史上に類を見ない特異な現象であればなぜその

資料1　「人口移動と島前」の指導案

時程	内容	備考
9:45 5分	導入 本時の目的 ・歴史授業の学びを地域社会に応用する ・現在の人口移動は何に引き起こされるのかを明らかにする 本時の流れ確認 ①島前地域のIターン、島民にインタビュー ②世界史上の人口移動を整理 ③島前へのIターンを分類 ④現代のゴールドラッシュ、その正体と結末は	チームで探究活動を行う。 1チーム４～5人 全体説明終了後、住民へのインタビューのために速やかに教室移動。島民との対話の場へ。ジグソー形式。チーム内で住民ABCDの誰にインタビューをするのか決める。
9:50 20分	○地域住民へのインタビュー A、B チーム 島前3町村の島民に1人ずつ来てもらい、生徒が司会をしながら質問や対話 C、D チーム 島前3町村のIターン者に１人ずつ来てもらい、生徒が司会をしながら質問や対話。	インタビュー内容 ・受け入れる側としてIターンが来続けていることをどう思うか。自分たちが受けた影響は？受け入れる側の留意点は？ ・来た目的、来てから成し遂げたこと、移住して起きた自分の変化など。自分が周囲に与えたと思う影響、自分の果たしている役割。
10:15 40分	○世界史や現代の移民現象を分析 ・古代ローマの無産市民が都市へ ・シオニズム ・ゲルマン人の大移動 ・奴隷貿易 ・ルネサンス ・現代の東京 ・現代のシリコンバレー ・現代のシリア人ドイツ流入 ・現代のポーランド人イギリス流入	・移民が生じる背景を考えさせ、3つ以上に背景を分類させる ・調べるための資料は教科書、資料集、iPad(Web サイト) ・島前(海士町)にIターンが来る背景を分析して何が現在の人口移動を引き起こすのか分析させる →　分類シートに記入 ※地域の方たちもそれぞれチームを作って一緒に探究していただく。後で発表していただく。 参観者もチームを作って探究
10:55 20分	○島前地域への人口移動と近い現象は歴史上に見られるか？それとも歴史上類を見ない特殊な事例か。共通点と相違点は？ ○近い事象はある　→　今後どうなっていく？ 　特殊な事例　→　何故特殊なことが起きた？	特殊なら、何故特殊なことが起きたのか。似た事例があるなら、未来はどうなっていくか？またそのように考えた理由は？
11:15 10分	発表 ３～４チーム程度 Iターンチーム、島民チームは発表	
11:25 10分	振り返り、まとめ	生徒たちの活動へのフィードバック リフレクション記入 アンケート記入

ようなことが起きているのか仮説を立てるという学習活動である。歴史上や現代の人口移動については、「人口移動が起きた背景、人が集まる理由」「移動の結果現地で起きたこと」についてワークシートに分析結果を記入し、現在の島前地域については地域住民４人（Ｉターン２人、地元住民２人）から「なぜ島前に移住したのか」「Ｉターンが多く来たことで地域に何が起きたのか」などをインタビューしたうえで、比較するものだった。

「人口移動と島前」では「時期や推移への着目」や「類似と差異の明確化」「因果関係などでの関連付け」などの歴史的な見方・考え方を生徒が用いて分析しており、事後の感想でも「自分の持っている“知識”で、現代の課題について分析することができる！！と実感した」といった声が挙がり、授業で培った知識や、思考の方法が、地域の問題を分析するのに役立つと感じていた。見方・考え方を授業で獲得し、それを地域社会の課題に投影する学習であれば、どのような内容でも接続することができる。平成の大合併で統合された市町村を題材にして、見かけ上は一つの自治体となっていても実は中で分断が起きている状況を取り上げても良いだろう。歴史上の統合と分断の事例を複数比較して、住んでいる自治体を真に統合していくためのヒントを探究することもできる。

歴史は人類の積み重ねてきたあらゆる営みの中で編まれてきたものであるため、どのような地域課題であれ、「歴史上ではどうなっていたのか？」という視点を持つことができるものは教材化することが可能になる。その際、なぜそのような事象が起きていたのかという構造的な視点と、その事象が起きたことでどのような影響があったのかという視点を駆使しつつ因果関係を整理したり比較分析したりするような学習活動にすることができれば、学習活動の中で用いた見方・考え方を地域社会の課題に適応させていくことも可能となる。

三つ目に教科の中でも探究的に学ぶことについて。まず、探究とはどのような行為を指すのか。学習指導要領を参照すると次の３点を押さえたものと整理できる。①自分の興味関心、生き方・在り方、社会と繋がる学びであること。②見方・考え方、学問的な知識をもとに試行錯誤するものであり、学習プロセスにおいて知識が組織化、結合、修正、再構築されるものであること。③根拠を持って自分なりの答えを出すこと。である。これらのポイントを踏まえると、次の問いのうちどちらがより探究的な問いになるだろうか。A「産業革命がイギリスで起きたのはなぜか？」、B「産業革命は人類を幸せにしたか」。Aの問いはイギリスが海外市場を獲得していたことや、貿易による資本の蓄積があったことなど、複数の事実を繋ぎ合わせて回答するものであるが、教科書の中に答えを見出すことができる問いである。一方で、Bの問いは産業革命の結果、どのような影響が社会に及んだのかを検討して答えるものであるが定まった答えはない。産業革命後、大量の綿製品を生産できるようになったことで物質的な豊かさを得たが、スラム街が形成されるなど負の影響も社会にはあらわれた。このような、産業革命の結果生じた光と影を考慮したうえで自分なりの答えを出すのである。この問いに答えを出すためには、産業革命が社会に与えた影響についての知識が必要であり、複数の情報を総合的に検討したうえで、自分なりの判断軸を作って答えを出すことになる。この自分なりの判断軸を作るという行為は自分の生き方や在り方に迫るものである。このように、答えの定まらない問いに対して習得した知識を駆使して試行錯誤し、自分なりの答えを創り出していく営みは探究学習のプロセスと相似形である。

先ほどは探究的に学ぶためのポイントを3点示したが、日々の世界史探究や日本史探究の中で毎回これら3点を踏まえた授業実践をしていくことは困難であろう。教科の中で探究的に学ぶ際には日本史と世界史を結びつけつつ②③だけを意識した授業でも良い。例えば、「日本が明治維新をすすめるにあたってプロイセンを参考にしたことは妥当であったと言えるか」という問いを出し、岩倉具視使節団が訪問した当時の欧米諸国の状況を教科書、資料集、『米欧回覧実記』などの資料を用いて比較するような学習活動でも良いだろう。当時の日本の置かれた状況を踏まえつつ、各国の政治体制、産業構造、植民地支配の状況など多面的に比較し、そのうえで自分なりの答えを出すのである。このような学習活動であれば、その単元で習得した知識を用いつつ、諸事象の類似や差異に関わる見方・考え方を駆使して思考することになり、各国の制度や産業構造などを比較・検討し、グループ内討議をする過程で概念的知識を獲得していくことも期待できる。

総合的な探究の時間であれ、世界史探究や日本史探究であれ、探究的に学ぶ以上は問いで学修が始まり、自分なりの答えを複数の情報を検討しながら創り出していく営みになる。そのため、まずは生徒が試行錯誤できるような問いづくりが授業づくりの基本となる。ただ、この問いづくりは簡単ではない。授業で取り扱う歴史事象に関する豊かな知識は言うまでもなく、生徒の状況を適切に見取り、生徒が意欲的に取り組める水準の問いに落とし込むか、足場架けの教材を準備することで生徒が背伸びすれば取り組むことができるように支援するなどして難易度も調整していく必要もある。問いづくりや教材作成を含めて探究的な授業の準備は簡単ではない。筆者が高校で指導していた際には、日本史教員と世界史教員で毎週の教科会の中で教材開発や問いづくりのミーティングを行い、協働で問いや教材を開発していた。授業準備を一人で抱え込むのではなく、教員チームで協働することで負担を減らすことが、総合的な探究の時間に繋がっていくような歴史授業を持続していくためのカギになる。

参考文献

・中村怜詞、松尾奈美「地域の現代的課題の探究との接続による歴史授業の改善」全国社会科教育学会『社会科研究』2020年11月 巻 93号
・キース・ソーヤー（著）, 月谷真紀（翻訳）『クリエイティブ・クラスルーム―「即興」と「計画」で深い学びを引き出す授業法―』、英治出版、2021

III

研究者による対話

総論

歴史総合から世界史探究へ

世界史探究では何を「探究」すればよいのか？

北村 厚（きたむら あつし）
神戸学院大学人文学部　准教授

1．はじめに

2022 年度から始まった高等学校での新学習指導要領では、新科目である歴史総合が特に注目された。歴史総合は日本史と世界史を統合したまったく新しい内容の歴史科目であり、現場で教育に当たる高校教員はもちろんのこと、これまでになく史資料の活用や歴史的思考力を重視した新科目に大学の歴史研究者も多く注目した。このため、歴史総合を冠する大学教員による書籍が多数出版されることになった[(1)]。

ところが、出版界における歴史総合本の百花繚乱ぶりに比べると、同じ新課程の科目である世界史探究についての歴史学者による本は、探究科目がスタートして２年目の 2024 年７月現在、管見の限り皆無である。これはなぜだろうか。まったく新しい構成を持った歴史総合に比べると、探究科目は従来の世界史Ｂおよび日本史Ｂと変わらない、ほとんど同じ科目であるとみなされているからではないだろうか。

確かに、実際に刊行された世界史探究の教科書を見ると、（あらためて世界史科目に再参入した第一学習社を除き）各社とも従来の世界史Bの内容を踏襲し、構成を新学習指導要領に沿って組み替えただけのような印象を受ける。しかし、本当に世界史探究は従来の世界史Bと変わらない科目なのだろうか。

学習指導要領の世界史探究の学習目標を確認してみよう。「社会的事象の歴史的な見方・考え方を働かせ、課題を追及したり解決したりする活動を通して、広い視野に立ち、グローバル化する国際社会に主体的に生きる平和で民主的な国家及び社会の有為な形成者に必要な公民としての資質・能力を次のとおり育成することを目指す」(2)とある。これは歴史総合の学習目標と一言一句まったく同じである。

さらに現在の学習指導要領では、学力の３要素に応じて三つの身につけるべき資質・能力が示されている。世界史探究については以下のとおりであるが、歴史総合における資質・能力と同じ文言には下線を引いた。

例えば知識・技能については、「世界の歴史の大きな枠組みと展開に関わる諸事象について、地理的条件や日本の歴史と関連付けながら理解するとともに、<u>諸資料から</u>世界の歴史<u>に関する様々な情報を適切かつ効果的に調べまとめる技能を身に付けるようにする</u>」（要領 p.70）とあり、世界史探究の学習目標は、対象が世界であるということ以外ほとんど歴史総合と同じであることが分かる。

とりわけ知識・技能面における諸資料の活用と、思考力等における概念の活用や多面的な解釈、課題解決能力については、歴史総合で特に重視されており、それがそのまま世界史探究に引き継がれているのである。学習指導要領解説ではもっとストレートに、「「歴史総合」の学習によって身に付けた資質・能力を基に、世界の歴史の大きな枠組みと展開に関わる諸事象について……探究する科目である」(3)と書いてある。すなわち、歴史総合で身につけた資料と概念を用いた歴史的思考力を世界史探究でも活用することが求められているといえよう。

しかし、探究すべき概念が明確だった歴史総合に比べて、世界史探究ではどのような概念について考えればよいのかよく分からないというのが、実情ではないだろうか。そこで本稿では、歴史総合で獲得された概念や歴史的思考力が世界史探究においてどのように活用されうるのか、歴史学者の立場から考察していきたい。

2．歴史総合で身につける概念とは何だったのか

①歴史総合における概念の位置づけ

まず、歴史総合を学んだ生徒が、どのような歴史的概念を身につけていくのかを確認しておこう。学習指導要領では目標の２番目に「概念などを活用して」とある程度だが、各項目において身につけるべき内容は、個々の歴史的事実ではなく「産業革命」「国民国家」「立憲制」などの概念となっている。それでは個別的事象と概念との関係はどのようなものなのか。筆者による理解をここで示しておこう。

歴史総合は近現代における日本史と世界史を結合した科目であるが、そもそもどのような考え方で両者を結合しているのだろうか。この両者を結びつけるための装置が、概念である。歴史総合では大項目Ｂ・Ｃ・Ｄにそれぞれ「近代化」「大衆化」「グローバル化」という大きな概念が設定されており、さらにその下位に中項目として「帝国主義」「総力戦」といった小さな概念がある。これらの小さな概念を世界各国や日本の歴史的事象に基づいて考察し、積み上げていくことで、「近代化」とはどのような現象だったのか、この概念は現代においてはどのような問題として現れているのかを生徒自身が考えることができるように構成されているのである(4)。

「近代化」や「帝国主義」といった抽象的な概念について高校生が理解するのは困難であるが、日本を含む個別具体的な歴史的事象を通じて考察することで、総体的かつ多面的な概念理解が可能となる。

②近代＝西洋中心主義を相対化する視点

しかし概念を中心にした歴史学習にはいくつかの問題がある。まず、概念理解の系統性を重視した結果、東欧やラテンアメリカ、アフリカなどの歴史が省略されてしまうという問題である。近代化にしても大衆化にしても、それらの歴史的概念は大抵西洋発祥であり、それがアジア、そして日本へと波及する。その結果、西洋とアジアを中心とした学習に

なってしまうのである。

それと関連して、西洋発祥の概念を中心に学習した結果、生徒が西洋中心主義に陥ってしまうのではないかという懸念が生まれる。これは歴史総合が始まる当初から懸念されてきた問題である。しかしながら、実際には歴史総合では「近代化」や「大衆化」およびその下位の諸概念について、それがどのような発展をもたらしたのかと同時に、どのような問題を生みだしたのかを考察するようになっている。つまり、近代的概念の「負の側面」に注目を促すような構成になっているのである。例えば「工業化」が豊かさを生みだした半面、貧困問題や環境問題を生みだし、「総力戦」が国民の一体化をもたらしたと同時に大量殺戮を生みだし、近代的思考は「人種主義」や「植民地化」といった傲慢と迫害を生みだしていったことを、生徒は学ぶのである。

その結果、生徒は「西洋がもたらした近代は、必ずしも人類を幸福にしたばかりではなかった。発展をもたらしたと思えば破滅をもたらす側面もあった」という、近代＝西洋中心主義を相対化する視点を獲得するのである（それはあくまでも「相対化」であって、近代的価値観を全否定するものではないことには注意が必要である）。その展開をおおまかに図示すると、**図 1** のようになろう。

図1　歴史総合における概念の展開

B　近代化と私たち	C　国際秩序の変化や大衆化と私たち	D　グローバル化と私たち
工業化（産業革命） →豊かさの獲得／貧困問題	大衆化（大衆社会） →大量消費／ファシズム	環境問題 →南北問題、環境破壊
市民社会（市民革命） →基本的人権の獲得／排除	大衆運動･社会運動 →女性参政権／人種主義	グローバル市民運動 →女性･人種差別の今
国民化（国民国家） →ナショナリズム／民族問題	総力戦 →国民動員／大量殺戮	地域統合･地域連携 →多様性統合とその問題
帝国主義（植民地化） →アジアの近代化／支配	民族自決 →民族独立運動と弾圧	脱植民地化 →民族独立／開発独裁
主権国家体制の拡大 →伝統的国際秩序との衝突	国際連盟･国際協調体制 →平和主義／世界大戦再発	国際連合･多極化 →冷戦･内戦･虐殺

まとめると、歴史総合においては近代化で獲得した概念が当初から問題を持つものであったことを理解すると同時に、それが大衆化の時代において悲劇的な帰結や抑圧された人々による抵抗を招き、その破局的展開がグローバル化の時代において世界的反省や克服の動きにつながっていることを考えていくように展開されるのである。

学習指導要領にも教科書にも書かれていないが、このように見ていけば、歴史総合において全体として獲得される能力の一つは、「近代＝西洋中心主義を相対化する視点」、すなわちポストモダニズムの視点なのではないかと理解できる。概念的思考をさらにメタな視点まで引き上げ、歴史学という学問がとりわけ1990年代以降に取り組んできた西洋中心主義の相対化の試みを理解できる能力を身につけることができるのである。

3. 歴史総合の後に探究される世界史の課題とは何か

①学習指導要領における世界史探究の課題

以上のような歴史総合における概念の探究に関する整理を受けて、世界史探究においてどのような課題が設定されうるのかを考えてみよう。先述したように、世界史探究でも歴史総合と同様に、資料と問いを用いて思考力を育む能動的学習が求められている。しかし情報量が多く多様な歴史について教えなければならない世界史探究では、どのような「問い」を設定し、生徒にどのような思考力を身につけさせればよいのか分かりづらい、というのが正直なところであろう。

世界史探究の学習指導要領においては、例えば古代文明の歴史的特質の「思考力・判断力・表現力」では、「古代文明に関わる諸事象の背景や原因、結果や影響、事象相互の関連などに着目し、主題を設定し、諸資料を比較したり関連付けたりして読み解き、自然環境と生活や文化との関連性、農耕・牧畜の意義などを多面的・多角的に考察し、表現する」（要領 p.71）と書かれている。実はこの後の学習指導要領におけるすべての思考力等の指示は、下線部が共通している。

ここで重要なのは、まず基本的には世界史上の諸事象における因果関係や時代的背景や関連性に注目するというところであろう。それ自体は従来の世界史Ｂでも重要な学習内容になっていたので、現場の教員にとっても分かりやすいと思われる。次に主題学習が促されていることも重要である。歴史総合は事実上概念を用いた主題学習であったが、通史的な網羅性は重視されていなかったので、教員は歴史総合での概念を一通り考察させることを重視して内容を取捨選択することができた。しかし世界史探究では知識の網羅性も求められるので、すべてを主題学習にすることはできない。

学習指導要領の内容編では、まず「知識」があり、次に主題を設定する「思考力」等がある。したがって教科書に沿って一通りの歴史的知識を身につけさせ、歴史の流れを理解させた後に、資料を用いた主題学習を設定すればよい（ただし学習指導要領では、知識から思考力への順序を示すものではないとされているので、臨機応変さが必要になる）。知識パートをできるだけ簡潔にするなどして、主題学習の時間を確保する意識づけが必要となろう。

②近代的歴史観を相対化する世界史学習

それでは、どのような主題を設定して生徒に思考させればよいのか。歴史総合において概念学習によるポストモダン的思考能力を身につけた生徒であれば、単に因果関係を明らかにすることにとどまらず、さらなる歴史的思考を行うことが可能であろう。すなわち、これまで西洋の学問知に基づいて作られてきた近代的歴史観を、歴史総合で身につけた近代＝西洋中心主義を相対化する視点によって見直すことができるのである。

例えばかつての世界史Ｂでは多くの教科書が地中海世界における古代の終わりをローマ帝国の東西分割と西ローマ帝国の滅亡に置いていたが、現在の世界史探究では東ローマ帝国を中心とする地中海世界が続いたことを重視して、７～８世紀あたりまでを「古代末期」として連続して扱う教科書が出ている。これは西欧の世界秩序の断絶ではなく東欧まで視野に入れた時代変化という点で、西洋中心主義を相対化している。中国史についても中原の王朝交代を中心に叙述するのではなく、むしろ遊牧民や遊牧国家の活動との関係を軸に教科書が構成されており、近代的な主権国家につながる農耕社会の領域国家中心の世界史を相対化する、あるいは都市住民を文明的、遊牧民を野蛮的と見がちな位置づけを相対化しようとする視点が顕著である。他の例を挙げると**図２**のようになる。

図2　世界史探究における近代的歴史観の相対化の例

テーマ	従来の歴史像	西洋中心主義を相対化
オリエント	アルファベット、キリスト教、太陽暦など西洋スタンダードの起源を重視	オリエントは西洋からの視点。アラム文字、太陰太陽暦、ペルシア文化の世界史的意義
古代ギリシア	西洋民主主義の起源としてのアテネ、ペルシア戦争＝東方からの侵略に対する西洋の勝利	アテネは例外的ポリスにして「帝国」、ペルシア側の資料によるバルバロイ史観の相対化
中国史（隋･唐）	漢化政策による遊牧民文化の農耕民文化への同化、「武韋の禍」	胡漢融合国家、女性皇帝を可能にした遊牧文化と仏教的価値観
中世イスラーム	世界史と分離した中世ヨーロッパ叙述、キリスト教とイスラームの文明の衝突	ピレンヌ･テーゼ再評価、十字軍における相互交流、12世紀ルネサンス、ヨーロッパとイスラームの一体的把握
中近世アフリカ	イスラーム化の浸透、塩金貿易、大西洋奴隷貿易	イスラーム化文脈･西洋との奴隷貿易の文脈から脱却した主体的なアフリカ史
近世ヨーロッパ	三十年戦争を経て主権国家体制（ウェストファリア体制）成立、絶対王政の時代	主権国家体制としてのウェストファリア体制は成立したのか、近世の国家体制＝複合国家

　こうした世界史の見方は、近年の歴史学においては共通認識として通用しているが、高校教育の現場で適用するには注意が必要かもしれない。高校生は世界史探究で初めて世界史に触れるのであり、「従来の近代的歴史観」に基づく世界史像そのものを知らないという問題があるためである。しかし歴史総合を経ているので、国民国家や「文明と野蛮」や西洋中心主義といった近代的バイアスについては理解できる。そこで、まずは教科書通りの世界史の流れ（背景や因果関係）を用語とともに教えたうえで、主題学習としてそこに込められた近代的バイアスに気づかせるための資料や二次文献を用いた協同学習を実践するといった方法が考えられる。

③近現代における世界史探究の課題

　歴史総合と範囲が重なる18世紀末以降の世界史探究については、どのような姿勢で課題を設定すればよいだろうか。これについては、歴史総合での学習をさらに詳細に掘り下げるという、正攻法の考え方でよいと思われる。歴史総合では深掘りができなかった各国の近代化や植民地化などについて、その前史から（これが歴史総合ではできない）因果関係や帰結を歴史的に考えたり、その具体的な諸問題や論点を歴史総合で獲得した概念を用いて考察したりするのである。

ここでも、一度歴史を概念的な理解を通じて学習しているという歴史総合の経験が生きてくるだろう。例えば19世紀の国民国家の形成の際に、各国でどのように歴史が動員され国民史が創造されていったのかといったメタな視点による歴史学習ができる。あるいは20世紀に入ってから歴史学で盛んに取り上げられている「記憶の歴史学」についても、単に事実関係や因果関係をおさえただけでは理解できなくとも、歴史総合によって獲得した概念的な思考力によって俯瞰的に歴史を見る力があれば、高校生でもその面白さを十分に感じ取ることができよう。

歴史学に限らず、政治学や社会学、文化人類学といった大学における人文社会系諸学問の考え方は、細かな知識を覚えるというよりは、それを用いて何を考えるか、どのような主題に対してどのようにアプローチするのかを理解することが重要である。新課程における思考力の重視が、そうした学術面での高大接続を意識したものであるとすれば、高校の教育現場においてそうした学術的な歴史学の学びについて入門的に考えさせることは有効であろう。

4. 世界史探究とグローバル・ヒストリー

世界史探究の学習指導要領を見ていると、地域間の結びつきや広域世界の把握を促す内容が目立つ。前項で挙げた中国史を遊牧民との関係から見たり、中世ヨーロッパと中世イスラームを同時的に見たりする構成もそういう内容だが、特に大項目C「諸地域の交流・再編」においては顕著である。この大項目では13世紀のモンゴル帝国の時代から15～17世紀の大交易時代までを扱っており、内陸アジアや海域アジアにおける諸地域間の結びつきがより広範になっていった時代である。

学習指導要領解説では、「海域と内陸にわたる諸地域の交流の広がり……を構造的に理解する」（解説 p.302）ことが求められている。この理解に寄与すると考えられる知識パートにおける目標を抜き出してみよう（**図3**）。

図3　学習指導要領解説における大項目C「諸地域の交流・再編」の学習目標の例

西アジア社会の動向とアフリカ・アジアへのイスラームの伝播	・トルコ系王朝が内陸アジアから西アジア・南アジア北部に進出して新しい動きをもたらしたこと ・東・西アフリカや南アジア・東南アジアへのイスラームの伝播に際しては、ムスリム商人とスーフィー教団が重要な役割を果たしたこと
ヨーロッパ封建社会とその展開	・イスラーム文明がヨーロッパ文明に大きな影響を与えたこと
宋の社会とモンゴル帝国の拡大	・元が南宋を滅ぼしてからは、海域のネットワークをも支配下に入れ、ユーラシアを海域と内陸で循環する交通・交易体系をつくり上げたこと
アジア海域での交易の興隆	・インド洋と南シナ海の海上交通の結節点に位置する東南アジアで、ムスリム商人の活動が島嶼部に拡大するとともに各地に港市が発達し、16世紀には、この地域の物産を求めて参入してきたポルトガルなどのヨーロッパ諸国と競合しつつ香辛料貿易で繁栄していたこと
明と日本・朝鮮の動向	・明が倭寇を禁圧するために極端な海禁政策をとり、そのため日本・朝鮮・琉球などと国交をもつようになったこと ・16世紀には日本やアメリカ大陸から大量の銀がアジアの市場に流入し、それが交易の活発化とともに、交易の利益を巡る抗争の激化を促進したこと
スペインとポルトガルの活動	・両国が海洋進出を進め、アフリカ、アジアやアメリカに対して積極的な対外進出を行ったこと、その結果実現したアジア貿易への参入や、大量のアメリカ銀の流入により、世界の経済的な結び付きが進んだこと ・アメリカでは、スペイン人によりアステカ、インカ両帝国が滅ぼされ、ヨーロッパ人の入植と開発が南北アメリカ大陸でそれぞれ進行し、先住民社会は変容を余儀なくされたこと

このような前近代における地域間の広域ネットワークの広がりは、まさにグローバル・ヒストリーが主題にしてきたものである。アブー＝ルゴドが『ヨーロッパ覇権以前』で大モンゴル時代の世界システムを論じ、フランクが『リオリエント』でヨーロッパ人来航以前のアジア交易ネットワークの繁栄を描いた(5)。この「前近代グローバル・ヒストリー」の観点は、すでに旧学習指導要領にも盛り込まれていたが、それは一定の

各国史の後にまとめ学習のような形で追加されていることが多かった（教科書によって対応は異なる）。世界史探究では知識・技能における学習目標に明示されたことで、構造的に内容に盛り込まれることになったといえよう。

グローバル・ヒストリーの観点は、歴史総合にも日本史探究にもない、世界史探究独自の歴史像である。それは諸地域の歴史を、諸地域間の結びつきないし国家を超えた広域の中で把握しようとするものである。それは 15 ～ 17 世紀の「大交易時代」にとどまるものではない。例えば古代ギリシアをエジプト・ペルシアとの関係から理解する、中国文明を遊牧国家や海洋ネットワークから見る、中世ヨーロッパを中世イスラームとの関連性において把握し、その結節点としてのビザンツ帝国に注目する、近世にオスマン帝国として結実するトルコ人の移動の歴史から中央ユーラシアの歴史を考える、19 世紀の奴隷解放のダイナミズムを環大西洋革命の一環として把握するなど、世界史探究の教科書を用いてグローバル・ヒストリー的観点から生徒に思考させることが可能である。

先ほどの近代的歴史観の相対化や概念の活用が歴史総合から連続する抽象的思考を促すとすれば、グローバル・ヒストリーの観点は生徒に空間的思考を促すものだと位置づけることができよう。

ただ、そもそもグローバル・ヒストリーは国民国家中心史観や西洋中心主義を相対化することを目的に提唱された世界史の見方である。その意味では、ここでも歴史総合で獲得されたポストモダニズムな視点が活用されるのであり、歴史総合から連続しているとみなすこともできる。

5. おわりに

世界史Ｂから世界史探究への変化とはどのようなものなのか、一見すると分かりにくい。学習指導要領では、歴史総合と同様に資料と問いの活用が指示されており、実際の教科書でも資料と問いが多く掲載されているのだが、一部の教科書を除いてコンテンツ自体は質も量もほとんど変わっておらず、歴史総合で培った概念を用いた思考力重視型の学習から、コンテンツを詰め込む学習へと舞い戻ってしまう可能性が高まる。

しかしもちろん教科書がまったく変わっていないわけではなく、教科書執筆者は歴史学研究の進展に応じてアップデートを図っている。世界史の場合、単に情報の刷新というだけでなく、世界史の把握の仕方をアップデートしようという意図が見える。それは古代末期といった時期区分論や随所に見られる西洋中心主義の相対化、グローバル・ヒストリーの観点の導入などである。

その際、「岩波講座世界歴史」最新版の刊行は、世界史の教科書をどういう形でアップデートするのか指針を与える。かつて昭和版の「岩波講座世界歴史」が世界史教科書の内容を規定し、平成版がそれを刷新したように。平成版では社会史や文化史、ジェンダーといった新しい歴史学、新しい視点が次々と提示されていった。今回刊行された令和版では、最新の歴史学説が紹介されるとともに、西洋中心主義批判やグローバル・ヒストリー（ないし広域的・越境的な世界史の把握）が全体的な構想として設定されている。最新学説の把握という点では、ミネルヴァ書房の「論点」シリーズ、グローバル・ヒストリーの観点からすれば、「MINERVA世界史叢書」のシリーズも重要であろう。これらの世界史関連の叢書から世界史探究の深め方を教員が吸収することが求められている。

とはいえ、歴史学者による世界史像の刷新は、高校生にとって理解は難しい。それには既存の歴史像を知っている必要があったり、過去の歴史的事実を現代的視点から再解釈したり、現代における歴史の活用について思考したりする必要がある。そうした歴史学的な思考を高校生がトレースする際に、歴史総合で身につけた「概念に基づく歴史的思考」や「現代的諸課題から歴史を考える」といったスキルが役に立つことは疑いないのである。

注

(1) 主なものとしては以下の通り。歴史学会編『「歴史総合」世界と日本：激変する地球人類の未来を読み解く』戎光祥出版、2022年。歴史学研究会編『「歴史総合」をつむぐ：新しい歴史実践へのいざない』東京大学出版会、2022年。「シリーズ歴史総合を学ぶ」全3巻、岩波新書、2022-2023年。「歴史総合パートナーズ」現行17巻、清水書院、2018-2024年。

歴史総合研究会編「講座　わたしたちの歴史総合」全6巻、かもがわ出版、2023年。
(2) 文部科学省『高等学校学習指導要領（平成30年告示）』pp.69-70。以下、「要領」と略し、文中に引用ページ数を挿入する。
(3) 文部科学省『高等学校学習指導要領（平成30年度告示）解説　地理歴史編』p.271。以下、「解説」と略し、文中に引用ページ数を挿入する。
(4) 北村厚『大学の先生と学ぶ　はじめての歴史総合』KADOKAWA、2023年、pp.10-11を参照。
(5) グローバル・ヒストリーの定義および諸学説については、水島司『グローバル・ヒストリー入門』山川出版社、2010年を参照。また、高校世界史の内容をもとに前近代グローバル・ヒストリーの通史叙述を試みたものに、北村厚『教養のグローバル・ヒストリー：大人のための世界史入門』ミネルヴァ書房、2018年がある。

総論

歴史総合から日本史探究、そして大学の歴史教育へ

転換を迎える高大歴史教育

後藤 敦史(ごとう あつし)
京都橘大学文学部　准教授

1. 大学の歴史教育にとっての2025年度

2022年度は、高等学校における歴史教育の大きな画期となった年度として、記憶され続けることであろう(成田2024)。この年度に始まった「歴史総合」をめぐっては、授業実践をはじめとして、多くの様々な成果が発信され続けている。さらに、2023年度には「世界史探究」「日本史探究」(以下、両者を指す場合は探究科目)が始まった。それぞれの授業実践はもちろん、「歴史総合」と探究科目との関係性、あるいは接続に関しても、すでに活発な議論が諸所で展開されている。

さて、2022年4月から3年後の2025年4月は、大学の歴史教育にとっても、大きな転換のはじまりとなるのではなかろうか。筆者は京都橘大学文学部歴史学科で教鞭をとっているが、2025年4月以降、同学科で学ぶ学生のほとんどは、「歴史総合」、および探究科目のどちらかを高等学校で履修した学生ということになるであろう。

もちろん、大学での歴史の学びは、専門的な学科での学びに限らない。

2025 年 4 月に日本の大学に入学する学生の多くは、文系・理系を問わず、日本の高等学校で必修科目である「歴史総合」を学んできた者たちということになろう。高校における歴史教育改革の“第一世代”が大学に入学する 2025 年度以降は、専門科目であれ、教養科目であれ、大学でおこなわれる歴史教育もまた、変革を遂げなければならないはずである。

とはいえ、おそらく 2021 年度までの高校の現場と同じように、大学の現場でもまた、2025 年度を迎えるにあたって不安を抱えている教員が少なくないであろう（筆者もそのひとり）。筆者の能力不足もあり、本章はその不安の解消に直接資するようなものではないが、「歴史総合」と「日本史探究」とのつながりという課題の考察を通して、その先にある大学歴史教育との接続についても検討を加えたい。

2. 学習指導要領と解説からみる「歴史総合」「日本史探究」

まずは『高等学校学習指導要領（平成 30 年告示）』（以下、指導要領）および『高等学校学習指導要領（平成 30 年告示）解説　地理歴史編』（以下、解説）から、「歴史総合」と「日本史探究」の特質について、「科目の性格」と「目標」をおさえておきたい。なお、高校の現場で歴史教育に携わっている読者、指導要領や解説によく目を通している読者には自明のことであろうから、「3. 授業実践―教養科目「歴史から学ぶ」を通じて」まで読み飛ばしていただいてもかまわない。

解説の第二章第三節「歴史総合」の冒頭で、歴史総合の「科目の性格」は「近現代の歴史の変化に関わる諸事象について、世界とその中における日本を広く相互的な視野から捉え、資料を活用しながら歴史の学び方を習得し、現代的な諸課題の形成に関わる近現代の歴史を考察、構想する科目」と端的に記されている（解説 p.123）。

この科目の目標として、指導要領では（1）から（3）までが設定されている。目標の（1）では「近現代の歴史の変化に関わる諸事象について、世界とその中の日本を広く相互的な視野から捉え」ることが掲げられ、「現代的な諸課題の形成に関わる近現代の歴史の理解」が重視されている。また、「諸資料から歴史に関する様々な情報」を自ら調べる「技能」の習得も重要な目標となっている。また（2）では、「近現代の歴史の変化に関わる事象」を「多面的・多角的に考察」し、またそれらを説明したり議論したりする能力の養成が掲げられる。さらに（3）では、「よりよい社会の実現を視野に課題を主体的に追究、解決しようとする態度」の養成とあわせて、「日本国民としての自覚、我が国の歴史に対する愛情、他国や他国の文化を尊重することの大切さについての自覚などを深める」とされている（指導要領 p.56）。

続いて、「日本史探究」に関して、科目の性格は「「歴史総合」の学習によって身に付けた資質・能力を基に、我が国の歴史の展開に関わる諸事象」を「総合的に捉えて理解する」こと、およびそれを踏まえて「現代の日本の課題を探究する科目」と位置づけられている（解説 p.191）。

その目標としては、（1）から（3）にまとめられている。（1）では「我が国の歴史の展開に関わる諸事象について、地理的条件や世界の歴史と関連付けながら総合的に捉えて理解するとともに、諸資料から我が国の歴史に関する様々な情報」を調査する能力の習得が掲げられる。また、「我が国の歴史の展開に関わる事象の意味」などを「多角的・多面的に考察」し、それを説明・議論する能力の習得が（2）の目標である。最後に（3）では、「歴史総合」と同じく「よりよい社会の実現」を探究する態度や、「日本国民としての自覚、我が国の歴史に対する愛情、他国や他国の文化を尊重する」姿勢の涵養が掲げられる（指導要領 p.63）。

以上が「歴史総合」「日本史探究」の科目の性格と目標であるが、両者の関係を考えた際にまず重要なことは、「日本史探究」が「「歴史総合」の学習によって身に付けた資質・能力」を前提にしている点である。歴史総合から日本史探究へ、という連続性が最初から想定されているのである。

ただし、想定されるのは「資質・能力」である。ここで言う「資質・能力」とは、「諸資料から歴史に関する様々な情報」を調べ、それを表現し、また他者と議論する力を指す。「歴史総合」では世界の「近現代の歴史の変化」を、「日本史探究」では「我が国の歴史の展開」を、というように対象こそ異なるものの、歴史的事象を「多面的・多角的」に考察するという点で、ともに共通している。

以下においては、この「資質・能力」に注目して、筆者自身の授業実践を事例に、「歴史総合」から「日本史探究」、そして大学の歴史教育という連続性について検討していきたい。

3．授業実践―教養科目「歴史から学ぶ」を通じて

①「歴史から学ぶ」の概要

筆者は京都橘大学において、「歴史から学ぶ」という講義形式の授業を2023年度から担当している。1年生配当の後期開講科目で、100分14回から構成される。本学の「教養科目群」に属する講義であり、基本的に全ての学部学科（2024年度は9学部15学科）の学生が選択科目として受講可能な科目である[(1)]。

新型コロナウイルスの感染拡大以前は対面で実施していたが、2020年度以降は遠隔授業として、講義動画を定期的に配信するオンデマンド形式で実施している。「履修の手引き」（本学HPから閲覧可）において学生たちに公開している科目の「概要」としては、以下が掲げられている。

> 歴史学の学問としての方法論を知るとともに、多様な視点から事象を理解する姿勢を身につける。世界史と日本史分野の教員が担当し、歴史学を学ぶうえで必要な学問的方法論についての理解を深める。授業においては特に日本と異文化の接触・交流の視点や、文献史学以外の学問研究の視点に留意するとともに、史料を的確に読む重要性について徹底的に講義する。

ここにあるように、本講義は歴史学の方法論の紹介を通じて、「多様な視点から事象を理解する姿勢」を重視し、そのため世界史分野、日本史分野の教員がふたりで担当し、両分野それぞれの視点で、歴史的な諸事象について紹介をおこなう。2023年度と24年度は、世界史分野から杉山隆一氏（専門：イラン史・イラン地域研究）が前半の1～7回を、筆者（専門：日本近代史・幕末維新史）が後半の8～14回を担当している。

受講者数としては、2023年度は168名、24年度は198名である。2024年度の受講者の割合を見ると、文学部（歴史学科を除く）、発達教育学部、国際英語学部、経済学部、経営学部の、いわゆる文系学部の受講生が9割近くを占めるが、工学部、健康科学部の学生も受講している。本学にとっては、教養教育における歴史学の根幹にあたる科目でもあり、大学で歴史学を専門にしない学生にとってみれば、社会人になる前に受講する最後の歴史系の授業にもなり得る科目である。

②実際の講義の内容

筆者はこの科目を受け持つにあたって、科目の目標・内容にある「多様な視点から事象を理解する姿勢」、およびそのための「史料を的確に読む重要性」を重視した。2023年度に実施した第8～14回の講義テーマは、以下の通りである(2)。

第8回	「日本人は○○だ」は本当か
第9回	ジェンダー史からみる日本の歴史
第10回	歴史学からみるメディアリテラシー
第11回	「時間」について考える
第12回	歴史人口学からみる日本
第13回	「歴史に残る」を考える
第14回	歴史は結局役に立つのか

紙幅の都合上、全ての講義内容を満遍なく紹介することは難しいため、第8回を事例に、実際の講義内容を紹介したい。

第8回の講義では、まずタレントの猫ひろし（2011年にカンボジア国籍取得）や、アメリカ合衆国議会の議員であったダニエル・イノウエ、さらに卑弥呼といった人物の肖像を示し、「「日本人」は誰か」を学生たちに考えてもらった。もちろん、その目的は俗に言う“純粋な日本人”を“定義”することではなく、「日本人」という枠組み自体が厳密に“定義”できるようなものではなく、この枠組み自体が歴史に応じて変遷することを理解するところにある（與那覇2018）。

その上で、学生たちには現代の日本地図と、中世に作成された「行基図」、さらに1941年の日本の地図を示す。これもまた、「日本」という空間自体の歴史性を示すためである。これは、その空間に暮らす「日本人」も歴史的に変化する、という点で、「日本人」の枠組みに関する上記の話題とも関係している。

以上の内容を踏まえて、講義では「日本人は親切だ」「日本人は時間を守る」といった、巷間で言われがちな“日本人論”をいくつか挙げ、その当否を考えてもらう。その際、筆者の専門を活かして、幕末から明治維新の頃に来日した外国人たちによる日本人評価を引用して学生たちに示す。それらの評価には、「親切だ」といった評価とは真逆の内容も含まれており、現代の“日本人論”を批判的に捉え直すことにつながる。これらの考察を通じて、「○○人は○○だ」といった本質主義的な言説そのものが、歴史的・社会的に形成されたものに過ぎないことを学生たちが理解するということを、本講義の最終的な目標に据えている。

以上は科目の概要にある「多様な視点から事象を理解する姿勢」に主に通じるが、「史料を的確に読む重要性」という点も、講義において随所で強調している。たとえば第10回「歴史学からみるメディアリテラシー」では、1923年の関東大震災後に生じた朝鮮人虐殺の諸相を、史料をもとに考え、デマが歴史的に様々な悲劇をもたらしてきたことを示す（藤野2020）。ここから、複数の根拠から総合的に判断を下す、という現代のメディアリテラシーに通じる姿勢、心構えの重要性を自覚する、ということを第10回講義の目標としている。

このように、空間や時間、ジェンダーなどの様々なトピックについて、主に日本史に関する事例をもとに考察し、現代の私たちが生きる世界そのものを相対的に捉え直すということが、筆者が受け持つ「歴史から学ぶ」の第8～14回の大きな狙いである。

4.「歴史総合」と探究科目が大学の歴史教育を変える

①大学の歴史教育を変革させるための第一歩

さて、すでにお気づきの読者もいるかもしれないが、「歴史から学ぶ」の授業案を作成する際、筆者が意識していたのは、「歴史総合」と「日本史探究」の指導要領および解説である。現代が抱える様々な課題を、歴史的な視点で、諸資料から多角的・多面的に考えるという科目の目標は、高校での「歴史総合」、探究科目、そして京都橘大学で実施している「歴史から学ぶ」のいずれにもあてはまる。

このような科目目標は、京都橘大学の「歴史から学ぶ」に限らず、おそらく他大学で開講されている歴史学の入門的な講義にもあてはまるのではなかろうか。この点は他大学の情報を収集する必要のあることだが、歴史学の目標として、現代的な課題を歴史的に考えること自体を否定する歴史学の入門講義が展開されるとは考えにくい。

その上で、本稿が強調したいのは、「歴史から考える」のような大学での入門的な講義が、2025年度以降、大学に入学する学生にとっては、“陳腐”な内容になりかねないという点である。

「歴史から学ぶ」の内容をふり返りたい。第8回の講義は、「日本」や「日本人」そのものの歴史性を解き明かすというものであるが、これは国民国家の虚構性という問題と密接に関わっている。一方、高校で使用される「歴史総合」の教科書や副教材をひもとけば、国民国家をめぐって多くの教科書・副教材で、様々な資料を用いて考察するページやコラムが設けられていることに気がつく。それもそのはずで、指導要領そのものが、大項目B「近代化と私たち」の中で、中項目（3）「国民国家と明治維新」を設けているように、国民国家の問題を重点的に取り扱うように明示しているのである。

かつて、大学の歴史教育における“醍醐味”のひとつは、高校までの既存の知を覆す、というところにあった。一方、大学でのこの形式の授業は、高校までの歴史教育が教科書の通史叙述の、教員から生徒への一方的な教示によって成り立っている、ということを前提にしていた。大学の歴史教育では、その通史を否定し、暗記ではなく、考える歴史へといざなうところに、間違いなく大きな魅力があった。

しかし、その前提はもはや成り立たない。「歴史総合」および探究科目によって、諸資料から多角的・多面的に歴史的事象を考察する資質・能力を鍛えてきた学生に、さらに歴史の魅力を伝えるためには、従来とは異なる方法が必須であり、「歴史から学ぶ」についても2025年度以降は大幅なアップデートを計画している。そのアップデートを遂行するためにも、まずは高校における歴史教育の改革の実態と、様々な実践例を知ることが重要であろう。これこそが、大学の歴史教育を変革させるために、大学教員たちがまず着手すべきことである。

②「歴史総合」と探究科目が大学の歴史教育の枠組みを変える

先ほど言及した国民国家の問題にあらためて注目したい。「歴史総合」を通じて、高校生たちは諸資料から、日本という国家もまた、歴史的に形成されてきたものに過ぎないことを主体的に理解するであろう。

この学びを経た高校生が、「日本史探究」を選択し、原始・古代からの日本の歴史の展開を学ぶと、どういうことが生じるであろうか。まず、日本という国家の歴史が原始・古代から現代まで連綿と続く、といった「一国史」的なイメージの虚構性にとらわれるリスクは回避できるであろう。「日本史探究」という名称ではあるが、その「日本」は必ずしも国を意味しない。地理的な意味での日本列島とその周辺の歴史といった意味で、「日本史探究」を主体的に学ぶことになるであろう。

したがって、「歴史総合」でも「日本史探究」でも、指導要領は科目の目標（3）として「日本国民としての自覚、我が国の歴史に対する愛情」を強調するものの、生徒自身は、まずはその「自覚」や「愛情」を客観視するという体験を経ることになる。その上で、その「自覚」や「愛情」を深めるべきかどうかは、生徒自身が主体的に判断することになろう（以上の点については成田2023を参照）。

国家の相対化という点では、「世界史探究」ももちろん共通している。さらに、「歴史総合」を経て「世界史探究」の学びに進めば、国家に限らず、アジア、中東、ヨーロッパといった地域区分もまた歴史的に形成されたものに過ぎない、という点を踏まえた世界史学習が可能であろう。

2025年4月以降の大学では、このように国家や地域の区分が自明のものではないことを自覚する学生たちが多くの割合を占めることになる。その結果、歴史学を専門にする学生の中には、多くの大学で歴史学の区分として長らく続いている日本史・東洋史・西洋史という枠組みに疑問を抱く者も増えてくるかもしれない。日本史・東洋史・西洋史という区分の問題点は指摘されてすでに久しいが（羽田 2011 など）、高校における歴史教育の大きな変革は、大学の歴史教育の枠組み自体にも、いずれ大きな変革を迫るのではなかろうか。

5. 大学入試改革の重要性

ただし、以上述べてきたことは、高校の現場で「歴史総合」や探究科目が、その理念通りに実施されていることを前提としている。

2024年7月に静岡大学で開催された高大連携歴史教育研究会の大会で、会員向けに実施したアンケート「歴史総合の授業についての実態調査」について発表がおこなわれた(3)。171 名の回答を得たこのアンケート結果を見ると、多くの教員が「歴史総合」の理念を高く評価していることが分かる。高校の現場において、教員のそれぞれの多大な努力によって、「歴史総合」が歴史教育として着実に成果をあげていることを、アンケート結果は示している。

一方、アンケート結果からは、少なくない教員が、大学入試のあり方によっては「歴史総合」の理念が形骸化するということに懸念を抱いていることが分かる。

周知のように、「大学入学共通テスト」では 2025 年度の出題科目として「歴史総合、日本史探究」「歴史総合、世界史探究」が明示されている。その一方で、各大学では、地理歴史からの出題範囲として「歴史総合」を課すのか、外すのか、という点で、対応が様々である。この間、一部の大学では、出題範囲として「歴史総合（主に日本史分野）、日本史探究」、「歴史総合（主に世界史分野）、世界史探究」という範囲を示した大学もあり、受験生に混乱を与えることが懸念されている(4)。

今後、大学入試における地理歴史の科目が、国公立・私立大学でそれぞれどう課されるようになるのか、どのような出題範囲が定着するのか、まだ予測が難しい。ただ、確実に言えるのは、「歴史総合」そして探究科目によって進められている高校での歴史教育改革が成功するかどうかは、大学側にも大きな責任があるということである。

2025年度は、大学における歴史教育にとって画期としなければならない年度となる。しかし、その画期は、大学内部で完結するものではない。高校の現場でどのような歴史教育がなされているのか、高校では大学入試に対してどのようなことを期待しているのか、こういった高校側からの様々な情報・意見を、大学側は積極的に集める必要がある。もちろん大学側からも、研究成果の発信を含めて、様々な情報を提示し、相互的な対話を深めなければならない。2025年度は、高大連携にとっても、画期とならなければならないのである。

注

(1) ただし、歴史学科の学生については、同学科の「専門教育科目群」にある「歴史学入門講義」と一部内容が重なるため、「歴史から学ぶ」は受講できないようにしている。なお、2025年度以降は「歴史学概論」と名称を変更する予定である。
(2) 本学HPで公開しているシラバスと異なるが、受講生には事前に通知・確認の上で変更をおこなった。
(3) 7月28日のランチョンセッションで、磯谷正行氏・大橋康一氏・小川幸司氏・星瑞希氏によりアンケート結果の分析の発表が行われた。
(4) 2024年8月1日付で、高大連携歴史教育研究会では「国公立・私立大学 学長」宛に「大学入試科目における「歴史総合」の扱いに関する懸念と改善の要望について（声明）」を発信した。「歴史総合（主に日本史分野）」といった出題範囲の問題点については、この声明文に尽くされている（URL = https://kodairekikyo.org/statement/statement20230801/）（2024年8月31日閲覧）。

参考文献

・成田龍一2023「ナショナル・ヒストリー批判のあとの「日本史」叙述─「歴史総合」と「日本史探究」─」（『思想』1188号、2023年）
・成田龍一2024「「歴史総合」が切り拓いた地平、そしてその先へ」（高大連携歴史教育研究会第10回大会レジュメ、2024年7月27日、於静岡大学）
・羽田正2011『新しい世界史へ：地球市民のための構想』岩波新書
・藤野裕子2020『民衆暴力：一揆・暴動・虐殺の日本近代』中公新書
・與那覇潤2018『日本人はなぜ存在するか』集英社文庫

世界史探究における中国史・アジア史

丸橋 充拓（まるはし みつひろ）
島根大学法文学部　教授

1. はじめに

学ぶことのよろこびが「未知なるものと出会い、自らがアップデートされること」にあるとするならば、世界史という授業科目が持つ学習者への訴求力は強いはずである。

同じことは外国語科目や、さまざまな国際交流の実践にも当てはまるが、世界史の場合、諸地域で起こる各種現象について、負の側面をも含んだ学習内容を組み込んでいる点で、獲得される知見はより奥行きの深いものになる。

新高校学習指導要領のもと、2022 年度から開始された歴史総合は、「現代的な諸課題の形成に関わる歴史の大きな変化」を取り上げ、そこに学習者が「私たち」、すなわち当事者として主体的に関わることが明確に掲げられた。実際の教科書各種においても、そうした要請に応える内容がさまざまに盛り込まれている。

他方、2023 年度からスタートした世界史探究は旧世界史Ｂの枠組みを比較的残している教科書が多く、また近現代と離れた時代も扱うことになるため、そのままでは生徒たちの主体的な学びが起動しにくいままに、旧課程の流儀が踏襲されてしまう懸念がある。

しかし、新課程の学習内容および世界史探究の各種教科書を子細に観察すれば、歴史研究の現時点における水準や視角に即応した、重要かつ示唆に富む題材が要所に配されていることに気づくことができる。本稿では、それらのうち中国史・アジア史の立場から注目される論点の抽出・提起を試みたい。本稿の提起が、生徒たちの有意義な学びへの橋渡しとなれば幸いである。

2. 脱「ヨーロッパ中心史観」の前面化

中国史・アジア史に関し、新課程に現れた変化として第一に挙げるべきは、脱「ヨーロッパ中心史観」の傾向がいっそう鮮明になったことである。これはもちろん、国内外における海域史研究の深化、あるいはA.G. フランク「リオリエント」やK. ポメランツ「大分岐」などヨーロッパ発の動きを契機とするものであり(1)、旧課程においても徐々に修正が進められてはいた。それが今回、歴史総合・世界史探究の新設にともない、教科書の全体構成を明確に変更する形で反映されることとなったのである。

まず歴史総合においては、「近代化と私たち」が18世紀のアジアから説き起こされ、「18世紀の諸国の経済が欧米諸国に与えた影響などに着目」した主題学習が導入された。「西から東へ」のみならず「東から西へ」の影響関係についても、学習項目に加えられたのである。

つづく世界史探究では、モンゴル帝国期、および「14世紀の危機」以降の時期にユーラシアの海陸で起こった交易・交流の活発化が重視されるようになった点が注目される。

およそ9世紀以降、ムスリム商人や中国商人によって結ばれ始めた通商のネットワークは、モンゴル帝国のもと陸海を通貫する大交易圏として一体化される。この交易圏は、帝国の解体とそれにつづく「14世紀の危機」によって消えかかるものの、明による海禁=朝貢体制の構築、およびこれと連動する鄭和の大遠征などをきっかけに再び胎動する。東・南シナ海の結節点に生まれた琉球王国、鄭和艦隊の拠点として南シナ海とインド洋の間で発展したマラッカ王国、インド洋の東西を媒介するヴィジャヤナガル王国の沿海諸都市など、各地で興った港市国家を結ぶ海域アジアの交易圏が形成されたのである。そして15世紀末以降、ポルトガルを皮切りにヨーロッパ諸国の東方進出が始まる。この動きは、海域アジアで形成されていた既存交易圏への後発的な参入として説明されることになる。

以上のような一連の現象について、新課程の教科書はすべてが「大交易時代」等の概念を用いて明確な位置を与えている。ヨーロッパが主導する「大航海時代」「地理上の発見」という歴史観を乗り越えるねらいがそこに含まれていることを明記している教科書も複数ある。

したがって、歴史総合・世界史探究を履修する「新指導要領世代」の生徒たちは、「世界の一体化」を「海域アジア交易圏の形成によって始まり、そこにヨーロッパが参入していく」過程として学ぶことになる。「後れたアジアに対するウェスタン＝インパクト」一辺倒で語られてきた歴史観の刷新が期待される所以である。

3. 脱「中華史観」の加速

つづいて中国史・アジア史に関し、新学習指導要領に現れたもう一つの変化として、脱「中華史観」の加速を挙げておきたい。

中国を中心に、周辺国を含んだ地域世界を描く歴史叙述は、1980年代以降、草原世界・海域世界の研究が長足の進展を遂げたことを承け、多元的な成り立ちを持つ歴史叙述へと書き換えが進んだ[(2)]。それは旧課程の教科書にも着実に浸透しつつあったが、新課程への移行にあたっては、教科書の構成面での見直しを含む変化が促された。

まず、従来別々の章・節に分けられてきた「東アジア」（中華世界）と「中央ユーラシア」（草原世界）が一つにまとめられ、両世界の動きを密接に連関するものとして把握できるよう配された。具体的には、以下のような組み合わせである。

①「遊牧の始まり→匈奴帝国」と「農耕の始まり→秦漢帝国」
②「寒冷化による遊牧民の移動→五胡北朝」と「漢の瓦解・中華世界の流動化→東晋南朝」
③「柔然→突厥→ウイグル・吐蕃」と「隋唐帝国（拓跋国家）」
④「ウイグル・吐蕃の瓦解→キタイ・西夏→金」と「唐の瓦解→五代・宋」から「モンゴル帝国による統一」へ

これらは概ね、草原世界の動きがまずあり、これを承けて中華世界が動くという流れで構成されており、前者の歴史的な主導性が読み取れるようになっている。

そしてモンゴル帝国以降になると、上述した「大交易時代」に突入し、新たなアクターとして海域世界が加わって近世・近代史が描かれることになる。

こうした構成面の変化に加え、記述面での以下のような傾向にも留意しておきたい（旧課程から始まっていた変化も含めて列挙する）。

①遊牧帝国が中華帝国より相対的に強勢だった時期について、前者に対する後者の「従属」を明記する教科書が増えたこと（前漢中期までの匈奴との関係、北朝と突厥の関係、唐後期におけるウイグル・吐蕃との鼎立、南宋と金の関係など）
②中華帝国と周辺国との関係を冊封や朝貢などの非対称な関係（華夷秩序）としてだけでなく、擬制的血縁関係や盟約関係など対称的な関係を含むものとして説明する教科書が現れ始めたこと（漢、唐、明など）。中華帝国が東方・南方諸国には前者の関係を、西方・北方諸国には後者の関係を適用することが多いことに言及する場合もある。
③遊牧帝国が中華世界を含む他領域を支配する場合の統治思想について、「民族的差別」に基づく支配という理解を後退させ、多元性を容認（放任）する面や実力主義による人材登用の面を強調する教科書が増えたこと（大元ウルスにおけるモンゴル人・色目人・漢人・南人の関係、清帝国が満洲・中華・モンゴル・チベット・ムスリムに対して別の顔で君臨していたこと等）。

以上のような変化に共通するのは、華夷秩序の外側に、（遊牧・仏教・イスラームなど）華夷秩序以外の勢力関係が多元的に並存する一つの歴史世界を措定しようとしている点である。この歴史世界のなかでは、華夷秩序も数ある勢力関係の一つとして位置づけられる。

これは、伝統的な「中華史観」の相対化という従前の学問的系譜を受け継ぐものなのだが、さらに現在進行形の課題との関わりでは、現代中国において顕わになりつつある「中華民族史観(3)」と対峙するうえでのオルタナティブとして、今後重要になっていくことが予想される。

脱「ヨーロッパ中心史観」にせよ、脱「中華史観」にせよ、新課程の学習内容からは､歴史世界に特定の中心を置きたい（多分に政治性を含む）動機づけから距離を置き、多元的な歴史像を描くことに意を用いてきた日本の歴史研究の成果が、中等教育にも反映されつつあることを実感できる。世界史をこのようなバランスで学んだ次世代の育成は、世界に向けても意義ある取り組みと言えるのではないだろうか。

4．中国理解の補助線

最後に、世界史探究の教科書記述のなかから、中国に対する理解の増進に資する知見を探ってみたい。

筆者は以前、直近の研究水準に即して、中国史を学ぶうえでの重要ポイントとして次の４項目を提起したことがある(4)。

①国家と社会の乖離（世襲的な在地勢力を排した専制的な国家体制が採られる一方、民生に対する関心が希薄で基層社会からの乖離が目立つ）

②団体性の希薄な中間団体（家・村・ギルドなど中間団体の自律性が弱く、構成員を規制もしないが保護もしない）

③社会的流動性の高さ（官僚身分の非世襲化や家産均分慣行の広がりにより垂直方向の上昇・没落がともに起こりやすい一方、居処・生業の選択規制がなく水平方向の移動も活発）

④個人間の信頼関係への依存（国家も中間団体も頼りにならず、人々は生き残りのネットワークを自ら開拓する）

これらを介在させることで、「中央集権的な国家体制」のもとにありながら、「活力としたたかさにあふれた民間社会」が成立しうる中国の特徴的なありようが理解可能になることを述べたのだが、これと重なる知見は、世界史探究の教科書記述からも得ることができる。該当する項目を、以下に並べてみよう（黒丸数字は、世界史探究の教科書７種における採用頻度を表している）。

まず「中央集権的な国家体制」の形成に関わる記述から。周代の封建制と氏族制（世襲的身分制）が戦国時代から秦にかけて解体されると、国制は郡県制に移行し（❼）、領主制・身分制が崩壊して小農民を基本とする社会が出現する（❺）。

前漢中期には豪族（貴族）が大土地所有者として台頭し（❼）、家柄重視の人材登用制度によって政治権力を握る（❺）。その後の歴代王朝は土地政策を通じて小農民維持を試みるも、容易に効果は現れない。

結局、唐後期に両税法が制定されると私的土地所有が容認されることとなり、大土地所有への公的な介入はこののち放棄される（❷）。国家が基層社会を把握する意欲は次第に薄れ、清代の地丁銀制採用でそれは決定的となる（❹）。

以上のような過程を経て「専制国家と基層社会の乖離」あるいは「専制と放任の並存」と呼ばれる状況が出来する。――（A）

次に「民間社会の活力」に関わる記述について。唐の後期以降、貴族は没落し、新興地主層が台頭する（❺）。彼らは科挙を通じて官界に進出するが、官僚の地位は基本的に一代限りになったため、大土地所有も世襲が困難となり、門閥的な有力家系は再生産されなくなる（❷）。

基層社会に累代の有力家系がおらず、また移住や転業の規制が緩い社会であったことから（❷）、人々の危機管理は、地縁共同体の固定的メンバーシップに基づく永続的な相互権利保障よりも、居処・生業を超えた外部ネットワークへの依存に向かうようになる。明清時代、遠隔地商人が各地に設けた会館・公所（❻）や、人口圧に押し出されて激増した移民たち、とりわけ海外に出た者たちが移住先で築いた華僑社会（❹；チャイナタウン）は、同郷出身者コミュニティーの異郷における分布が、移住という選択肢の保証になっていたことの現れである。

要するに、世代を超えて相互保障できる地縁共同体がなく、上昇も転落も頻繁な流動的社会のもと、外部ネットワークのコネを頼みに多地域移住や多業種展開で生存を保ちつつ、次なる上昇の機会をうかがうという戦略が、この社会を生き抜く要諦とされたのである。―― (B)

以上の教科書記述のなかには「中間団体が構成員を規制も保護もしない」ことと、「家産均分慣行で代替わりごとの零細化圧力が高い」ことの情報は、残念ながら含まれていない。しかし、教科書記述から得られるA・Bの知見を掛け合わせるだけでも、「専制と放任が並存する流動的な政治社会」のもとで、自力救済によるサバイバルが行動戦略の基本、かつ活力の源泉になっていたことは、十分に覚知できるだろう。

教科書記述の範囲であっても、このように組み合わせて整理することで、学習対象に対する（過去のみならず現在も含めた）理解に近づきうることの一例として、活用していただければ幸いである。

5. おわりに

新課程への移行にあたり、直近の研究水準に即したブラッシュアップは、本稿で紹介した三つの側面以外にもさまざまに行われた(5)。

その一方で、新課程への移行は、授業単位数の削減（4単位から3単位へ）を随伴していたにもかかわらず、教科書のボリュームはさほど変わらなかった。このような状況のなか、新指導要領世代が初めて挑戦する2025年度入試はどのようになるのだろうか。

仮にそれが、新指導要領において期待されていた「暗記力から思考力へ」の転換に十分につながらなかった場合、高大連携のギアを早速にもう一段階上げ、新たな一手（教科書のサイズダウンと入試の脱暗記化）に向けた取り組みを始めていく必要がある。

その際には、本稿で紹介したような、現在の研究水準に照らした要点整理が重要になるであろう。教科書、そして入試それぞれに携わる関係各位には、そうした方向性への配慮を継続的に要請していきたい。

注

(1) フランク，A.G.、山下範久訳『リオリエント：アジア時代のグローバルエコノミー』藤原書店、2000 年（原著 1998 年）。ポメランツ，K.、川北稔監訳『大分岐：中国、ヨーロッパ、そして近代世界経済の形成』名古屋大学出版会、2015 年（原著 2000 年）。

(2) 小松久男等編『中央ユーラシア史研究入門』山川出版社、2018 年。桃木至朗編『海域アジア史研究入門』岩波書店、2008 年など。こうした書き換えは、たとえば中国の歴史を中華・草原・海域の多元構成で捉えることを提唱した岩波新書「シリーズ中国の歴史」全 5 巻（2019 〜 2020 年）などに端的に現れている。

(3) 中華人民共和国を構成する国民（ネーション）として、漢族と少数民族を包括する上位概念「中華民族」を措定し、多民族一体の「中華民族の歴史」を国民共有のナショナル・ヒストリーとして位置づけていこうとする考え方。冷戦後、社会主義に代わりナショナリズムが台頭するなか、国民統合の核としてこの歴史観が前面化することになった。

(4) 拙著『江南の発展：南宋まで』シリーズ中国の歴史 2、岩波書店、2020 年

(5) その一例として、唐代税制に関する重大な誤りの扱いについて言及しておきたい。唐代税制の一費目「庸（＝労役の代納品）」について、旧課程「世界史B」教科書（全 7 種）には正しく説明しているものが一つもなかった。庸に言及している 6 種のうち、実に 5 種が「庸＝労役」とし、残る 1 種も「庸＝労役もしくはその代納品」としていたのである。このことについて、筆者は 2022 年 4 月刊行の共著において指摘したのであるが（拙稿「唐後半期の政治・経済」『岩波講座世界歴史 7：東アジアの展開　八〜一四世紀』岩波書店）、翌年 4 月から使用が始まった新課程「世界史探究」教科書（全 7 種；庸の説明があるのは 6 種）のうち 2 種においては、幸いなことに正しい説明への修正がなされていた。ただし残る 4 種は誤ったままであるため、注意を要する状況はなお続いている。

各論　世界史探究との対話

世界史探究における西洋前近代史分野

ビザンツ帝国の事例を中心に

仲田（なかだ） 公輔（こうすけ）
岡山大学学術研究院社会文化科学学域　准教授

1.〈世界史探究〉と西洋前近代史

西洋前近代史を専門とする立場から〈歴史総合〉を見たときにまず目にとまるのは、古代や中世の不在である。そのうえ中学社会科の歴史分野における世界史、とくに前近代史もまた、現代や日本とのつながりが重視される中で最低限にとどまっている[(1)]。つまり、〈世界史探究〉が選択科目である以上、少なからぬ生徒は世界の前近代について学ぶ機会を得ないまま中等教育を終えることになる。だとすると〈世界史探究〉は、生徒たちが世界の前近代史に触れることができる数少ない貴重な機会である。この機会をどのように活かせばよいのだろうか。

〈世界史探究〉を学ぶ生徒たちは、おそらくここに来て初めて世界史の前近代分野に詳細に触れることになるだろう[(2)]。その際に、近現代とあまりに様相の違う世界に戸惑いを覚えることもあるかもしれない。では、このギャップを前にしつつ〈歴史総合〉で身につけた力を活かして〈世界史探究〉で前近代を学ぶとするならば、どのような可能性がありうるだろうか。そもそも〈世界史探究〉において、時間的・空間的隔たりが大きい前近代史を学ぶことには、どのような意義があるのだろうか。筆者が専門とするビザンツ（東ローマ）帝国史の各教科書の記述を取り上げつつ、考えを巡らせてみることにしたい。

2．学習指導要領上の位置づけ

〈世界史探究〉の前近代史分野は、基本的に〈世界史B〉を発展継承したものとなっている。各教科書の記述も、構成の変化や多少の変更はありつつも、ほぼ〈世界史B〉のものが踏襲されている(3)。ビザンツ帝国史は、学習指導要領では大項目B「諸地域の歴史的特質の形成」で直接的に言及されている。〈世界史探究〉では各大項目の最初に大項目名についての「問い」という中項目（1）が立てられているのが特色である。この「問い」は、大項目を学ぶにあたって必要な姿勢や技能を下準備するとともに、見通しを得るためのものと考えられる。〈歴史総合〉で学ぶ「問いを表現する力」が重視されている証左であろう。

ビザンツ帝国が直接言及されるのは中項目（3）「諸地域の歴史的特質」である。諸地域の歴史的特質についての知識を身につけ、「主題を設定し、諸資料を比較したり関連付けたりして読み解き、西アジアと地中海周辺の諸国家の社会や文化の特色、キリスト教とイスラームを基盤とした国家の特徴などを多面的・多角的に考察し、表現すること」が目指される。中項目（1）で言及されていたように、〈歴史総合〉を踏まえて、主体的に問い、考え、議論することが重視されていることが見て取れる。小項目としては（ウ）「西アジアと地中海周辺の諸国家、キリスト教とイスラームの成立とそれらを基盤とした国家の形成」で言及され、ローマ帝国分裂後のギリシア化、首都コンスタンティノープルのもとでの経済的繁栄、そして西ヨーロッパとの差異の形成に気づくことが重視されている。

では、そうした内容を学ぶ中で、どのような「問い」が活きてくるだろうか。各〈世界史探究〉教科書のビザンツ帝国に関する内容を検討していきたい。今回取り上げるのは『詳説世界史探究』（山川出版社）、『新世界史』（山川出版社）、『世界史探究』（東京書籍）、『新詳世界史探究』（帝国書院）、『世界史探究』（実教出版）の５冊である（以下、本文中では山川詳説、山川新、東書、帝国、実教と省略形を用いる）。なお、教科書によっては大項目Ｃ「交流と再編」相当の部分に登場するものもあるが、紙幅の都合もあり必要があれば触れる程度にとどめたい。

3．各教科書のビザンツ帝国史比較検討

①『詳説世界史探究』（山川出版社、世探 704）

第Ⅰ部「諸地域の歴史的特質の形成」の第５章「イスラーム教の成立とヨーロッパ世界の形成」の第２節「ヨーロッパ世界の形成」の項目「ビザンツ帝国の成立」で記述される。ただし、ここで扱われるのは帝国の東西分裂と存続、ユスティニアヌス帝の事業、８世紀の聖像論争までの範囲であり、残りの滅亡までの内容は第Ⅱ部「諸地域の交流と再編」において、西ヨーロッパと対比される東ヨーロッパについての項目の中で記述される。後半の範囲では土地制度・軍制が主軸の叙述がなされる。

この教科書の特徴は各部・各章・各節・各項目レベルで参考となる「問い」が提示されていることである。例えば小項目「ビザンツ帝国の成立」については、「西ヨーロッパが混乱していた一方で、ビザンツ帝国はなぜ繁栄を続けたのだろうか」とあり、指導要領に沿った内容を答えとして導き出すような問いとなっている。しかしこれらを逐一問いとして取り上げるのは難しいかもしれない。

②『新世界史』（山川出版社、世探 706）

ほとんどの記述は第Ⅱ部「諸地域の歴史的特質の形成」第６章「ヨーロッパの形成とイスラーム教の誕生」に登場する。①「古代から中世へ」のうち「東ローマ帝国の地中海支配」では同帝国の存続からユスティニアヌス帝の事業が扱われる。②「カール大帝とヨーロッパ」の「カール大帝の皇帝戴冠とイコノクラスム」では、７世紀以降のビザンツ帝国の制度の変化やギリシア化のほか、「聖像破壊運動」が教皇のビザンツ帝国の影響下からの離脱を促したことが強調される。

山川詳説ほどではないが、各所に「問い」が配置されているのが特色

である。

③『世界史探究』(東京書籍、世探 701)

第1編「諸地域の歴史的特質」第2章「西アジアと地中海周辺」4「古代末期の社会と地中海世界の解体」において東西ローマ帝国の歩んだ異なる道筋が紹介され、東ローマ帝国の存続、ユスティニアヌス帝の業績といった要素が扱われる。7「中世初期の東西ヨーロッパ」でビザンツ帝国に関する記述が登場し、テマ制度やイコンについての説明が付される。

問いは「節」レベルに配置されているほか、「深める」として比較的創造的な思考が求められる問題が稀に設置されている。また、各編冒頭に「…への問い」として「王権と身分・階級」「生活と生業」「宗教」「文化・思想」といった、指導要領にもある要素についての多数の図像資料が、複数ページにわたって提示されている。

④『新詳世界史』(帝国書院、世探 703)

2部「諸地域の歴史的特質の形成」3章「西アジアと地中海周辺の歴史的特質」4節「ヨーロッパへ広がるキリスト教」で「ビザンツ帝国とギリシア正教圏の形成」が扱われる。東ローマ帝国の存続とユスティニアヌス帝の事業に始まり、イスラームを始めとする外部勢力との抗争による領土の縮小と「ギリシア化」、中期ビザンツ帝国を特徴づけるテマ制度、皇帝による教会の管轄などが扱われる。また3部「諸地域の交流・再編」では、1章「ユーラシア大交流圏の成立」2節「ヨーロッパ封建社会の展開」に「ビザンツ帝国の滅亡と東欧」という項目が立てられている。

問いの配置は山川新に近く、各節と、その中の項目の一部にまで配置されている。ただし項目レベルでの問いは「要約」や「説明」など、教科書内容から導き出されるものが多いように見受けられる。「問いを表現する」創造的な活動は、むしろ各部の冒頭に比較的大きな問いに関するものが設置されており、2部については「生業」「身分と宗教」「王権」「宗教」「文化と思想」についての問いを立て、その後の部の内容に問題意識をもって取り組むことを促している。

⑤『世界史探究』(実教出版、世探 702)

第1部「諸地域の歴史的特質の形成」第5章「西アジア・地中海周辺

の変動とヨーロッパの形成」の第１節「ビザンツ帝国とギリシア正教圏」において扱われる。ローマ帝国の東西分裂からの東半分の存続、中期における社会と文化の変容、周辺諸地域への影響のすべてがカバーされる。また、これに引き続いて第２節「ラテン＝カトリック圏の形成と展開」第３節「イスラーム圏の成立」と、中世地中海世界を取り巻く三つの文化圏を意識した構成になっているのが特徴的である。

「問いを表現する」ことについては、東書と同じく第１部の冒頭に「諸地域の歴史的特質への問い」として、王権・宗教について図像資料を活かして考察を巡らせるヒントが与えられている。また「世界史への扉」という明らかに〈歴史総合〉を意識した導入が置かれている。章レベルでは異なる「宗教圏」の特徴についての問いが提起され、節レベルでは「ギリシア正教」の役割について問われており、宗教を大きなテーマとして扱おうとしていることがわかる。このほか、随所に「point」として比較的想像力を求められる問いが差し込まれている。

3．テマ制度、イコノクラスム、皇帝教皇主義

いずれの教科書についても東ローマ（ビザンツ）帝国が西ヨーロッパと異なる道を歩み、異なる文化圏を形成するという、指導要領にも提示されている要素は共通している。しかし、ビザンツ帝国の独自の要素とされる事柄については、近年の研究動向に鑑みてアップデートが遅れている感が否めない。教科書は必ずしも細目レベルでの専門家が執筆しているわけではないため(4)、致し方ないこととはいえ、叙述のあり方は「問いの表現」をある程度規定してしまう可能性もあることからあえて指摘しておく。ここでは高校世界史でビザンツ帝国を代表する要素、「テマ制度」「イコノクラスム」「皇帝教皇主義」の３点について検討しておきたい。

①テマ制度

ビザンツ帝国の存続の要となった制度とされるのがテマ制度である。しかし、テマ制度が形成されたと考えられている７世紀から９世紀はビザンツ帝国史上もっとも史料が希薄な時期の一つで、研究者たちはその起源を巡って喧々諤々の論争を交わしてきた。現時点での研究者の間の

大まかな合意は以下の通りである。テマ制度は7世紀から9世紀の約200年をかけながら完成した。7世紀にイスラームを始めとする周辺勢力の侵攻よって大幅に領土が失われると、各方面に展開していた帝国軍は数少ない残りの領土である小アジアに引き上げた。ここで軍団を現地からの収入で給養するために、割当地を設定したのがテマの始まりで、当初は「ストラテギア」とか「ストラテギス」（将軍管区とでも言えよう）とか呼ばれていた。それが次第に軍事・行政双方を軍団司令官が掌握する制度と化していったのである(5)。

そんな実態のつかみにくいテマ制度がなぜ教科書に重要語句として登場するのだろうか。それは『詳説世界史探究』（山川出版社）の叙述を見るとわかりやすい。テマ制度は中小自由農民が「屯田兵」として支える制度で、それが11世紀以降に貴族たちに軍役奉仕と引き換えに領地を与えるプロノイア制度が敷かれるようになると、貴族が大土地所有者となって農兵制度が崩壊した、とされている。西ヨーロッパの「封建制」に代表されるように、土地制度を主軸に世界史の流れを説明するというかつて影響力をもった見解の中で、「テマ」や「プロノイア」は重要な位置を占めたのである。

実際どうだったかといえば、テマは農兵制度ではなかった。ビザンツ帝国にあったのは、その土地からの収入がその土地に紐づけられた兵士の給養に充てられ、代わりにほかの税が免除される「軍事保有地」の制度である。兵士が土地を持っていることもあったが、兵士がその土地の保有者とは限らない。複数の軍事保有地から一人の兵士が養われることもあった。それも、完全に制度として確立したのは10世紀頃のことらしい。

本来テマ制度から見えてくる問いは、土地所有の形態云々よりも、西ヨーロッパと比較した際に、「古代ローマ以来の制度は、ビザンツ帝国にどのように引き継がれたのか」や、「危機を前にしたビザンツ帝国は、どのようにして生き残ったのか」といった問題ではないだろうか。

②イコノクラスム

726年にビザンツ皇帝レオン3世が聖像禁止令を発布し、教皇庁との溝を広げたとする見解は、すべての教科書で採用されている。ただし、山川詳説、山川新、実教出版では、教皇とフランク王国の関係についての箇所に記述されている。

この東西教会の対立についての記述が必ずしも誤っているわけではないが、対立にはほかの要因もあることに留意せねばならない。教皇庁がコンスタンティノープル支配からの離脱傾向を強めたのは、徴税問題、軍事支援の滞りを始めとする複雑な事情が関わっている。

また山川新のように、レオン３世の意向が「聖像『破壊』運動」につながったとするのは語弊があることは指摘しておかねばならない。なぜなら破壊を伴う積極的な迫害が行われたかどうかは議論の余地があるからだ。この時期に関する史料中にはイコンを迫害した皇帝たちの所業が悪しざまに描かれているのは事実である。しかしこれは、イコン崇敬を護持し、正当化する人々の活動によって、あたかも聖像反対派の皇帝が「破壊運動」を展開したかのようなイメージが作り上げられ、それらが正統な歴史観として残ったからである(6)。「聖像破壊運動」像形成を巡る問題は、歴史はどのように書かれるかという問題に大きな示唆を与えるのではないだろうか。

③ビザンツ皇帝と教会

研究者によって度々問題視される「皇帝教皇主義」という用語自体は登場しなくなったものの、ビザンツ皇帝を政治と宗教の両面における最高権力者とする記述は目立つ。確かにビザンツ皇帝は教会に対して強い影響力を行使したが、教会が完全に支配下に置かれていたとするのは語弊がある。これは西ヨーロッパの教皇と君主の分立を前提にビザンツ帝国のモデルを把握しているにすぎず、実際には教会と妥協した皇帝や、教会の抵抗で政策に挫折した皇帝は枚挙に暇がない(7)。教皇権と君主権が分かれる西ヨーロッパとの対比という点に主眼が置かれ、より広くイスラームやアジアにおける諸君主と宗教の関係と比較する可能性を狭めてしまう可能性もある。

5. おわりに：西洋前近代史を学ぶ意義

以上のようにビザンツ帝国関連記述を概観すると、一つのことに気づく。それは、聖像禁止令が西ヨーロッパとの関係でのみ語られること、テマ制度やプロノイア制度が西ヨーロッパの封建制との対比で理解されることにも顕著だが、基本的にビザンツ帝国は「本筋」として重点が置かれる西ヨーロッパとの対比、西ヨーロッパを理解するための参照軸として語られがちな印象は否めない、ということである。指導要領でも東西ヨーロッパの異なる歩みの理解は重視されているので、致し方ない部分もあるのだが。

〈世界史探究〉は全体的には中国やイスラーム、海域アジアの歴史的意義を重視し、ヨーロッパ中心主義を相対化するような内容が含まれている。しかし、西ヨーロッパの存在感が増大する近現代を重視する〈歴史総合〉を学んだうえで、さらに前近代についても西ヨーロッパに重点を置いたキリスト教世界についての記述を見てしまうと、少なくともキリスト教世界においては初期中世より西ヨーロッパが重要な位置を占めており、それがシームレスに続いていくような印象を抱いてしまう可能性が危惧される。中には「ローマ帝国を引き継ぐ神聖ローマ帝国」というミスリーディングな記述が登場する教科書すら存在する。またビザンツ帝国を含む東ヨーロッパを西の「影」として位置づけることは、西ヨーロッパの先進性と東ヨーロッパの後進性という見方を強めてしまう危険性をはらんでいる(8)。

津田拓郎が指摘しているように、私たちから時間的にも空間的にも隔たりが大きい前近代ヨーロッパを学ぶ意義の一つは、ヨーロッパ中心主義を相対化することである(9)。同じキリスト教世界にあってもローマ帝国の東半分であるビザンツ帝国が、経済的にも軍事的にも西欧に対して比較的優位な立場にいた初期中世は、その格好の材料の一つではないだろうか。

中学歴史や〈歴史総合〉を前提知識として持つ生徒は、中世初期西ヨーロッパの辺境性に驚きをみせるかもしれない。しかし歴史に対する素朴な驚きが、問いの表現の出発点になることは、指導要領でも述べられている通りである。こうした観点から着目に値する教科書の記述も存在する。

例えば東書は西ヨーロッパを明確にユーラシアの西端と位置づけ、西ローマ滅亡後に統一を失ったヨーロッパの秩序の再編成がフランク人によって行われる過程を描写していることである。西ローマ帝国滅亡後の東西ヨーロッパを比較する問いも提示されており、扱い次第では多くの生徒が前提としているであろう欧米の優位を当然視するイメージを揺さぶることもできるかもしれない。

山川新では、「紀元1000年頃のヨーロッパ」の項目で東西ヨーロッパを俯瞰するような記述があるのは興味深い。問いの立て方次第では、この時期挟んで初期中世と盛期中世では様相が大きく変化していること、「進んだ西ヨーロッパと遅れた東ヨーロッパ」というイメージを相対化することにもつなげられるかもしれない。

実教は第1部の末尾には、「8世紀の世界」という比較検討の活動が置かれている。王権や宗教といった普遍的なテーマを意識し、共通の物差しを持ったうえであれば、各地の特色、それぞれがそれぞれに与えた影響などについて考察を巡らせることも可能になるだろう。例えばここには長安やバグダードの繁栄の様相が提示されているが、フランク王国やビザンツ帝国の中心地はどうだったのだろうか、という問いを立てることができれば、当時の東西ヨーロッパの様相についての学びを深める契機になるかもしれない。

いずれにせよ、「問いを表現する」活動を用意し、展開するためには、授業者に相当の教科書外の知識や技能が求められることが予測される。それこそ〈歴史総合〉のノウハウをいかに活かすかという問題になると考えられるが、それは実践経験を持つほかの寄稿者に譲りたい。

注

(1) 森悠人、津田拓郎「中学校歴史教科書における中世とルネサンスの扱いについて」『史流』

47、2020 年、pp.63-86；同「令和 3 年発行中学校社会科歴史的分野の教科書における西洋中近世史の扱いについて」『ヨーロッパ文化史研究』23、2022 年、pp.5-34

(2) 津田拓郎「8・9 世紀アフロ西ユーラシア世界におけるカロリング朝フランク王国」『史学研究』308、2021 年、pp.1-38、とくに pp.21-24

(3) 西洋古代史についての先行する論考として、安井萠「高校『世界史探究』教科書における西洋古代史」『岩手大学文化論叢』12、2024 年、pp.53-64 がある。

(4) 長谷川修一、小澤実編『歴史学者と読む高校世界史：教科書記述の舞台裏』勁草書房、2018 年

(5) さしあたり中谷功治『ビザンツ帝国』中央公論新社、2020 年、pp.122-134；ジャン＝クロード・シェネ著、根津由喜夫訳『ビザンツ帝国の歴史』白水社、2024 年、pp.65-68、pp.85-86

(6) 中谷前掲書、pp.77-82

(7) 中谷前掲書、pp.94-95

(8) 秋山晋吾「東欧の辺境化・後進性」金澤周作監修『論点・西洋史学』ミネルヴァ書房、2020 年、pp.140-141

(9) 津田前掲論文、p.22

参考文献

- 金澤周作監修『論点･西洋史学』ミネルヴァ書房、2020年
- 津田拓郎「8･9世紀アフロ西ユーラシア世界におけるカロリング朝フランク王国」『史学研究』308、2021年
- 中谷功治『ビザンツ帝国』中央公論新社、2020年
- 長谷川修一･小澤実編『歴史学者と読む高校世界史：教科書記述の舞台裏』勁草書房、2018年
- 森悠人、津田拓郎「中学校歴史教科書における中世とルネサンスの扱いについて」『史流』47、2020年
- 森悠人、津田拓郎「令和3年発行中学校社会科歴史的分野の教科書における西洋中近世史の扱いについて」『ヨーロッパ文化史研究』23、2022年
- 安井萠「高校『世界史探究』教科書における西洋古代史」『岩手大学文化論叢』12、2024年
- ジャン＝クロード･シェネ、根津由喜夫訳『ビザンツ帝国の歴史』白水社、2024年

各論　世界史探究との対話

情報化時代の歴史学
デジタル・ヒストリーと歴史研究

ふじかわ　たかお
藤川 隆男
大阪大学大学院人文学研究科　教授

1. 驚愕の 2023 年共通テスト

2023 年の大学入学共通テスト、世界史 B（本試験）の冒頭の問題によると、あるクラスで、先生が各国で女性が全国レベルの参政権を獲得していった歴史を説明している。

先生：初めて女性が全国レベルの参政権を獲得したのは 1893 年のニュージーランドで、オーストラリアがそれに続きます。ただし、いずれの国でも白人女性に限られていました。

室井さんや渡部さんなどの生徒たちは、先生の言うことを信じ込んで、熱心にノートを取ります。

先生：オセアニアや北欧における女性参政権の実現は、自治拡大や独立の前後に国内の政治的結束が求められる状況と関係していました。また、オセアニアで参政権が白人女性に限られたことは、白人以外への差別の進展と並行していました。

という言葉に生徒たちは頷きます。めでたしめでたし。

2023年の生徒たちはそうかもしれないが、大人に疑いの目を向ける「クレヨンしんちゃん」のような生徒、永合さんが進学してくれば、そうは問屋が卸さないだろう。室井さんや渡部さんと違い、永合さんは、無料のChatGPTに疑問に感じたことを質問する。メールアドレスとパスワードを入力し、「先住民を含めてニュージーランドの女性が参政権を獲得したのはいつですか。」と書き入れると、すぐさま

「ニュージーランドで女性が参政権を獲得したのは1893年です。これは世界で初めてのことで、ニュージーランドは先進的な国としてその後も女性の権利を推進するための多くの取り組みを行ってきました。なお、この参政権は先住民マオリの女性も含まれていました」

との回答が得られた。「あれ、違うやん」。教室は騒然となり、授業は別の方向に。2023年の大学入学共通テスト世界史Bは、こうして書き換えられていったというのは、妄想ストーリーとしては面白いが、実際には老学者に話のネタを提供するだけに終わった。

もちろんChatGPT、一般的に生成AIは必ずしも正解を与えてくれるわけではない。他方、全国から選ばれた大学教員が練りに練った共通試験の問題も、誤っている場合がある。前者は瞬時に答えを出し、後者は数年の検討を経た結果であることも、付け加えたほうが良いだろう。

では、果たして正解は？ニュージーランド政府の見解や研究者の一般的見解はChatGPTに軍配を上げる。ニュージーランドの先住民マオリの男性は、1867年に参政権を獲得し、1893年に白人女性が選挙権を獲得すると同時に、マオリ女性も選挙権を得た。1902年にオーストラリアで女性が参政権を獲得した時には、確かにアジア、アフリカ、太平洋諸島の非白人は参政権を奪われたが、そこには例外規定があり、女性を含むニュージーランドの先住民は、白豪主義のオーストラリアでも参政権を行使できた。オーストラリア連邦の建国の父たちは、将来ニュージーランドとオーストラリアが統合することを期待しており、ニュージーランドと同じく、マオリの人びとの選挙権を認めておかなければ、それが統合の大きな障害になることを危惧した結果である。

ChatGPTは、正解を与えてくれるとは限らない、しかし、新時代の生

徒の永合さんは、ChatGPTを用いることで、一瞬にして、大学入学共通テストを作成した大学教授たちが何年も気づかなかった誤りを看破できたのである。くわばら、くわばら。

かつてセンター試験の誤りを大学入試センターに報告したこともあるが、指摘に異論はないが、問題は教科書の記載に基づいているのでOKという返事を受けた(1)。教科書通りの間違った記述。実に面白い。『ミステリと言う勿れ』風に言えば、真実は人の数だけあるんですよ、というところか、でも、主人公の整(ととのう)くんは事実は一つだと言っている。

「初めて女性が全国レベルの参政権を獲得したのは1893年のニュージーランドで、オーストラリアがそれに続きます。ただし、いずれの国でも白人女性に限られていました」が正しいかとChatGPTに問えば、「この発言は正しい部分もありますが、一部修正が必要です」と正確に答えて、詳しく解説してくれる。大学には世界史を教えている教授はいても、世界史が専門の教授はいない。ChatGPTとの勝負は決着がつきつつある。教科書に書かれているから風の詭弁が通用しない時代を歓迎したい。

新しくできた探究の授業に戸惑う現場の先生たちには申し訳ないが、日本の歴史研究は、世界的に見れば、情報化時代に周回遅れの位置にいる。そういうなかで構築された新しいカリキュラムは、最近刊行された『岩波講座　世界歴史』と同じく、できたと同時に時代遅れなのかもしれない。

2．デジタル・ヒストリー

①情報化時代の歴史研究

情報化の時代を迎えて、歴史学も遅ればせながら、それに対応する分野を発達させてきた。それがデジタル・ヒストリーと呼ばれる領域である。デジタル・ヒューマニティーズ（情報人文学）の一分野とも言えるが、個人的には、デジタル・ヒストリーが歴史学とともにあることを願っている。

将棋界では、AIを駆使して研究を重ねた藤井聡太名人が主要タイトルをほぼ独占して、圧倒的な強さを示している。藤井名人に勝つことを目指す棋士はすべて、同じようにAIに大きく依存するようになった。歴史の女神クリオのおかげか、歴史研究に単純な勝ち負けがないのは、旧世代にとっての救いの神だが、学習指導要領に謳われる、情報活用能力はもちろん、思考力、判断力、表現力を発揮するにも、課題を主体的に探究しようとする場合にも、情報技術が不可欠になっている。それを適切に利用し、データを収集し、判断する能力がなければ、説得力ある議論を展開できなくなる時代が目の前にある。いや、もう来ている。

ところで、デジタル・ヒストリーを学ぶことが不可欠だとして、どのように学べばよいのだろうか。残念ながら、この分野を網羅した日本語の適切な入門書はない。大学の歴史学入門のような本にも、デジタル・ヒストリーとか、パブリック・ヒストリーのような章がない。「教授たち、知らないんだもの」。しかも、生成AIの登場は、情報処理の分野の従来のやり方や常識さえ覆しつつある。ほぼお手上げと言ってもよい。

ここでお伝えできるのは、かすかな希望程度のものであるが、日本におけるデジタル・ヒストリーの実績を集積しようとしている雑誌がある。『西洋史学』である。手前みそになるが『西洋史学』は私が代表を務める雑誌で、Tokyo Digital History の若手研究者の協力を得て、Digital History Insights（DHI）を269号（2020年刊行）からシリーズ化して、現在に至っている。日本におけるデジタル・ヒストリーの推進者の多くが著者となり、デジタル・ヒストリーの多様な側面や技術とともに、利用できる関連文献、構築された興味深いサイト（高校生でも使える）などを紹介している。各号に4000字程度の論考を２本ずつ掲載しており、短時間でコンパクトな知識を得るには好都合である。年間４本ずつ、５年目にはいるので、すでに幅広い領域をカバーしている。しかも、『西洋史学』という雑誌の名称にもかかわらず、対象とする地域には全く制限を設けていない(2)。純粋な日本の論考もある。

② Digital History Insights(3)

けっこう論考の数があるので、その内容を少し紹介しよう。実は、DHIが始まる前に、重要な論文が２本『西洋史学』268号に掲載されている。それらは歴史資料に関わる論文である。纓田宗紀，小風尚樹の「アトリエに吹く風：デジタル・ヒストリーと史料」は、古い時代を中心に、史料の集め方と読み方における、デジタル技術がもたらした変化について述べている。藤川他３人による「歴史研究におけるビッグデータの活用：オーストラリアを中心に」は、近現代に関して、歴史研究におけるビッグデータの利用や有用なサイトについて論じている。最初にこれらを読んでほしい。

DHI の 276 号の中村覚の論考は、デジタル化された資料の検索の背後にある「検索アルゴリズムの基本」について教えてくれる。線形検索から正規表現を用いた検索までわかりやすく解説したあと、セマンティクサーチが導入された現在の状況までを説明する。同号の小川潤は、デジタルデータ利用の背後にある問題点を指摘している。

274 号小峯敦の「テキストマイニングの戦略と意外な効能」では、経済思想史の専門家が、テキストマイニング、つまり「データとしての文字列から、有意味な知見を掘り出すこと」について、体験を交えながら教えてくれる。KHCoder というソフトを用いることで、教育だけでなく、業務処理にも応用可能だという。KHCoder には Windows 版フリーソフトがあるので、手軽に利用できる。注を見れば適切な参考文献が示されているので、本格的に利用するには注を参照すればよい。

271 号では、地理情報システム GIS の利用について、大邑潤三が富士山宝永噴火に関連した古地図への応用について、山中美潮がアメリカにおける GIS の広範な展開について解説し、National Historical GIS の構築や American Panorama のような有用な多くのサイトも紹介している。

生のテキストデータを加工して、より高度な分析が可能になるようにする､つまりテキストの構造化については､270 号で小風尚樹が TEI（Text Encoding Initiative）について解説している。また、275 号では、鈴木親彦が画像資料のデジタル公開に関する共通のプラットフォーム IIIF Curation Platform について説明しており、津田裕之は画像解析技術と計算美術史の可能性に言及している。

コンテンツ管理に関しては、273 号の橋本雄太が、デジタルアーカイヴを管理運営するソフト Omeka を紹介し、文献管理ソフト Zotero に言及している。272 号の長野壮一は、アナール学派の流れを汲む計量的方法について語り、山﨑翔平は、スクレイピング、OCR処理、エビデンスの質に基づく歴史研究の信頼性について説明する。

269号では、小風綾乃がTranskribusという手書き文書認識用のOCRソフトを紹介している。また、小川潤が古代史を舞台に、社会ネットワーク分析について、説明している。

270号の宮川創は古代の歴史研究に使えるツールを紹介し、274号の山下泰生はオーストリア史におけるテキストマイニングについて述べている。また、273号の菅豊は、デジタル・パブリック・ヒストリーについて解説している。

最後に、日本でデジタル・ヒストリーを利用した最も先進的な歴史研究だと、2023年には勝手に思っていたものが本になった。拙著『オーストラリアの世論と社会：デジタル・ヒストリーで紐解く公開集会の歴史』が2024年11月に刀水書房から出版された。うまくいかなかった部分も含めて書いているので、一度手に取ってほしい。

③おわりに

AIは人間が行っていた多くの知的作業を代行し、しかもますます上手にこなすようになる。何の工夫もない、どこにでもある無味乾燥な文章の書き手、生徒を惹きつける力のない授業をする教師、早晩AIに取って代わられても少しも不思議ではない。「教科書に書いてある」的制約が守護神となってくれるだろうか。ラッダイト運動でもすればよいか。AIを活用するか、AIに取って代わられるか。すべての教員が自然言語処理の世界を理解しようとする必要があると、2024年の私は勝手に思っている。それにしてもChatGPTは、実に面白い。

注

(1) 数年後、私の指摘を活かした問題が作成されたので、まあ良かった。
(2) その結果として、代表を首になることはなかった。
(3) 関連する論文は、『西洋史学』268～276号に掲載されている。

近代帝国史研究からみた世界史探究

前川 一郎（まえかわ いちろう）
立命館大学グローバル教養学部　教授

1. 近現代重視の高校世界史

現代にいたる日本史と世界史のひろがりに横串をとおすのが歴史総合であれば、そこに長期的な時間軸の縦串をとおすのが世界史探究であろう。近代帝国史を研究してきた筆者にとって、近代化や国際秩序やグローバル化の来歴を時空をひろげて探究する高校世界史の新しい学びは、研究上の関心にも重なり、個人的には共感するところがある。

他方、大学で研究と教育をおこなう側にとって、これは一定の緊張を強いられる変化でもある。たとえば、世界史探究が、近現代を重視する歴史総合の姿勢を是とするならば、長らく世界史研究に一定のバイアスを与えてきたといわれる、近代×西洋×国家を中心にした歴史観にどう向き合うのか。また、そもそも「国民の物語」を全否定しえない歴史教育のコンテンツに、自由に批判的スタンスをとりうる歴史研究の成果をどう落とし込むのか。そんなふうに考えていると、高大連携にはこれからも課題がますます増えていくばかりであるように思えてならない(1)。

もっとも、これらを包括的に論じることは、ここでの課題をはるかに超える。以下、帝国史研究という限られた観点から、世界史探究について感じてきたことをいくつかとりあげ、簡潔に述べるにとどめる。

2. 帝国史研究の知見―帝国、国民国家、帝国主義

帝国史研究者として、先に述べたとおり、歴史総合をふまえた世界史探究の学びの方向性には共感を覚えるし、ナショナルヒストリーをグローバルな視点でみていく姿勢や、歴史をきちんとふまえて国際社会の課題を考えようとする点でも、関心を多く共有している。

他方、そうして実際に教科書を読んでいくと、いろいろと考えてみたくなるのも事実である。新しい見方を反映するのに各教科書が項目や見取り図を工夫しているのはよくわかるし、歴史総合のエッセンスを各所に織り込む方法も見事である。とはいえ、全体としてみれば、従前の教科書のつくりを大胆にブレイクスルーする内容に立ち入ることはむずかしかったのか、といった印象をどうしても受けてしまう。ページのここかしこに執筆者らの苦心の跡を数多く見出しつつも、である。

そもそも教科書を書きかえること自体を目的としているわけではないのだから、そうしたなかでの新しい挑戦を高く評価こそすれ、これを問題視しているのではない。それでも近年の帝国史研究の成果をふまえて、たとえば以下の点などについて検討を深めることは、世界史をさらに豊かに探究するきっかけになるかもしれない。もちろん、言うは易く行うは難しで、高大連携のさらなる強化を前提としての話ではある。

①帝国と国民国家の重畳

第一に、帝国と国民国家をめぐる問題である。この点にかんして、教科書の書きぶりに近年の研究との温度差を感じてしまう帝国史研究者は少なくないのではないか。帝国史なり帝国のグローバルヒストリーなり、歴史に範を求める帝国研究がこれまで論じてきたのは、有史以来今日にいたるまで、国家ではなく帝国こそが、世界のほとんどの地域においてデフォルトの統治様式ではなかったのか、ということだからである(2)。

近代に引きつけていえば、帝国と国民国家の重畳への関心がここには

ある。国民国家の登場は帝国の消滅を意味しなかった、帝国と国民国家は相互に補完しあいながら共に発展していった、という知見である。

たとえば、イングランドが周辺を植民地化したり併合したりしながらブリテンという国民国家を形成していったように、そもそも国民国家というものは、いわば帝国的拡張をつうじて今日の姿にいたる。国民国家の均質性、あるいは一元的支配とは名ばかりであり、その実態は多元的世界そのもので、まるで帝国のミニチュアの様相を呈していた。近代帝国は、さしずめそんな国民国家の拡大版であった。現代の国際秩序も、つまるところそうした帝国的世界の延長にある、ともいわれている(3)。

要するに、近年の帝国史研究は、帝国から主権国家体制へと移行するとみられた前近代と近代の分かれ目について、一般的に受け入れられてきたある種の段階論的理解を棄却しているのである。研究者のあいだでもなお見解が分かれるとはいえ、世界史の構想の根幹を揺るがしかねないおおきな問題提起ではあろう。世界史探究がこれらの研究動向を今後どう取りいれていくのか、おおいに気になるところである。

②古典的帝国主義論の刷新

仮に世界史探究において段階論的理解を本格的に考え直すときが来るとしたら、ただちに書きかえられなければならないのは、いわゆる帝国主義の時代にかんする箇所であろう。第二次産業革命と独占資本主義、そして資本輸出が重なりもたらされた世界分割の歴史である。

誤解を恐れずにいえば、なにせ教科書の多くが、程度の差こそはあれ、レーニンの『帝国主義』で開陳された(とされる)テーゼをベースに執筆されているのが現状である。グローバリゼーション批判や新自由主義批判の文脈で、(ホブスン・)レーニン・テーゼを援用して現代帝国主義論を語り、あるいは今日の国際秩序のありかたを深く理解するために、歴史上の「帝国主義の時代」を参照することはありうるだろう。それでも、古典的帝国主義論の多くの部分に実証と理論の乖離を感じる帝国史研究者は、もしかしたら①の問題以上に、帝国主義をめぐる教科書の書きぶりにはとまどいを覚えているかもしれない。

そもそも帝国と国民国家の重畳をめぐる議論は、世紀転換期に帝国主義の時代を設定する見方に修正を迫るものであった。イギリス帝国史研究では古典的パラダイムとして知られる、いわゆる「自由貿易による帝国主義」論は、古典的帝国主義の時代よりずっと以前から、少なくとも「小英国」の時代といわれた世紀中葉には、列強が世界各地で積極的に植民地的拡張をおこなった経緯を実証的に明らかにしている。独占資本主義段階を迎えた世紀末ではなく、これまで国民国家の時代といわれてきた19世紀中葉こそ、帝国主義の時代そのものだったわけである[(4)]。

より根本的には、資本輸出と植民地分割の因果関係を説くレーニン・テーゼそのものが、じつはマルクス主義的解釈の誤読にもとづく説であった、ともいわれている。そもそもレーニンの目的は第一次世界大戦の原因を論難することにあり、資本輸出は大戦前夜の植民地「再分割」にかかわる傍証であって、そうした事態にいたるまでにアジアやアフリカや太平洋で繰り返された植民地争奪戦とはかかわりのないものだった。詳述は断念せねばならないが、では古典的帝国主義の名と共に歴史に刻まれた植民地をめぐる列強の角逐とそれによる世界分割がなぜおこったのかといえば、それは世紀中葉から本格化していた「自由貿易による帝国主義」の文脈で理解するのが適切だろうというのが、古典的帝国主義を多角的に検証し直してきた今日の帝国史研究が教える知見である[(5)]。

要するに、歴史上の帝国主義はいま、レーニンの時代よりもずっと高い解像度をもったテーマとなっているのである。国民国家をめぐる課題と同様に、これらの知見は教科書にどう反映されていくのだろうか[(6)]。

3. 流血の近現代史

国民国家も（古典的）帝国主義も、研究上重要な論点ではある。だが、それらははたして、高校世界史が近現代に着目することの最たる理由に足りうるだろうか。そもそも人類史的観点から近代帝国を論じるにあたり、わたしたちが最も重視すべき問題がほかにあるとしたら、それはなんであろうか。いいかえれば、わたしたちが世界史を学ぶ際、なぜ近現代を重視する姿勢がいやまして求められているのだろうか。

もちろん、答えはさまざまであろう。高校世界史においても、自由に議論し、考えを深めることが期待されているはずである。帝国史研究者にとっても、アカデミック・インテグリティにかなう限り、それぞれの立場や関心から、近代帝国における最重要論点を指摘しうるだろう。

しかし、いかなる研究上の立場にあっても、人類史において近現代を際立たせている特徴はなにかと問われれば、だれもが否定しえない事実がひとつある。すなわち、史上ほかに類をみないスケールで繰り返されてきた、暴力、差別、弾圧、搾取、そして戦争といった、おびただしい数の流血の歴史である。ユーラシア史研究の泰斗の言を借りれば、近代帝国は、「人類史上で突出して流血を好んだ異様な存在」であった(7)。

秩序と流血のヤヌスの二面は、人類史においてはむしろ普遍的にみられた姿であろう。だが、近現代のヤヌスは、やはり「突出」している。

そうしたなかで国際秩序の大切さを述べるのであれば、それと同等かそれ以上に、そこでもたらされた流血を論じうるような、あたりまえの世界史のセンスを養うことが肝要だ、とだれもが思う。教科書曰く「世界のなかの日本」を考えよとあるけれども、世界の秩序を与件として是とする思考の裏側で、不気味に生きながらえてきたもうひとつの横顔にもしっかりと向き合わねばならない、とだれもが考えるはずである(8)。

とはいえ、事はそんなに単純ではない。国民国家の誕生が大なり小なり流血の歴史の帰結だとはわかっていても、公教育は国民国家の存在をもとより肯定せずにはいられないからだ。近頃の帝国のグローバルヒストリー研究などはみな、多元的世界のゆるやかなまとまりこそが人類普遍の統治様式だったというけれども、そうして秩序の側面を強調すればするほどに、流血の事実は後景に退けられるほかないからである。

秩序を司る側を主語にすれば、秩序の全体は語りやすい。流血については、口をつぐむか、全体の一幕におしやるほかない。国民国家と帝国が、世界史研究の鬼門たることをやめない理由のひとつがここにある。

けだし難問である。今後の高大連携をつうじて取り組むほかない。

注

(1) 本稿で高大連携というとき、一般的な授業実践上の課題にとどまらず、ひろく歴史教育と歴史研究との関係性についても想定している。両者のスタンスのちがいについては、たとえば次を参照。前川一郎編『教養としての歴史問題』東洋経済新報社、2020年、第6章。
(2) いまからふりかえれば、日本でこの20年ほどのあいだにおこなわれてきた近代帝国史研究は、次の論集で示された論点を継承ないし批判するかたちで発展してきたといえる。山本有造編『帝国の研究：原理・類型・関係』名古屋大学出版会、2003年。また、日本植民地研究は近年、世界史的視野もって豊かな研究成果を残してきた。日本植民地研究会編『日本植民地研究の論点』岩波書店、2018年。他方、帝国のグローバルヒストリーにかんする近年の代表的な著作は、次を参照。ジョン・ダーウィン著、秋田茂・川村朋貴・中村武司・宗村敦子・山口育人訳『ティムール以後：世界帝国の興亡1400-2000年』（上下）国書刊行会、2020年。なお、〈帝国は人類普遍のデフォルトな統治様式〉といった類の表現は、ダーウィンの著書のみならず、帝国の世界史を論じる作品で多用されている。この種の議論をコンパクトにまとめた次の研究も参照。クリシャン・クマー著、立石博高・竹下和亮訳『帝国：その世界史的考察』岩波書店、2024年。筆者は、『図書新聞』3650号（2024年8月3日）で本書に批判的な書評をおこなっている。
(3) 次の論考は、国連を軸にする国際秩序が基本的に帝国的原理によって成り立っていると論じている。半澤朝彦「二一世紀の国連へ：非公式帝国の展開と国際組織」『岩波講座世界歴史24：二一世紀の国際秩序』岩波書店、2023年。
(4) これらの知見をめぐる文献は枚挙にいとまがない。入門的な研究書としては、古くなるが、次を参照。平田雅博『イギリス帝国と世界システム』晃洋書房、2000年。
(5)「自由貿易による帝国主義」とは、19世紀以降のイギリスが、圧倒的な経済力と軍事力を背景に、ときに武力に訴えても他国に対して植民地化（公式帝国）したり事実上の影響力（非公式帝国）を及ぼしたりしながら、自由貿易体制を強制的に世界にひろげていった事態を指す。こうしてイギリスを中心とした世界システムが構築されるなかで、ほかの列強もそこに自国の利益を見出し、世界各地の植民地や影響圏をめぐって激しく競合し、共存した。19世紀後半の「アフリカ争奪戦」も、こうした世界史的文脈のなかでおこっている。この問題については、国内では竹内幸雄の一連の研究を参照されたい。たとえば次を参照。竹内幸雄『自由貿易主義と大英帝国：アフリカ分割の政治経済学』新評論、2003年。同『自由主義とイギリス帝国：スミスの時代からイラク戦争まで』ミネルヴァ書房、2011年。また、歴史上の帝国主義についての平易な概説については、次を参照。前川一郎編『歴史学入門：だれにでもひらかれた14講』昭和堂、2023年、第13章「帝国主義」。
(6) 古典的帝国主義論をめぐる研究成果については、研究者のあいだでも十分に顧みられていないように見受けられる。たとえば、『思想』「帝国論再考」（2024年7月号）は、帝国と国民国家の重畳を多角的に論じる一方で、古典的帝国主義論を含めて近代帝国史の研究蓄積についてはきわめて選択的な言及にとどまっている。
(7) 杉山正明「帝国の脈絡：歴史のなかのモデル化にむけて」山本編『帝国の研究』p.80。
(8) 前川一郎「なぜ“加害”の歴史を問うことは難しいのか：イギリスの事例から考える」前川編『教養としての歴史問題』、pp.138-145。

各論　日本史探究との対話

日本史探究は古代社会のジェンダーをどう描くのか

伊集院 葉子（いじゅういん ようこ）
専修大学文学部　兼任講師

1. はじめに

2018 年に告示された学習指導要領のもと、2022 年度の〈歴史総合〉に続き、2023 年度から〈世界史探究〉〈日本史探究〉の授業が始まった。〈日本史探究〉開始後 1 年を迎えるころ、『歴史評論』2024 年 3 月号が特集「ジェンダー主流化と歴史教育」を組み、ジェンダー史の観点から歴史教育に取り組んでいる教員と研究者たちの論考を掲載した。日本古代・中世については野村育世氏が「ジェンダーいまだ主流化せず」と題し高校教師の視点から批判と提案を寄稿した(1)。

本章では、日本古代史を専攻する立場から、古代社会のジェンダーと、学習指導要領が〈日本史探究〉に求めた課題について考察したい。

2.「諸資料を活用し」——何を描くのか

①資料が内包する矛盾と「史料批判」

〈日本史探究〉では、「諸資料」を活用し、「国家の形成と古墳文化、律令体制の成立過程と諸文化の形成などを基に、原始から古代の政治・社会や文化の特色を理解すること」が求められた。前提には、資料に基づいて歴史は叙述されるという思考がある。〔資料と史料は研究のうえでは区別して使われるが、指導要領は一括して「資料」としている。本章では『日本書紀』については「史料」という用語を使用する〕

「資料」重視は、これまでも強調されてきた。しかし、日本古代史では、史実と資料（史料）のギャップがたびたび問題にされてきた。

たとえば、古代の地方行政機構について、大宝令（701 年）は「国―郡―里」としており、『日本書紀』（720 年成立）も、7 世紀半ばの大化改新で国のもとに置かれた地方行政単位を「郡」と書いた。しかし、その時期の金石文や系譜などの資料をもとに、「郡」ではなく「評」だったのではないかという疑念が提示され、20 世紀後半に論争が続いた。論争は、出土した 7 世紀後半の木簡に「評」と記されていたことで決着した。大宝令以前には「評」であったが、『日本書紀』編纂の段階で、701 年の大宝令の用語「郡」に表記が統一され、過去の記述に遡って適用されたことが明らかになったのである。この経緯は、「郡評論争」として歴史学の世界では知られている。論争の決着を受け、最近の教科書ではこの経過が割愛されることもある。しかし、結論だけを教えればよいのだろうか。

「ある史料がそのまま客観的史実を伝えているとは限らない」（日本大百科全書、「史料批判」の項）。これは歴史学研究の基本であり、そのため、一つ一つの史料の精査が必要になる。とりわけ、官撰の歴史書『日本書紀』『古事記』に頼ることが多い日本古代史では、史料批判をないがしろにはできない。郡評論争の経過自体が、これら古代の歴史書の記述にも問題意識をもって対する大切さを教える点で重要ではないだろうか。

②推古天皇と「聖徳太子」

資料（史料）への疑問を出発点に進展してきた古代史研究の成果は、教科書にも取り入れられている。たとえば、「聖徳太子」という表記が消えて「厩戸王（聖徳太子）」と書く例が定着した。これは、『日本書紀』の超人的「聖徳太子」像が、後世に形成されたものであることが明らかになったなかでの変更だった。

このように研究史に即して変更が加えられる一方で、研究水準の深化からみると周回遅れともいえる記述も残る。たとえば、古代には８代６人（推古、皇極・斉明、持統、元明、元正、孝謙・称徳）の女性天皇が統治した。明治維新後の大日本帝国憲法論議のなかで女性天皇の是非が議論されたとき、女帝は、男性の皇位継承に何らかの障害があったときに一時的な措置として即位したとする説が唱えられ、皇位を男性に限定する論拠の一つとなった。20 世紀には、女帝は男性継承者が即位するまでの「中継ぎ」であり、政治を行ったのは、蘇我馬子、聖徳太子、中大兄皇子ら男性だったとする説が古代史学界の主流となった（女帝「中継ぎ」説、非執政説）。このため、教科書では、聖徳太子が摂政として「天皇にかわって」政務を行ったと書かれてきた（たとえば、山川出版社『詳説日本史　再訂版』〔1991 年〕。同社は、長く高校の歴史教科書でトップのシェアを維持している）。

しかし、20 世紀末に、ジェンダー・バイアスにとらわれてきた女帝論の見直しが提起され、状況は一変した(2)。今日では、6 世紀に世襲制が成立したもとでの皇位継承理念は、男性優位ではあるものの女性を排除するものではなく、資質、経験、年齢などの条件で優越し、豪族の支持を得た王族が即位したことが明らかになっている。

ところが、最近の教科書でも、「敏達天皇の后であった推古天皇が新たに即位し、国際的緊張のもとで蘇我馬子や推古天皇の甥の厩戸王（聖徳太子）らが協力して国家組織の形成を進めた」と書かれ（山川出版社『詳説日本史　改訂版』日 B309)、同社の〈日本史探究〉教科書にも継承された。2024 年には、上掲『詳説日本史　改訂版』の英訳版が出版された。そこでは、該当部分は次のように訳された(3)。

> This led to Suiko Tennõ, who was the consort of the late Bidatsu Tennõ, ascending the throne. Admist international tensions, Soga no Umako and Suiko's nepfew Prince Umayato (Shõtoku Taishi) worked together to build a state system of goverment.(4)

日本語記述ではあいまいにぼかされた国家組織形成の主語が、正確に英文に訳せば、蘇我馬子と厩戸王となるわけである。

聖徳太子像については多くの教科書で修正された。しかし、6世紀末～8世紀後期の称徳天皇の死まで、天皇の半数近くが女性だったという史実があり、各天皇の治績も実証的な研究によって明らかになってきたなかで、女性は即位したが統治は男性が担ったと受けとめさせる表現は、20世紀末以来の女帝研究の進展に逆行するものではないだろうか。

③史料への注意喚起

古代史の基礎的な史料である『日本書紀』以下の歴史書は、支配者である天皇の命によって編纂された。『日本書紀』が、天皇の支配の由来と正統性を記述するという特徴をもつのは、このためである。さらに、叙述された伝承自体の虚構性や、中国の古典や大宝令などによって文章が作られた可能性があることも、これまでは教科書に注記されてきた。ところが、〈日本史探究〉にいたって、『日本書紀』の記載内容の虚実をめぐる注意喚起が減少していることも見過ごせない。史料批判ぬきで「資料」が活用されるならば、そこには危険がともなうのである。

3. 国際関係の同時代的影響と比較史

①同時代史の強調

指導要領は、「隋・唐など中国王朝との関係と政治や文化への影響」などに着目した古代国家成立過程の考察をうたう。たしかに、6世紀末から7世紀にかけて、約400年ぶりに隋・唐による統一帝国が建国されたことによって、東アジアの動乱が引き起こされた。これが倭国に影響を与え、律令国家形成への歩みを踏み出させたという理解は、同時代史から得られるものである。文物の導入・情報の交換という点でも同時代史・同時代性の重視は当然だろう。

一方で、国家形成史の解明が古代史の重要テーマの一つであると考えたときに、国家の起源や、国家形成に至る古代社会の分析が大きな意味をもつ。その際に忘れてはならないのは、比較史という視点である。

②社会の基礎的な枠組みと国家の形成

たとえば、国家形成期に、家族の形態や結婚習俗など社会の基礎的な枠組み（社会の基層）はどのようなものだったのかという点は、議論が重ねられてきたテーマである。中国最初の統一王朝である秦が中央集権を実現した時期（紀元前3世紀末）、日本は縄文時代をへて弥生時代に入っていた。日本が中国から律令制という統治方法を取り入れ、中央集権国家建設へと踏み出すのは7世紀であり、900年もの隔たりがある。2024年の歴史学研究会大会古代史部会Ⅰでは、中央集権的な国家が形成される段階での家族のあり方が議論され、コメントでは、両国とも父系家族的な形態が未完成で、国家の介入が必要だったのではないかとの指摘がなされた(5)。ジェンダー規範の形成と浸透をめぐって両国は異なる道筋を歩むが、その分析も比較研究の課題となる。国家形成史の解明を重要テーマとする古代史では、同時代史研究だけではなく、比較史の視点が不可欠なのである。

4．おわりに――ジェンダーの視点と歴史教育

①史料の性格と執筆者

『日本書紀』は、文飾や虚構性など多くの問題を抱えており、教科書でも注意が喚起されてきたことは述べた。

加えて、外来語である漢字・漢文によって書かれたことから生まれる問題も、ジェンダーの視点から見過ごせない。漢字は中国社会で生まれた文字であり、それ自体に中国社会の思想が反映する。執筆者は、渡来した唐人や、中国文化を学んだ倭人たちである。漢字・漢文で記述する場合には、中国社会の価値観、それも、『日本書紀』執筆者が生きた7世紀末～8世紀初めの唐代のさまざまな規範が投影されざるを得ない。たとえば結婚の描き方一つをみても、父系制社会が成立していた唐代知識人は、「嫁」「娶」など、女性が夫の「家」に入る夫方居住婚の用語をなんなく使用する。ところが、古代の日本の婚姻習俗は、夫が妻の家に通う妻問いであり、結婚によって女性が夫の家に移ることは、原則としてない。中国の結婚形態を表す漢字によって日本古代の結婚を表現したた

めに、実態と表記のギャップが生まれたのである[(6)]。これは、現在でも『日本書紀』の史料批判の際に、しばしば問題となる点である。

②ジェンダー平等と古代史の責任

日本にジェンダー規範が制度的に持ち込まれた画期は律令国家形成期である。ジェンダーが歴史的文化的に形成されたものである以上、その成立の過程を教授することは、ほかのどの科目でもない歴史の授業の責任である。にもかかわらず、〈日本史探究〉指導要領にはジェンダーという言葉もない。ジェンダー平等を実現するために歩を進めようという意欲がみえないのである。

冒頭で紹介した野村育世氏は、〈日本史探究〉に移行してのち、索引では女性数の割合は減少していると指摘する[(7)]。ジェンダー平等と逆行し、歴史叙述からの女性の抹消・隠蔽がより深まることを懸念する。

現状では、歴史の中で女性が果たしてきた役割の叙述と教授は、個々の教科書執筆者、教員たちの工夫や努力に負っている。多様なジェンダーのあり方を認識し、平等を実現することは緊急の課題である。ジェンダー規範の導入契機や成立過程の知識は、生徒たちが、ジェンダー平等実現への展望と確信をもつ一助になることを指摘しておきたい。

注

(1)『歴史評論』887号、2024年
(2) 荒木敏夫『可能性としての女帝』(青木書店、1999年)が口火を切り、議論が展開された。仁藤敦史『女帝の世紀』角川選書、2006年。義江明子『日本古代女帝論』塙書房、2017年。同『女帝の古代王権史』ちくま新書、2021年
(3) 引用にあたって、和文・英文ともに在位年と生没年は省略した
(4)『英文詳説日本史 JAPANESE HISTORY for High School』佐藤信・五味文彦・高埜利彦編、近藤成一翻訳監修、亀井ダイチ利永子・亀井ダイチアンドリュー翻訳、山川出版社、2024年
(5)『歴史学研究』2024年増刊号(No.1054)「古代史部会Ⅰ　古代における在地社会と家族」コメント1、義江明子「日本古代史からのコメント——国家形成期の戸籍・サト・家族」
(6) 胡潔『律令制度と日本古代の婚姻・家族に関する研究』風間書房、2016年
(7) 野村育世「ジェンダーいまだ主流化せず」前掲注(1)『歴史評論』収載

各論　日本史探究との対話

日本中世を通観する「問い」への期待

佐藤 雄基（さとう ゆうき）
立教大学文学部　教授

1.「中世」の共通理解は学界にもない

新科目「日本史探究」では、時代ごとの「時代を通観する問い」を表現することが生徒に求められている。日本史上の「時代」については、現在の教育・研究体制では、古代・中世・近世・近代（もしくは近代と現代）という4時代（5時代）区分が一般的であり、文部科学省の作成した学習指導要領および各社教科書の時代区分もそれに準拠している。

しかし、連続する時間の中で、ある範囲を一つの時代として区切ることは実は自明ではない。視点次第で時代や空間の範囲設定が如何に可変的であるのかは、大学教員である筆者が1年生向けの授業で必ず強調することである。進歩史観・発展段階論に基づいて、かつては時代区分論争が学界でも盛んだったが、今は進歩史観が後退し、研究の緻密化・細分化が進むとともに、中世・近世という時代区分の根拠自体が問い直されることがなくなり、研究・教育体制上いわば惰性で残るようになった。とりわけ、国家の成立と律令体制、あるいは幕藩体制という分かりやすい指標のある古代・近世に比べたとき、「中世とはどのような時代か」というイメージは学界においてさえ共有されていない(1)。誤解を恐れずにいえば、「中間の時代」という言葉の意味通りに、古代から近世への長い移行期、分裂的で多元的、「古代でも近世でもない時代」こそが中世なのであるという開き直りすら可能なのである。

研究者たちでさえもそのような状況であるのに、生徒たちが「時代を通観する問い」を表現するというのは、相当に困難な課題であることは間違いない。本来はそうした「問い」があって初めて、前後の時代とは異なる「中世」という時代区分がなされるはずだからである。

であれば、教科書記述の中で、「中世とはどのような時代か」というイメージをかなりの程度提示しなければならない。そして「通史」である教科書記述であるからこそ、他の多様な歴史記述と比べたとき、時代ごとのイメージを明確にすることが可能となるというメリットがある。教科書記述を手掛かりにしながら、どのような授業実践が行われ、中世という時代のイメージがどのようにつくられていくのか。筆者が日本史探究という新科目に最も期待するところである。高大連携というと、最新の研究成果の教育現場への還元というように一方向的なものに考えられがちであるが、学校教育の場で新たな「問い直し」が生まれることは、研究者の世界にもよい影響を与えるはずである。

さて、そのような期待をもちながら、日本史探究の各社教科書で、中世という時代を特徴づける問いやイメージにどのようなものがあるのか、本稿ではささやかながら整理を試みたい。

2. 荘園制の時代としての中世

最も鮮明な時代像を打ち出しているのは、実教出版『日本史探究』(日探702)である。「中世は荘園制を基礎とする時代である。院政時代に成立した荘園制は次第に変質しながらも、鎌倉・室町時代にはそれが維持された。荘園が崩壊してゆく戦国時代は中世から近世への移行期である」とした上で「二度の全国的内乱(治承・寿永の内乱、南北朝の動乱)によって、幕府の力がしだいに大きくなるが、国政は基本的に公家と武家との連携で運営された」(p.75) と端的にまとめられている。

実教の中世史部分の特徴は、執筆者でもある平雅行の学説をベースにしながら、中世社会の叙述の中に仏教が構造的に位置づけられるとともに、いわゆる鎌倉新仏教史観が放棄されている点にある[(2)]。そこに目を奪われてしまいがちであるが、中世後期まで一貫して荘園制に基づく叙述を試みている点も、もう一つの特徴である。「院政期には、貴族と寺社が経済基盤を荘園に移した」(p.80) と国家的性格が端的に指摘されるだけではなく、中世後期では「幕府・守護などの勢力に依存する形で再編された所領支配の秩序」である「室町期荘園制」の説明が据えられているのである (p.115)。21世紀初頭に学界で使われるようになった「室町期荘園制」という用語が教科書に登場するのは、初めてのことであると思われる[(3)]。

これはどういうことなのか説明を加える必要があるだろう。中世の始まりが鎌倉幕府成立ではなく、院政の開始にもとめられるようになってから、中世の特徴が荘園制の時代であるという認識は教科書にも定着していた。だが、従来の教科書記述では鎌倉時代は地頭、南北朝時代は守護による荘園侵略という文脈で、地頭請や守護請などが書かれている。そのために、中世は荘園制の時代であるという認識は定着しつつあるものの、中世後期の位置づけが曖昧なまま、中世初期に成立した荘園制が武士の前に徐々に衰退していくという語りになりがちだった。結局のところ「中世は武士の時代」という武士政権発達史観の裏返しとして、「中世は荘園制の時代だけど衰退していく」という荘園制衰退史観になっており、主語を入れ替えただけの感があった。

それに対して、最新動向を踏まえて[(4)]、公武の協力のもと室町期に荘園制体制が新たな展開を遂げていたという語りを明示したのが大きな成果である。さらに中世後期における惣村の発展に関しても、「請負中心の荘園経営のあり方」が「荘園村落側に交渉・自治能力の向上をうながした」側面 (p.115) や、郷が荘園制に組み込まれた存在であることが位置づけられている (p.122)。荘園制の終焉過程についても、応仁の乱後の「守護在京制」の崩壊と「幕府や守護の権力に依存していた室町期荘園制も維持できなくなった」と位置づけられている（p.125）。戦国期の検地と石高・貫高制度については「荘園制の複雑な土地制度は指出検地を通じて克服されつつあり、大名の統一的な国内政治が推進された」と展望されている（p.135）。荘園制という視点に基づき、中世の終焉に至るまでの様々な動きに統一的な説明を与えることに成功している。

しかし、荘園制が全てを規定するような印象を与え、「秩序だった時代」という中世像が導かれるように感じられた。現実の中世は戦乱と混乱の時代でもあった。荘園制というシステムがどうして必要だったのかという一歩進んだ「問い」に進むための工夫が必要であると思われた。

3. 気候変動と飢饉の時代

もう一つ、各社教科書を通覧していて「中世」の特徴として浮かび上がるのが、気候変動と飢饉の問題である。近年では『気候変動から読みなおす日本史』全6巻（臨川書店）が刊行されるなど、新たな関心の高まりをみせつつある。かつては温暖化を背景にして大開発時代が展開したというように「明るい中世」が語られることもあったが(5)、その後の古気候学の最新成果を踏まえて、古代や近世に比べたとき、社会組織も脆弱で、気候変動の影響を受けやすく、慢性的な飢饉に陥った時代としての「暗い中世」が浮き彫りになりつつある(6)。

第一学習社『日本史探究』（日探707）は、古代中世転換期の歴史的環境として、「国際環境の変化―世界と日本の流通―」「生活・地域の変化―地域に由来する名字や行事―」とともに「人口・気候の変化―気温の変動」を取り上げている。そして、最新の『気候適応史プロジェクト成果報告書2』に依拠して、気温変動を考えさせる工夫をしている。また、「学習のまとめと探究」では、中世の村や町の運営の時代背景として、14世紀に比べたときの15世紀の飢饉・台風・干ばつ・長雨・洪水の多さを読みとらせている（p.104）。戦国大名の登場から「近世」を始めるが、15世紀の「長禄・寛正の飢饉と呼ばれる室町時代最悪の飢饉」（p.108）を冒頭に記しており、中世の終焉を考え直すヒントとなっている。

実教出版『精選日本史探究』（日探703）では「中世を特徴づける戦乱

と飢饉に着目して、中世とはどのような時代だったのか、イメージをふくらませましょう」として、絵画史料や年表、「室町・戦国時代の東国における月別死亡者数の比率」などを提示するほか（p.50-51）、『川中島合戦図屛風』から戦国時代の戦場における略奪を考えさせるなど、戦国武将ではなく（決して可哀そうな存在としてだけではなく、したたかな存在でもあった）民衆の目から見た戦争が描かれている(7)。

治承・寿永の内乱の時代背景として養和の大飢饉を語るのがいわば定番であったが、それらには本文では触れず（p.50の年表内にあり）、「13世紀は気候が冷涼で、干ばつも多く、稲作には適さなかった」（p.67）や「南北朝の内乱期に温暖だった気候は15世紀後半には寒冷化し、農業は冷害や雨不足による干ばつの被害を受けることも多かった」（p.80）というところから人々の生業の発展を説明するなど、政治史よりも社会史・生活史を重視する考えが打ち出されている。「乱後、治安と衛生面の悪化で疫病がはやり、疫神である祇園社への信仰が高まった。町衆は井戸や便所を共同管理する」（p.90）という記述なども、パンデミック後の現代的な関心や身近なところから歴史に接近する工夫を感じる。

身近な歴史という点でいえば、『精選日本史探究』の特徴は、「はたらく　あそぶ」「さまざまな人生　時代と社会を考える」として時代ごとの生活史をコラムとして示す点にある。教科書記述は政治史・社会経済史が軸となりがちで、1980年代以降の社会史の成果が盛り込まれにくいという課題を残していた。それに対して、統一的に全時代のコラムを揃えるのは興味深い試みである。これによって社会史を軸にして通史を考えることも可能になったのである。

東京書籍『日本史探究』（日探701）もまた「地球規模で気候の寒冷化が進み、多くの飢饉が発生」したというグローバルな視点を交えながら、中世という時代を考える軸に「厳しい自然環境での人々の生存戦略」を据えている（p.76）。農業・産業の発達の背景に寒冷化や凶作・飢饉への人々の生存戦略を見出す（p.106）。それに加えて、「武家権力による日本社会の変容」と「中世日本の国際交流」の二つを軸に据えている。

「荘園制の時代」にかわる新たな中世像として、東京書籍本で強調されるのは、環東シナ海の交易ネットワークが発展する中で、国家間外交に限定されない多様な国際交流と列島諸地域の活性化だろう。執筆者の一人である橋本雄氏の研究を踏まえつつ、勘合の復元図や足利義満の明使の引見儀礼の復元図などが掲載されている（p.103）。

「荘園制の時代」として中世を定義づける実教『日本史探究』は、政治社会経済の諸側面を統合して構造的に叙述することに成功しており、構造的な理解を求める生徒に適した教科書である。その一方で、豊富な絵画史料や統計を提示しながら、戦乱と飢饉の時代というイメージを前面に出す実教『精選日本史探究』は、生徒が自らの生活体験やニュースなどをもとにした「問い」を出すことには適しているかもしれないと感じた。ただ、いずれも「現代とは異なる時代としての中世」を強調する傾向があると思われた。その点では、東京書籍の取り組みは、歴史総合でも重視されている世界史と日本史の融合という課題に対する前近代における実験的試みという側面も感じられるし、「今につながる」日本列島の地域性といった地域の理解にも資す素材が多い。

4. 多様な中世像をどのように関連づけるのか

このように新たな探究教科書では多様な中世像が提示されている。寒冷化と飢饉・災害の時代という中世像と「荘園制の時代」としての中世像、あるいは武家政権発達史としての中世など、一つの時代でも時代像が多様であるということ自体、小中で日本史を学んできた高校生にとっては驚きであるかもしれない（大学教員として筆者も「歴史像は一つではない」ことは授業で強調している）。高校教員はもちろん、生徒たちにもぜひ一社の教科書だけではなく、複数の出版社の教科書の記述を読み比べてほしいと思う（ポイントをしぼって部分的に読み比べるだけでも十分な探究学習になると思われる）。

そのうえで、多様な時代像をどのように関連づけるのかに探究が進むのが望ましいと思われる。第一学習社では、寄進地系荘園の形成について上野国新田荘の事例を挙げるが、「1108 年の浅間山の大噴火によって壊滅的被害をうけ、その復興が最大の課題とな」る中で、開発の請負が認められた点に、荘園の起源を見出している（p.67）[8]。気候変動による飢饉や社会不安もまた10・11世紀から続く問題である。しかし、古代と中世、近世という既存の時代区分を前提にしたために、古代中世の移行期における気候変動と社会変動を背景として荘園制という新たな中世的な秩序が形成されてくるダイナミズムが、見えにくくなってしまった気がする。

明示的に「時代を通観する問い」を提示しているわけではないが、山川出版社『詳説日本史』（日探705）もまた、「天皇家や摂関家・大寺社は、11世紀の後半に諸国からの税収が不安定になる中、荘園の拡大をはかった」（p.76）と述べ、国家財政のありかたに古代・中世の転換と荘園制の始まりを見出しているように読むことができる。

ただし、10・11世紀の「地方政治の展開と武士」や中世荘園の成立が古代末期におかれている。他社では領域型荘園の説明として中世の冒頭におかれる荘園絵図も、11世紀までの流れの中で掲載されている（p.72）。12世紀の院政期における画期性は明瞭になるのだが、どうして院政期に変化が起こるのか、前の時代からのつながりが分かりにくい。

筆者も執筆に関わっているために手前味噌になるが、清水書院『日本史探究』（日探704）は、10・11世紀の土地制度・国家的武力（武士の成立）を中世の冒頭に叙述し、古代国家のシステムからの変化がどのようにして院政期における荘園制成立に結実するのかを示そうとした。公家・武家・寺社勢力という権力の多元性・多様性がどのようにして生まれてきたのかという問いを古代中世の転換期の軸においている。

中世という時代については、古代国家との対比で「小さな政府」という特徴を示し、紛争や自然災害の恒常化のもと、武力を担う武士と祈りの担い手としての寺社が登場し、多様な勢力に分裂していくこと、それらを統合するシステムとして荘園制が成り立つという流れを描いている（p.48）。「歴史資料と中世の展望」（pp.58-59）では、服部英雄氏の著作[9]に依拠しながら蒙古襲来を取り上げ、武家・公家・寺社（そして民衆）という多様な勢力の織り成す（荘園制によって緩やかに統合されていた）時代としての中世を示している。だが、気候変動や飢饉の問題を組み込み、そうした分裂的側面を構造的に位置づけることに清水書院は成功していない。

中世という時代については、古代と近世との間に位置する戦乱の時代という「暗い中世」像が古くから存在していた。それと同時に、武士や民衆の成長という「明るい中世」像もまた存在していた。中世史研究上、この二つの中世像は大きく揺れ動いてきた。かつて中世史ブームとされた1980年代、日本がバブル経済を迎える中、「明るい中世」像が喧伝されたのに対して、21世紀に入った頃から「暗い中世」像が学界でも広がりつつある。内乱と飢饉の時代であることを前面に出している実教精選版などは「暗い中世」によるのだろうか。

生徒にどのような時代イメージが提示され、史資料の読み取りがなされるのか。「明るい中世」と「暗い中世」との時代像の対比なども、生徒が時代像をつかむヒントになるかもしれない。素人談議に思われるかもしれないが、歴史研究者もそうしたイメージとは無縁ではない。研究者も教師も、そして生徒もまた、同じく「時代の子」であり、その時代の社会の中に生き、その中で過去の時代のイメージをつくっているからである。だからこそ、立場や世代を超えた対話が大事なのだと思う。

注

(1) 桜井英治「中世史への招待」(『岩波講座日本歴史6　中世1』岩波書店、2013年)。時代区分の難しさは、「摂関期」・「院政期」について、有富純也・佐藤雄基編『摂関・院政期研究を読みなおす』(思文閣出版、2023年) 総論参照。「中世」をめぐる史学史は、石井進『中世史を考える：社会論・史料論・都市論』(校倉書房、1991年)。
(2) 平の著作は多数あるが、平雅行『法然：貧しく劣った人びとと共に生きた僧』(山川出版社、2018年)、同『歴史のなかに見る親鸞』(法蔵館文庫、2021年、原著2011年) が一般向けに書かれていて読みやすい。
(3) 『国立歴史民俗博物館研究報告』104集 (2003年) の特集「共同研究　室町期荘園制の研究」。
(4) 山田徹「室町期の荘園制　室町時代は荘園制の時代だったのか」(岩城卓二ほか編著『論点・日本史学』ミネルヴァ書房、2022年)、伊藤俊一『荘園：墾田永年私財法から応仁の乱まで』(中公新書、2021年)。荘園研究の研究史は、鎌倉佐保・木村茂光・高木徳郎編『荘園研究の論点と展望：中世史を学ぶ人のために』(吉川弘文館、2023年)、荘園史研究会編『荘園史研究ハンドブック』(東京堂出版、2013年：増補新版、吉川弘文館、2024年)。
(5) 石井進『中世のかたち』(中央公論新社、2002年) など。
(6) 中塚武『気候適応の日本史：人新世をのりこえる視点』(吉川弘文館、2022年) など。
(7) 藤木久志『飢餓と戦争の戦国を行く』(朝日選書、2001年) など。
(8) 鎌倉佐保「浅間山噴火と中世荘園の形成」(『日本中世荘園制成立史論』塙書房、2009年、初出2003年)。
(9) 服部英雄『蒙古襲来』(山川出版社、2014年)、同『蒙古襲来と神風：中世の対外戦争の真実』(中公新書、2017年) など。

日本史探究への期待
近代初期の地域社会から国民国家を考える

小山 幸伸（こやま ゆきのぶ）
慶應義塾大学文学部　教授

1．はじめに

「歴史は暗記科目ではない」とは、言い古された観さえある。暗記科目ではないとするなら、歴史教育に求められるものとは具体的にどのようなものであろうか。史資料を自ら探し求める経験を積み、その史資料に基づき論理的に思考し、それを論理的に説明することではないだろうか。

本稿では、そのような歴史教育への変化を、大学教育の場面で確認した事例をもとに紹介することと、高等学校におけるそのような教育の変化を大学教育において、いかに発展させるべきかを2023年度に私が行った授業から述べたいと思う。

2．日本史探究の目標と大学教育での体験

周知のように、高等学校学習指導要領解説によると、日本史探究の目標として、「諸資料から我が国の歴史に関する様々な情報を適切かつ効果的に調べまとめる技能を身に付ける」ということが掲げられている。このことは、大学における歴史学教育において、最も注力する部分でもある。

それを高等学校の段階から取り組むことで、歴史教育が大いに推進されることに対する期待は大きい。今後高大連携の下に、その教育方法などが大いに研究・開発されることが期待される点でもある。

2023年度に私が行った授業に、文学部の1年生を対象とした「人文科学特論（日本史学)」がある。そこでは、南関東1都3県にある文書館を訪ね、どのような史資料を保存しているのか、閲覧情報のシステムや、閲覧の際の利便性などを調査する課題を与えた。今の学生がこのような課題に対応できるのは、インターネットの普及や、首都圏の交通機関の利便性が飛躍的に向上したことなどもあるが、そのような外的な要因だけでなく、それ以上に彼らはグループで調査することに慣れており、調査したことをまとめ、授業中に報告することを大学入学以前から経験していることも大きな要因である。とりわけこの10年の高等学校での取り組みは、主体的学習の機会を確実に増加させているように感じられる。高等学校教員の創意工夫や努力の賜物として、歴史教育の歩みは着実に進んでいるのである。今次の学習指導要領以前から、主体的に調べること、それに基づき考察したことを論理的に説明したり、議論したりする力は着実に涵養されて来ているのである。

3．思考の事例としての困民党事件

前述の事例からも分かるように、今後は高等学校・大学・社会教育機関が連携して、史資料調査や考察・報告を経験する歴史教育が展開されることが大いに期待される。その際に重要なのは、主体的に史資料を調査し、調査した史資料に基づいた議論を通して対話的に思考することである。そのための史資料やワークシートなど、「指導」のための準備が必要となるだろう。しかし、その際に教員の求める解答に「誘導」するようなことがあってはならない。生徒自身が思考することが必須であることは贅言を待たない。そのために対話的に思考する教育が必要なのであるが、何段階かの議論を経ることで、考えが揺れる可能性があるかも知れない。むしろ異なる観点からの見解を知ることで、却って結論が出せなくなるかも知れない。しかし一つの観点から出された見解を疑ってみること、そしてそれを乗り越えること、そのような経験こそが思考力を涵養する上で重要なのだと考える。

ここで、自由民権運動の歴史を学習する際に、よく登場する秩父事件を例として取り上げてみよう。同事件は、主体的に社会に参加する公民を育てるための歴史教育の教材として非常に有用なものである。そのため既に多くの研究蓄積があり(1)、多くの教育実践が行われている(2)。それらの成果を踏まえて、筆者は、3段階で思考を構造化するモデルケースを想定した。

第1段階としては、三つのテーマをグループに分けて調べ、それに基づいて議論し対話的に理解を深める取り組みを行う。

a) まず、近世以来の農村の状況を整理し理解する必要がある。村方三役などの地方役人の形態や、村請制度などの租税制度、百姓一揆の形態などについて既に教科書等で学習しているであろう。そこに村方騒動や世直し一揆などの問題点なども教科書を離れて調べることもできるかも知れない。農村における商品生産が活発化した地域など、それぞれの地域の特性について自治体史などを調べることや、社会教育機関を通じて学ぶことができれば、主体的でより深い学習ができるだろう。

当該地域は生糸生産地帯であり、それだけにこの時期には資本制社会への変化を受けやすかったと考えられる。若狭蔵之助氏の研究によると、困民党の中核を担ったのは中農と貧農であり、富農や中農上層、極貧農や無余農はそれぞれ経営基盤を異にしていたが、やがて広範に組織され政府と対峙する「秩父事件」となるのである。また、若狭氏によると、貧しいはずの農民の生糸マニュファクチュアは組合員数を増加させ、生糸の生産量・販売量を増大させている。貧しさにあえぐ農民である困民党を、既に解党した自由党が組織したというイメージは成立しがたく、裁判記録によると、むしろ困民党が自由党を組織しているかのようである(3)。同じ地域の住民でも、それぞれの社会的・経済的立場によって動きが異なる点を調べ理解したい。

b) 次に、自由民権運動そのものを調べる必要があるだろう。そもそも天賦人権思想を知る必要があり、それが日本にどのように受容されたのかなども理解すべきである。既に「歴史総合」においてフランス革命やナポレオン法典について学習しているはずである。そのなかで「私有財産の不可侵、法の前の平等、経済活動の自由」などを定めたことを知識として獲得していることと思われる[4]。「歴史総合」での知識を踏まえて自由民権運動の歴史を整理することで、自由民権運動において、いわゆる「豪農民権」と言われる段階の主体勢力となった人々が、地域における金融などの担い手であったことが確認できるだろう。そのような人々に対して困民党は高利貸との直接交渉の他に、警察に対して高利貸への説諭的請願を繰り返している[5]。このような彼らの仁政的政策介入の要求は、前近代的な要求に類似してはいないかなど議論ができるのではないだろうか。鶴巻孝雄氏の研究によると、困民党には、私立銀行や金貸会社の「苛酷」への批判はあるが、デフレ政策による物価下落問題を指摘し経済政策・財政政策を批判することはなかったとのことである[6]。彼らの要求は、近世以来の富裕者が行った「道徳上の貸借」、つまり共同体的な救済システムの継続であり、封建的家父長制に基づく恩頼関係を求めていたのである。共同体の伝統的な関係性の存続こそが、彼らの主張ということになりはしないだろうか[7]。しかしながら近代社会にあっては、「政府と人民との関係は親子の慈愛に基づくようなものではなく、「水くさい」もの」なのである。もはや仁政的統治は望むべくもなくなっていたのであった。大塚英二氏は、人格的な結び付きでの融通が構築された社会が、幕末維新期には後景に退き、やがて近代的な価値法則に適合的な近代的金融論理と諸制度の枠に入っていく社会の変化を提示している[8]。そのような研究史を踏まえた歴史的変化に対する理解も可能となるだろう。

c) 第3に考えたいのは、不動産抵当貸しを行う経済活動の「自由」は、近代社会においては保証されるはずであるということだ。それに反対する側の論理には前近代的な価値観が垣間見られるとするなら、「自由」とは何かということになる。そこで第3のテーマとして、「自由権」について議論してみることもできるだろう。教科をまたぐことになるが、「公共」において現代の民主主義と日本国憲法について学習する。その際に「自由権」の一つとして「経済活動の自由」について学ぶはずである。それによって「職業選択の自由」とともに「財産権の保障」を学ぶのだが、同時に経済活動の自由を無制限に認めることの弊害も学び、「公共の福祉」による制限について理解することになる。これを秩父事件に当てはめると、困民党の主張は、「経済活動の自由」を侵害してはいないだろうか、という問いも生れる。そのいっぽうで、高金利という問題は「公共の福祉」という概念に反してはいないかという問題設定もあり得る。この時代にその概念は歴史上まだ成立してはいないが、制限利子率を超える高金利にはやはり問題があったと考えることはできるだろう。さらに前述の通り彼らは警察に対して高利貸への説諭請願を行っている。この行為を「請求権」と考えると近代化を推進している一面も見えてくる。

以上の第１段階をジグソー法によって行うことで、自由民権運動や地域社会の近代化について、クラスの理解を深めるのである。その上で、第２段階として、以下の二つのテーマでグループ討論あるいはディベートを行う。

A）秩父の人々にとって秩父事件はどのようなものだったのだろう。困民党を主体とする農民騒擾だったのか？自由党を主体とする激化事件だったのか？[9]

B）資本制社会が形成されるなかで、高利貸の経済活動の自由は認められるのか？それとも社会的慣習に基づき制限されるべきなのか？

この第２段階では、いわゆる民権家と地域社会に生きる民衆の意識の齟齬について理解を促したい。仁政的政策介入を求める地域の民衆はいわば「客分」であり、義務を負うが同時に権利と自由を持つ「国民」としての意識は未だ成立していないのである。この点について牧原憲夫氏の研究は是非とも参考にしたい[10]。牧原氏の指摘の通り、政府も民権運動家も、また福澤諭吉のような啓蒙家も、「国民としての自覚」を求めたのである。この意識の齟齬こそが、近代化へのプロセスを理解する上で重要になる。第１段階での理解を踏まえて、これらのテーマを議論することで、異なる観点から歴史を捉え、思考を深める段階を設定したい。

そして第３段階として、「近代化を地域社会（住民）はどのように受けとめたのだろうか？」をクラス全体で議論する。確かに農民にとって土地取戻しの闘いという側面があり、仁政的政策介入への要求はあったが、だからと言って、かつての百姓一揆や世直しと同列に論じられるものだろうか。それとも若狭氏が指摘するように、生糸生産者として資本制生産の「自由」を求め、さらには政治に対する「請求権」を行使した社会的民権・政治的民権を統一した運動だったのだろうか(11)。近代の入口において勃発した事件であるからこそ、生徒が近代化はどのような変化をもたらしたのかという「時代を通観する問い」を思考し、議論することが可能なのではないだろうか。

民主主義の担い手を育む社会科教育において、「国民国家」形成について学習することは重要である。「国民国家」形成の過程で発生した摩擦をいかに評価すべきか、生徒に十分に思考してもらいたい。民衆が責任ある主体として政治参加することの重要性と、歴史的にはそれが自明のことではなかったことを学ぶ意義は大きい。民主主義の主体となる人々を育成していく上で、是非とも取り上げたいテーマである。

以上の３段階を模式図に示すと下記のようになる。

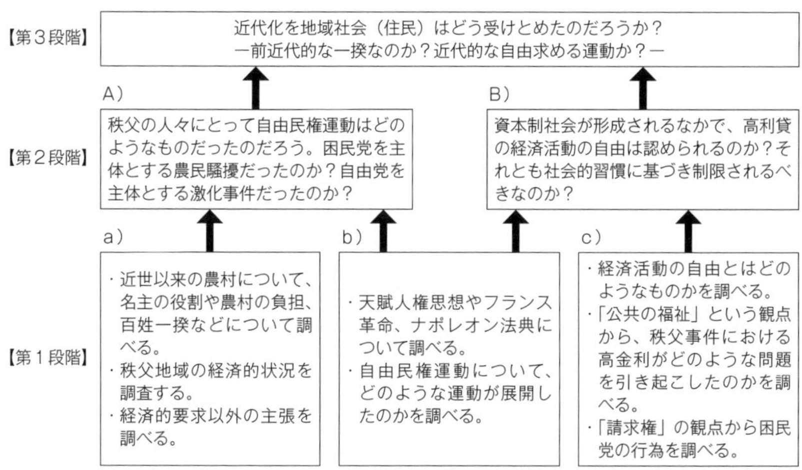

【第３段階】
近代化を地域社会（住民）はどう受けとめたのだろうか？
一前近代的な一揆なのか？近代的な自由求める運動か？一
A）
B）
【第２段階】
秩父の人々にとって自由民権運動はどのようなものだったのだろう。困民党を主体とする農民騒擾だったのか？自由党を主体とする激化事件だったのか？
資本制社会が形成されるなかで、高利貸の経済活動の自由は認められるのか？それとも社会的習慣に基づき制限されるべきなのか？
a）
b）
c）
【第１段階】
・近世以来の農村について、名主の役割や農村の負担、百姓一揆などについて調べる。
・秩父地域の経済的状況を調査する。
・経済的要求以外の主張を調べる。
・天賦人権思想やフランス革命、ナポレオン法典について調べる。
・自由民権運動について、どのような運動が展開したのかを調べる。
・経済活動の自由とはどのようなものかを調べる。
・「公共の福祉」という観点から、秩父事件における高金利がどのような問題を引き起こしたのかを調べる。
・「請求権」の観点から困民党の行為を調べる。

4．大学における教職課程教育に求められるもの

上述のような自らの地域を教材とした学習は、これまでも高等学校で行われていることと思う。それをいかに主体的に行うのか、またジグソー法やディベートなどの対話的学習によっていかに思考を深めるのかなど、大学の教職課程において、その方法論をどのように指導するのかは重要な課題になると思われる。

大学教育においては、講義もさることながら、ゼミなどでの学習機会がより重要度を増してくるだろう。報告者と質問者との間で、白熱の討論が展開する授業経験の有無が教員となった際の資質を左右する時代となる。学生時代のそのような経験が、教員となった時に、論理的に思考し論理的に説明する力を涵養する指導力となるのである。歴史的事象を論理的に思考するように生徒を導き、それを論理的に説明する力を生徒に涵養すること自体は、専門科目に拘わらず大学教育において獲得できるものであるはずだ。

また日本史専攻などの専門教育においては、史資料に向き合う教育の重要性はますます増してくるだろう。今回取り上げた秩父事件であれば、裁判文書や官庁文書を収録した『秩父事件史料集成』や『秩父事件史料』などの史料集がある(12)。そのような刊行物のみならず、文書館などに未だ人知れず眠っている史資料もあるかも知れない。大学教育においては新たな知識の発見を導くことは、従来通り重要な課題であり続けるだろう。

「日本史探究」の登場は、既存の知識を十分に活用し、それをどのように伝えるのかという教育方法論とともに、新たな知識を発見することと、そしてそれらに基づき思考することをいかに学ぶのかが、大学教育の課題として突きつけられたものと受け止めている。これにより大学教育もまた、その真価が問われることとなった。

注

(1) 例えば井上幸治『秩父事件』(中公新書161、中央公論社、1968年)、同『完本秩父事件』(藤原書店、1994年)、若狭蔵之助『秩父事件－農民蜂起の背景と思想』(埼玉新聞社、2003年)、秩父事件研究顕彰協議会編『秩父事件－圧制ヲ変ジテ自由ノ世界ヲ』(新日本出版社、2004年)、松沢裕作『自由民権運動』(岩波新書1609、岩波書店、2016年) など参照。
(2) 例えば、鈴木義治『埼玉の自由と民権を掘る－生徒と歩んだ教師の記録』(埼玉新聞社、2002年) 参照。
(3) 若狭蔵之助前掲書参照。
(4) 例えば『私たちの歴史総合』(清水書院、歴総705) p.29では、欄外注ながら、この点についての記述がある。
(5) 若狭前掲書p.22参照。
(6) 鶴巻孝雄「困民党事件と地域社会」(明治維新史学会編『講座明治維新7　明治維新と地域社会　改訂版』有志舎、2014年) p.147。
(7) 同上p.152。
(8) 大塚英二『日本近世農村金融史の研究』(校倉書房、1996年) 参照。
(9) 困民党事件をおこした人々と、自由民権運動をすすめた人々とでは、意識にずれがあったことについて言及した教科書としては、『詳述歴史総合』(実教出版、歴総703) p.91、『精選日本史探究』(実教出版、日探703) p.161がある。
(10) 牧原憲夫『客分と国民のあいだ』(吉川弘文館、1998年)
(11) 若狭前掲書p.67参照。
(12) 井上幸治・色川大吉・山田昭次編『秩父事件史料集成』全6巻 (二玄社、1984～1989年)、埼玉新聞社編『秩父事件史料』全6巻 (埼玉新聞社出版局、1970～1979年)。

各論　日本史探究との対話

戦時と戦後の関係性を考える

鬼嶋 淳（きじま あつし）
専修大学文学部　教授

1. はじめに

私に与えられた課題は、2023年度から始まった新科目「日本史探究」の近現代史分野について、評価できる点、問題点や期待したいことなどを、「歴史総合」とのつながりを意識して論じることである。

『高等学校学習指導要領（平成30年告示）解説　地理歴史編』（以下『解説』）によれば、「日本史探究」近現代史分野である大項目D「近現代の地域・日本と世界」では、「高等学校の歴史学習のまとめとして、歴史に関わる諸事象相互の関係性や、地域と日本、世界との関係性などを整理して構造的に理解すること、さらに現代の日本の諸課題について多面的・多角的に考察して理解するとともに、歴史的経緯や根拠を踏まえて構想すること」がねらいとされている(1)（下線は著者）。また、生徒に次の3点を求めていることが特徴といえる。第1に時代の変化や歴史の画期を考察すること、第2に複数の適切な資料を活用して多面的・多角的に歴史を考察し表現すること、第3に「地域」を通して様々な「関係性」を理解することである。そうした中、私が重要であると考える点は、誰・何を考察の対象に組み込むかという問題である。『解説』には、扱うテーマは政治・経済・外交が中心とされているが、部分的に「国民生活の変容」「人々に与えた影響」などが学習内容として提示されている。そこで示される「国民」「人々」は誰かということである。

本稿では、特に「歴史総合」と「日本史探究」で1945年の位置づけが異なる点に着目して、「日本史探究」の戦後史叙述について考えたい。

2. 時期を区分する

まず、時期を区分する意味を考えたい。旧課程の「日本史B」では近現代を三つに区分している。「日本史探究」では近現代をひとまとめにしているが、両科目とも教科書の編・章・節を見ると、時期区分としてアジア太平洋戦争の終結を重視している。一方で「歴史総合」は、「近代化・大衆化・グローバル化」という特定の概念を基準に、「近代化と私たち」「国際秩序の変化や大衆化と私たち」「グローバル化と私たち」で構成される。「大衆化」の時代として、第一次世界大戦から1950年代初頭までを一つのまとまりとしている。

「歴史総合」のこの時期区分については批判がある。例えば河合美喜夫は、成田龍一の「「45年史観」を冷戦体制と脱植民地化という世界史の軸に合わせ、考え直すのも歴史総合の特徴です」という発言に対して、「たとえ歴史学において戦時と戦後を連続的に見る研究があったとしても、世界と日本の近現代史にとってアジア太平洋戦争と第二次世界大戦の終結、日本国憲法制定、戦後世界の出発が大きな変革をなすという、歴史教育の役割は失われていない」と主張する(2)。

たしかに「歴史総合」では、1945年は時期区分として重視されていない。しかし、戦時と戦後の連続面に注目することが、直ちに敗戦により日本の国家体制が大きく変化したことや日本国憲法誕生の意味を軽視していることにはならない。時期を区分したり、歴史の画期を考察したりするとき、人は何らかの基準で区分する(3)。新しい視点で歴史の画期を考えることで、これまで見えていなかったことが可視化され、新しく認識できた歴史事象を組み込んでもう一度その時代を捉え直すことができる。

各社の教科書には、生徒に歴史の画期の考察を促す様々な工夫が施されている。例えば『高等学校日本史探究』(清水書院、日探704)では、第4章「近現代の歴史の画期」の中で、「日米関係の歴史」「メディアの歴史」の表を掲載して、「政治・外交」「経済・産業」「社会・文化」などのテーマをあげ、生徒に歴史の画期を考えさせる構成をとっている。

3. 戦後の出発を考える授業実践

戦時と戦後の関連を考えることは、戦後の出発を考えることでもある。すでに興味深い授業実践が、積み重ねられている。例えば、サンフランシスコ平和条約を読み、日本の「戦後」の出発を考えた良知永行の授業実践がある(4)。この授業では、日本国憲法前文を読んだ上で、サンフランシスコ平和条約、日米安全保障条約、日米行政協定を、「①条約発効を伝える『琉球新報』と「本土」の新聞記事を比較する」「②中国残留孤児、広島・長崎で被爆した朝鮮の人々、沖縄の人々という「弱者」から見た日本の「独立」を考える」「③各条文の中から日本が主権国家であることに疑問を感じる箇所に線を引く」の3点を意識して読んだ。その結果、「①②からは、戦中と戦後で「変化していない」日本社会の沖縄観、朝鮮観に注目することができた」という。③から日本の「戦後体制」の誕生を確認した。その後第三世界について学び、まとめを行った。生徒が国民国家単位ではなく、「地域」や「個人」の視線から、戦後の出発を考えた貴重な授業実践といえる。

また、江連恭弘による「ハンセン病問題」を取り上げた「日本史探究」の授業実践がある(5)。「歴史総合」での学びを踏まえ、日本国憲法の制定は、ハンセン病者にとって「歴史の画期」となったのかを考えるため、療養所入所者の証言や「優生保護法」「らい予防法」などを読み、「差別された側」の視点から戦後日本を考えた貴重な実践である。

こうした授業実践は、戦後改革や日本国憲法制定が有する意味を重視しつつも「歴史の画期」として絶対視せず、歴史資料の読解から生徒に「歴史の画期」を考えさせることの意義を示している。

4. 様々な「関係性」について学ぶ

次に「関係性」について考えてみたい。『解説』では、「歴史総合」で学んだ「歴史の大きな変化」と地域との関係、地域社会と日本や世界の歴史的変化との関係性に着目した考察を求めている。こうした指摘は、個人―地域―日本―アジア―世界の関係性を意識して歴史を考察することといえる。

具体的にどのような工夫が教科書に見られるのか。世界史と日本史の相互関係については、各教科書で近現代の日本、アジア、世界との関係を地図、年表、資料を利用して関連づける工夫がされている。地域社会については、どの教科書にも「地域」に関連するコラムを掲載している。全体のまとめである中項目（4）「現代の日本の課題の探究」では、3視点が提示されているが、例えば、『高等学校日本史探究』（第一学習社、日探707）では、①消費生活と地域社会の変化、②世界とのかかわりと地域社会の変化、③行事や祭りと地域社会の変化といったテーマで探究活動のモデルを示している。それは、前近代史を含めた地域社会の歴史を通して、多様な「関係性」を視野にいれて現代的課題を考察する試みといえよう。

「関係性」を検討する際、特に興味深い題材を提供しているのは、『精選日本史探究』（実教出版、日探703）である。身近な問題である働くことや遊ぶことの視点から、人々の暮らし方の変化や人々と国家の関係などを考えさせる特集、争いの解決への努力や人々の「つながり」を考えさせる特集、個人が社会、国家、時代とどのように接点をもつのかを問う特集、人だけでなく、動物との関係を考えさせる特集などがユニークな特集として注目できる。

5. 戦後史叙述について

最後に誰・何を考察の対象に含んだ歴史を叙述するのかという課題である。『解説』には、戦後史部分について、「様々な社会的な立場や役割、年齢層など複数の人々が、それぞれ、戦後どのような国を目指そうとしたかについて資料などから読み取り、多様な考えが存在していた状況などを踏まえ、生徒が生活する現代の日本との関係性などから第二次世界大戦後の歴史的な推移について考察」というように課題（問い）が例示される[(6)]。戦時と戦後の関係性を問う研究の進捗は、単に戦時と戦後の連続と断絶を指摘するだけではなく、戦後社会の把握の仕方が問われ、特に1950年代の日本社会研究を活性化させた[(7)]。また、近年、中心・「われわれ」ではなく周縁・他者の戦後史という視点からの研究、そこでの批判を受け止め乗り越えようとする「戦後史」研究が登場している[(8)]。敗戦―復興―高度成長―経済大国といった日本の戦後史像が問い直されてきている。

しかし、教科書の本文は、ほぼ従来通り経済成長を基軸とした戦後史叙述となっている[(9)]。「様々な社会的な立場や役割、年齢層など複数の人々」をどのように叙述するかが重要である。この点は、各教科書のコラム、特集、資料などを利用して学ぶことが必要ではないだろうか。

6. おわりに

「日本史探究」は、生徒が単に教科書を暗記するのではなく、多様な歴史資料を読み解き、時代の変化や歴史の画期を考察する力を育む仕組みをもっている。「歴史総合」で学んだ「歴史の大きな変化」が、具体的に個人や地域にどのような影響を及ぼしたのか、地域と日本や世界の変化がどのような関連をもつのかなど、様々な関係性を整理しながら歴史の展開を探究できる可能性がある科目といえる。

もちろん課題も多い。『解説』には、生徒が問いをたて、「仮説」を設定し、主題を設定して歴史の展開を表現するといった流れを大項目A～Cで繰り返す学習方法が示されている。こうした学習方法で知識が深まるのか懸念がある。すでに「歴史総合」「日本史探究」には多くの批判・疑問が提出されている[(10)]。そのなかでも私は、「日本史探究が、生徒の探究の実現という点にとどまれば、方法のための方法となる」「日本史探究の実施が、歴史を操作の対象としての道具とのみ捉えるのではなく、歴史に現代人が耳を傾けられる場となる必要」がある、という小川輝光の言葉[11]を重要な指摘と受け止めた。

学習内容については、国家や社会が主語となっており、「様々な社会的立場の人々」の動きは、全体として重視されていない印象がある。『解説』にはほとんどジェンダーの視点が考慮されていないし、教科書叙述が一国史的になっていないか、といった問題点も指摘できるだろう。

しかしながら、すでに論じてきたとおり、多くの教科書が、とりわけ特集やコラムなどを工夫して内容を充実させており、学習の題材は教科書にちりばめられている。今後、教科書執筆者側は、従来の教科書の枠組みにとらわれず、生徒に考える根拠となるような「過去の人々の声」を提示する必要があろう。また､教育の場の重要性が一段と高まってくる。主体的に学ぶのは、生徒だけではない。教員が歴史をどのように学び認識するのか、教室における教員の役割も問われるように思う。

注

(1)『解説』p.241。
(2) 河合美喜夫「「歴史総合」をめぐる論点と課題について」『歴史評論』877号､2023年5月。
(3) 現在、時代区分する意識をもつことの意味については、松沢裕作「時代――時代を分けることと捉えること」井手英策ほか編『大人のための社会科―未来を語るために』有斐閣、2017年を参照。
(4) 良知永行「日本の「戦後」のスタートはこれでよかったのか？―サンフランシスコ平和条約を読む」『歴史地理教育』967号、2024年3月。
(5) 江連恭弘「ハンセン病問題から現代日本の課題を探究する」『歴史地理教育』952号、2023年3月。
(6)『解説』p.258。
(7) 高岡裕之「「十五年戦争」・「総力戦」・「帝国」日本」歴史学研究会編『歴史学における方法的転回』青木書店、2002年。
(8) 沼尻晃伸「戦後史をどのように時期区分するか」鈴木淳ほか編『日本史の現在6　近現代②』山川出版社、2024年。
(9) こうした日本の戦後史像は、東アジアの冷戦構造と日本の関係を切断して叙述していることが要因といえる（戸邉秀明「東西冷戦下の東アジア、沖縄と日本」同前）。
(10) 例えば、米山宏史「学習指導要領の改訂と高校「社会科」教育の課題」『歴史学研究』979号、2019年1月、西村嘉髙「新しい高等学校学習指導要領をめぐって―「歴史総合」を中心に」同前。『歴史評論』828号、2019年4月、同877号、2023年5月、『歴史地理教育』952号、2023年3月、同967号、2024年3月所収の各論文など。
(11) 小川輝光「探究する日本史は何を語るか」『歴史評論』828号、2019年4月。

Column

再帰的問いとしてのパブリック・ヒストリー

教室·教師·生徒をめぐる困難

徳原 拓哉（とくはら たくや）
横浜国際高等学校　教諭／東京大学大学院情報学環学際情報学府　修士課程

パブリック・ヒストリー（Public History：以下 PH）という言葉が俄かに知られている。本コラムは、PH と、その中の歴史教育をめぐる位置付けについて取り上げる。教師・生徒・教室空間・そして教室の外という歴史教育をめぐる主体と場は、再帰的な関係でもって「人々はいつ、なぜ、どのように歴史実践の主体であることを引き受けるのか」を問うている。

多面体・運動体・流動体としての PH

そもそもPHとはなんだろうか。国際的にPHを牽引する多くの論者は、その定義を行うことには慎重だ。例えば、国際パブリック・ヒストリー連盟（International Federation of Public History：IFPH）元会長のトマ・コヴァンは「PH を実践するということは、PH のある一面を実践するということだ」と述べる。またジェームズ・B・ガードナーとポーラ・ハミルトンは、「PH の定義が何で、その境界線はどこかについてのコンセンサスは未だなく、国ごとに異なったコンテクストや、時間が経つにつれて、その定義や境界線が更新されないという保証もない」と述べる。PH を多様な諸実践の集合体だとの理解が、PH の国際化が進むにつれ一般化している。

「パブリック」という言葉も議論を生んでいる。IFPH 元会長のセルジ・

ノワレは、イタリアやフランスにおいて、PH を自国の言葉に翻訳することを避けていると述べた。これはフランスやイタリアにおいて、パブリックを示す言葉が、「国家」や全体主義の記憶を前景化するためだ。この意味で、日本においても多くの研究は「PH」を「公共」と訳さず、そのまま用いている。

1990 年には N・フレイザーが、既存の「パブリック」という概念は、歴史的に女性やマイノリティを排除してきたことを指摘して、「カウンター・パブリック」概念を提案した。Goteland Müller や Na Li による中国を対象とした研究、Carrie Hamilton によるキューバを対象とした研究でも、西洋中心主義的な「パブリック」を問い返す成果が相次いでおり、近年は「パブリック」の多様性を捉えて「Publics」と表現する研究も多い。

こうした説明はしかし、PH を「なんでもあり」と捉えさせる恐れもある。特に歴史修正主義の台頭する現在をめぐっては、この議論は抜き差しならない。PH は、多様な運動体でありながらも、いくつかの核となる流れをもつ。ここでは、三つの潮流に言及する。一つは、コヴァンに代表される、歴史学はその専門性や権威性をある程度必要とし、PH の中心、パブリックの導き手としての位置を保持させる立場である。

よりラディカルに、歴史学を多様な「過去」を実践する方法の一つにすぎないとする立場もある。この立場からは、例えばマンチェスター大学のジェローム・デ・グルートが、現代の消費文化に適応した「セレブリティヒストリアン」たちや、ディヴィッド・アーヴィングのような否定論者の試みをも「過去」の実践の一つとして位置付けつつ、それが流通し、消費される過程を精緻に分析し解体する試みを通じて、修正主義に対抗する手法を提示した。

カリフォルニア大学セントバーバラ校のロバート・ケリーは、歴史学の専門的なトレーニングを受けた人々が、歴史学以外のセクターで専門性を発揮するための能力を育成するために、大学院プログラムを設立した。1970 年代に始まったこの試みは、1990 年代にはアメリカ内外に広まり、多くの大学で PH に関する教育プログラムが設立されている。パブリック・

ヒストリアンにはパブリック・ヒストリアンの専門性があるという立場だ。これら三つの動きは、それぞれ焦点を異にしつつも、相互に浸潤している。

日本における PH の受容

日本での PH の受容には、二つの特徴がある。① PH がアカデミアを経由して導入されたこと、②多くの論者が PH に結びつけて保苅実の「歴史実践」論を参照している点である。

①の問題は別稿で論じるが、②日本の PH が保苅に着目しているのは重要だ。保苅の議論は「主体」の問題に還元されることがよくあるが、彼は英語版の博士論文の中ではっきりと、自らの議論が「主体」の問題のみに還元されることを否定している。

> I, too, claim my work to be a part of 'Cross-cultural history'. However, my project is not simply a 'history of cross-cultural agents'. In my opinion, what needs to be 'cross-cultural' is not only historical subject, but also history itself as a discipline. The question I would like to raise now is this: Can the very concept of 'history' be cross-cultural ?
>
> (Minoru Hokari. "Cross-culturalizing history: journey to the Gurindji way of historical practice." Thesis (Ph.D), Australia National University, (January 2001), pp.17-18.)

保苅が、「歴史実践」に着目するのは、異なる「過去のモード」と「クロス・カルチュラル」するためである。それゆえに、「主体」だけでなく「歴史」そのものの「ギャップ越しの対話」を主張する(1)。「ギャップを埋め」ようとするのではなく、その「差がどのような姿をしているのかを可視化」し、それによって異なる「歴史のモード」の間での対話の端緒とするというのだ(2)。一方で保苅は、「歴史学」を相対化もしない。「ちゃんと実証研究をしましょうよ。でも、歴史学のミッションはそれだけじゃないですよね」と述べる通り。PH の立場からは保苅の議論をみると、個人の中に第一と第二の潮流が共存していることがわかる。多くのパブリック・ヒストリアンも同様に、個々の中でさえ、三つの立場は折衝・共存・競争している。

PH と歴史教育①：教室空間

異なる立場が個人の中に共存するのは、「現場」では、我々自身がどの立場から、どう「場」に関わるかを問い返されるためだ。これが教育と教室をめぐる PH に困難をもたらす。

コヴァンの整理では歴史は一つの木に喩えられる。そのエコシステムで歴史教育は、「歴史の木」の葉の部分にあたる。木の幹は歴史解釈であり、葉はその「利用」にあたるという。しかし我々は、教室の中においても「歴史の解釈」や意味生成をおこなっている。教室空間は、本当に「葉」にあたるのだろうか。

コヴァンはこうした批判に対しては、木は有機体であり、細胞である個々の歴史主体が移動したり、複数の役割を担うことがあると述べる。それでも、史資料批判を基盤とした「歴史解釈」の幹の先に、枝葉としての「諸実践」があるとするなら、「歴史学」の中心性は保存される。

またケリーの定義では、PH は「アカデミアの外」で行われる(2)。ここでいう「アカデミアの外」とは、ビジネスや公共セクターの課題解決を目指す「目的思考的な」歴史を指す。

教室空間の歴史学習は、文部科学省の学習指導要領と歴史教科書を前提として成立している。これらが歴史学の成果を踏まえる以上、教室空間の歴史は、保苅の議論を引くなら「Time Orient」であり、形式としては「アカデミアの外」に位置しながらも、その方法論的視座は「アカデミアの内側」も内在している。

PH と歴史教育②：困難な教師という存在

我々歴史教師も問われる。PH は往々にして「アカデミア」と「パブリック」の二項対立的な構造の中で把握される。歴史教師はどちらに立っているのか。「アカデミア」の世界からすれば、我々は明らかに「パブリック」の側にいよう。しかし、例えば筆者は黒人史を背景にとして「アカデミア」の歴史学の作法を身体化し、それを教室で駆使する。生徒から見れば私は「アカデミア」に近い。歴史教育学、ないしは教育学を学んで教室空間に立つ高校の教師はどうだろうか。

こう考えると、PH を構造的に捉えることの困難さが見えてくる。出発点はむしろ、その「場」において何が生起しているか、我々の持つポジショナリティの議論から始める必要があると考える。

これを踏まえずに「PH をする」と、教師と教室空間との間には倒錯した関係性が生じる。例えばマンガやアニメーションの歴史表現をメタナラティヴ的に取り上げて「PH」を扱ったというのは、容易に可能だ。ポピュラー・メディアは PH を考える上で重要な対象の一つではある。しかしそれは、いかなる意味において「パブリック」な問題となるかに自覚的だろうか。それを扱う我々も、「パブリック」な場に身をおいているはずでありながら、自らの立ち位置を透明化し「人々」の実践を分析することは、むしろ自らを「パブリック」から切り離し、無色透明な「神のごとき第三者」にしてしまう。

PH と歴史教育③：生徒と「歴史実践」

最後の問題は、生徒たちである。これまで多くの著作で、生徒の歴史主体性を積極的に評価する議論がなされてきた。そこでつとに持ち出される議論は、「生徒も歴史の主体である」という主張である。この主張そのものは、全く正しいと思う。こと鉤括弧つきの「歴史実践」論を敷衍するならば、批判のしようもない。そのことこそが、鉤括弧つきの「歴史実践」論の問題である。「生徒も歴史の主体である」と言いながら、私たちは教室において、それでも歴史の主体として立ち上がってこない、もっと言ってしまえば「興味のない」生徒たちの存在を実感しないだろうか。その生徒に「あなたも歴史の主体だ」とあの手この手で伝えようとして、それでも立ち上がってこないとき、何ができるのか。

つまり、鉤括弧つきの「歴史実践」論は、事実ではあれど、それ以上踏み込んだ議論ができない。これを考えるには、二つのアプローチがあると考えている。

結論に変えて：教育におけるPHの課題と可能性

一つは、改めて、保苅を丁寧に参照することだ。なぜ保苅は題に「ラディカル」と打ったのか。それはTime Orientかつ「実証主義」的な歴史学の縁取りを撹乱し、「過去」の多元性を捉えるためだった。ジミーじいさんの実践は、身体と場所を志向した「実証」なのだ。としたとき、私たちは生徒の歴史時空を、本当に捉えているのか。教室では歴史がつまらないという生徒が、教室の外では過去を題材とした物事を楽しんでいる。これを我々の慣れ親しんだ方法だけで把握しようとするのではなく、生徒たちも彼らなりの方法で過去を把握しているのかもしれないと「ラディカル」に把握しようとすることだ。

もう一つは、問いを読み変えることである。「誰もが歴史主体で」ありながら、主体として立ち上がってこないならば「人はいつ、なぜ、どのように歴史の主体であることを引き受けるのか」と問うことだ。これは問いの条件を変え、検証を可能にする。例えばオーストラリアのAnna Clark(3)は、老いや離別、死別といった喪失経験が人に過去への情動を惹起すると述べる.PHは、ヒトを含めたあらゆるものが歴史の主体であると考えた上で、いかにそれが「過去」を語り出すのかを問う。私たち歴史の教師は、いつ、なぜ、どのようにして「主体」となっただろうか。まず、宙ぶらりんな我々歴史教員も「我らパブリック・ヒストリアンである」と引き受けるところから、議論を始めてはみないか。

注

(1) 保苅実『ラディカル・オーラル・ヒストリー：オーストラリア先住民アボリジニの歴史実践』御茶ノ水書房、2004年
(2) Minoru Hokari. "Cross-culturalizing history: journey to the Gurindji way of historical practice." Thesis (Ph.D), Australia National University (January 2001), pp.31-38.
(3) Robert Kelly. "Public History: Its Origins, Nature, and Prospects." *The Public Historian* Vol. 1, No. 1 (Autumn, 1978), pp. 16-28.
(4) Anna Clark. *Private Lives Public History*, Melboutne University Press, 2016.

結

ひとひねりの歴史教育

結びに代えて

前川 修一（まえかわ しゅういち）
福岡県立ありあけ新世高等学校　主幹教諭

1. 本書をめぐる「対話」

ここまでお読みいただいた読者の皆さまに、まずはお礼申し上げたい。360ページもの書籍に目を通していただいたことに感謝するとともに、どんな読後感をお持ちなのか、目の前のあなたにお尋ねしたい。

もっとも、本の読み方は人それぞれであって、ご自身に関係の深い分野、例えば、教えている科目に関するもの、研究している専門領域に関するもの、あるいは読者が歴史教育者や歴史研究者とは限らないわけだから、やや毛色の違うコラムやフォーカス、ちょっと緊張するけれども、この「結」から読んでおられる方もいらっしゃるだろう。

そして、そういう読み方の順番一つとってもカオスの状態の中で、読者と私たち著者とは対話しているわけである。

読まれてお気づきのことと思うが、本書は何か一つの書き方や、こうでなければならないという確たる方針のようなものがあって書かれてはいない。I章で「世界史探究」「日本史探究」の総論と、中高・高大等を接続する立場からの各論、II章で高等学校学習指導要領における大項目ごとに「世界史探究」と「日本史探究」について高等学校の教育者から実践等の報告、Ⅲ章で大学の研究・教育者から、同じく指導要領の大項目ごとに、歴史教科書を含む検討と「探究」科目に対する専門的な考察を配した。そして各章の終わりに、歴史学や歴史教育の領域に拘らず、各界の執筆者によるコラムやフォーカスを散りばめた。

一つのフォームに沿ってアプローチの仕方や書き方を統一しているわけではないから、重複する部分や考え方の微妙な違い等によって、多少読みづらい部分があったかもしれない。しかし、執筆者がそれぞれの所属する環境や、教育対象である生徒・学生等の現状に照らして真摯に学習指導要領と向き合い、試行錯誤した結果がこの本である。そういう意味では、結論のない中間報告であるとも言える。

だからこそ、各論考は、読者であるあなたの頭脳を通して対話し合っている。各論考が微妙な差異によってリフレクト（反射）し合っているからこそ、歴史教育とは何か、歴史学とは何か、そして歴史とは何かという果てしない問いについて、あなたを含めた対話を継続することができると私たち編者は考えている。

「歴史総合」の開始にあたり、同じ編著者で歴史教育の新しいカタチを模索した前著『歴史教育「再」入門』（2019年12月）が、まさしくカオスな本であった。それから丸5年を経て、「世界史探究」「日本史探究」を履修した高校生が社会に巣立とうとするこのタイミングで、再び読者の前に提示した本書もまたカオスである。このカオスによって、私たちは読者を主体的な学習者、本書を一つの教室として見立てた。

もっとも筆者は、2024年3月に旧教育課程のまま閉課程した（新教育課程が適用される新入生の募集を停止した）定時制高校に5年間勤務した立場から、今回実践報告を書けなかった。だから筆者もまた、このカオスな本によって、新しい歴史教育とは何か、頭をぐるぐる巡らせている最初の読者である。

2. 定時制高校の教室から

定時制高校に勤務して3年目の春、生徒とこんな会話をしたことを覚えている。

生徒「先生、歴史ってどこが面白いの？」
筆者「歴史の勉強って、面白くないといけないの？」
生徒「そら、面白か方がよかばい。」
筆者「ふうん。面白いってどんな授業だろうね？」
生徒「そら、ゲームのような授業たい。ゲームしよる時は、他のことは忘れてしまうけん。」
筆者「ほお。どうしたらゲームのように他のことは忘れてしまうような授業になるとやろか？一緒に考えてよ。」
生徒「うーん、そら難しか。教科書は漢字ばっかりだけん…」

土曜日・日曜日も含め、昼間は三つのアルバイトを掛け持ちして働いている生徒と話した。なんとか高校生活を１年間継続し、２年生に進級したばかりの「世界史Ａ」を学び始めた時期である。小・中学校時代は不登校で学校に行けなかった生徒が大半のクラスだった。

字に対する弱い拒絶反応を感じた私は、ビジュアルテキストを駆使した「看図アプローチ」の手法を用い(1)、極力絵画資料や図の解析を通じて歴史を身近に感じる工夫を重ねた。考査問題にもビジュアルテキストからの気づきを解答につなげられる問いを毎回入れた。少しずつではあるが、何某かの意見や考えを書けるようになった。そして、生徒から出た意見はすべて受け止め、大きく板書して何を発言しても良い雰囲気作りを優先した。エア・クロウの絵画「ウィガンの昼食」(1874) をテキストに「産業革命の光と影」を問うた授業などは、絵の解釈に加え、労働者の過酷な環境について考察し、昼間は労働者でもある生徒たちの食いつきが良く、印象に残っている。

３年生と４年生では２単位ずつ「日本史Ａ」を学習した。引き続きビジュアルテキストを多用し、「開花因循興廃鏡」(1876) などを駆使して、開国によって輸入された外国製品が国産品を駆逐する様子を、描かれているものが何かを付箋を貼りながら推理し、正答を競うグループワークを通じてたどる授業などを行った。これも実に面白かった。

そうしているうちに、3年生の途中で自分たちで劇をしたいと言い出した。日清戦争と日露戦争、そして二つの戦争による国内の変容について、三つの班に分けて台本を書き、演じるところまで生徒に任せた。簡単なルーブリックによる相互評価シートでお互いに評価をしてもらい、事前予告のうえ一部は科目としての評価に取り入れた。評価観点の一つに「笑い」を入れておくことを忘れずに。

就職や進学がほぼ決まった4年生の3学期、生徒の一人が「自分で授業をしてみたい」と言い出した。テーマは「高度経済成長は人々を豊かにしたのか？」である。入念に授業準備と打ち合わせを重ね、作っていたKP（紙芝居プレゼンテーション）とプリント類をすべて生徒に委ね、一部はその生徒自身が作り変えて当日に臨んだ。「あなたにとって幸せとは何ですか？」を含めた様々な問いを実に見事にデリバリーし、教室全体が授業への参加感で満たされたことを思い出す。

つまり、生徒たちはいつの間にか自分たちで授業を回すファシリテーターとして機能できるほどに成長したのである。そしてその姿を、教師である私たちは、まざまざと見せつけられた。これは、授業の主体は生徒であり、教師の最初の役割として生徒のモチベーションを喚起さえすれば、徐々に手放して、最後に彼ら自身で自走するところまで進みゆくことを明示している。

3.「指導要領」は何を期待するのか

本書の各論考で繰り返し述べられているように、高等学校学習指導要領は、必修科目である「歴史総合」と選択（必修）科目である「世界史探究」「日本史探究」の接続によって、「歴史総合」で学んだ学び方を「探究」授業で発揮するとともに、いわば「歴史総合」で自己（私たち）と歴史をつなぎ、「世界史探究」「日本史探究」で歴史と社会をつなぐことを求めていると言ってよい。そして、サルトルのアンガジュマン（engagement）の哲学を引くまでもなく、歴史を学ぶことによって、「よりよい社会をつくるため」に主体的に社会に参画する大人を育てることを最終目標としていると解釈できる。

そのために学習指導要領は、「世界史探究」「日本史探究」の大項目において、(1) 時代の「変化」と「画期」を考察すること、(2) 複数の資料を活用し多面的・多角的に考察し表現すること、(3) 地域を通して関連性を理解すること、などを生徒自身に求めているのである。

では、どうしたら生徒たちが主体的に「主題」を設定し、時代を通観する問いを構築し、時代の「変化」や「画期」を考察して表現することができるようになるのだろうか。単に「歴史総合」を履修さえすれば、二つの「探究」授業においてそのことが実現できるのか。

私はここにおいて、個々の授業デザイン（クラスデザイン）や単元のまとまり(2)の検討とは別に、年間を通したコースデザインが重要であり、そこには授業の進捗に合わせた教師の関わり方、促し方にグラデーションを施すべきであると感じる。すなわち、2で述べたように、授業の初盤には自己肯定感、自己有用感を育てながら、徐々に生徒のモチベーションを喚起するという、いわば主体性の掘り起こしが求められよう。中盤から終盤にかけては、生徒が自分の頭で考え、自分の言葉で表現することが常習化されたのちに、あえて手放すことが求められるように思う。この段階においては、教師は答えにつながるものや答えそのものを教えるべきではなく、失敗も見越した上であえて任せることが重要であろう。そして、生徒のこうした学習態度や姿勢が「歴史総合」で実現できればよいのだが、必ずしもそうでない場合は、二つの探究授業においても同様のコースデザイン、すなわち丁寧にモチベーションを掘り起こす作業が教師に求められるのではないか。したがって、授業の初盤には教師があえて主題設定や考察のためのヒントを出したり、極限まで我慢するとしても、主題そのものを共に考えることも視野に入れたい。一方で、生徒の主体的な授業への関わりが明確になる場面では、教師は極力後背に回るべきである。そして、こうした教師の関わり方のグラデーションは、それぞれの学校の実情や生徒の状況に応じて変化されるべきであり、それはまた接続後の大学を中心とする高等教育（特に初年次教育）においても同様のことが言えるのではないだろうか。

4.「現場」の現実と新科目

さて、2022年から「歴史総合」が、2023年から「世界史探究」および「日本史探究」が始まった。2024年度はその完成年度であり、2025年1月にはこれらの科目が初めて大学入学共通テストで出題される。

この間、高等学校の現場ではこれらの科目が正確に理解され、実施されてきたと言えるだろうか。地方の高等学校に勤務する筆者の立場から、これを阻害する様々な環境的要因について指摘しておきたい。

筆者は2024年4月から、一つの年次が4クラスの全日制総合学科高校に勤務している（総合学科高校は単位制のため、学年と言わず年次という）。中規模の学校ではあるが、総合学科ゆえに科目数が多く1年次の「歴史総合」1クラス（2単位）、2年次の「公共」3クラス（2単位）、「日本史探究」1クラス（4単位）、3年次の「発展日本史」（学校設定科目、2単位）を担当している。キャリア教育部長としての主幹教諭であるため、このほかに1年次の「産業社会と人間」（2単位）、2～3年次の「総合的な探究の時間」（2単位ずつ）にも関わっている。また人権・同和教育推進主任も兼ねており、全年次の人権教育の特設授業の検討も行う。つまり、授業のコマ数が多いというよりも、担当する授業科目の種類が多いのである。担当科目が4科目ならば、一つの科目の4倍、教材研究の時間が必要ということになる。このほかに、校務分掌としての文書作成や会議を含めた様々な業務、学校行事の準備に時間を取られる。中堅や若手の先生方は、さらに担任業務や部活動の顧問としての業務が重なってくる。

本校の場合、地歴・公民科のスタッフは5名であり、うち2名は非常勤の教師である。このスタッフで「公共」「歴史総合」「地理総合」の必修科目に加え、「世界史探究」「日本史探究」「地理探究」「政治・経済」「倫理」の選択および選択必修の諸科目、「発展世界史」などの学校設定科目を分担している。本来は、「歴史総合」や「公共」などは複数の教師で分担しているのだから、定期的に教科会議を開いて、問いの立て方やグループ学習のあり方などを検討・共有したいところなのだが、定期テストの分担や小テストの実施（知識を問うだけの問題で精一杯である）を除いて、ほとんど話し合う時間が取れない。さらに、非常勤の教師は勤務する曜日が決められていることも大きな阻害要因である。つまり「総合」や「探究」の枢要な部分の共有なしに、各教師の裁量で授業が進められているのが現状だ。

そうなると、どのようなことが起きるかは自明の理ではないだろうか。

余裕のない教師たちは自分が育った環境での歴史教育、すなわち旧課程の歴史教育なら旧課程の、知識詰め込み型の歴史教育ならそのスタイルの歴史教育をおそらく再帰しようとするだろう。「歴史総合」「世界史探究」「日本史探究」という今までとは違う全く新しい科目ができましたよー！と叫んでも、新しく学び直す余裕がない数多の教師たちが存在するはずであり、その多くは今までと変わらない知識偏重型の授業を実施してしまうはずだ。そしてこれらの教師たちを、如上の原因に照らして非難することは、少なくとも私にはできない。

今回、「地理総合」が必修になったことは本来歓迎すべきことなのだが、担当者をめぐって私の周りの学校でも混乱が生じている。スタッフの数と、教科目の数とがアンバランスな形で教師の負担だけが増えている現実がある。

そして、これは本校に限ったことではなく、地方の公立学校や入学者の定員割れにあえぐ私立学校では一般的に見える風景であり、これを解決する有効打がない現状について、ここでは指摘するにとどめる。

5.「ひとひねり」の授業を

こうした様々な現状を考えてみたときに、新しい歴史教育をそれぞれの現場や環境で実施するときの魔法の言葉として「ひとひねり」が想起される。「一捻り（ひとひねり）」の意味は、①軽くねじることや、②苦もなく相手を打ち負かすことの他に、③趣向を少し変えて工夫すること、とある（goo 辞書）。③の意味で、歴史教育に関わるすべての教師たちに、それぞれの環境や目の前の生徒の実態に合わせた「ひとひねり」の授業を施すことをお勧めしたい。

そのための方略の一つとして授業のユニバーサルデザイン（UD）の発

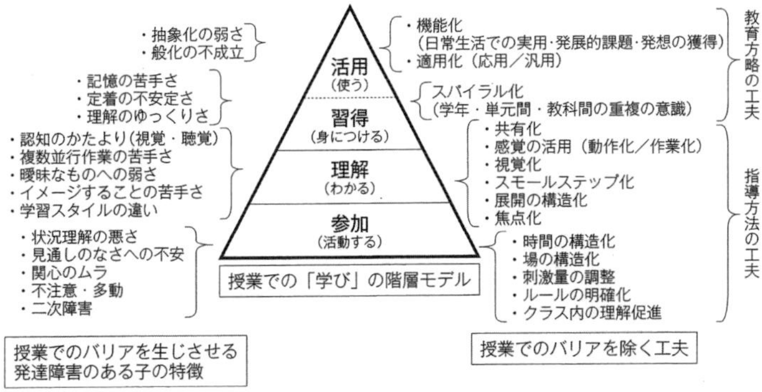

資料1　授業のUD化の階層モデル(小貫2015)

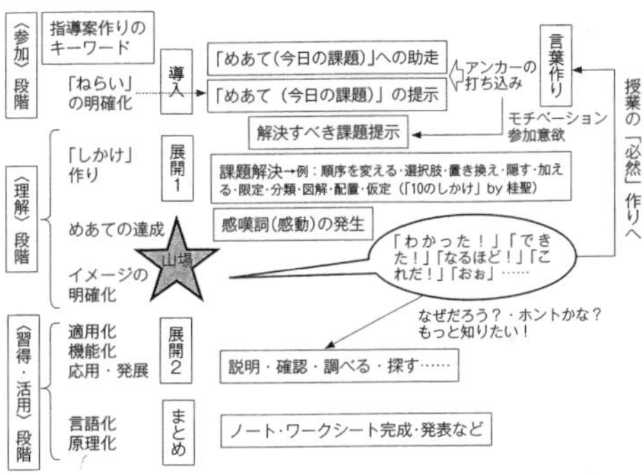

資料2　UD授業展開の構造試案(小貫2015)

想が有効ではないかと思う。前著に掲載した小貫悟の「授業のUD化の階層モデル」(2015) [(3)]について再掲しておく。

高度に完成された授業のように見えても、実際に行うとアラが見えたり、何より生徒によって授業のあり方が教えられ、さらに高度な内容に軌道修正したりする場合がある。この場合は「もうひとひねり」である。

逆に「ふたひねり」まではいかないという、簡便な意味もあるのではないか。授業のユニバーサルデザイン化の目玉は、なんといっても授業のヤマ場であり、学習者である生徒の情動や揺らぎを起こす仕掛けとも言える。これが盛り込まれれば自ずと生徒たちの主体性が喚起され、自分の頭で考えた、copy and paste でない、自らの言葉で語る段階に進むはずだ。そうなれば、生徒自らが主題を設定し、歴史の「変化」や「画期」を考察できるようになるのではなかろうか。探究の根源は、探究者自身が作り出す問いなのである。

6.「シン」の意味するもの――「結び」の結びに代えて

私たち3人の編者は、今回この本のタイトルを当初の予定だった『歴史教育「新」入門』から『歴史教育「シン」入門』に変更した。「シン」とはオールラウンドに力を発揮する言葉である。答えのない問いの連続であるVUCAの時代、歴史教育においても一つの漢字で全体を表すよりも、様々な解釈による多様性の中で本質を浮かび上がらせるタイトルの方が似つかわしいと判断したためである。

もちろん「世界史探究」「日本史探究」という新たな科目が加わった「新」であり、そのための新しい材料という「新」でもある。一方で、何事もとことん追究する「深」でもあり、授業に「深」みを持たせる意味もある。また、学び手と教師がともに成長する「伸」でもあり、こんな時代だからこそ人の心と心をつなぐ「信」でもあり、そして自ら困難を切り開く「進」でもある。

そして、人間としての基本は何といっても「真」と「心」でありたい。終始一貫することも「芯」である。教師としては、「震」えるような授業がしてみたいし、それが「神」技ならなおもよいではないか。

そう考えると、歴史教育もまた多様な波の上に筏を組んで、たゆたいながらも流されない「芯」の役割を果たすことは目標の一つかもしれない。高等学校で歴史を学んだすべての人間が、答えのない問いの連続の時代に、自ら課題を設定しつつ多様な協働の上に問題解決にあたり、確かな判断力によって、真に豊かな社会を築き上げる存在となる日を望みたい。そして私たち歴史教育に携わる教師もまた、それぞれの「シン」を織りなしたいものである。

本書の発行にあたって、ご協力いただいたすべての方々に心から感謝を申し上げる。

本書は、いわば使命感のみによって形作られた共同制作物である。

執筆者は、様々な職場環境や時間的な制約の中で、新しい歴史教育のカタチを模索し、その成果を惜しみなく提示していただいた。その志を讃えたい。

株式会社清水書院は、出版事情の悪い中で、前著と同じ価格を貫き、他社の教科書表記を全面に打ち出した内容を認め、中途でのタイトルの変更も受け入れていただいた。いわば使命感の出版社である。その勇気を讃えたい。特に応援をいただいた佐藤一徳さんと、その正確な判断力で執筆者と粘り強く対話し、完成にこぎつけられた、編集者の標佳代子さんに心からの謝意を表する。

最後に、年末の多忙な時期にすべての原稿に目を通した上で、珠玉の推薦文を帯に書いていただいた東京大学の佐藤浩章先生、京都大学の石井英真先生にも心からの謝意を表したい。

注

(1) 前川修一「「問い」を足がかりに、全員参加の歴史授業へ」(前川・梨子田・皆川編『歴史教育「再」入門』清水書院、2019)

(2) 単元のまとまりを検討することも重要である。前川修一「史料と対話する—ドキュメント・ベースの授業展開」(石井英真編『真正の学び、授業の深み』学事出版、2022)など。

(3) 小貫悟「「授業のユニバーサルデザイン」の4つの階層」(「LD, ADHD & ASD」13、明治図書出版、2015)

執筆者一覧（本書掲載順）

皆川　雅樹	産業能率大学経営学部 教授
梨子田　喬	西大和学園中学校・高等学校 教諭
金子　勇太	青森県立青森高等学校 教諭
苧野　瑞生	西大和学園中学校・高等学校 教諭
海上　尚美	北九州工業高等専門学校生産デザイン工学科 准教授
多々良　穣	東北学院榴ケ岡高等学校 教諭
矢景　裕子	神戸大学附属中等教育学校 教諭
野々山　新	愛知県立大府高等学校 教諭
荒井　雅子	立教新座中学校・高等学校 教諭
吉川　牧人	静岡サレジオ高等学校 教諭
小坂　至道	京都橘中学校・高等学校 教諭
大庭　大輝	筑波大学附属高等学校 教諭
堀越　直樹	昌平中学・高等学校 教諭
金谷　蕗	兵庫県立御影高等学校 教諭
加藤　潤	西武学園文理中学・高等学校 教諭
松本　祐也	岩倉高等学校 教諭
北村　厚	神戸学院大学人文学部 准教授
後藤　敦史	京都橘大学文学部 准教授
丸橋　充拓	島根大学法文学部 教授
仲田　公輔	岡山大学学術研究院社会文化科学学域 准教授
藤川　隆男	大阪大学大学院人文学研究科 教授
前川　一郎	立命館大学グローバル教養学部 教授
伊集院　葉子	専修大学文学部 兼任講師

佐藤　雄基　立教大学文学部 教授
小山　幸伸　慶應義塾大学文学部 教授
鬼嶋　淳　専修大学文学部 教授
前川　修一　福岡県立ありあけ新世高等学校 主幹教諭

Column

渡邊　優輔　福島県立福島高等学校 教諭
池田　靖章　香里ヌヴェール学院中学校・高等学校 学校長
佐藤　悠人　独立行政法人教職員支援機構
教職員の学び協働開発部連携推進課
日髙　智彦　東京学芸大学教育学部 准教授
川島　啓一　同志社中学校・高等学校 教諭
平川　敬介　教材編集・執筆者（フリー）

Focus

山下　大喜　山口大学教育学部教育学選修 講師
髙橋　英路　山形県立米沢東高等学校 教諭
伊藤　禎子　学習院高等科 教諭
法貴　孝哲　清真学園高等学校・中学校 教諭
中村　怜詞　島根大学大学教育センター 准教授
徳原　拓哉　横浜国際高等学校 教諭／
東京大学大学院情報学環学際情報学府 修士課程

編著者紹介

前川 修一（まえかわ しゅういち） 1967年、熊本県生まれ

福岡県立ありあけ新世高等学校 主幹教諭
熊本大学大学院文学研究科史学専攻修士課程修了・修士（文学）
主な実績等：『真正の学び、授業の深み』（共著、学事出版、2022年）、Benesse『VIEW next 高校版』（2023年8月号）、『シリーズ学びとビーイング4 学び続ける教師のあり方（Being）とは？』（共著、りょうゆう出版、2024年）、産業能率大学主催「第17回キャリア教育推進フォーラム」登壇者（福井市、2024年）、「九州大学歴史学・歴史教育セミナー」登壇者（九州大学、2024年）など。

梨子田 喬（なしだ たかし） 1976年、静岡県生まれ

西大和学園中学校・高等学校 教諭
（元岩手県公立高校教員）
東北大学大学院文学研究科歴史科学専攻博士課程前期修了・修士（文学）
主な実績等：『現場ですぐに使えるアクティブラーニング実践』（共著、産業能率大学出版部、2015年）、『探究が進む学校のつくり方 探究学習を学校全体で支えるために』（共編著、明治図書、2023年）、『シリーズ学びとビーイング 4 学び続ける教師のあり方（Being）とは？』（共著、りょうゆう出版、2024年）など。

皆川 雅樹（みながわ まさき） 1978年、東京都生まれ

産業能率大学経営学部 教授
（元専修大学附属高等学校教諭、法政大学第二中・高等学校特別教諭）
専修大学大学院文学研究科歴史学専攻博士後期課程修了・博士（歴史学）
主な実績等：『日本古代王権と唐物交易』（単著、吉川弘文館、2014年）、『新装版 唐物と東アジア―舶載品をめぐる文化交流史』（共編著、勉誠出版、2016年）、『「唐物」とは何か―舶載品をめぐる文化形成と交流』（共編著、勉誠出版、2022年）、『シリーズ学びとビーイング 1～4』（共編著、りょうゆう出版、2022～24年）など。

■編著者3名がこれまでに関わった書籍（いずれも清水書院から刊行）

『歴史教育「再」入門―歴史総合・日本史探究・世界史探究への“挑戦”』（2019年）
『持続可能な学びのデザイン―公共・歴史総合への架け橋』（2021年）
『失敗と越境の歴史教育―これまでの授業実践を歴史総合にどうつなげるか』（2022年）
『歴史総合の授業と評価―高校歴史教育コトハジメ』（2023年）

歴史教育「シン」入門
歴史総合から世界史探究・日本史探究へ

2025年2月20日　初版発行

編著者　前川修一／梨子田喬／皆川雅樹
発行者　野村久一郎
発行所　株式会社 清水書院
〒102-0072　東京都千代田区飯田橋3-11-6
電話　03-(5213)-7151
印刷所　法規書籍印刷 株式会社
製本所　法規書籍印刷 株式会社

定価はカバーに表示

●落丁・乱丁本はお取り替えいたします。

ISBN 978-4-389-22609-1　　Printed in Japan